全国中等职业技术学校汽车类专业教材

汽车电气与电子设备检测仪器

人力资源社会保障部教材办公室组织编写

中国劳动社会保障出版社

简介

本书的主要内容包括：汽车维修基本检测设备的使用与维护、发动机维修检测设备的使用与维护、底盘维修检测设备的使用与维护、空调检测设备的使用与维护、汽车安全环保检测设备的使用与维护、汽车综合性能检测设备的使用与维护等。

本书由余成路主编，李俊杰、袁芬、周璇、许航、唐福云、娄学辉参加编写，艾娜主审。

图书在版编目(CIP)数据

汽车电气与电子设备检测仪器 / 人力资源社会保障部教材办公室组织编写. -- 北京：中国劳动社会保障出版社，2019

全国中等职业技术学校汽车类专业教材

ISBN 978-7-5167-3932-7

Ⅰ. ①汽…　Ⅱ. ①人…　Ⅲ. ①汽车—电气设备—车辆检测器—中等专业学校—教材　Ⅳ. ①U472.9

中国版本图书馆CIP数据核字（2019）第085703号

中国劳动社会保障出版社出版发行

（北京市惠新东街1号　邮政编码：100029）

*

北京宏伟双华印刷有限公司印刷装订　　新华书店经销

787毫米×1092毫米　16开本　16.25印张　332千字

2019年6月第1版　　2019年6月第1次印刷

定价：41.00元

读者服务部电话：（010）64929211/84209101/64921644

营销中心电话：（010）64962347

出版社网址：http://www.class.com.cn

http://zyjy.class.com.cn

前言

为了更好地适应中等职业技术学校汽车类专业教学要求，全面提升教学质量，人力资源社会保障部教材办公室组织有关学校的骨干教师和行业、企业专家，在充分调研企业生产和学校教学情况、广泛听取教材用户反馈意见的基础上，对全国中等职业技术学校汽车类专业教材进行了修订和补充开发。

本次教材修订和补充开发工作的重点主要体现在以下几个方面：

第一，完善教材体系，更好地满足教学需求。

结合职业院校汽车类专业设置和办学特点，调整并完善了教材体系，与专业通用基础教材相衔接，开发了汽车维修、汽车电器维修、汽车钣金与美容、汽车检测、汽车营销等专业方向教材，构建了“通用基础平台+不同专业方向平台”的教材体系。此外，还针对学校对电控技术、车载网络技术、新能源汽车等高新技术的教学需求，开发了相应的教材。

第二，反映技术发展，适应岗位职业能力需求变化。

随着汽车制造水平的不断提高，汽车维修的内容和工艺发生了相应变化；伴随着私家车保有量的不断增长，汽车营销、汽车美容等相关从业人员的职业能力要求也在发生相应变化。因此，本次修订工作注重在教材中增加新知识、新技术、新材料、新工艺等方面的内容，体现教材的先进性。同时，根据中级工从事相关岗位工作的实际需要，合理确定学习目标，对教材内容的深度、难度做了适当调整，同时注重综合职业能力的培养。

第三，融入先进教学理念，创新教材表现形式。

专业通用基础教材的编写以汽车及其零部件为载体，充分体现专业特色；专业方向教材的编写根据学校教学实际，充分体现一体化教学思路，增加了实训内容在教材中的比重。为了增强教材的表现效果，提高学生的学习兴趣，教材中使用了大量高质量的实物图片，部分教材采用双色或彩色印刷。

第四，开发辅助产品，提供教学服务。

为了方便教学，配套开发了习题册、教学参考书和电子课件。电子课件可通过职业教育教学资源和数字学习中心（http://zyjy.class.com.cn）免费下载。

本次教材修订工作得到了河北、江苏、浙江、山东、山西、广东、广西、陕西等省、自治区人力资源社会保障厅及有关学校的大力支持，在此表示诚挚的谢意。

人力资源社会保障部教材办公室

2019 年 5 月

目　录

单元一　汽车维修基本检测设备的使用与维护

课题一　汽车数字万用表

学习目标

1. 了解汽车数字万用表的功用与分类。
2. 了解汽车数字万用表的结构和工作原理。
3. 掌握汽车数字式万用表的使用方法。
4. 能够使用数字万用表对汽车常用参数进行测量。

任务引入

现代汽车的发展，很多是体现在电子控制技术方面，而无论是对汽车上的传统电气设备，还是对新型的电子控制系统进行检测，都离不开汽车数字万用表。

知识准备

一、汽车数字万用表简介

汽车数字万用表是一种高阻抗数字多用表，其外形和工作原理与通用数字万用表基本相同，只是在通用数字万用表的基础上增加了测量汽车特定参数的功能，如可以测量温度、转速、频率、占空比、闭合角等。由于在汽车电控系统的检测中，按规定不能使用指针式万用表检测电子控制单元（ECU）和传感器，更不能使用测试灯测试ECU和任何与ECU相连接的电气设备。因此，汽车数字万用表在汽车电控系统的检测中得到了广泛应用。

二、汽车数字万用表的分类

汽车数字万用表的分类方式有很多，如根据量程转换方式不同可分为手动转换式、自动转换式、自动和手动综合转换式等，如图1—1—1、图1—1—2和图1—1—3所示；根据使用功能不同可分为智能型、数字和模拟混合型、数字和模拟条图双显示型等。

目前，使用范围最广泛的汽车万用表有EDA系列、OTC系列和UNI-T系列等，它们虽然面板形式不同，但功能相近。

图 1—1—1 手动转换式汽车数字万用表

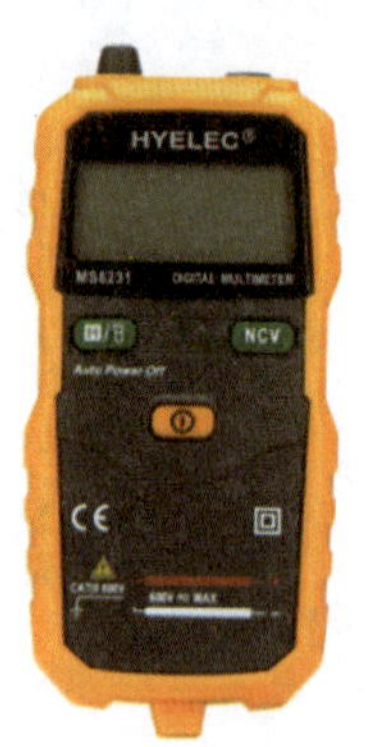

图 1—1—2 自动转换式汽车数字万用表

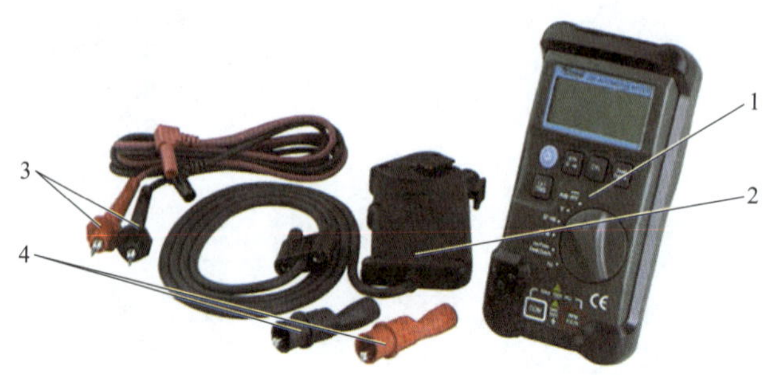

图 1—1—3 OTC3514 型自动和手动综合转换式汽车数字万用表

1—主机 2—感应夹 3—表笔 4—接头

三、汽车数字万用表的结构和工作原理

（一）汽车数字万用表的结构

以UNI-T的UT107型汽车数字万用表为例，汽车数字万用表主要由电源开关、液晶显示屏、数据保持开关、功能量程转换开关、表笔插孔、表笔、温度探头、电流钳等部分组成，其面板布局、液晶显示屏、功能量程转换开关分别如图1—1—4、图1—1—5和图1—1—6所示，其功能符号的含义见表1—1—1。

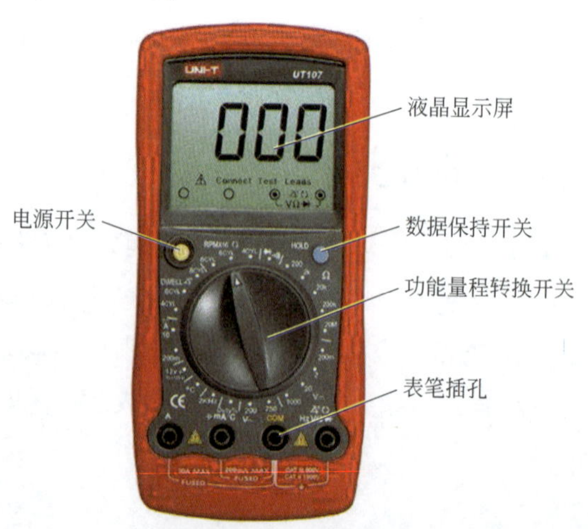

图 1—1—4 UT107 型汽车数字万用表的面板布局

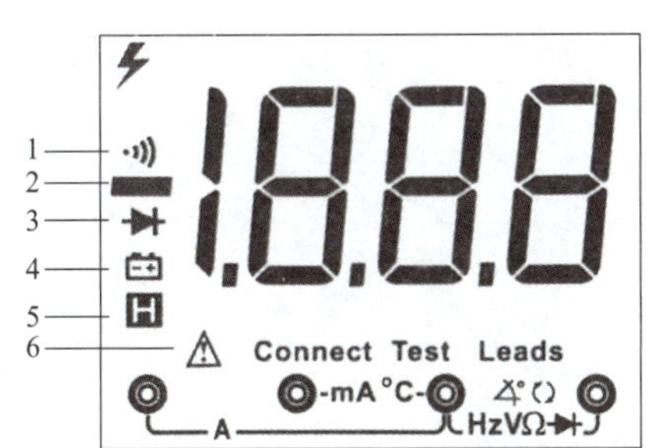

图 1—1—5　UT107 型汽车数字万用表的液晶显示屏

1—电路通断测量提示符　2—显示负的读数　3—二极管测量提示符
4—电池欠压提示符　5—数据保持（HOLD）提示符　6—输入端口连接提示

图 1—1—6　UT107 型汽车数字万用表的功能量程转换开关

表 1—1—1　UT107 型汽车数字万用表功能符号的含义

序号	功能符号	功能说明
1	V⎓	直流电压测量
2	V ~	交流电压测量
3	Ω	电阻测量
4	⊣▷⊢	二极管 PN 结电压测量
5	•)))	电路通断测量
6	A⎓	直流电流测量
7	12 V	电池测量
8	℃	温度测量
9	2 kHz	频率测量
10	Duty%	占空比测量
11	DWELL ∡°	汽车点火闭合角测量
12	RPM×10 ⟳	汽车发动机转速测量（显示读数 ×10）
13	POWER ⏻	电源开关
14	HOLD	数据保持开关

（二）汽车数字万用表的工作原理

汽车数字万用表是在直流数字电压表的基础上扩展而成的。为了能测量交流电压、电流、电阻、电容、二极管参数等，必须增加相应的转换器，将被测信号转换成直流电压信号，再由A/D转换器转换成数字信号，并以数字形式显示出来。汽车数字万用表的结构如图1—1—7所示，主要由信号调节器、A/D转换器、计数器及显示器组成，其核心是一只数字式电压表。

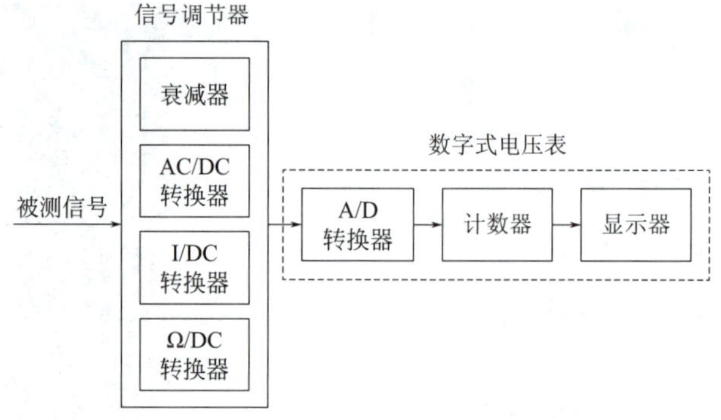

图 1—1—7　汽车数字万用表的结构

1. 信号调节器

信号调节器的作用是把各种被测量信号通过相应的转换器变换成直流电压。

2. A/D转换器

A/D转换器的作用是将模拟信号转变为数字信号。在数字万用表中，A/D转换过程是通过采样、保持、量化、编码四个步骤，将连续变化的被测电压或电流等转换为数字信号。

3. 计数器

计数器的作用是将A/D转换电路输出的数字信号转化为十进制数，并驱动显示器，使之显示出来。

4. 显示器

数字万用表的标志是以数字方式显示被测量的结果，因此数字显示器是这类仪器不可缺少的组成部分。根据工作原理不同，数字显示器可分为荧光数码管显示器、发光二极管显示器（LED）和液晶显示器（LCD）等，其中液晶显示器由于具有制造工艺简单、成本低、体积小、功耗低等特点，在数字万用表中得到了广泛的应用。

四、汽车数字万用表的使用方法

（一）直流电压的测量

1. 如图1—1—8所示，将功能量程开关置于“V⎓”电压测量挡。

2. 按LCD输入端口提示，将红表笔插入“V”插孔，黑表笔插入“COM”插孔，并将表笔探针连接到待测电源或负载上。

3. 从显示器上直接读取被测电压值。

（二）交流电压的测量

1. 如图1—1—9所示，将功能量程开关置于“V～”电压测量挡。

2. 按LCD输入端口提示，将红表笔插入“V”插孔，黑表笔插入“COM”插孔，并将表笔探针连接到待测电源或负载上。

3. 从显示器上直接读取被测电压值，交流测量显示值为正弦波有效值。

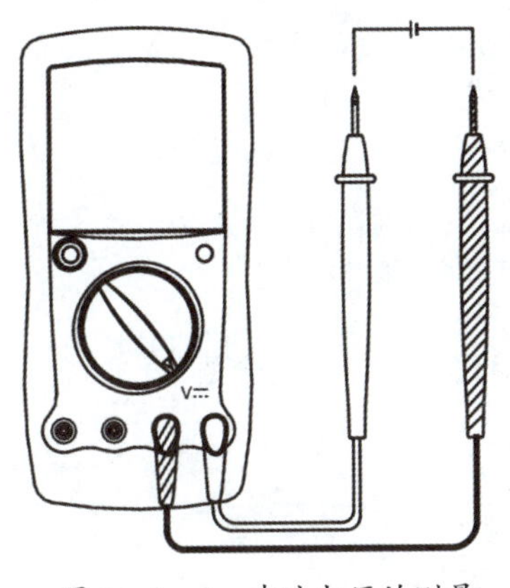

图 1—1—8 直流电压的测量

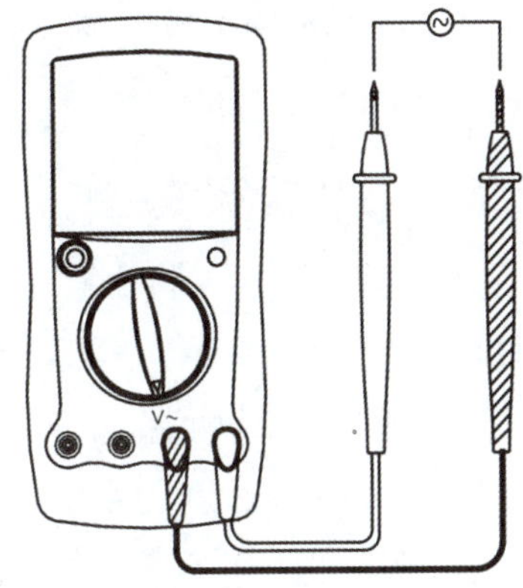

图 1—1—9 交流电压的测量

（三）直流电流的测量

1. 如图1—1—10所示，将功能量程开关置于“$\overline{A}$”电流测量挡。

2. 按LCD输入端口提示，将红表笔插入“mA”插孔，黑表笔插入“COM”插孔，并将表笔探针串联到待测回路中。

3. 从显示器上直接读取被测电流值。

（四）电阻的测量

1. 如图1—1—11所示，将功能开关置于“Ω”电阻测量挡。

2. 按LCD输入端口提示，将红表笔插入“Ω”插孔，黑表笔插入“COM”插孔，并将表笔探针连接到被测电阻上。

3. 从显示器上直接读取被测电阻值。

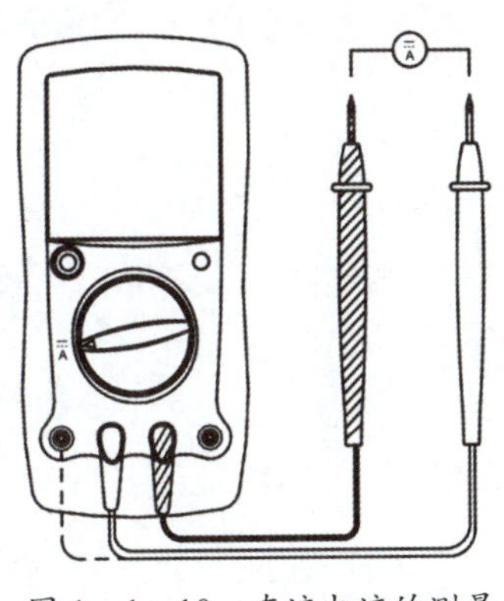

图 1—1—10 直流电流的测量

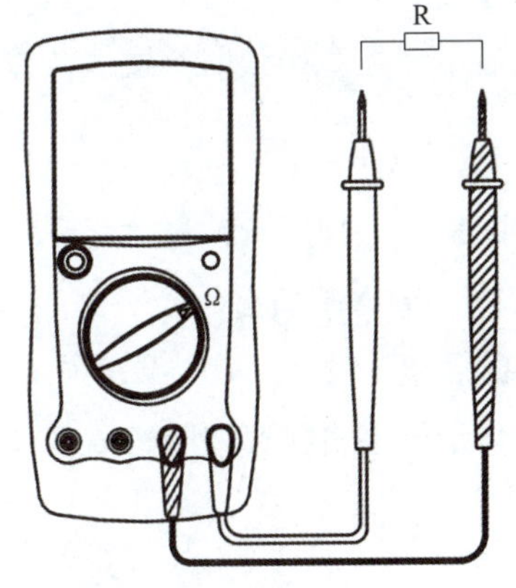

图 1—1—11 电阻的测量

（五）二极管的测量

1. 如图1—1—12所示，将功能开关置于“⊳|”二极管测量挡。

2. 按LCD输入端口提示，将红表笔插入“⊣▷⊢”插孔，黑表笔插入“COM”插孔。红表笔探针接被测二极管的正极，黑表笔探针接二极管的负极。

3. 从显示器上直接读取被测二极管的近似正向PN结电压，单位为mV。对硅PN结而言，一般正常值为500~800 mV。

（六）电路通断的测量

1. 如图1—1—12所示，将功能开关置于“•))”电路通断测量挡。

2. 按LCD输入端口提示，将红表笔插入“⊣▷⊢”插孔，黑表笔插入“COM”插孔，并将表笔探针连接到被测电路两端。

如果被测电路两端之间电阻R>100 Ω，认为电路断路，屏幕显示数字“1”，且蜂鸣器没有声响；被测电路两端之间电阻R<10 Ω，认为电路导通，屏幕显示被测电路电阻值，且蜂鸣器连续声响。被测电路两端之间电阻为10~100 Ω时，屏幕显示被测电路电阻值，且蜂鸣器可能声响或不会声响。（注意“•))”测量挡，所测电路电阻误差较大，只可用于电阻估测参考数据，不代表电路精确电阻值，如需精确测量线路电阻，参见“电阻的测量”。）

3. 从显示器上直接读取被测电路的近似电阻值，单位为Ω。

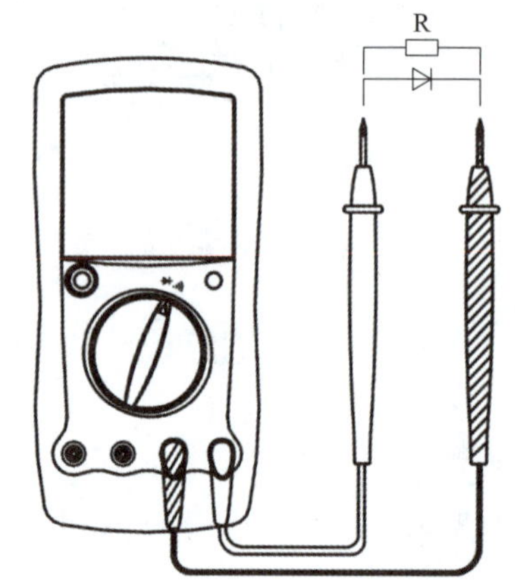

图 1—1—12 二极管与电路通断的测量

（七）12V电池的测量

1. 如图1—1—13所示，将功能开关置于“12 V”电池测量挡。

2. 按LCD输入端口提示，将红表笔插入“⊣⊢”插孔，黑表笔插入“COM”插孔，并将表笔探针连接到被测电池两端，红表笔探针接正极，黑表笔探针接负极。

3. 从显示器上直接读取测量值，单位为V。

（八）温度的测量

1. 如图1—1—14所示，将功能开关置于“℃”湿度测量挡。

2. 按LCD输入端口提示，将红表笔插入“℃”插孔，黑表笔插入“COM”插孔，并将温度探头的测温端置于待测物体表面或内部。

3. 从显示器上直接读取测量值，单位为℃。

（九）频率的测量

1. 如图1—1—15所示，将功能开关置于“2 kHz”频率测量挡。

2. 按LCD输入端口提示，将红表笔插入“Hz”插孔，黑表笔插入“COM”插孔，并将表笔连接到待测信号源上。

3. 从显示器上直接读取测量值，单位为kHz。

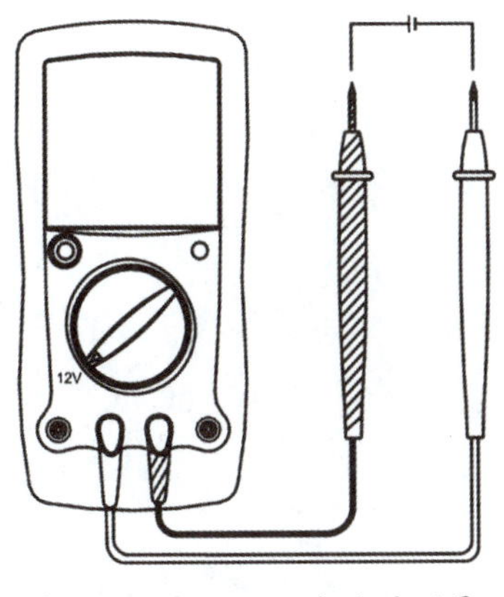

图 1—1—13　12 V 电池的测量

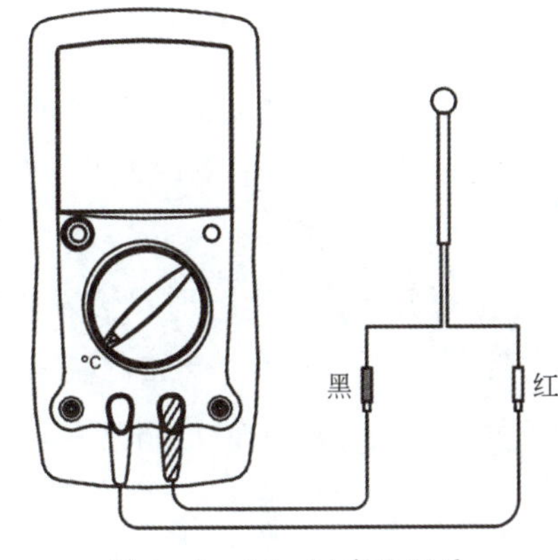

图 1—1—14　温度的测量

（十）占空比的测量

1. 如图1—1—16所示，将功能开关置于“Duty%”占空比测量挡。

2. 按LCD输入端口提示，将红表笔插入“Hz”插孔，黑表笔插入“COM”插孔，并将表笔连接到待测信号源上。

3. 从显示器上直接读取测量值，单位为%。

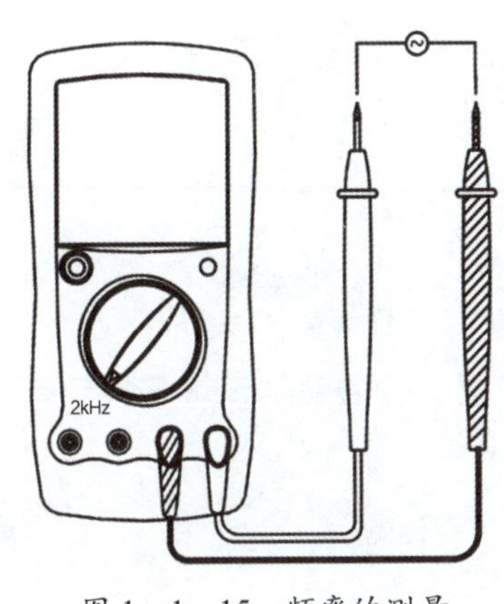

图 1—1—15　频率的测量

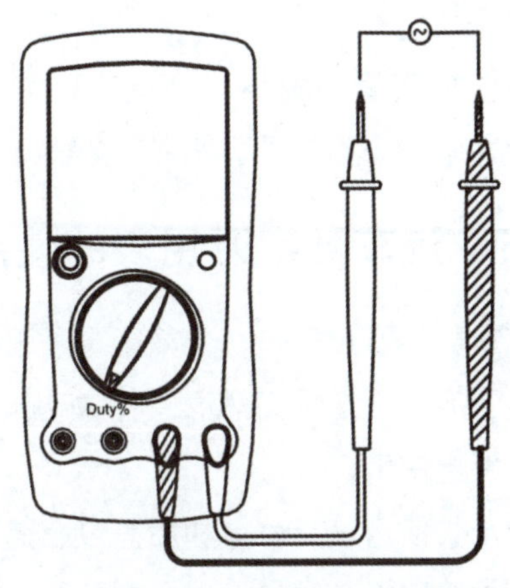

图 1—1—16　占空比的测量

（十一）汽车点火闭合角的测量

汽车点火闭合角是指分电器中断电器触点闭合期间（即点火线圈初级线圈电流接通期间）分电器驱动（凸轮轴）转过的角度，也称作初级线圈通电时间。现代汽车已大多使用电子点火，因此不再需要调整闭合角了。不过，闭合角的测量还能应用于测量混合控制螺线管。

1. 如图1—1—17所示，将功能开关置于“DWELL ∡°”汽车点火闭合角测量挡，选择合适的气缸数。

2. 按LCD输入端口提示，将红表笔插入“∡°”插孔，黑表笔插入“COM”插孔。参考图1—1—17连接测试端。

3. 从显示器上直接读取被测汽车点火闭合角。

（十二）发动机转速的测量

1. 如图1—1—18所示，将功能开关置于“RPM×10⟲”发动机转速测量挡。

2. 按LCD输入端口提示，将红表笔插入“⟲”插孔，黑表笔插入“COM”插孔，选择合适的气缸数，参考图1—1—18连接测试端。

3. 在发动机启动或运行时测量发动机的转速，从显示器上读取显示值。被测汽车实际转速值应等于显示值×10。例如：如果显示值为80，仪表设置在6气缸挡（6CYL），那么汽车发动机的实际转速应为800 rpm（即r/min）。

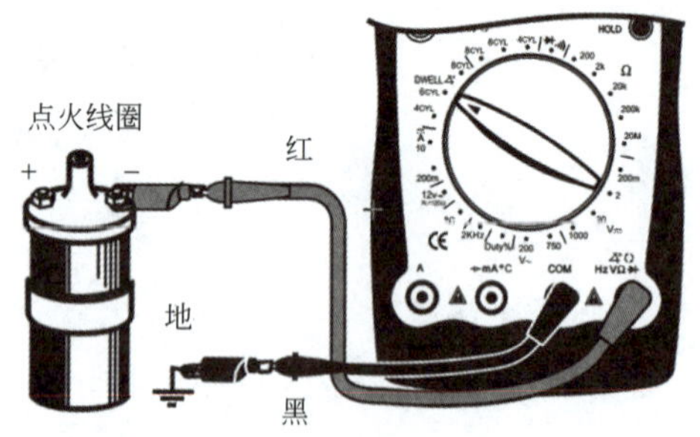

图 1—1—17　汽车闭合角的测量

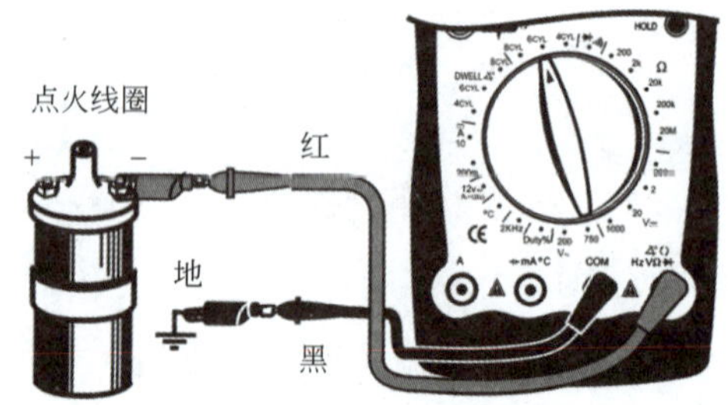

图 1—1—18　发动机转速的测量

（十三）数据保持

在任何测量情况下，当按下HOLD键时，仪表将始终显示当前测量结果，再按一次HOLD键时，仪表将显示新的测量结果。

五、汽车数字万用表的使用注意事项

汽车数字万用表是一台精密电子仪器，使用时应注意以下几点：

1. 使用前检查仪表和表笔，如出现表笔裸露、机壳损坏、液晶显示屏无显示等异常情况，应停止使用。

2. 严禁使用没有后盖和后盖没有盖好的仪表，否则有电击危险。

3. 表笔破损必须更换上同样型号或相同规格的表笔。

4. 当使用仪表测量时，不要接触裸露的电线、连接器、没有使用的输入端或正在测量的电路。

5. 在不能确定被测量值的范围时，需将功能量程开关置于最大量程位置。

6. 切勿在端子和端子之间，或任何端子和接地之间施加超过仪表上标注的额定值的电压或电流。

7. 测量时功能开关必须置于正确的量程挡位。在功能量程开关转换之前，必须断开表笔与被测电路的连接，严禁在测量进行中转换挡位，以免损坏仪表。

8. 进行电阻、二极管或电路通断测量之前，必须先将电路中所有电源切断，并将所有电容器残余电荷放尽。

9. 测量电流之前，应先检查仪表的熔丝是否完好，在仪表连接到电路之前，应先将电路的电源关闭。

10. 不要在高温、高湿、易燃、易爆和强电磁场环境中存放或使用仪表。

11. 不要随意改变仪表内部接线，以免损坏仪表和危及安全。

12. 测量完毕应及时关闭万用表电源。长时间不用时，应取出电池。

技能实训

下面以UT107型汽车数字万用表为例，介绍数字万用表直流电压、直流电流、电阻的测量方法。

操作一　直流电压的测量

图示	步骤与说明
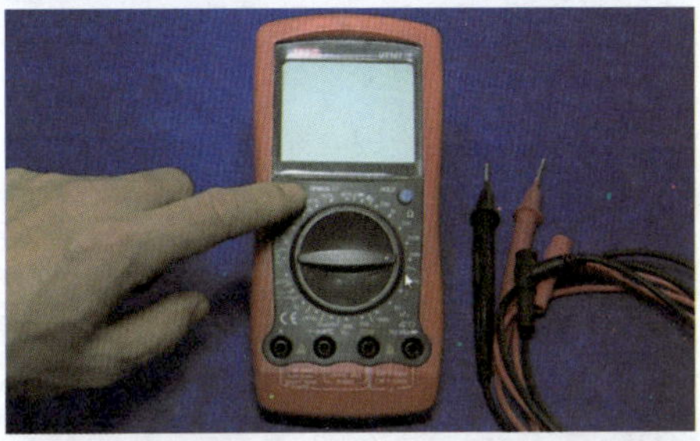	1. 打开万用表开关，检查万用表表笔是否有松脱、损坏等现象，观察显示屏显示是否正常。
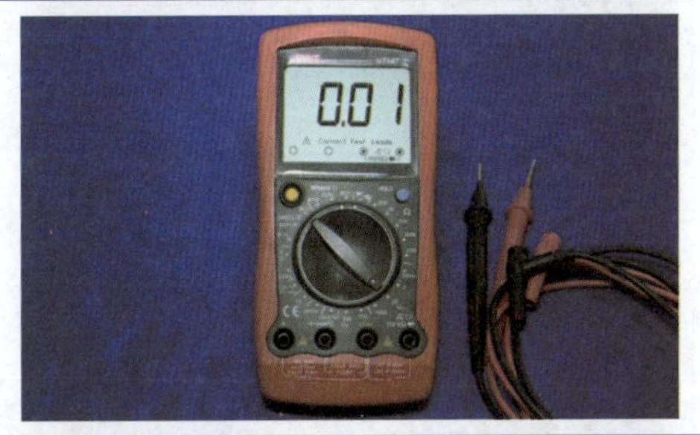	2. 将量程开关置于比估计值大的直流电压测量挡。测量 12 V 蓄电池电压时，需将万用表量程开关调到 20 V 的位置。
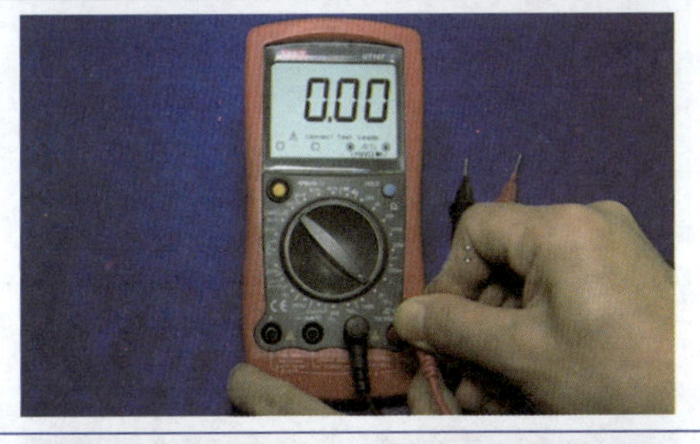	3. 按显示屏输入端口提示，将黑表笔插入“COM”插孔，红表笔插入“V”插孔。
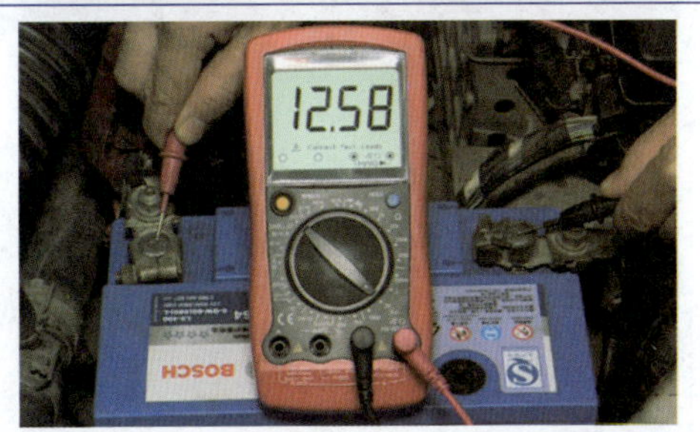	4. 将表笔并联到待测电源或负载上，从显示屏上直接读取被测电压值。 注意：如果在数值左边出现“–”，则表明表笔极性与实际电源极性相反，此时黑表笔接的是正极，红表笔接的是负极。若显示为“1”，则表明量程太小，需要加大量程。

操作二　直流电流的测量

图示	步骤与说明
	1. 打开万用表开关，检查万用表表笔是否有松脱、损坏等现象，观察显示屏显示是否正常。
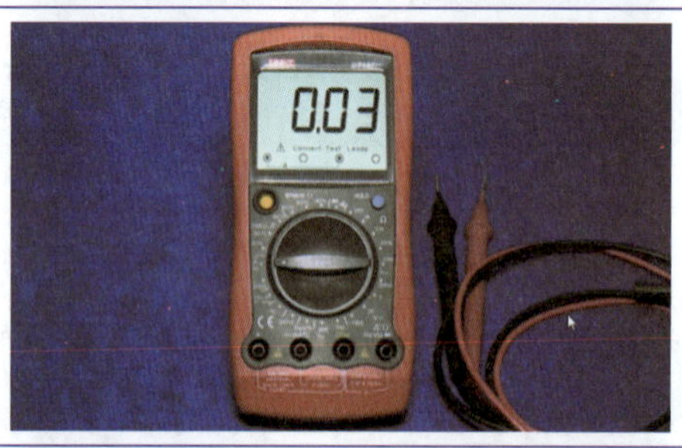	2. 将量程开关置于比估计值大的直流电流测量挡。测量蓄电池的静态电流时，需将万用表量程开关调到 10 A 的位置。
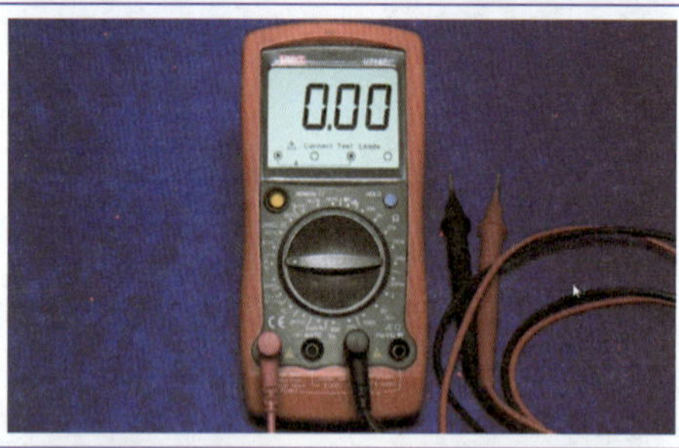	3. 按显示屏输入端口提示，将黑表笔插入“COM”插孔，红表笔插入“mA”或“A”插孔。当被测电流小于 200 mA 时，红表笔应插入“mA”插孔；当被测电流大于 200 mA 时，红表笔应插入“A”插孔。
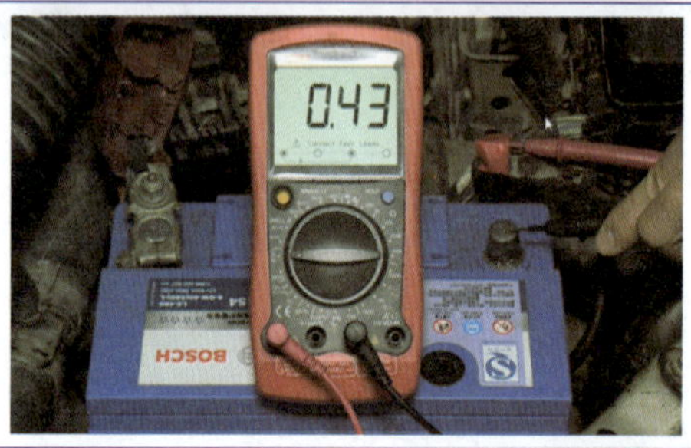	4. 将万用表串联到待测回路中，从显示屏上直接读取被测电流值。 注意：在万用表串联到待测回路之前，应先将回路中的电源关闭。

操作三　电阻的测量

图示	步骤与说明
	1. 打开万用表开关，检查万用表表笔是否有松脱、损坏等现象，观察显示屏显示是否正常。

续表

图示	步骤与说明
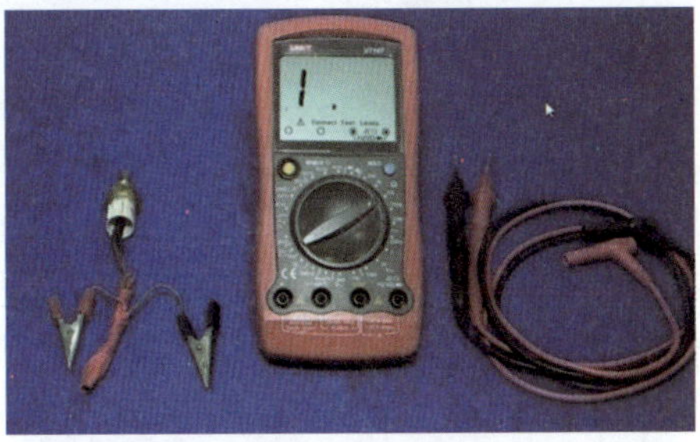	2. 将量程转换开关拨至所需欧姆挡量程上。测量冷却液温度传感器时，需将万用表量程开关调到 20 kΩ 的位置。
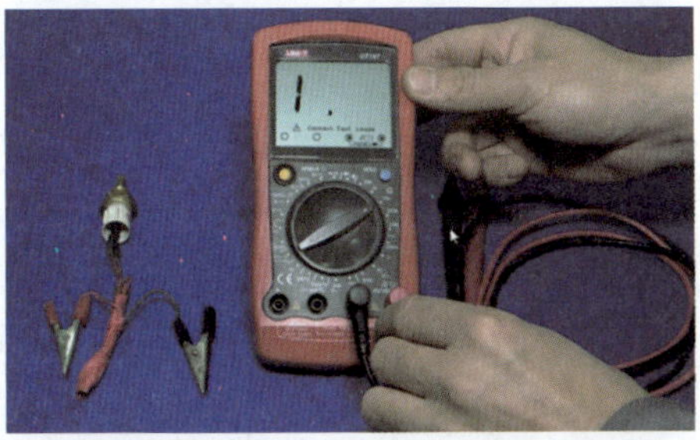	3. 按显示屏输入端口提示，将黑表笔插入“COM”插孔，红表笔插入“Ω”插孔。
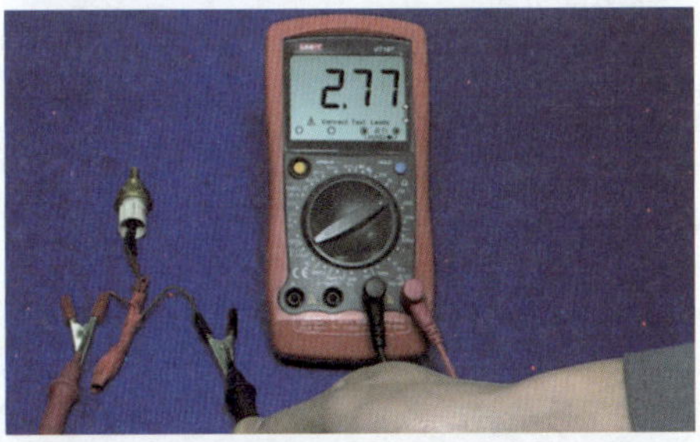	4. 将表笔跨接在被测电阻上，从显示屏上直接读取被测电阻值。
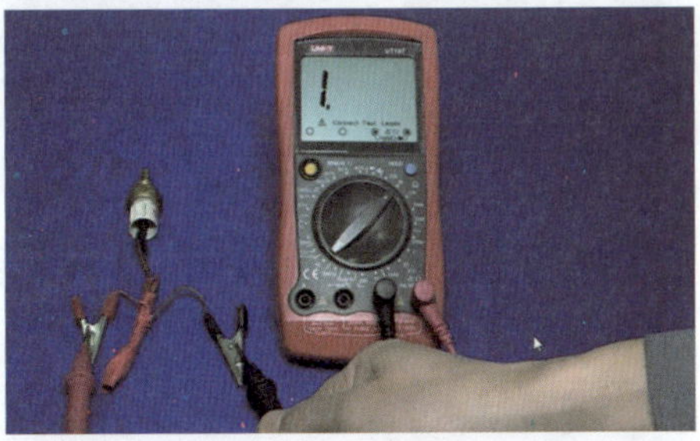	5. 如果被测电阻开路或阻值超过仪表最大量程，显示器将显示“1”。
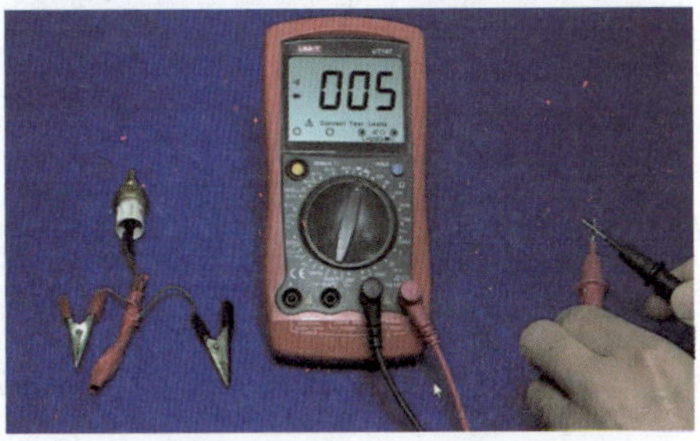	6. 此外，可以利用电阻检测原理来判断线路的通、断，将量程转换开关拨至“•))”挡。若被测线路电阻低于 20 Ω，蜂鸣器发出叫声，说明线路接通。反之，表示线路不通或接触不良。

续表

图示	步骤与说明
	7. 在测量阻值较低的电阻时，表笔会带来1 Ω 左右的测量误差。为获得精确读数，应首先将表笔短路，记住短路显示值，在测量结果中减去表笔短路显示值，才能得到准确测量结果。

课题二　故障诊断仪

学习目标

1. 了解故障诊断仪的功能及类型。
2. 能够使用故障诊断仪读取发动机的故障码、数据流。
3. 能够使用故障诊断仪进行执行器的动作测试。
4. 能够对故障诊断仪进行维护。

任务引入

随着汽车工业的飞速发展、高新技术的广泛应用和电子化程度的不断提高，对汽车检测与诊断的要求也越来越高。汽车检测、诊断技术的发展经历了从依靠经验到利用现代化智能设备的跨越。面对日趋复杂的汽车电控系统，汽车故障诊断仪已成为不可或缺的检测设备，维修人员可利用故障诊断仪读出的故障码，很容易地判断出故障所在。

知识准备

一、故障诊断仪简介

汽车故障诊断仪俗称解码器，它的功能包括基本检测功能和特殊测试功能两部分。基本检测功能包括读取故障码和清除故障码；特殊测试功能包括动态数据流测试、执行元件测试、基本设定和控制器编码等。

1. 读取故障码。可将存储在汽车ECU中的故障码和含义显示在屏幕上，以便阅读。
2. 清除故障码。利用故障诊断仪，通过简单的操作即可清除存储在汽车ECU上的故障码。
3. 动态数据流测试。利用故障诊断仪可对传感器和执行器的动态参数进行实时监测。

例如发动机转速、节气门开度、喷油脉冲宽度、点火提前角、车速以及变速器挡位状态等。

4. 执行元件测试。利用故障诊断仪可通过汽车ECU向执行元件发出指令，并执行相应动作。例如喷油器喷油、节气门打开、散热器风扇运转等。

5. 定格数据。大多数故障诊断仪都可以在行车时记录数据，这些数据是其他方法很难或根本无法获得的。重放记录时，故障码或数据流可以以暂停的方式显示，以使检测者仔细研究传感器及执行器的工作情况。

6. 系统匹配。利用故障诊断仪可对汽车电子控制系统进行基本调整和设置，例如发动机的怠速设定、节气门开度的初始化、钥匙匹配等。

7. 控制器编码。汽车控制器内一般预留了若干编码号或控制程序，可供用户选择，所以可利用故障诊断仪对车载控制器进行编码操作。编码操作较多地应用于舒适系统的个性化设置，以及启用或激活某种配置、设备或功能等。

8. 其他功能。某些故障诊断仪还具有万用表、示波器、汽车维修资料库、打印输出和网络升级等功能。故障诊断仪的功能随测试软件的版本而异，也随被测车系和年款不同而不同。有的能检测几个系统，有的只能检测一个系统。

二、故障诊断仪的分类

目前，国内外故障诊断仪的种类很多，按功能不同可分为单一功能型和多功能型；按是否通用可分为专用型和通用型两大类。

（一）专用型故障诊断仪

一般是汽车制造厂为检测诊断本厂生产的汽车而专门设计制造的汽车故障诊断仪，如奔驰汽车的BENZ MB STAR C4诊断仪、宝马汽车的ICOM A3诊断仪、丰田汽车的Intelligent Tester Ⅱ诊断仪（见图1—2—1）、大众汽车的VAS 6160诊断仪（见图1—2—2）。这类故障诊断仪只能检测诊断本厂生产的汽车，一般配备在特约维修站。

图 1—2—1　丰田 Intelligent Tester Ⅱ诊断仪

图 1—2—2　大众 VAS 6160 诊断仪

（二）通用型故障诊断仪

一般是检测设备制造厂商为检测诊断多车型而设计制造的，往往存储有几十种甚至几百种不同品牌、不同车型汽车电控系统的检测程序、检测数据和诊断代码等资料，并配备有各种车型的检测接头，可以检测诊断多种车型，因而适合综合性维修企业使用。目前国内维修企业使用最多的通用型故障诊断仪有金德KT600、元征X-431、车博士V30（见图1—2—3）、实耐宝红盒子（见图1—2—4）等品牌。

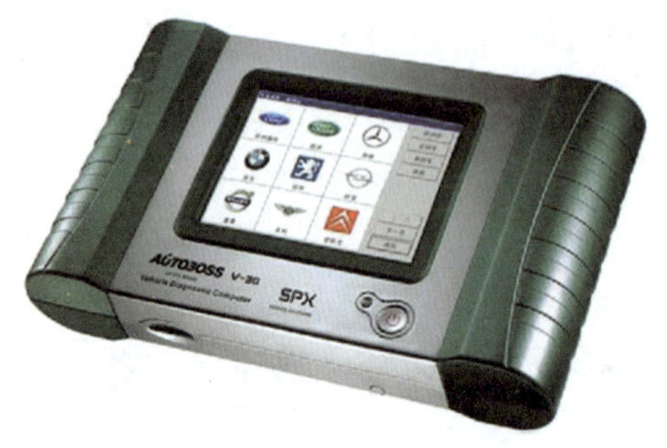

图 1—2—3　车博士 V30 故障诊断仪

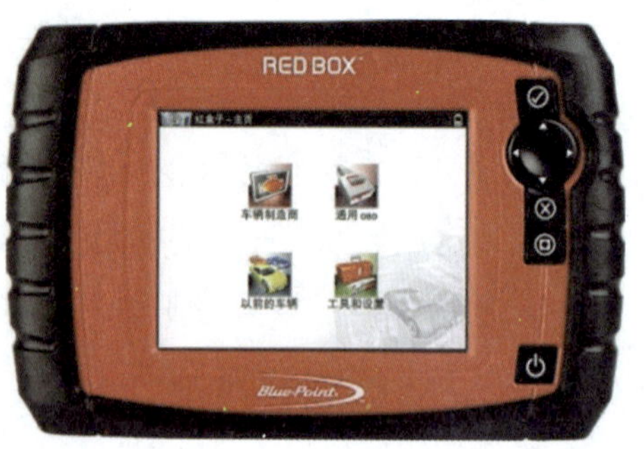

图 1—2—4　实耐宝红盒子故障诊断仪

三、故障诊断仪的结构

不同品牌的故障诊断仪结构组成各不相同，现以金德KT600故障诊断仪为例，其主机结构如图1—2—5所示，金德KT600故障诊断仪的主要组成及其功能见表1—2—1。

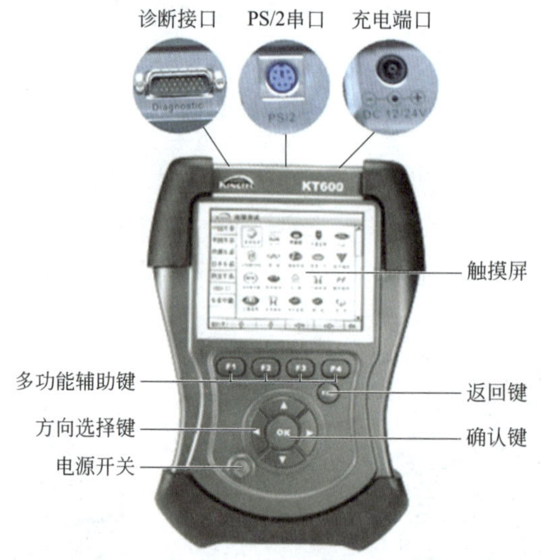

图 1—2—5　金德 KT600 故障诊断仪的主机结构

表 1—2—1　金德 KT600 故障诊断仪的主要组成及其功能

序号	名称	说明
1	KT600 主机	主机上的屏幕可显示操作按钮及测试结果等信息
2	CF 卡	存储诊断程序及数据文件
3	CF 卡读卡器	在 CF 卡上读取和存储数据
4	测试延长线	连接测试接头和主机上的测试接口

续表

序号	名称	说明
5	电源延长线	连接汽车鳄鱼夹或汽车点烟器接头通过蓄电池 / 点烟器给主机供电（起延长作用）
6	14 V 电源	将 100 ~ 230 V 交流电源转换为 14 V 直流电源
7	汽车鳄鱼夹	从汽车蓄电池获取电源
8	汽车点烟器接头	从汽车点烟器获取电源
9	触摸笔	可使用触摸笔点选主机屏幕中的各界面按钮
10	测试接头	用于连接汽车诊断座与主机，进行汽车诊断
11	示波盒 / 解码盒	根据不同版本类型，不同用户需求配置
12	打印机	根据不同版本类型，不同用户需求配置

四、故障诊断仪的使用方法

金德KT600故障诊断仪具有读取车辆电脑型号、读取故障码、清除故障码、元件控制测试、读取动态数据流、基本设定、控制器编码、登录、调整、自适应值清除等功能。具体操作步骤如下：

1. 选择合适的测试接头与诊断仪连接。
2. 关闭点火开关，找到车辆诊断座位置，将测试接头连接至汽车诊断座上。
3. 打开点火开关，打开故障诊断仪，进入主菜单界面。
4. 点击“汽车诊断”图标，进入车型选择界面。
5. 根据需要选择并点击对应的车型品牌、系统、车型等图标，进入系统功能测试界面。
6. 根据需要选择并点击汽车各系统进行测试，测试项目主要有发动机、变速箱、制动装置、车身控制单元、电子转向柱锁、停车辅助装置等。

五、故障诊断仪的使用注意事项

故障诊断仪使用时应注意以下几点：

1. 应在点火开关关闭的情况下插拔故障诊断仪测试接头。
2. 测试时，蓄电池电压应在11 V以上。
3. 故障诊断仪不使用时应尽量存放于平坦、干燥、温度适宜、无灰尘的地方。
4. 不要将故障诊断仪放于阳光直射、靠近取暖装置或容易受到水、油溅入之处。
5. 不得私自拆开主机。当主机比较脏需要清理时，先关机、拔掉电源，然后将软湿布拧干擦拭机壳或屏幕。
6. 若仪器长时间不使用，要定期运行主机，以免受潮。
7. 不要在触摸屏上放置任何物品，避免因物品压力导致触摸屏失准或内部元件损坏。

8. 不要将触摸屏暴露在阳光直射或紫外线灯光下。

9. 不要将仪器置于会产生电磁波干扰的电气设备旁，以免影响示波效果。

技能实训

下面以金德KT600故障诊断仪为例，介绍利用故障诊断仪读取故障码、清除故障码、读取车辆动态数据流和执行器测试的方法。

故障诊断仪的使用

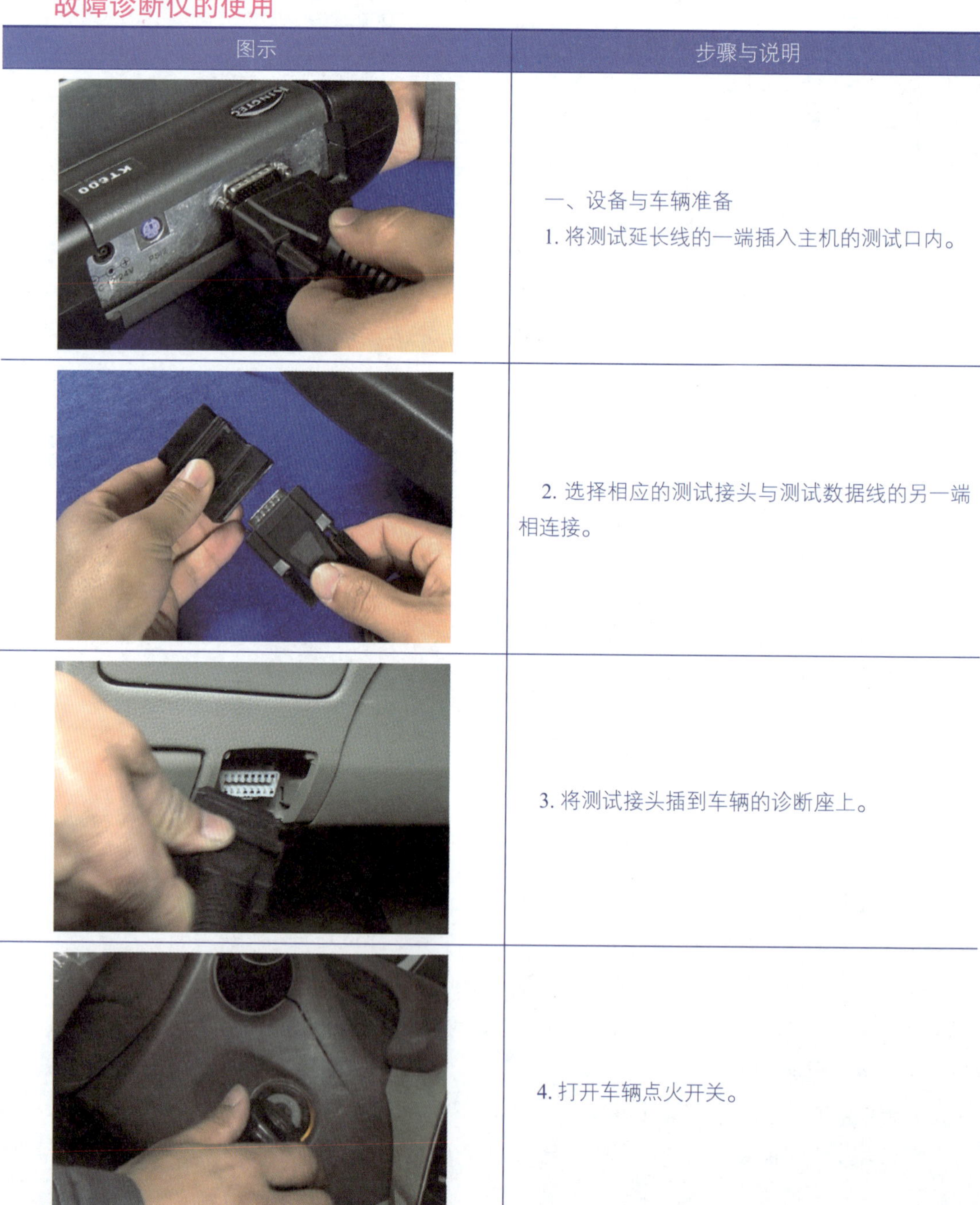

图示	步骤与说明
	一、设备与车辆准备 1. 将测试延长线的一端插入主机的测试口内。
	2. 选择相应的测试接头与测试数据线的另一端相连接。
	3. 将测试接头插到车辆的诊断座上。
	4. 打开车辆点火开关。

续表

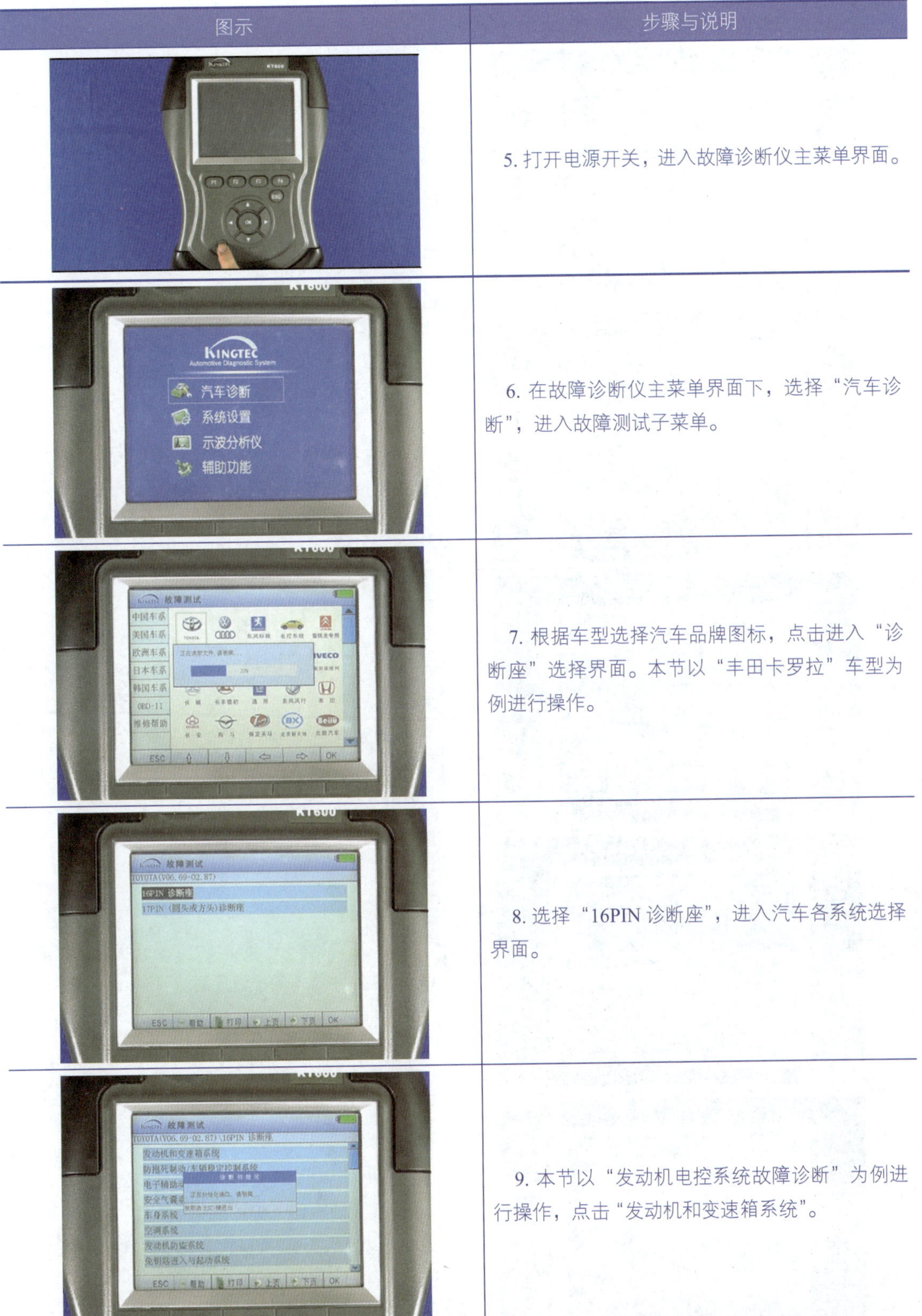

图示	步骤与说明
	5. 打开电源开关，进入故障诊断仪主菜单界面。
	6. 在故障诊断仪主菜单界面下，选择“汽车诊断”，进入故障测试子菜单。
	7. 根据车型选择汽车品牌图标，点击进入“诊断座”选择界面。本节以“丰田卡罗拉”车型为例进行操作。
	8. 选择“16PIN 诊断座”，进入汽车各系统选择界面。
	9. 本节以“发动机电控系统故障诊断”为例进行操作，点击“发动机和变速箱系统”。

续表

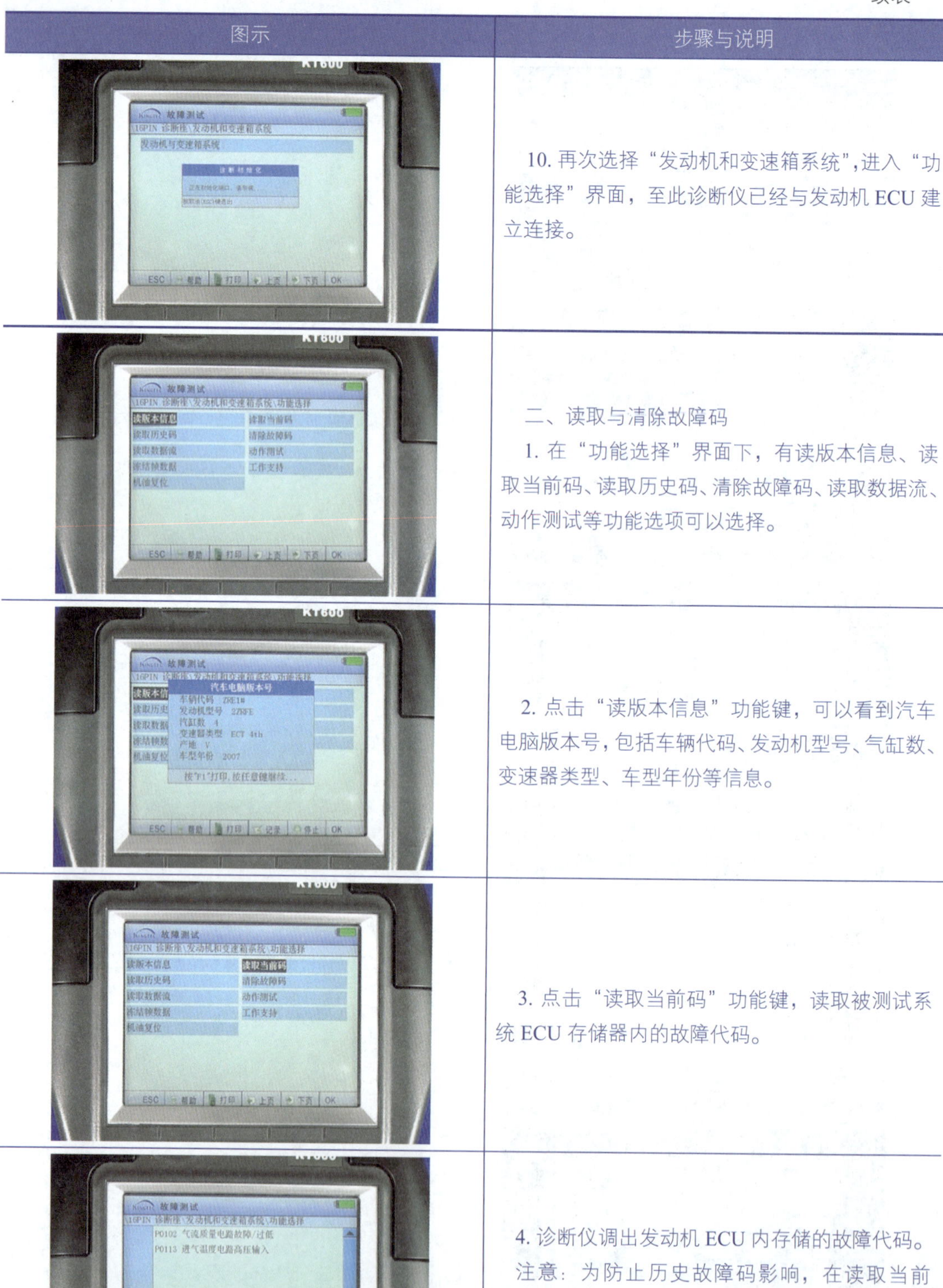

图示	步骤与说明
	10. 再次选择“发动机和变速箱系统”,进入“功能选择”界面，至此诊断仪已经与发动机 ECU 建立连接。
	二、读取与清除故障码 1. 在“功能选择”界面下，有读版本信息、读取当前码、读取历史码、清除故障码、读取数据流、动作测试等功能选项可以选择。
	2. 点击“读版本信息”功能键，可以看到汽车电脑版本号，包括车辆代码、发动机型号、气缸数、变速器类型、车型年份等信息。
	3. 点击“读取当前码”功能键，读取被测试系统 ECU 存储器内的故障代码。
	4. 诊断仪调出发动机 ECU 内存储的故障代码。 注意：为防止历史故障码影响，在读取当前故障码之后，应该清除故障码后再次读取当前故障码。

续表

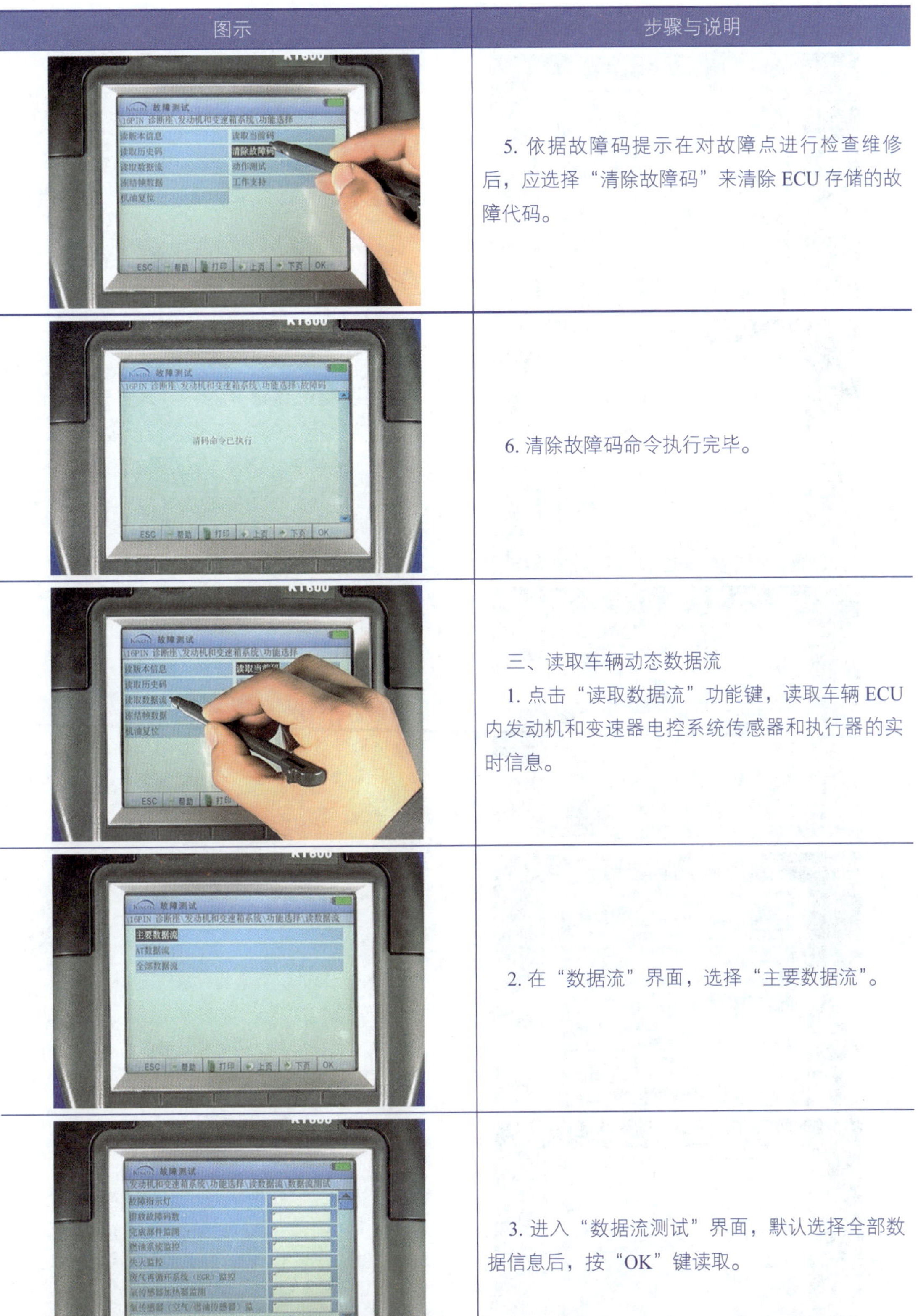

图示	步骤与说明
	5. 依据故障码提示在对故障点进行检查维修后，应选择“清除故障码”来清除 ECU 存储的故障代码。
	6. 清除故障码命令执行完毕。
	三、读取车辆动态数据流 1. 点击“读取数据流”功能键，读取车辆 ECU 内发动机和变速器电控系统传感器和执行器的实时信息。
	2. 在“数据流”界面，选择“主要数据流”。
	3. 进入“数据流测试”界面，默认选择全部数据信息后，按“OK”键读取。

续表

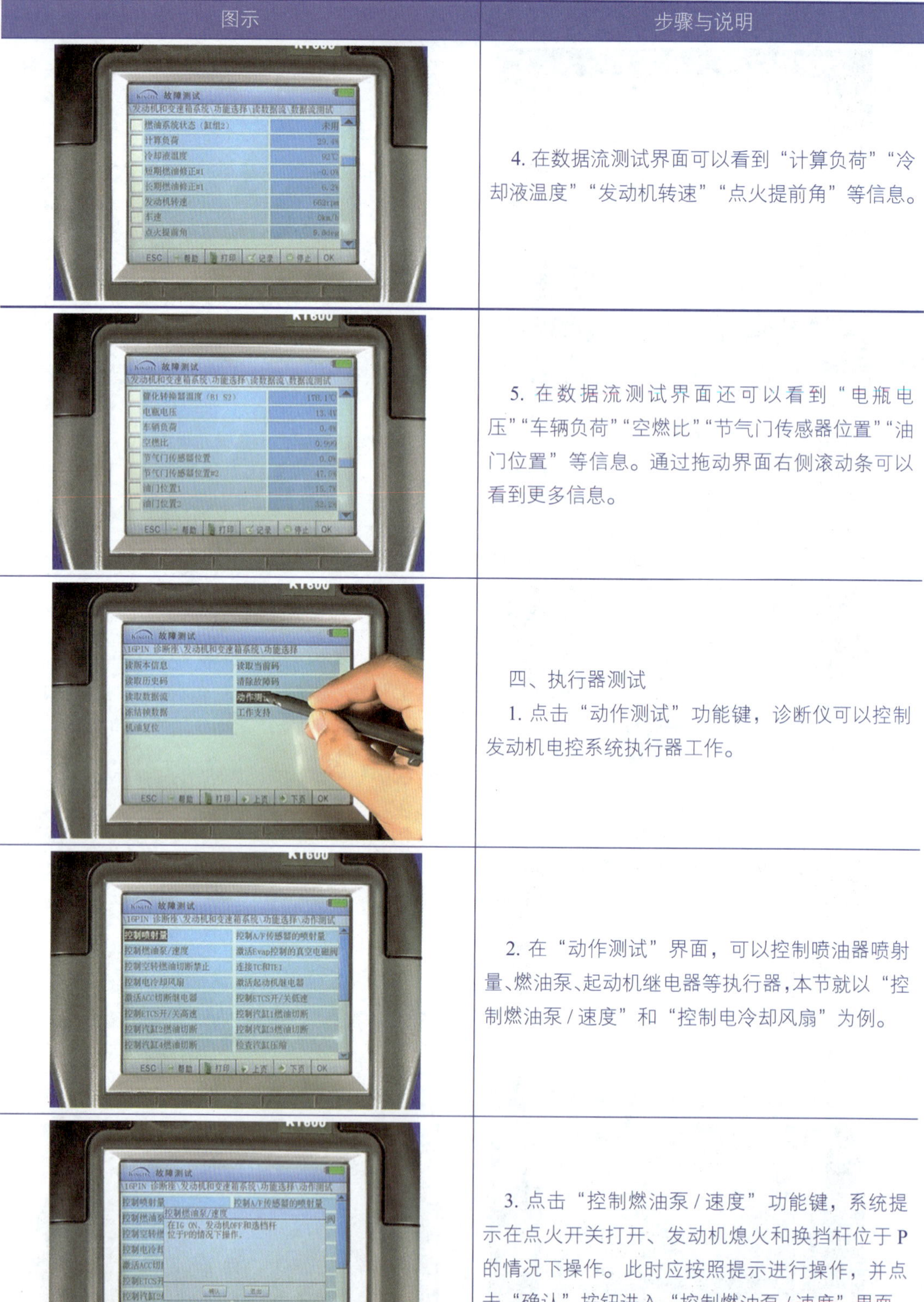

图示	步骤与说明
	4. 在数据流测试界面可以看到“计算负荷”“冷却液温度”“发动机转速”“点火提前角”等信息。
	5. 在数据流测试界面还可以看到“电瓶电压”“车辆负荷”“空燃比”“节气门传感器位置”“油门位置”等信息。通过拖动界面右侧滚动条可以看到更多信息。
	四、执行器测试 1. 点击“动作测试”功能键，诊断仪可以控制发动机电控系统执行器工作。
	2. 在“动作测试”界面，可以控制喷油器喷射量、燃油泵、起动机继电器等执行器，本节就以“控制燃油泵 / 速度”和“控制电冷却风扇”为例。
	3. 点击“控制燃油泵 / 速度”功能键，系统提示在点火开关打开、发动机熄火和换挡杆位于 P 的情况下操作。此时应按照提示进行操作，并点击“确认”按钮进入“控制燃油泵 / 速度”界面。

续表

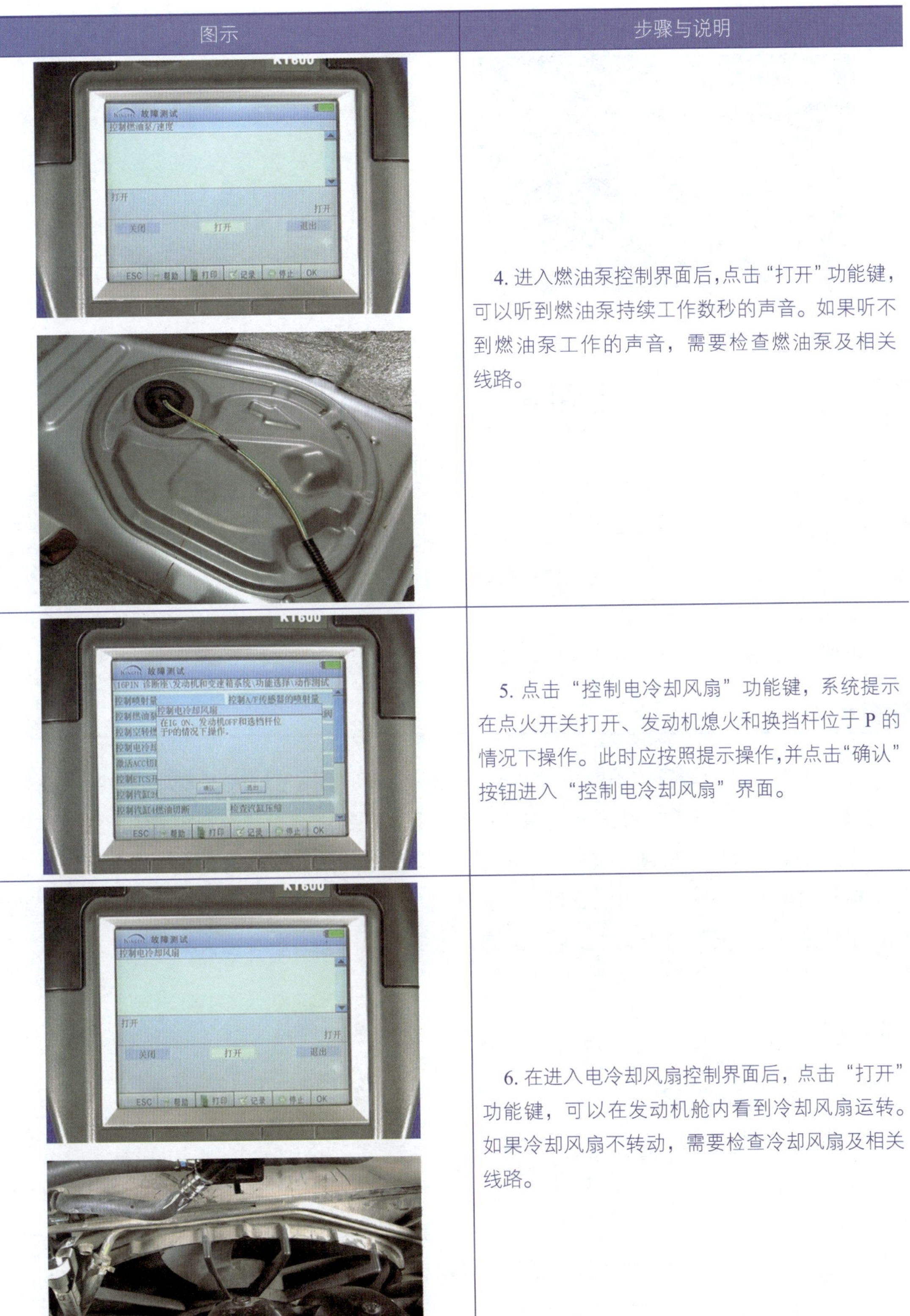

图示	步骤与说明
	4. 进入燃油泵控制界面后，点击“打开”功能键，可以听到燃油泵持续工作数秒的声音。如果听不到燃油泵工作的声音，需要检查燃油泵及相关线路。
	5. 点击“控制电冷却风扇”功能键，系统提示在点火开关打开、发动机熄火和换挡杆位于P的情况下操作。此时应按照提示操作，并点击“确认”按钮进入“控制电冷却风扇”界面。
	6. 在进入电冷却风扇控制界面后，点击“打开”功能键，可以在发动机舱内看到冷却风扇运转。如果冷却风扇不转动，需要检查冷却风扇及相关线路。

续表

图示	步骤与说明
	7. 操作完毕后，关闭故障诊断仪，按照6S要求归置物品，清理场地。

课题三　汽车示波器

学习目标

1. 了解示波器的功能与分类。
2. 了解汽车示波器的结构与工作原理。
3. 掌握汽车示波器的使用方法。
4. 掌握曲轴凸轮轴位置传感器和喷油器波形的测试方法。

任务引入

随着汽车上电子设备的不断增加，电子设备的修理工作也越来越多，这对汽车维修技术提出了新的挑战。如果一个汽车维修企业不具备高超的排除电子设备故障的能力，那么无论是现在还是将来，都将面临被淘汰的危险。汽车示波器的诞生，为汽车维修人员快速判断汽车电子设备故障提供了有力的工具，与普通的示波器相比其最大的优势就是无须任何设定和调整就可以直接观察波形，这是因为汽车示波器是专门为汽车维修人员设计的“傻瓜”示波器，它的设定和调整是自动的。

知识准备

一、示波器简介

示波器是一种用途十分广泛的电子测量仪器。它能把肉眼看不见的电信号变换成看得见的图像，便于人们研究各种信号的变化过程。利用示波器能观察各种不同信号幅度随时间变化的波形曲线，还可以用它测试各种不同的参数，如电压、电流、频率、相位差等。一般来说，凡是可以变为电效应的周期性物理过程都可以用示波器进行观测。

二、示波器的分类

示波器按照信号的不同可分为模拟示波器和数字示波器两大类，汽车示波器属于数字示波器。

（一）模拟示波器

模拟示波器利用电子枪向屏幕发射电子，发射的电子经聚焦形成电子束，并打到屏幕上。屏幕的内表面涂有荧光物质，这样电子束打中的点就会发出光来。模拟示波器的外形如图1—3—1所示。

（二）数字示波器

数字示波器是通过数据采集、A/D转换、软件编程等一系列技术制造出来的高性能示波器，如图1—3—2所示。数字示波器的工作方式是通过模拟转换器（ADC）把被测电压转换为数字信息。数字示波器捕获的是波形的一系列样值，并对样值进行存储，直至存储的累计样值能描绘出波形为止，随后，数字示波器将重构波形。数字示波器可以分为数字存储示波器（DSO）、数字荧光示波器（DPO）和采样示波器。

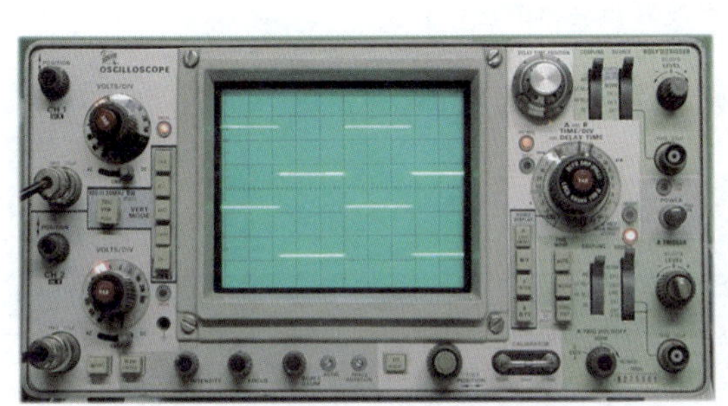

图 1—3—1　模拟示波器

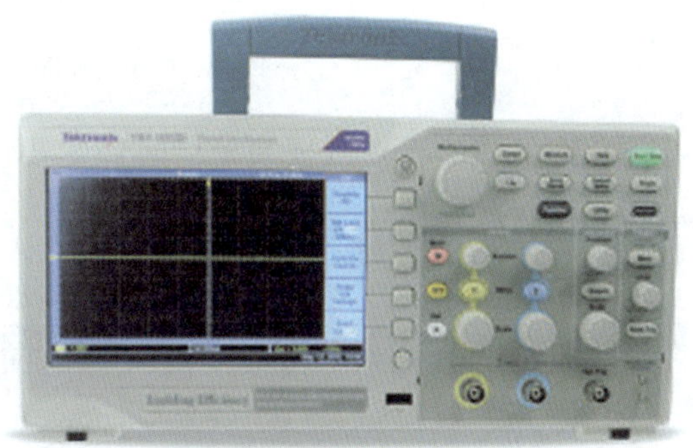

图 1—3—2　泰克 TBS1052B 数字示波器

（三）汽车示波器

汽车示波器属于数字示波器，是汽车检测设备的一种，如图1—3—3所示，它可以把汽车电气设备的实时工作状态以波形的形式显示在屏幕上，检测人员通过观察波形就可以判断汽车故障。

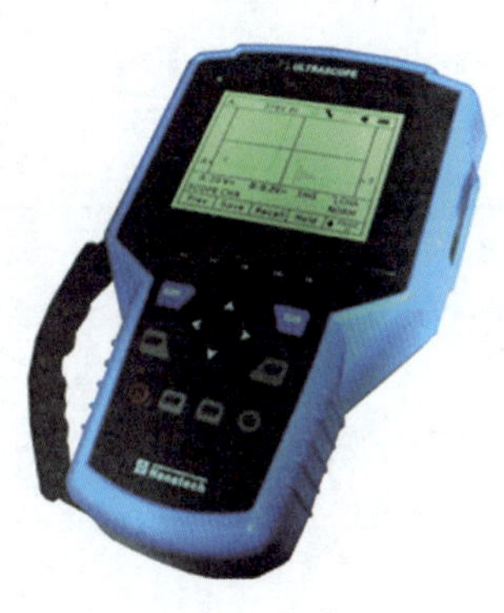

图 1—3—3　汽车示波器

汽车示波器一般具备如下功能：

1. 可测试电子控制系统传感器、执行器的工作状态，以及测量周期、脉冲宽度、正负峰值、峰值电压、点火闭合角、点火电压和燃烧时间等。
2. 同时具有汽车万用表的功能。
3. 有记录、回放功能，能捕捉到瞬间出现的故障。
4. 有的示波器内部存储有汽车数据库和标准波形，故障判断更为方便。

三、汽车示波器的结构与原理

（一）汽车示波器的结构

汽车示波器一般由传感器（测试探头和探针等）、中间处理单元和显示器等组成，金德KT600故障诊断仪内含汽车示波器模块，其通道接口如图1—3—4所示。

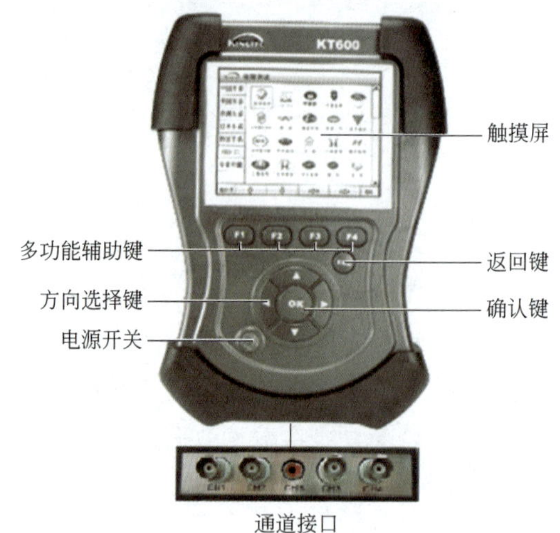

图 1—3—4　KT600 汽车示波器模块通道接口

KT600汽车示波器模块随机附件主要包括测试探针、发动机转速测量钳、容性感应夹等，各附件的具体功能见表1—3—1。

表 1—3—1　　KT600 汽车专用示波器模块随机附件的功能

名称	图示	功能
电源延长线	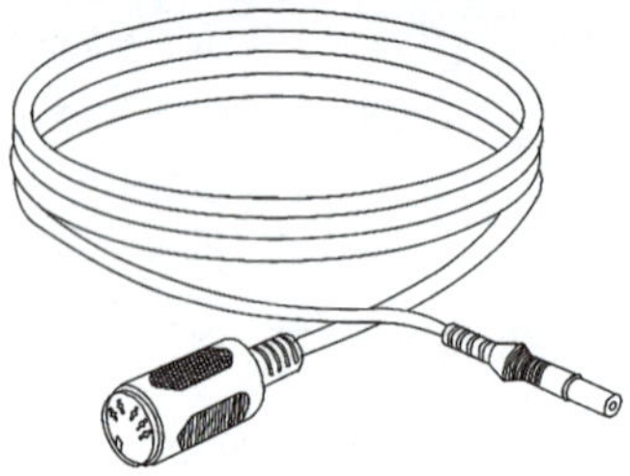	给主机提供电源，可以连接汽车点烟器接头或者汽车鳄鱼夹
汽车点烟器接头	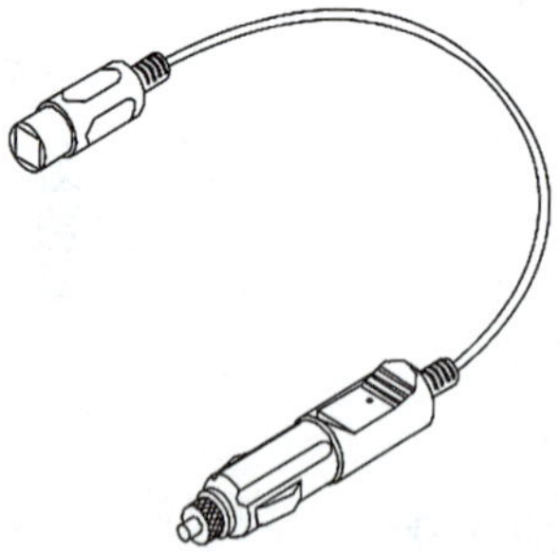	连接电源延长线和汽车点烟器给主机供电
汽车鳄鱼夹	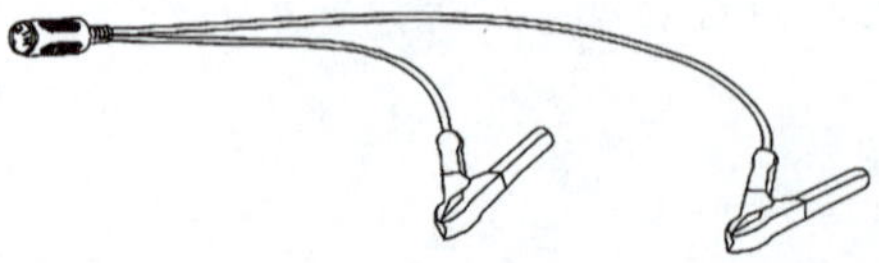	连接电源延长线和汽车蓄电池给主机供电

续表

名称	图示	功能
测试探针		连接到通道 CH1、CH2、CH3、CH4 输入信号，带接地线，可以 ×1 或者 ×10 衰减
示波延长线		可以连接 CH1、CH2、CH3、CH4 通道，主要功能是延长输入信号线
发动机转速测量钳		连接 CH5 通道，夹在发动机第一缸高压线上，用于检测发动机转速
容性感应夹		可以连接 CH1、CH2 通道，感应次级点火信号
示波连接线		可以对接地线或者将信号线进行延长，方便连接

（二）汽车示波器的工作原理

汽车示波器的工作原理方框图如图1—3—5所示。各种传感器从发动机采集的信号经过处理放大送往主机，主机在相应软件的支持下，完成各种性能参数的测量、分析与故障判断，其结果由存储器存储，并送往显示屏显示，也可打印输出。显示屏上显示的是一条信号电压随时间变化的波形曲线。

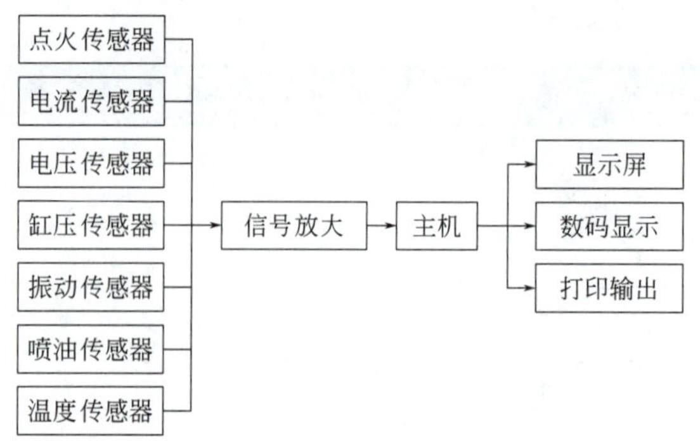

图 1—3—5 汽车示波器工作原理方框图

四、汽车示波器的使用方法

下面以KT600故障诊断仪的汽车示波器模块为例，介绍汽车示波器的使用方法。

（一）传感器波形测试

1. 进气歧管绝对压力传感器波形测试

（1）连接设备

连接KT600主机，将测试探头接入通道1（CH1）端口，然后将测试探头上的小鳄鱼夹接蓄电池负极或搭铁，用测试探针刺入进气歧管绝对压力传感器（MAP）触发信号线，如图1—3—6所示。

（2）测试条件

1）打开汽车点火开关，不启动发动机，使用手动真空泵模拟真空，将其接至进气歧管绝对压力传感器的真空输入端。

2）发动机运转，监测由怠速渐渐加速的信号。

（3）测试步骤

打开KT600电源开关，点击“示波分析仪”，在主菜单下点击“传感器”，进入传感器选择菜单，再点击“歧管绝对压力传感器（MAP）”，按照测试条件操作，屏幕将会显示波形。

2. 氧传感器波形测试

（1）连接设备

连接KT600主机，将测试探头接入通道1（CH1）端口，然后将测试探头上的小鳄鱼夹接蓄电池负极或搭铁，用测试探针刺入氧传感器触发信号线，连接方法如图1—3—7所示。

（2）测试条件

1）启动发动机使氧传感器加热至315 ℃以上，且发动机处于闭环状态。

2）启动发动机后，逐渐增加转速。

（3）测试步骤

打开KT600电源开关，点击“示波分析仪”，在主菜单下点击“传感器”，进入传感器选择菜单；再点击“氧传感器-锆和钛型”，按照测试条件操作，屏幕将会显示波形。必要时可以通过点击相应的图标选择周期、幅值、电平等参数来改变波形，也可以点击“启停”按钮冻结波形，还可以点击“存储”按钮，保存波形，供以后修车参考。

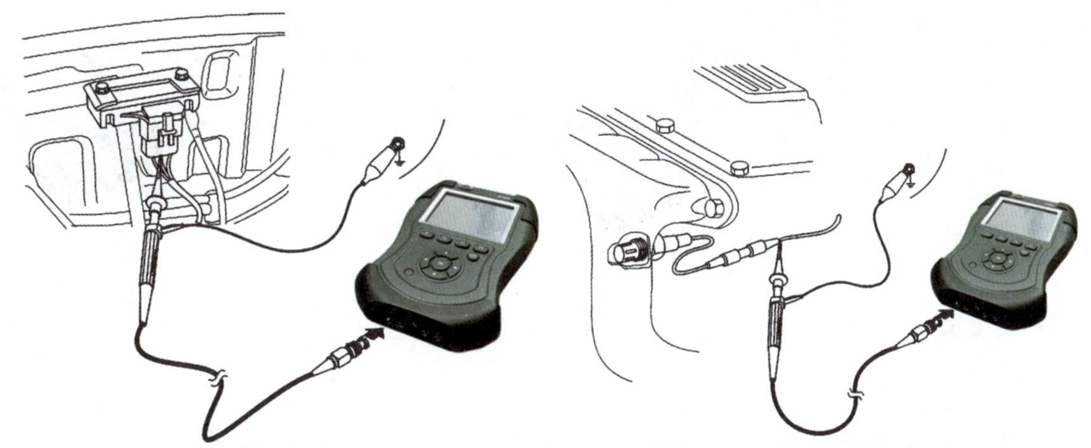

图 1—3—6　进气歧管绝对压力传感器波形测试的线路连接　　图 1—3—7　氧传感器波形测试的线路连接

3. 双路氧传感器波形测试

（1）连接设备

连接KT600主机，将两个测试探头分别接入通道1和通道2（CH1、CH2）端口，然后将其中一个测试探头的小鳄鱼夹接蓄电池负极或搭铁，分别用测试探针刺入前后氧传感器触发信号线，连接方法如图1—3—8所示。

（2）测试条件

1）启动发动机使氧传感器加热至315 ℃以上，且发动机处于闭环状态。

2）启动发动机后，逐渐增加转速。

（3）测试步骤

打开KT600电源开关，点击“示波分析仪”，在主菜单下点击“传感器”，进入传感器选择菜单，再点击“双路氧传感器”，按照测试条件操作，屏幕将会显示波形。

4. 温度传感器波形测试

（1）连接设备

连接KT600主机，将测试探头接入通道1（CH1）端口，然后将测试探头上的小鳄鱼夹接蓄电池负极或搭铁，用测试探针刺入温度传感器触发信号线，连接方法如图1—3—9所示。

（2）测试条件

1）打开点火开关，发动机不启动，温度传感器的连接线可靠，冷车测量温度传感器输出电压。

2）启动发动机，观察温度传感器在暖机过程中电压下降的情况。

3）也可以断开传感器连接线，用万用表测量电阻值变化情况。

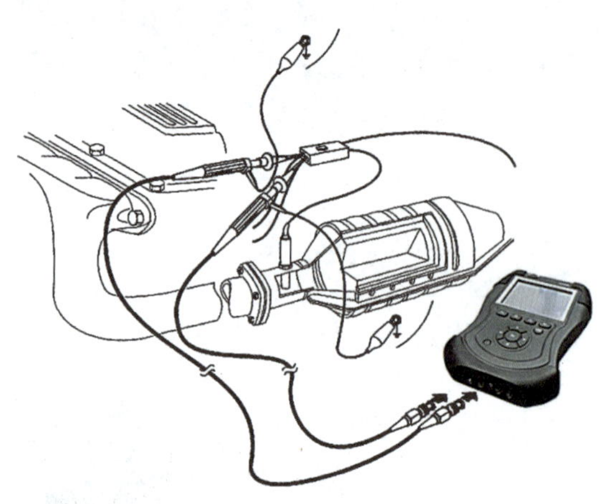

图 1—3—8　双路氧传感器波形测试的线路连接

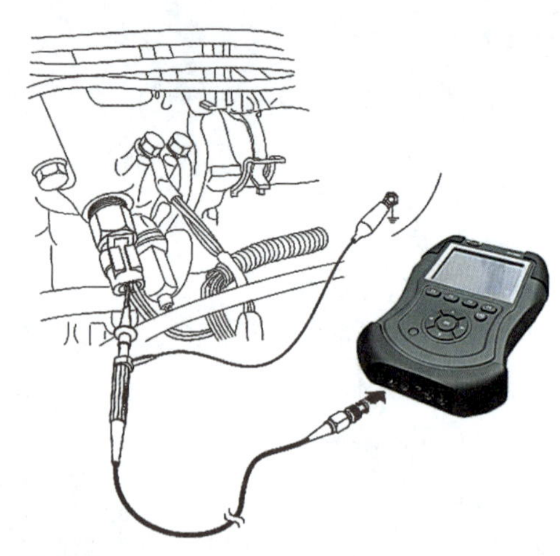

图 1—3—9　温度传感器波形测试的线路连接

（3）测试步骤

打开KT600电源开关，点击“示波分析仪”，在主菜单下点击“传感器”，进入传感器选择菜单，再点击“温度传感器”，按照测试条件操作，屏幕将会显示波形。

5. 节气门位置传感器波形测试

（1）连接设备

连接KT600主机，将测试探头接入通道1（CH1）端口，然后将测试探头上的小鳄鱼夹接蓄电池负极或搭铁，用测试探针刺入节气门位置传感器信号线，连接方法如图1—3—10所示。

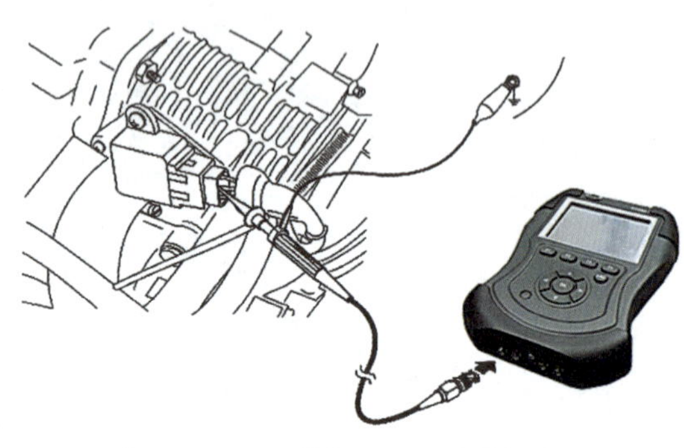

图 1—3—10　节气门位置传感器波形测试的线路连接

（2）测试条件

打开点火开关，发动机不启动，先将节气门转到全开位置，然后转到全关位置（顺序相反亦可）。

（3）测试步骤

打开KT600电源开关，点击“示波分析仪”，在主菜单下点击“传感器”，进入传感器选择菜单，再点击“节气门位置传感器”，按照测试条件操作，屏幕将会显示波形。

6. 曲轴凸轮位置传感器波形测试

（1）连接设备

连接KT600主机，将测试探头接入通道1（CH1）端口，然后将测试探头上的小鳄鱼夹接蓄电池负极或搭铁，用测试探针刺入曲轴凸轮位置传感器信号线，连接方法如图1—3—11所示。

（2）测试条件

1）查看传感器是否有信号输出，若无信号输出，则可能是传感器损坏或者接线不良。

2）如果是诊断发动机无法启动故障，则按仪器的提示接线，然后启动发动机。

3）如果发动机可以启动，则按仪器的提示接线后，启动发动机，在怠速和较高转速下进行测试。

（3）测试步骤

打开KT600电源开关，点击“示波分析仪”，在主菜单下点击“传感器”，进入传感器选择菜单，再点击“曲轴凸轮位置传感器”，按照测试条件操作，屏幕将会显示波形。

7. 行车高度（位置）传感器波形测试

（1）连接设备

连接KT600主机，将测试探头接入通道1（CH1）端口，然后将测试探头上的小鳄鱼夹接蓄电池负极或搭铁，用测试探针刺入行车高度传感器信号线，连接方法如图1—3—12所示。

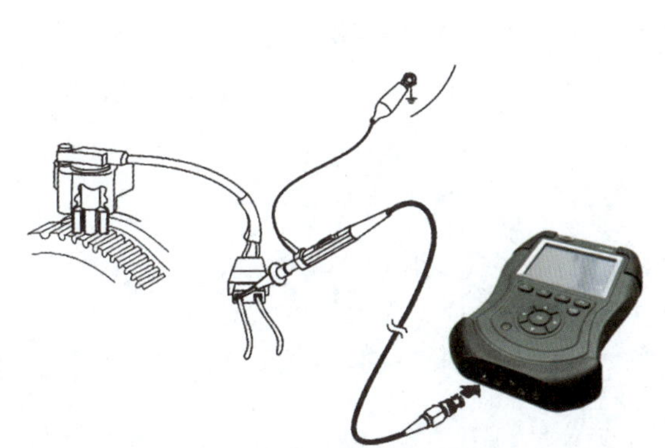

图 1—3—11　曲轴凸轮位置传感器波形测试的线路连接

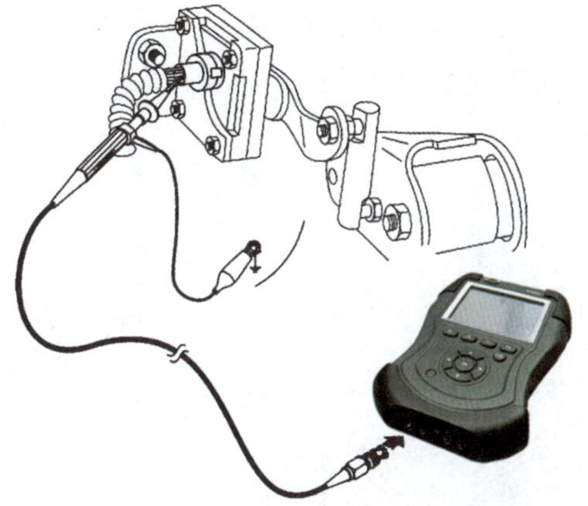

图 1—3—12　行车高度（位置）传感器波形测试的线路连接

（2）测试条件

1）打开点火开关，发动机不启动，分离传感器的可转动轴（固定于后轴上），旋转轴从停机一端到另一端，以测量全部的行程。

2）小心地断开传感器连接线，然后测量传感器电阻，确定传感器中是否有开路或者短路现象。

3）重新接回可转动轴至后轴上，并按照制造商手册规定的指标调整行车高度传感器。

（3）测试步骤

打开KT600电源开关，点击“示波分析仪”，在主菜单下点击“传感器”，进入传感器选择菜单，再点击“行车高度（位置）传感器”，按照测试条件操作，屏幕将会显示波形。

8. 车速传感器波形测试

（1）连接设备

连接KT600主机，将测试探头接入通道1（CH1）端口，然后将测试探头上的小鳄鱼夹接蓄电池负极或搭铁，用测试探针刺入车速传感器信号线，连接方法如图1—3—13所示。

（2）测试条件

1）顶高车身，使汽车驱动轮悬空可以自由转动。

2）连接好设备，并启动发动机，挂上驱动挡。

3）监测车速传感器在低速时的输出信号并逐渐增加驱动轮的转速。

（3）测试步骤

打开KT600电源开关，点击“示波分析仪”，在主菜单下点击“传感器”，进入传感器选择菜单，再点击“车速传感器”，根据被测试传感器的形式选择“电磁感应”“霍尔效应”或者“光电型”，按照测试条件操作，屏幕将会显示波形。

9. 制动防抱死速度传感器波形测试

（1）连接设备

连接KT600主机，将测试探头接入通道1（CH1）端口，然后将测试探头上的小鳄鱼夹接蓄电池负极或搭铁，用测试探针刺入制动防抱死（ABS）速度传感器信号线，连接方法如图1—3—14所示。

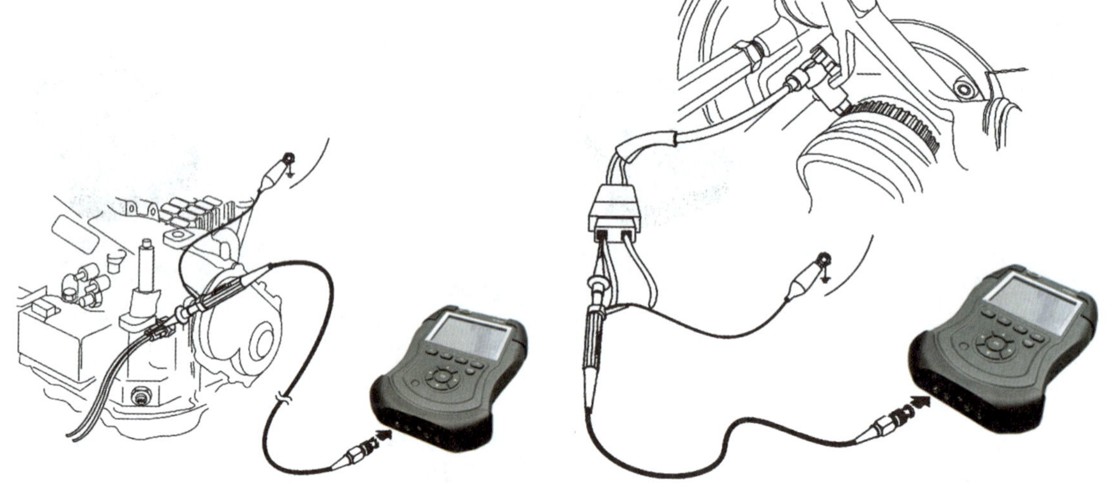

图 1—3—13　车速传感器波形测试的线路连接　图 1—3—14　制动防抱死速度传感器波形测试的线路连接

（2）测试条件

1）顶高车身，使汽车驱动轮悬空可以自由转动。

2）测试非驱动轮：关闭点火开关，断开ABS速度传感器连接线，连接仪器至ABS速度传感器，然后转动车轮。测试驱动轮：启动发动机，将探头插到ABS速度传感器接头的背后，挂上驱动挡，慢慢加速驱动。

（3）测试步骤

打开KT600电源开关，点击“示波分析仪”，在主菜单下点击“传感器”，进入传感器选择菜单，再点击“刹车防抱死速度传感器”，按照测试条件操作，屏幕将会显示波形。

10. 空气流量传感器波形测试

（1）连接设备

连接 KT600 主机，将测试探头接入通道1（CH1）端口，然后将测试探头上的小鳄鱼夹接蓄电池负极或搭铁，用测试探针刺入空气流量传感器信号线，连接方法如图1—3—15所示。

（2）测试条件

1）连接设备，启动发动机怠速运转，缓慢加速，观察显示结果。

2）测试的时候可利用旋具柄轻轻敲击传感器，传感器内部的连线如果有松动会有短暂的迟滞及提速不顺现象。

（3）测试步骤

打开KT600电源开关，点击“示波分析仪”，在主菜单下点击“传感器”，进入传感器选择菜单，再点击“空气流量传感器”，根据被测试空气流量传感器的形式，选择“模拟量”或者“数字型”，按照测试条件操作，屏幕将会显示波形。

11. 爆震传感器波形测试

（1）连接设备

连接KT600主机，将测试探头接入通道1（CH1）端口，然后将测试探头上的小鳄鱼夹接蓄电池负极或搭铁，用测试探针接爆震传感器的信号线，连接方法如图1—3—16所示。

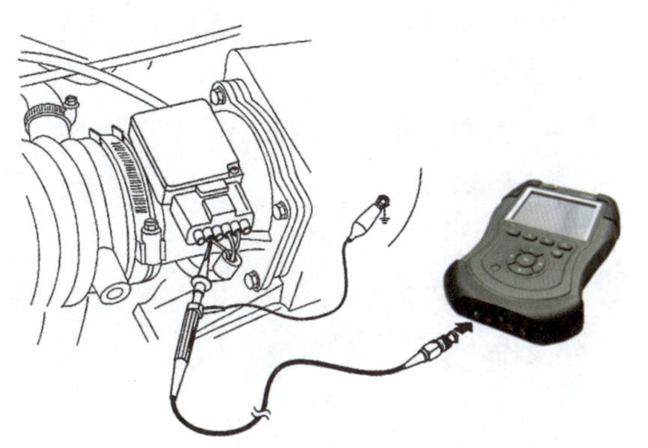

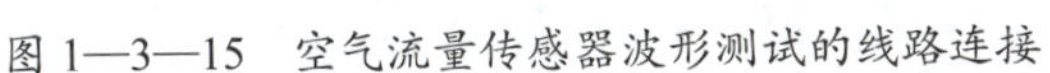

图 1—3—15　空气流量传感器波形测试的线路连接

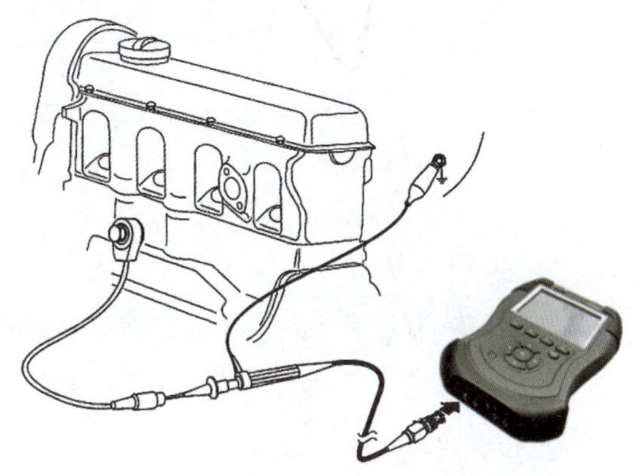

图 1—3—16　爆震传感器波形测试的线路连接

（2）测试条件

1）爆震传感器非在线测试（传感器连线断开）

① 将爆震传感器的连线断开，连接仪器至传感器上。

② 使用木槌在靠近传感器附近的缸体上敲击以使传感器产生信号。

2）爆震传感器在线测试（滞后点火测试）

① 按执行器波形测试中“提前时间波形测试”的说明进行提前时间的测试。

② 使用木槌在靠近传感器附近的缸体上敲击以使传感器产生信号。

③ 观察点火时间以确认当爆震信号被ECU收到后点火滞后。

（3）测试步骤

打开KT600电源开关，点击“示波分析仪”，在主菜单下点击“传感器”，进入传感器选择菜单，再点击“爆震传感器”，按照测试条件操作，屏幕将会显示波形。

（二）执行器波形测试

1. 废气循环系统（EGR）波形测试

（1）连接设备

连接KT600主机，将测试探头接入通道1（CH1）端口，然后将测试探头上的小鳄鱼夹接蓄电池负极或搭铁，用测试探针刺入EGR阀信号线，连接方法如图1—3—17所示。

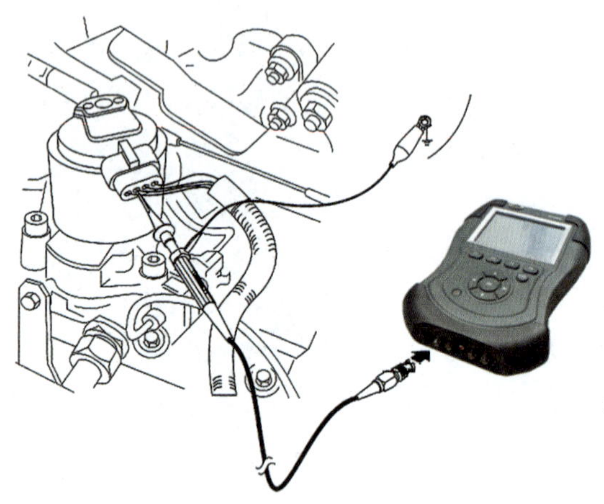

图 1—3—17　废气循环系统（EGR）波形测试的线路连接

（2）测试条件

1）启动发动机，连接KT600到EGR阀上，慢慢增加发动机转速到巡航转速。

注意：大部分EGR阀必须在发动机有负荷下才会开启。因此可能需要路试或利用功率试验机来辅助测试。

2）将点火开关置于打开位置，发动机停机，将探头插到EGR阀门顶部的位置传感器上，并小心（冷车）地将EGR从底座上提起。如果EGR膜片上有阻挡物或不易接触时，可尝试使车辆在负荷下移动EGR阀。

3）测试位置传感器时使用一般传感器中的电位器测试功能。

（3）测试步骤

打开KT600电源开关，点击“示波分析仪”，在主菜单下点击“执行器”，进入执行器选择菜单，再点击“废气循环系统”，按照测试条件操作，屏幕将会显示波形。

2. 燃油控制波形测试

（1）连接设备

连接KT600主机，将发动机转速测量钳连接到CH5通道并夹住一缸高压线，将测试探头前部的衰减开关拨到×10位置，然后接入通道1（CH1）端口，并将测试探头上的小鳄鱼夹接蓄电池负极或搭铁，用测试探针刺入喷油器的信号线，连接方法如图1—3—18所示。

（2）测试条件

1）启动发动机，从怠速开始测试，慢慢地提升发动机转速，同时观察喷油器的信号。

2）改变进气歧管绝对压力传感器或氧传感器的输出信号以增加发动机的负荷。另外一个方法是断开氧传感器的接线，这会造成送往控制单元的电压信号减小，控制单元会增加喷射脉冲宽度，但这种方法可能会造成故障码的出现。

3）将氧传感器的信号端接到蓄电池的正极，增加送往控制单元的电压信号，控制单元会做出减少喷射脉冲宽度的反应。

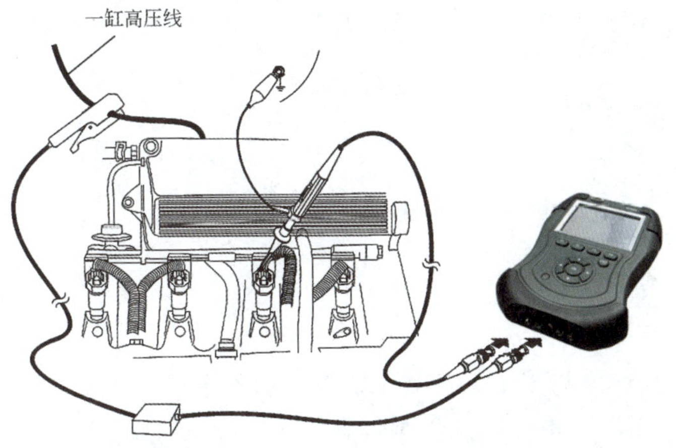

图 1—3—18　燃油控制波形测试的线路连接

（3）测试步骤

打开KT600电源开关，点击“示波分析仪”，在主菜单下点击“执行器”，进入执行器选择菜单，再点击“燃油喷射”，按照测试条件操作，屏幕将会显示波形。

3. 混合比控制电磁线圈波形测试

（1）连接设备

连接KT600主机，将测试探头接入通道1（CH1）端口，然后将测试探头上的小鳄鱼夹接蓄电池负极或搭铁，用测试探针刺入混合比控制电磁线圈的信号线，连接方法如图1—3—19所示。

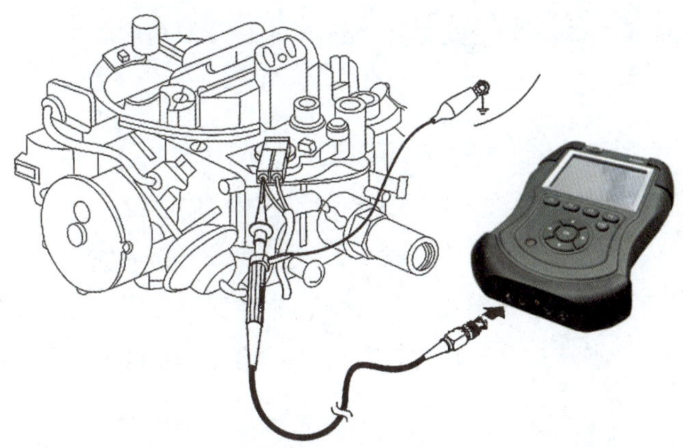

图 1—3—19　混合比控制电磁线圈波形测试的线路连接

（2）测试条件

1）启动发动机（某些汽车在电磁线圈附近的端子上会有额外的插头以方便连接），确认发动机的燃油控制系统处于燃油的控制状态（脉冲宽度变化中），此时发动机处于闭环控制。

2）有意造成大量真空泄漏并注意观察控制单元为补偿真空泄漏而增浓混合气的信号变化。

3）关闭阻风门来增浓混合气并注意观察控制单元因补偿氧传感器缺少氧气时的信号变化。

（3）测试步骤

打开KT600电源开关，点击“示波分析仪”，在主菜单下点击“执行器”，进入执行器选择菜单，再点击“混合比控制电磁线圈”，按照测试条件操作，屏幕将会显示波形。

4. 怠速空气/速度控制波形测试

（1）连接设备

连接KT600主机，将测试探头接入通道1（CH1）端口，然后将测试探头上的小鳄鱼夹接蓄电池负极或搭铁，用测试探针刺入怠速空气/速度控制阀的信号线，连接方法如图1—3—20所示。

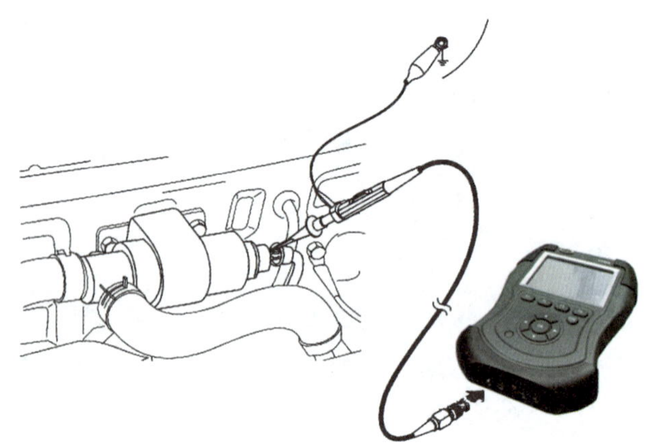

图 1—3—20 怠速空气 / 速度控制波形测试的线路连接

（2）测试条件

1）启动发动机，监测在发动机冷车、暖机和热车时的状况。

2）有意造成小的真空泄漏并注意观察来自发动机控制单元的信号如何调整阀门的打开。

（3）测试步骤

打开KT600电源开关，点击“示波分析仪”，在主菜单下选择点击“执行器”，进入执行器选择菜单，再点击“怠速空气/速度控制”，按照测试条件操作，屏幕将会显示波形。

5. 分电盘触发波形测试

（1）连接设备

连接KT600主机，将测试探头接入通道1（CH1）端口，然后将测试探头上的小鳄鱼夹接蓄电池负极或搭铁，用测试探针插入分电器信号线，霍尔效应式分电器触发连接方法如图1—3—21所示。

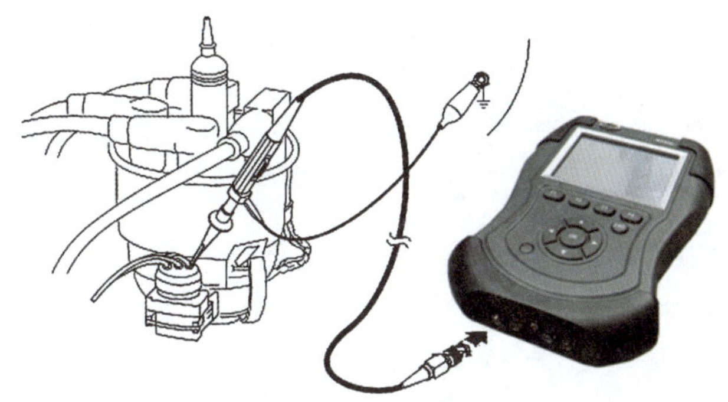

图 3—3—21　霍尔效应式分电器触发连接方法

（2）测试条件

1）若正在诊断“无法启动”的故障，则按提示进行接线，然后启动发动机，检查是否有信号存在；若有信号出现，则问题不在此处；若无信号出现或信号太弱，则检查传感器是否有故障或导线是否有问题。

2）若发动机可以启动，则按提示进行接线，然后启动发动机，检查发动机各工况下的状况。

（3）测试步骤

打开KT600电源开关，点击“示波分析仪”，在主菜单下点击“执行器”，进入执行器选择菜单，再点击“分电盘触发”，按照测试条件操作，屏幕将会显示波形。

6. 提前时间波形测试

（1）连接设备

连接KT600主机，将两个测试探头分别接入通道1和通道2（CH1、CH2）端口，将发动机转速测量钳接入CH5，然后将连接CH1测试探头的小鳄鱼夹接蓄电池负极或搭铁，分别用测试探针刺入点火线圈的“-”接头和曲轴凸轮位置传感器的信号线，连接方法如图1—3—22所示。

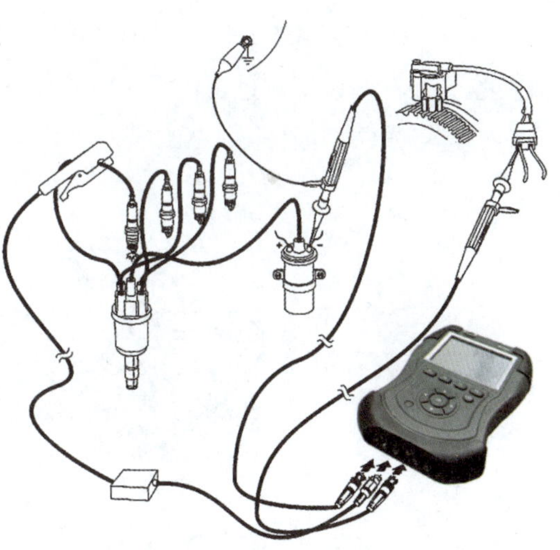

图 1—3—22　提前时间波形测试的线路连接

（2）测试条件

1）连接KT600主机，CH2通道测试线不可接地。

2）启动发动机并使其怠速运转，慢慢地加速同时观察屏幕的结果。

（3）测试步骤

打开KT600电源开关，点击“示波分析仪”，在主菜单下点击“执行器”，进入执行器选择菜单，再点击“提前时间”，按照测试条件操作，屏幕将会显示波形。

（三）点火系统波形测试

1. 次级点火波形测试

由于被测试发动机的点火方式和点火系统的连接方式不尽相同，所以连接的方法也不一样，在测试次级点火波形前，要先确认被测试发动机点火方式。

（1）连接设备

传统点火：连接KT600主机，将发动机转速测量钳一端接KT600的CH5端口，信号夹夹住发动机一缸的高压线，操作时注意查看信号夹上有“此面朝向火花塞”的提示，注意不要夹反，容性感应夹一端接CH1端口，然后用其中的一个夹子夹住高压总线，如图1—3—23所示。

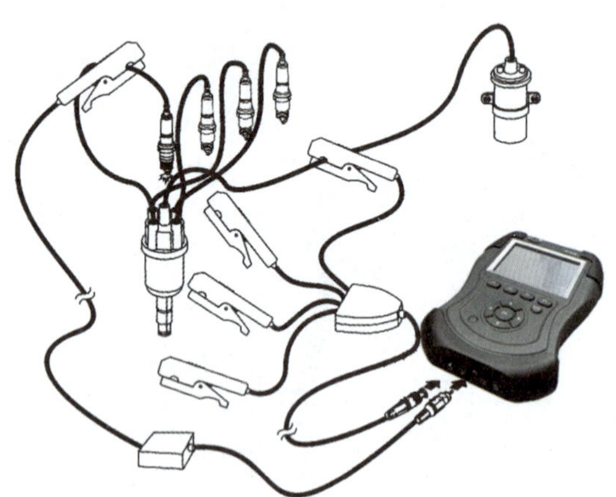

图 1—3—23 传统点火波形测试的线路连接

直接点火：将发动机转速测量钳一端接KT600的CH5端口，信号夹夹住发动机一缸的高压线，操作时注意查看信号夹上有“此面朝向火花塞”的提示，注意不要夹反；容性感应夹一端接CH1端口，其他夹子分别夹到各气缸高压线上。

双头点火：将发动机转速测量钳一端接KT600的CH5端口，信号夹夹住发动机一缸的高压线，操作时注意查看信号夹上有“此面朝向火花塞”的提示，注意不要夹反。查看点火线圈的极性，假设一侧是正，那么另一侧肯定为负，相同侧的极性相同，共用同一个容性感应夹。连接方法如图1—3—24所示。

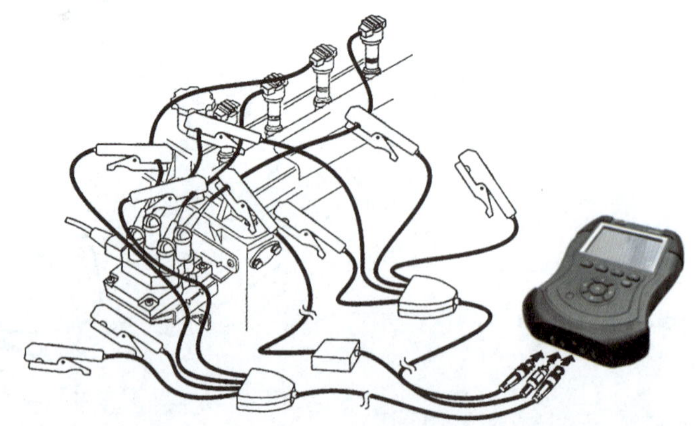

图 1—3—24 双头点火波形测试的线路连接

（2）测试条件

启动发动机，在不同负荷及速度下测试检验元件的性能，火花塞、点火连线头及其他次级电路的元件可能在高负荷时功能不正常，在负荷状态下进行这些测试（在功率试验机上或路试），有助于精确地查找到故障位置。

（3）测试步骤

打开KT600电源开关，点击“示波分析仪”，在主菜单下点击“点火系统”，进入点火系统选择菜单。选择次级点火，再选择发动机参数设定，根据被测试发动机更改参数，按上、下方向键选择需要更改的项目，按左、右方向键可以更改参数，更改完毕，按“EXIT”键返回上级菜单。然后按向下方向键选择次级点火测试，按照测试条件操作，屏幕将会显示波形。

2. 初级点火波形测试

（1）连接设备

连接KT600主机，将发动机转速测量钳一端接KT600的CH5端口，信号夹夹住发动机一缸的高压线，操作时注意查看信号夹上有“此面朝向火花塞”的提示，注意不要夹反，测试探头一端接CH1端口，测试探针头部衰减开关拨到×10位置接点火线圈的“IG-”信号线，如图1—3—25所示。

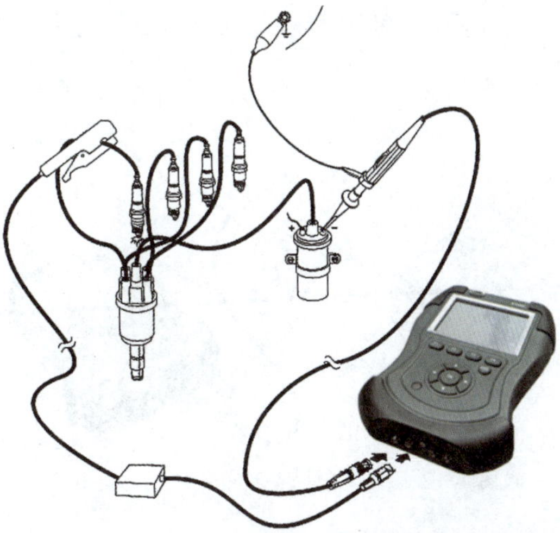

图1—3—25　初级点火波形测试的线路连接

（2）测试条件

启动发动机，在不同负荷下测试点火系统以检验元件的性能，初级点火模块在高负荷及高温时可能会工作不正常。

（3）测试步骤

打开KT600电源开关，点击“示波分析仪”，在主菜单下点击“点火系统”，进入点火系统选择菜单。选择初级点火，再选择发动机参数设定，根据被测试发动机更改参数，更改完毕，按“EXIT”键返回上级菜单。如果选择初级点火多缸模式，则进行初级点火多缸模式测试，如果是直接点火应选择初级点火单缸模式，按照测试条件操作，屏幕将会显示波形。

（四）电气系统波形测试

1. 蓄电池测试

（1）连接设备

连接 KT600 主机，将测试探头接入通道1（CH1）端口，然后将测试探头上的小鳄鱼夹接蓄电池负极或搭铁，测试探针接蓄电池正极。

（2）测试条件

打开大灯约3 min，除去蓄电池内的表面电荷。

（3）测试步骤

打开KT600电源开关，点击“示波分析仪”，在主菜单下点击“电气系统”，进入电气系统选择菜单，再点击“电瓶测试”，按照测试条件操作，屏幕将会显示波形。

2. 充电波形测试

（1）连接设备

连接KT600主机，将测试探头接入通道1（CH1）端口，然后将测试探头上的小鳄鱼夹接蓄电池负极或搭铁，不同的功能测试，测试探针的测量点也不一样。

（2）测试条件

1）充电输出测试

① 将KT600与车上的发电机相连接，如图1—3—26所示。

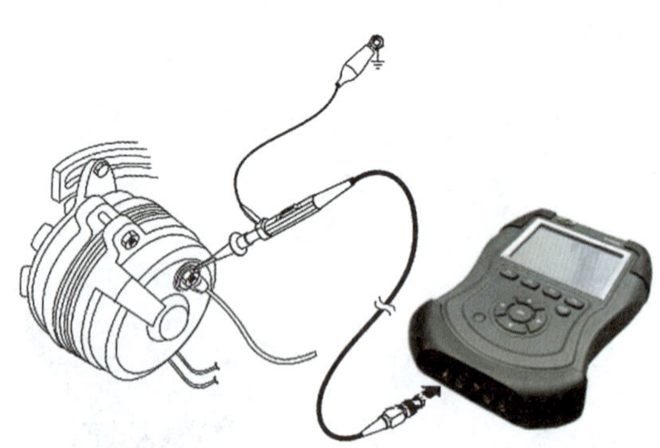

图 1—3—26　充电波形测试的线路连接

② 启动发动机，在怠速及负荷下测试，慢慢地增加发动机转速。

③ 打开车上的电气设备给充电系统加载，例如大灯、水箱风扇及刮水器等。

2）整流二极管测试

① 将发电机断开后，测试发电机的整流桥。

② 按厂家建议的方法来诊断故障的发电机。

（3）测试步骤

打开KT600电源开关，点击“示波分析仪”，在主菜单下点击“电气系统”，进入电气系统选择菜单，再点击“充电测试”，按照测试条件操作，屏幕将会显示波形。

3. 线圈和二极管波形测试

（1）连接设备

连接 KT600 主机，将测试探头接入通道1（CH1）端口，然后将测试探头上的小鳄鱼夹接蓄电池负极或搭铁，用测试探针接电磁线圈电源，如图1—3—27所示。

（2）测试条件

激励被测装置，然后观察屏幕显示。

（3）测试步骤

打开KT600电源开关，点击“示波分析仪”，在主菜单下点击“电气系统”，进入电气系统选择菜单，再点击“线圈和二极管测试”，按照测试条件操作，屏幕将会显示波形。

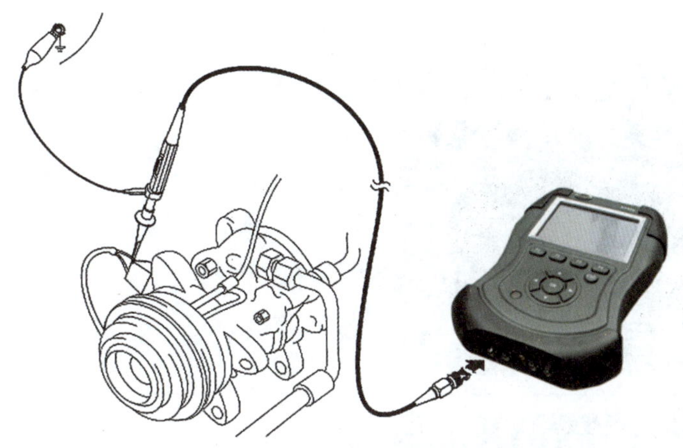

图 1—3—27　线圈和二极管波形测试的线路连接

4. 电压测试

（1）连接设备

连接 KT600 主机，将测试探头接入通道1（CH1）端口，然后将测试探头上的小鳄鱼夹接蓄电池负极或搭铁，用测试探针接被测试点。

（2）测试条件

参考汽车电路图，了解接线位置及电路说明。

（3）测试步骤

打开KT600示波器电源开关，点击“示波分析仪”，在主菜单下点击“电气系统”，进入电气系统选择菜单，再点击“电压测试”，屏幕将会显示波形。

五、汽车示波器的使用注意事项

1. 测试点火高压线时，必须使用专用的电容探头，不能将示波器探头直接接入点火次级电路。

2. 使用汽车示波器时，注意远离热源，例如排气管、催化器等，温度过高会损坏仪器。

3. 汽车示波器在测试时要让测试线尽量离开风扇叶片、传动带等转动部件。

4. 测试时确认发动机舱盖液压支撑的功能是否正常，防止发动机舱盖自动下降伤人或损坏汽车示波器。

5. 路试中，不要将汽车示波器放在仪表台上方，最好是拿在手中测试。

6. 测试过程中，应确保测试线连接可靠，没有虚接现象。

技能实训

下面以金德KT600为例，介绍使用汽车示波器测试曲轴凸轮位置传感器和喷油器波形的方法。

操作一　曲轴凸轮位置传感器波形的测试

图示	步骤与说明
	1. 将测试探头的一端与 KT600 通道 1（CH1）端口相连。
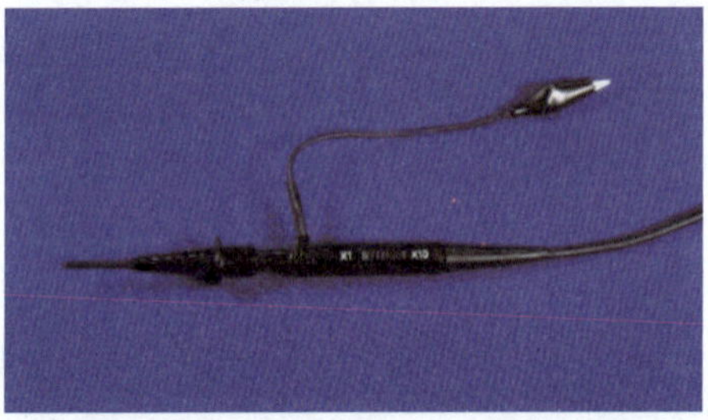	2. 将测试探头前部的衰减开关拨到 ×1。
 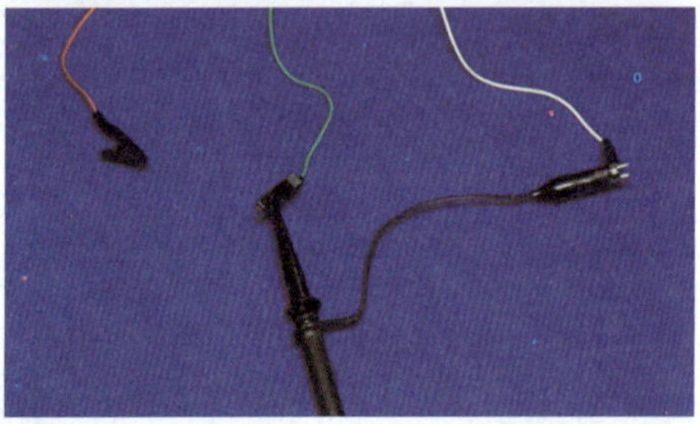	3. 将测试探头上的小鳄鱼夹接蓄电池负极或搭铁，测试探针与曲轴凸轮位置传感器的信号线连接。
	4. 打开 KT600 电源开关，在主菜单界面下点击“示波分析仪”，进入示波器菜单界面。

续表

图示	步骤与说明
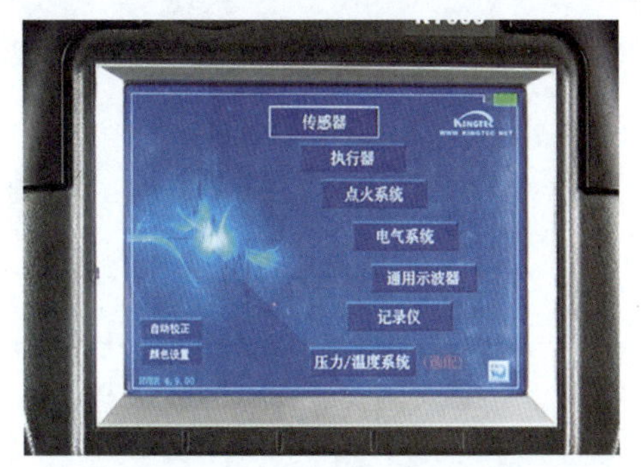	5. 在示波器菜单界面内点击“传感器”，进入传感器菜单界面。
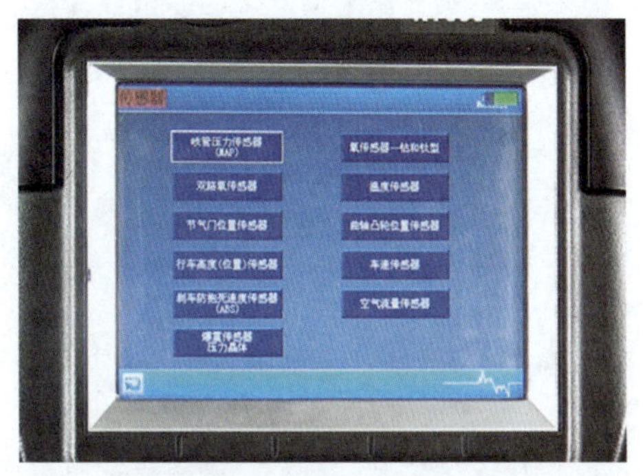	6. 在传感器菜单界面内点击“曲轴凸轮位置传感器”选项，进入曲轴凸轮位置传感器波形测试界面。
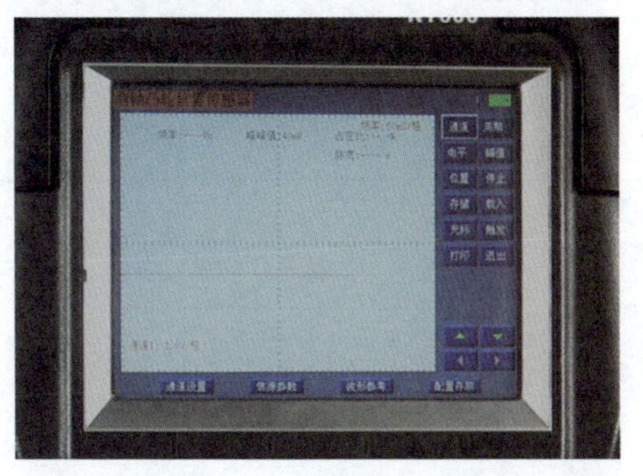	7. 在曲轴凸轮传感器波形测试界面，点击“通道设置”按钮，在弹出选项中选择通道 1（CH1）。 注意：在波形测试界面中选择的通道，要与测试探头连接的示波器通道端口一致。
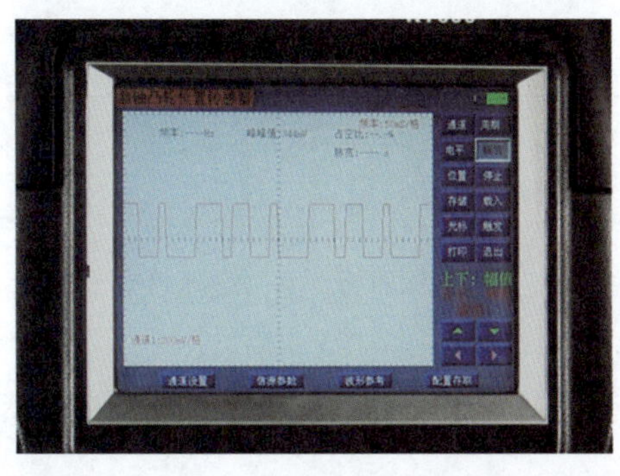	8. 启动发动机，屏幕显示曲轴凸轮位置传感器波形。在此界面可以看到频率、峰值、占空比、脉宽等相关信息。 注意： （1）波长随发动机转速的增加而变短。 （2）如果波形不能完整显示，可以通过调整周期、电平、幅值、位置等参数，让波形显示更加全面。

操作二 喷油器波形的测试

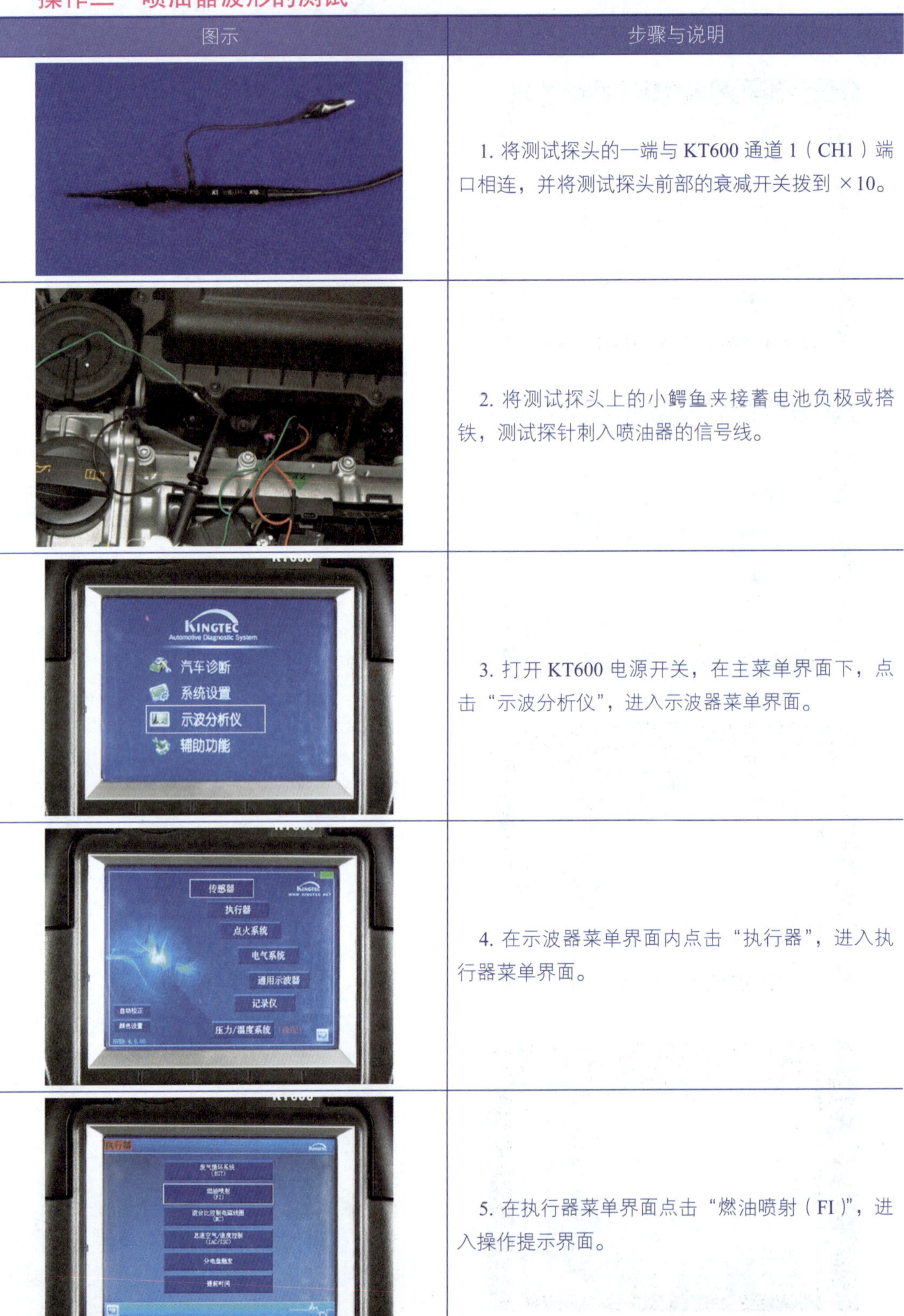

图示	步骤与说明
	1. 将测试探头的一端与 KT600 通道 1（CH1）端口相连，并将测试探头前部的衰减开关拨到 ×10。
	2. 将测试探头上的小鳄鱼夹接蓄电池负极或搭铁，测试探针刺入喷油器的信号线。
	3. 打开 KT600 电源开关，在主菜单界面下，点击“示波分析仪”，进入示波器菜单界面。
	4. 在示波器菜单界面内点击“执行器”，进入执行器菜单界面。
	5. 在执行器菜单界面点击“燃油喷射（FI）”，进入操作提示界面。

续表

图示	步骤与说明
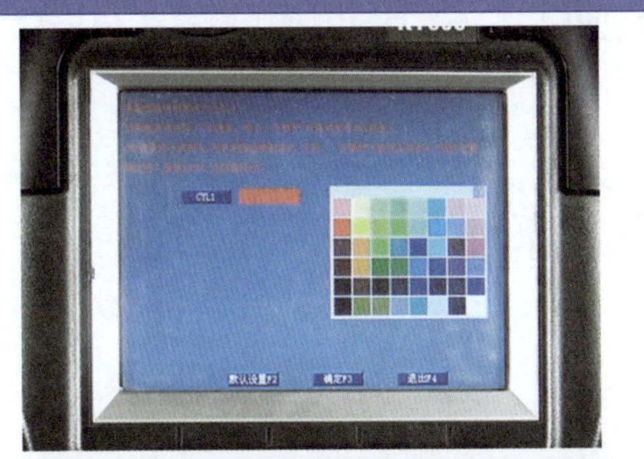	6. 根据操作提示确认测试探头前部的衰减开关拨到 ×10，然后点击“确定 F3”按钮进入燃油喷射器波形测试界面。
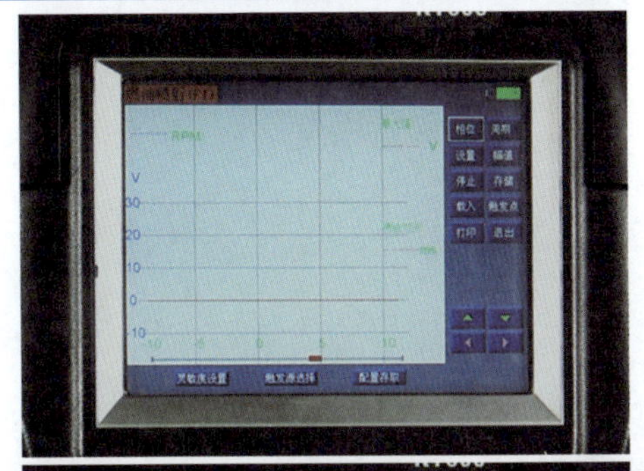 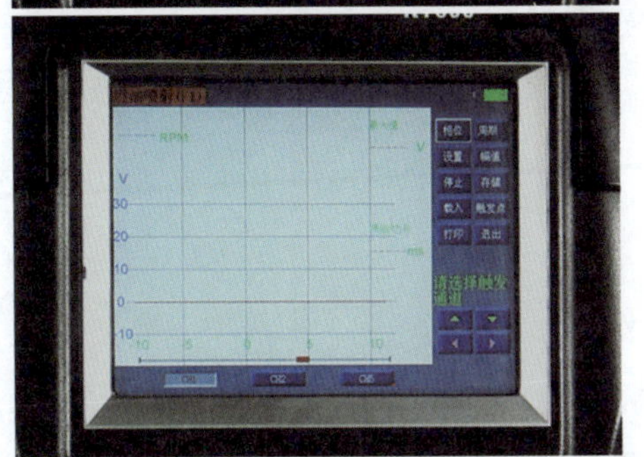	7. 在测试界面，点击“触发源选择”按钮，在弹出选项中选择通道 1（CH1）。 注意：在波形测试界面中选择的通道，要与测试探头连接的示波器通道端口一致。
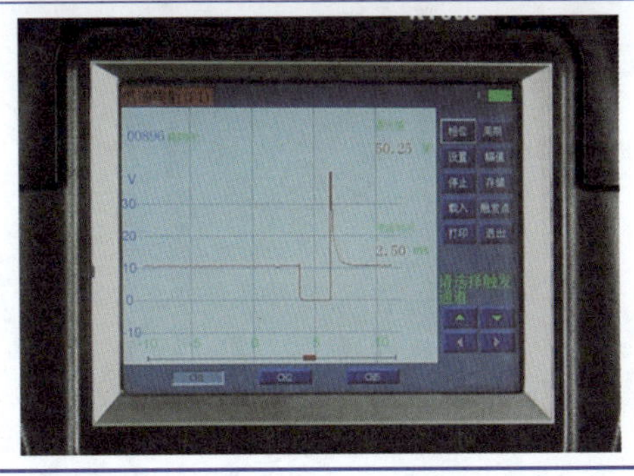	8. 启动发动机，屏幕显示喷油器波形。在此界面可以看到发动机转速、喷油时间、最大值等相关信息。 注意： （1）波长随发动机转速的增加而变短。 （2）如果波形不能完整显示，可以通过调整周期、电平、幅值、位置等参数，让波形显示更加全面。

单元二　发动机维修检测设备的使用与维护

课题一　蓄电池检测仪

学习目标

1. 了解蓄电池检测仪的功能和分类。
2. 了解蓄电池代号对应的标准。
3. 掌握蓄电池检测仪的使用方法。
4. 能够使用蓄电池检测仪检测蓄电池的性能。

任务引入

蓄电池是汽车电源系统的重要组成部分，对车辆的正常使用起着非常重要的作用，同时蓄电池也是一种易损耗的零部件，随着使用时间的延长，蓄电池的使用性能会发生变化。作为汽车检测维修人员，为及时准确地排除故障，恢复和保证车辆性能，很多时候都需要利用蓄电池检测仪对蓄电池的性能进行检测。

知识准备

一、蓄电池检测仪简介

蓄电池检测仪又称蓄电池测试仪，是判断汽车蓄电池工作能力的专业分析检测设备。它具有强大的软件分析功能、数据处理功能和存储功能，常用于蓄电池生产企业和汽车维修企业为蓄电池性能判断提供依据。

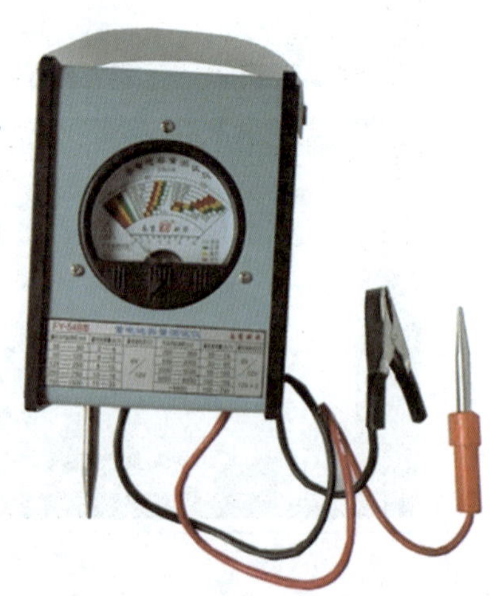

图 2—1—1　科华 FY-54B 传统测试型蓄电池检测仪

二、蓄电池检测仪的分类

蓄电池检测仪通常可分为传统测试型（见图2—1—1）和电导仪测试型（见图2—1—2）两种。

三、蓄电池检测仪的结构

以博世BAT131蓄电池检测仪为例，它由测试线、电流钳和主机三部分组成，如图2—1—2所示，其按键功能见表2—1—1。

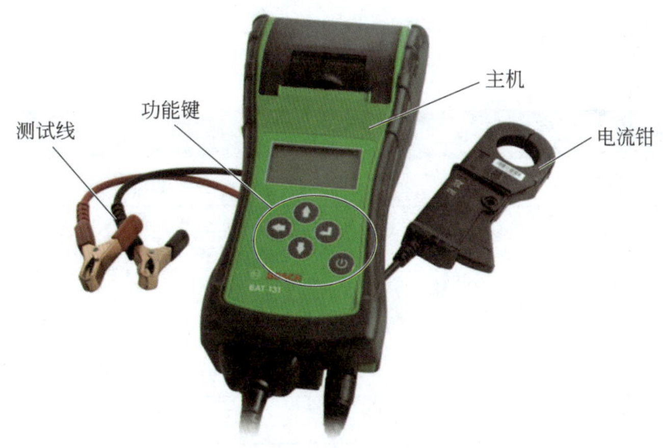

图 2—1—2 博世 BAT131 电导仪测试型蓄电池检测仪

表 2—1—1 博世 BAT131 蓄电池检测仪按键功能

序号	功能键	含义
1	电源键	打开、关闭设备，并具有返回功能
2	左键	打印检测报告
3	上 / 下键	用上下箭头选择测试参数或者选择菜单选项
4	回车键	用该键确认选择

四、蓄电池检测仪使用方法

下面从蓄电池性能测试、新电池测试、蓄电池电压测量三个方面介绍蓄电池检测仪的使用方法。

（一）蓄电池性能的测试

具体操作步骤如下：

1. 将红色夹钳与蓄电池正极端子连接，黑色夹钳与蓄电池负极端子连接。

2. 在“主菜单”界面下，选择“进行测试”，进入“电池位置”界面。

3. 在“电池位置”界面，选择“车内”或“车外”，进入“端子类型”界面。“车内”指蓄电池与汽车发动机或汽车电器相连；“车外”指蓄电池与汽车上任何负载不相连，即蓄电池连线断开。

4. 在“端子类型”界面，根据具体情况选好端子类型后，进入“应用”界面。端子类型有顶端子、侧端子、跨接起动端子三种。

5. 在“应用”界面，根据具体情况选好应用类型后，进入“电池类型”界面。该仪器可以检测汽车和摩托车上的蓄电池。

6. 在“电池类型”界面，选好合适的电池类型后，进入“电池标准”界面。电池类型主要有普通铅酸蓄电池、普通AGM电池、卷绕式AGM电池和胶体电池。

7. 在“电池标准”界面，根据蓄电池上的标签，选好合适的电池标准后进入“电池额定值”界面。常见电池标准见表2—1—2。

表 2—1—2 常见电池标准

序号	代号	标准
1	GB	中国国家标准
2	IEC	国际电工委员会标准
3	SAE	美国汽车工程协会标准
4	EN	欧洲汽车工业协会标准
5	BS	英国工业标准
6	DIN	德国汽车工业委员会标准
7	JIS	日本工业标准
8	MCA	船用电池标准
9	CCA	冷起动电流值

8. 在“电池额定值”界面，将蓄电池标签上的额定值输入仪器，按“回车键”开始测试。

9. 稍等片刻后，仪器会交替显示测试结果。此时按“回车键”将测试起动系统。

10. 启动发动机，蓄电池检测仪显示最低启动电压，按“回车键”进入“充电系统”界面。

11. 在“充电系统”界面，按“回车键”进行充电系统测试。

12. 根据仪器界面提示，关闭汽车上的所有电气设备，并加大汽车节气门。

13. 根据仪器界面提示，松开加速踏板，使发动机怠速运转，打开汽车大灯和空调送风机。

14. 根据仪器界面提示，在打开负载时，加大节气门。

15. 根据仪器界面提示，松开加速踏板使发动机怠速。

16. 仪器显示检测结果。

（二）新电池的测试

1. 将红色夹钳与蓄电池正极端子连接，黑色夹钳与蓄电池负极端子连接。

2. 在主菜单界面下选择“新电池模式”。

3. 在“新电池模式”界面下，选择“开”，按“回车键”进入“清除存储数据”和“增加新数据到内存”选项界面。

4. 选择“增加新数据到内存”，按“回车键”，进入应用主菜单界面。

5. 在应用主菜单界面下，选择“汽车”或“摩托车”，进入“电池类型”界面。

6. 在“电池类型”界面，选好合适的电池类型后，进入“电池标准”界面。

7. 在“电池标准”界面，选择合适的标准后按“回车键”进入“电池额定值”界面。

8. 在“电池额定值”界面，将蓄电池标签上的额定值输入仪器，按“回车键”进入“电池阈值”界面。

9. 在“电池阈值”界面，仪器显示蓄电池电压，按“回车键”进行测试。稍等片刻后仪器显示测试结果。

（三）蓄电池电压的测量

1. 将红色夹钳与蓄电池正极端子连接，黑色夹钳与蓄电池负极端子连接。

2. 在主菜单界面下选择“电压计”。按“回车键”后，仪器即可显示蓄电池电压。

五、蓄电池检测仪使用注意事项

1. 进行蓄电池测试时，红色夹钳连接蓄电池正极，黑色夹钳连接蓄电池负极，如果接错，会导致仪器损坏。

2. 只能使用软布和中性清洁剂清洁蓄电池测试仪的外壳和显示屏。

3. 若长时间不使用，应取下蓄电池检测仪内的电池。

4. 严格参照说明书的规定使用。

技能实训

下面以博世BAT131蓄电池检测仪为例，介绍汽车蓄电池性能的检测方法。

操作一　蓄电池的静态测试

图示	步骤与说明
	1. 测试开始前，确保所有的车内电器已关闭，车门关闭，并且点火开关处于关闭状态。 连接检测仪前，用钢丝刷和小苏打水混合物清洁蓄电池极柱或侧面端子。 连接蓄电池检测仪，将红色夹钳与蓄电池正极（+）端子连接，黑色夹钳与蓄电池负极（－）端子连接。
	2. 在“主菜单”界面下，按“上/下键”选择“进行测试”，按“回车键”进入“电池位置”界面。
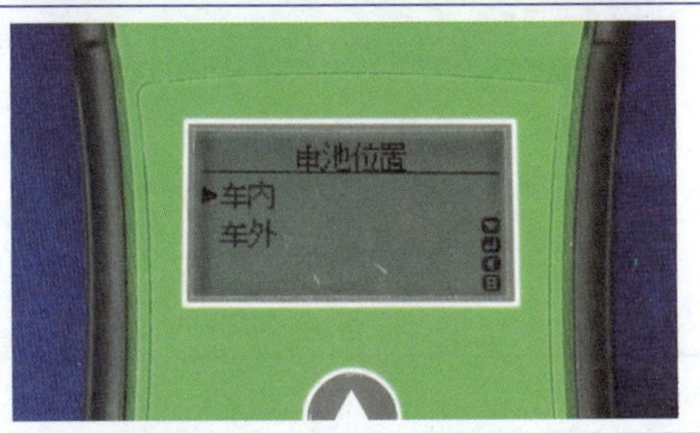	3. 在“电池位置”界面，选择“车内”，按“回车键”进入“端子类型”界面。

续表

图示	步骤与说明
	4. 在“端子类型”界面，选择“顶端子”，按“回车键”进入“应用”界面。
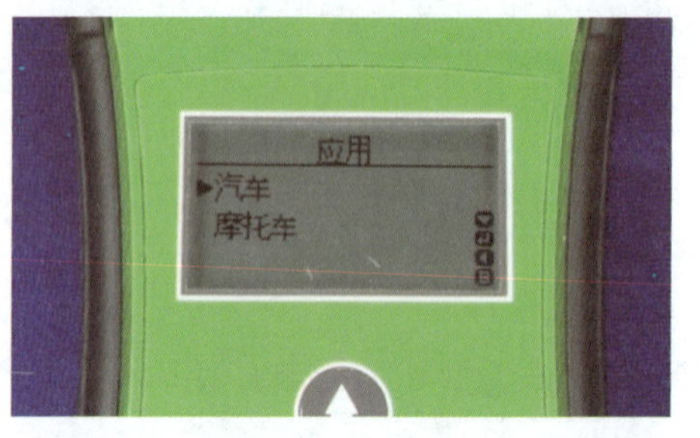	5. 在“应用”界面，选择“汽车”，按“回车键”进入“电池类型”界面。
	6. 在“电池类型”界面，选择“普通铅酸蓄电池”，按“回车键”进入“电池标准”界面。
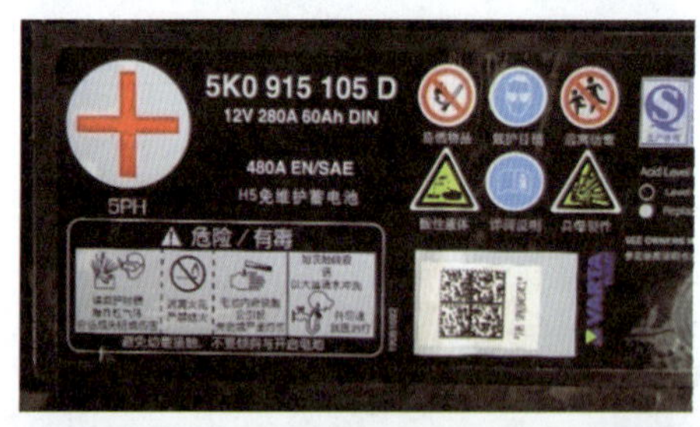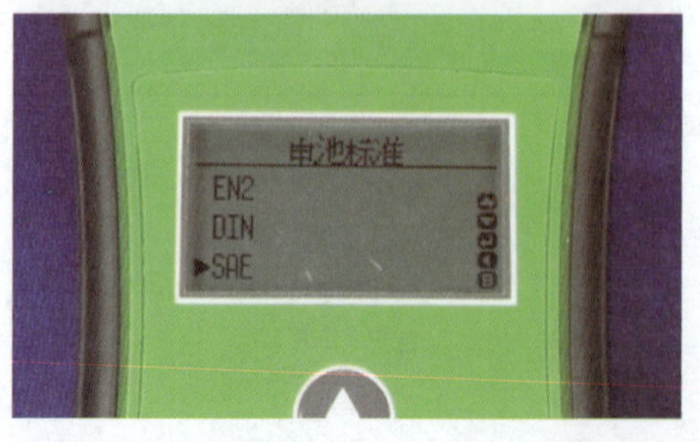	7. 通过查看蓄电池的标签，在“电池标准”界面，选择对应“SAE”标准，按“回车键”进入“电池额定值”界面。

续表

图示	步骤与说明
	8. 在“电池额定值”界面，按“上 / 下键”，输入电池额定值，按“回车键”进入测试。
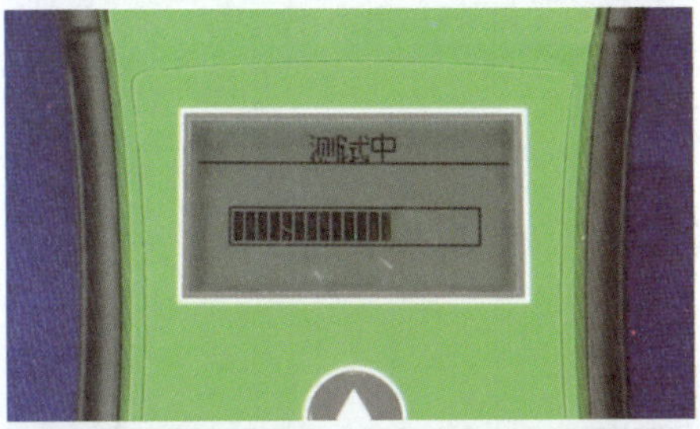	9. 测试过程中，显示屏会显示测试进度。
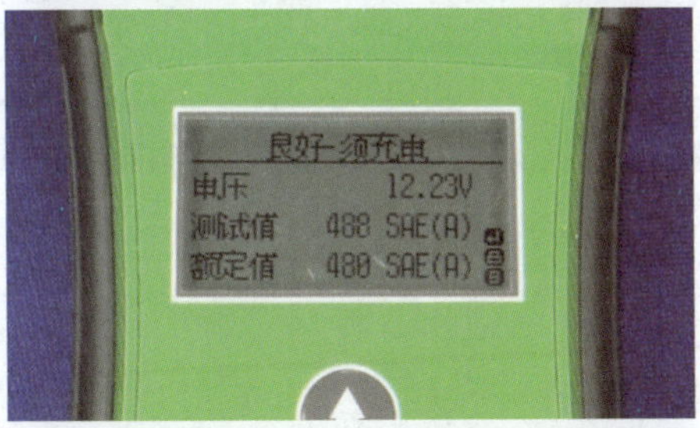 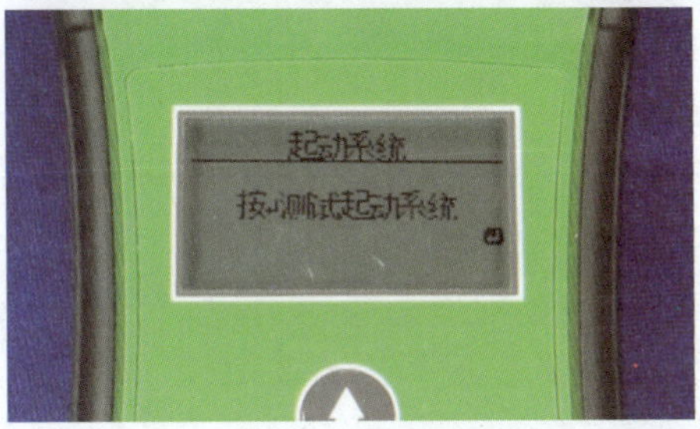	10. 测试完成后，显示屏会显示测试结果，按“回车键”进入“起动系统”界面。

操作二 起动系统的测试

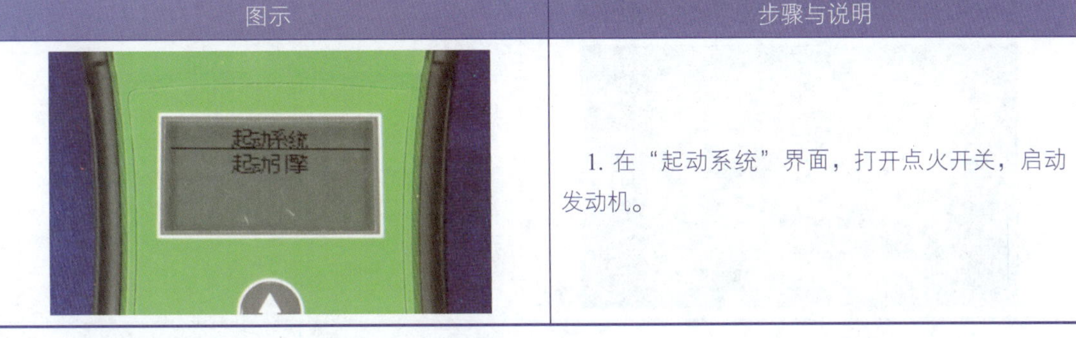

图示	步骤与说明
	1. 在“起动系统”界面，打开点火开关，启动发动机。

续表

图示	步骤与说明
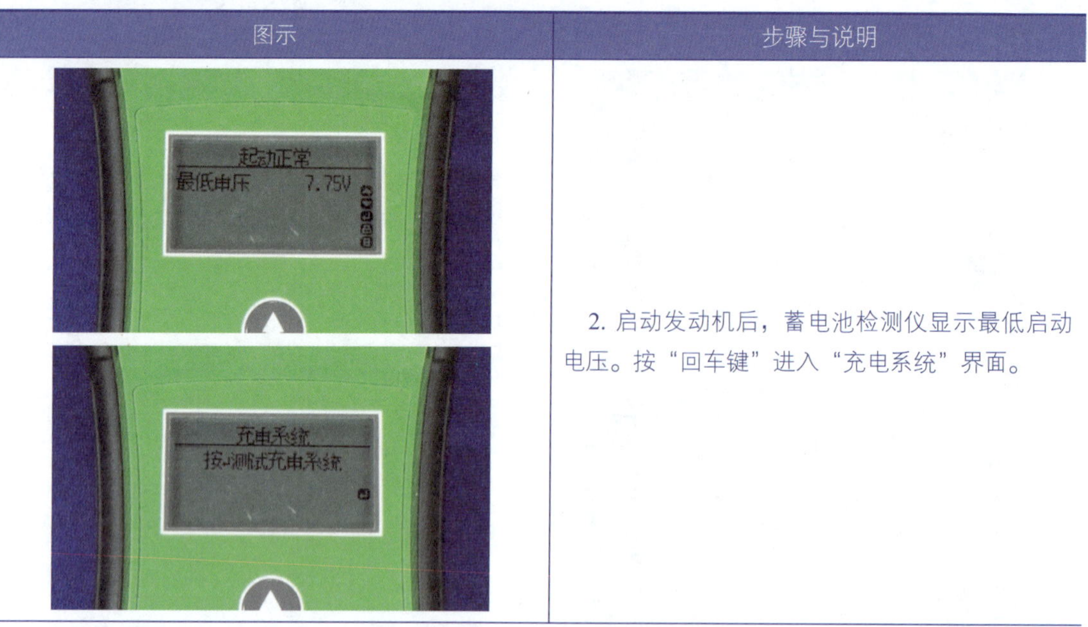	2. 启动发动机后，蓄电池检测仪显示最低启动电压。按“回车键”进入“充电系统”界面。

操作三　充电系统的测试

图示	步骤与说明
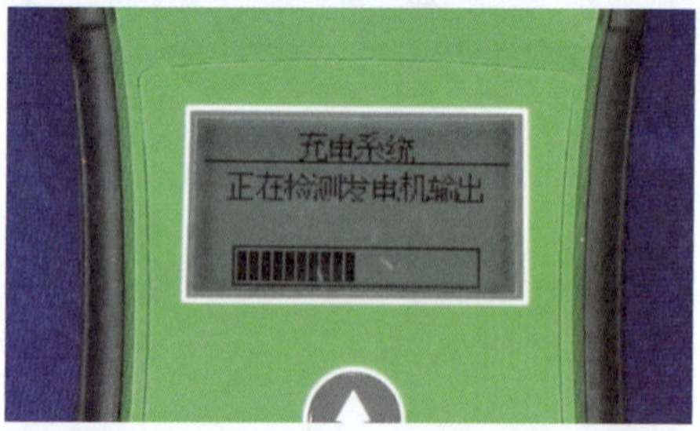	1. 在“充电系统”界面，按“回车键”进行充电系统测试。
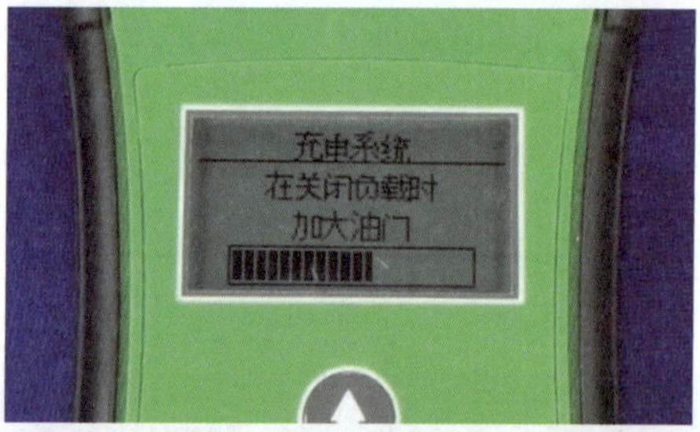	2. 根据蓄电池测试仪界面提示，关闭汽车上的所有电气设备，并加大汽车节气门。
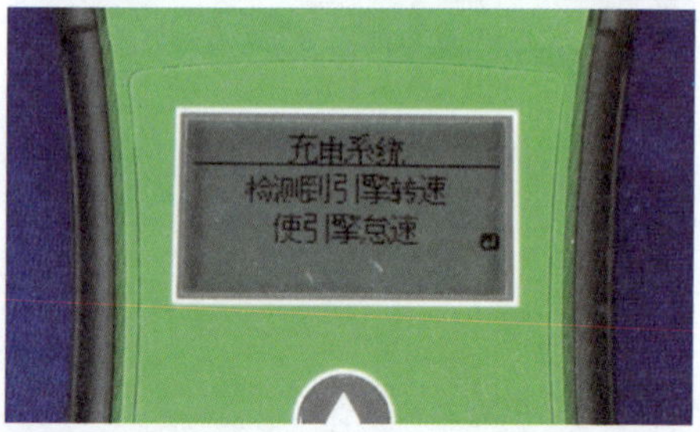	3. 松开加速踏板，使发动机怠速运转。

续表

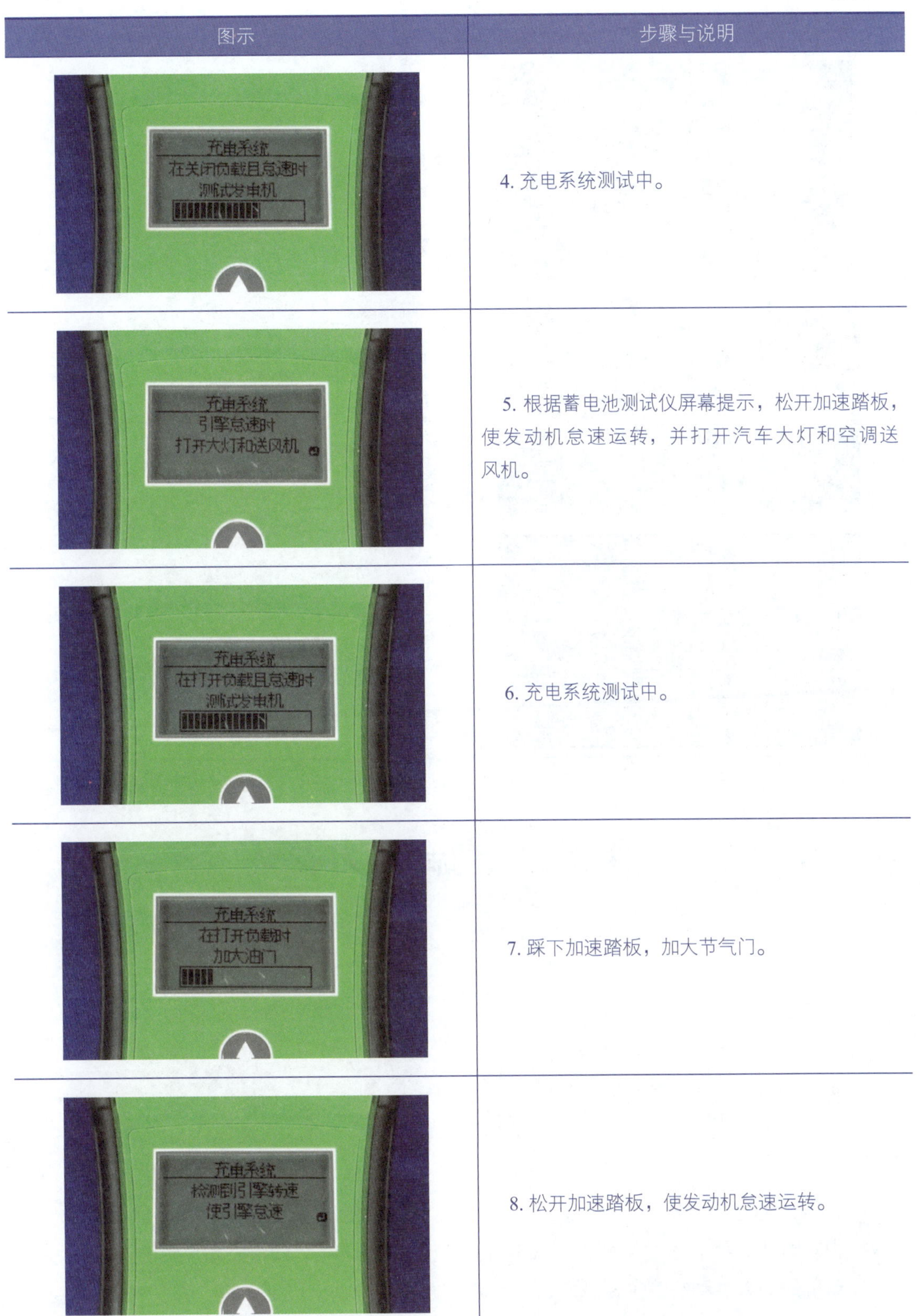

图示	步骤与说明
	4. 充电系统测试中。
	5. 根据蓄电池测试仪屏幕提示，松开加速踏板，使发动机怠速运转，并打开汽车大灯和空调送风机。
	6. 充电系统测试中。
	7. 踩下加速踏板，加大节气门。
	8. 松开加速踏板，使发动机怠速运转。

续表

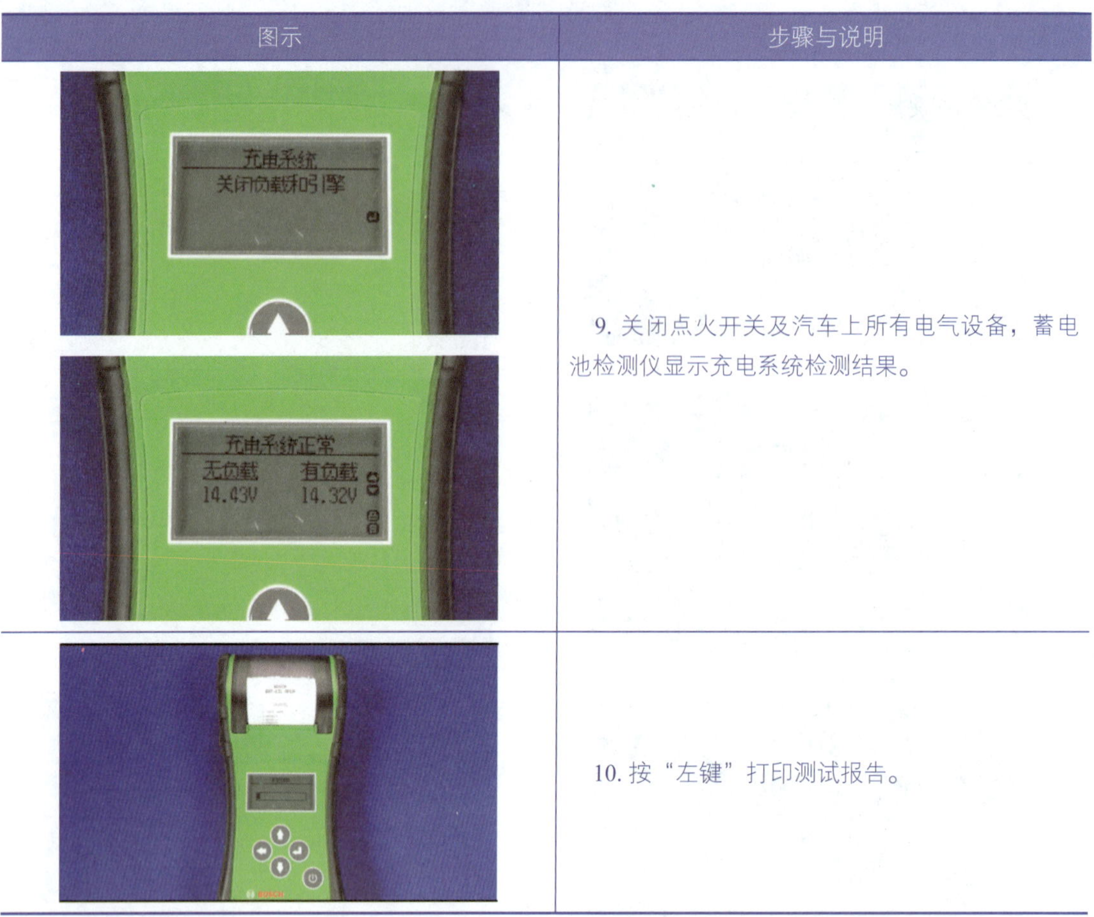

图示	步骤与说明
	9. 关闭点火开关及汽车上所有电气设备，蓄电池检测仪显示充电系统检测结果。
	10. 按“左键”打印测试报告。

课题二　气缸压力表

学习目标

1. 了解气缸压力表的功用。
2. 了解气缸压力表的结构与原理。
3. 掌握气缸压力表的使用方法。

任务引入

气缸压力的大小直接影响着发动机的动力性和经济性。气缸压力越大，发动机工作时有效压力就越大，混合气点火后的燃烧速度就越快，随之被冷却液及废气带走的热损失越小，发动机的动力性和经济性便越好，但气缸压力过高，则会产生爆震。所以气缸压力过高或过低，都会增加发动机的油耗。

知识准备

一、气缸压力表简介

气缸压力表是检测气缸内气体压力的一种专用压力表。气缸内气体压力的大小与气缸密封性的好坏有直接的关系。

二、气缸压力表的结构与原理

气缸压力表一般由压力表头、导管、单向阀和接头等组成，如图2—2—1所示，压力表头多为鲍登管式。其驱动元件是一根扁平的弯曲成圆圈状的铜管，铜管一端为固定端，另一端为活动端。活动端通过杠杆、齿轮机构与指针相连。当气体压力进入弯曲的铜管时，铜管克服复位弹簧的弹力伸直，通过杠杆、齿轮机构带动指针转动，在表盘上指示出压力的大小。

气缸压力表的接头有两种形式。一种为螺纹管接头，可以拧紧在火花塞或喷油器螺纹孔内；另一种为锥形或阶梯形的橡胶接头，可以压紧在火花塞孔上。接头通过导管与压力表头连通。导管也有两种，一种为软导管，另一种为金属硬导管。软导管适用于螺纹管接头与压力表头的连接，硬导管适用于橡胶接头与压力表头的连接。气缸压力表还装有与外界相通的单向阀。当单向阀处于关闭位置时，可保持压力表指针位置以便于读数。当单向阀处于打开位置时，可使压力表指针回零。

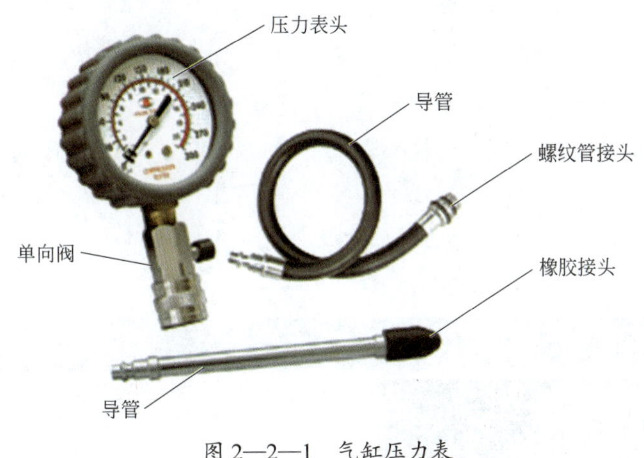

图 2—2—1　气缸压力表

三、气缸压力表的使用方法

（一）检测条件

1. 蓄电池电量充足，起动系统工作良好。

2. 发动机预热至正常工作温度。

3. 拆下空气滤清器。

4. 拆下所有火花塞或柴油机喷油器，并按顺序摆放整齐。

5. 断开喷油器连接器，防止检测时出现燃油喷射。

（二）检测方法

1. 将气缸压力表的橡胶接头插在被测气缸的火花塞或喷油器孔内，并扶正压紧，或将气缸压力表接头旋入被测缸的火花塞或喷油器的螺纹孔内。检测柴油机气缸压力时，应使用螺纹管接头的压力表。

2. 完全踩下加速踏板，使节气门置于全开位置，用起动机带动曲轴旋转3～5 s，待压力表指针指示并保持在最大压力后停止转动。

3. 读取气缸压力，按下单向阀使压力表指针回零。

4. 按上述方法依次测量各缸，每缸测量2～3次，计算出各缸测量结果的算术平均值和各缸压力与各缸平均压力的差值。气缸压缩压力标准值一般由制造厂提供，根据《汽车修理质量检查评定方法》（GB/T 15746—2011）附录B的规定：在正常工作温度下，气缸压缩压力应符合原设计规定；其压力差汽油机应不超过各缸平均压力的5%，柴油机应不超过8%。

四、气缸压力表使用注意事项

1. 气缸压力表内因有鲍登管，使用时应避免剧烈振动、敲击。

2. 测量结束后，一定要将指针回零。

3. 使用前和使用后应及时擦去油污、灰尘，保持气缸压力表清洁。

4. 测量完毕，及时将气缸压力表放入盒内，并由专人保管。

技能实训

下面以TJG-A1210型气缸压力表为例，介绍气缸压力的检测方法。

卡罗拉发动机气缸压力的检测

图示	步骤与说明
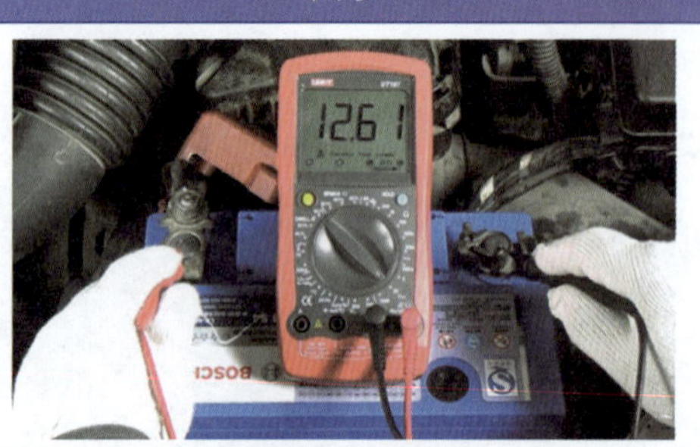	1. 用万用表检测蓄电池电压，不得低于 12 V，如果低于 12 V，需对蓄电池进行充电。

续表

图示	步骤与说明
	2. 启动发动机，使发动机运转至正常工作温度，即发动机水温为 83 ~ 93 ℃（冷却风扇运行）。
	3. 关闭发动机。
	4. 拆下发动机盖罩。
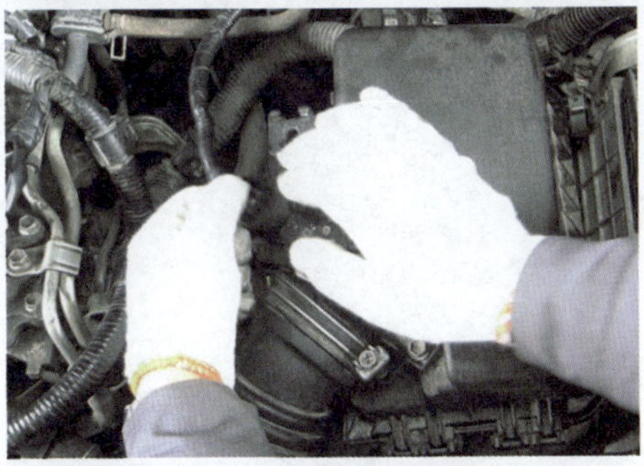	5. 断开空气流量计及进气温度传感器连接器。
	6. 拆下空气滤清器滤芯。

续表

图示	步骤与说明
	7. 拔下点火线圈线束插头。
 	8. 选择 10 mm 套筒，拆下 4 个点火线圈的固定螺栓。
 	9. 拔出 4 个点火线圈，按顺序摆放整齐。

续表

图示	步骤与说明
	10. 用 14 mm 火花塞套筒拆下 4 个火花塞，按顺序摆放整齐。
	11. 断开 4 个喷油器连接器。
	12. 把气缸压力表的锥形橡胶接头压紧在被测气缸的火花塞孔内，或把螺纹管接头拧在火花塞孔上。
	13. 将气缸压力表与橡胶软管连接。

续表

图示	步骤与说明
	14. 踩下加速踏板使节气门处于全开位置。
	15. 用起动机带动曲轴旋转 3 ~ 5 s，使发动机转速提高到 250 r/min 或更高。
	16. 气缸压力表指针稳定后读出数值，卡罗拉轿车的标准气缸压力为 1 079 ~ 1 373 kPa。
	17. 按下气缸压力表单向阀，使指针回零。每个气缸的测量次数应不少于两次，计算出每次测量结果的算术平均值记为该气缸压缩压力。 测试结束后，按照与拆卸相反的顺序正确安装火花塞、点火线圈等部件，注意扭力要求。最后按照 6S 要求归置物品，清理场地。

课题三　燃油压力表

学习目标

1. 了解燃油压力表的功能、分类与结构。
2. 掌握燃油压力表的使用方法。
3. 能够使用燃油压力表对汽车进行燃油压力测试。

任务引入

发动机燃油系统技术状况的好坏，直接影响发动机的动力性、经济性、排放性和可靠性。发动机燃油系统压力是判断发动机燃油系统技术状况好坏的重要参数。下面主要介绍发动机燃油压力的检测方法。

知识准备

一、燃油压力表简介

燃油压力表可以用来测量燃油系统压力，判断电动汽油泵、油压调节器等燃油系统元件的工作情况，是对燃油系统进行检查和故障诊断的专用工具。

二、燃油压力表的分类

燃油压力表主要可分为指针式燃油压力表和数字式燃油压力表两种，如图2—3—1和图2—3—2所示。

图 2—3—1　指针式燃油压力表

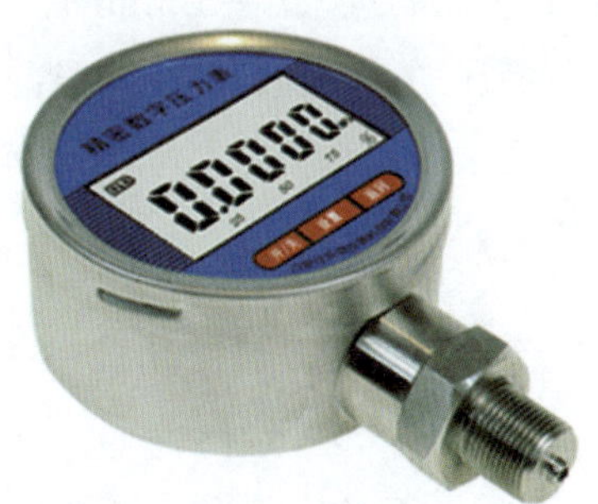

图 2—3—2　数字式燃油压力表

三、燃油压力表的结构

燃油压力表主要由油压表、连接软管、各种测试接头等组成，其结构如图2—3—3所示。

四、燃油压力表的使用方法

（一）燃油压力表的安装

1. 将燃油系统卸压。拔下油泵继电器，启动发动机，待发动机自行熄火后，再次启动发动机2～3次，使燃油压力完全释放。然后关闭点火开关，装上油泵继电器。

2. 拆下蓄电池负极电缆。

3. 松开油管接头，将燃油压力表安装在燃油供油管和分配管之间。

4. 安装燃油压力表。拆除燃油系统测压孔螺栓，拆开螺塞时，要用一块棉布包住油管接头，以防汽油喷溅，然后将燃油压力表和油管一起安装在测压孔或冷起动喷油器油管接头上。燃油压力表也可以安装在汽油滤清器油管接头上或用三通接头接在燃油管道上便于安装和观察的任意部位。

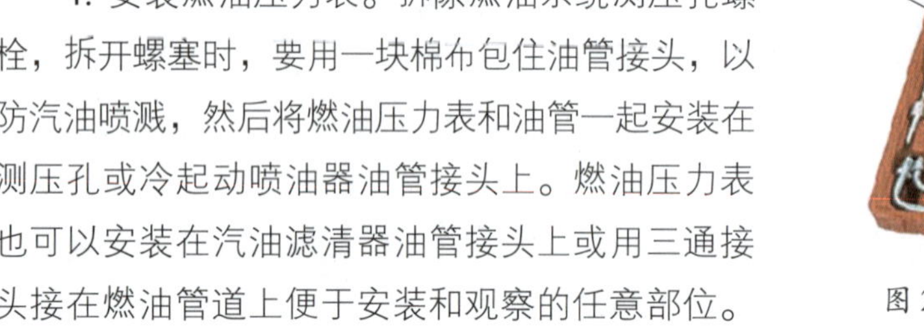

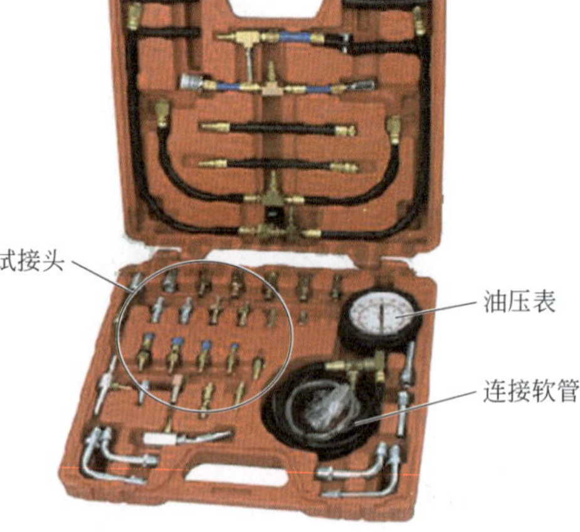

图 2—3—3　燃油压力表的结构

5. 擦干溅出的燃油，重新装上蓄电池负极电缆。

（二）燃油压力的检测

1. 静态燃油压力的检测

打开点火开关，但不启动发动机，让电动燃油泵运转，此时测得的燃油压力即为燃油系统的静态压力。静态压力应符合车型技术要求规定值。

2. 保持压力的检测

测得静态燃油压力结果5 min后，再观察燃油压力表指示的燃油压力，此时的压力称为燃油系统保持压力。其值应符合车型技术要求。若燃油系统保持压力过低，应进一步检查电动燃油泵、燃油压力调节器及喷油器有无泄漏。

3. 发动机运转时燃油压力的检测

（1）启动发动机，让发动机怠速运转，测量此时的燃油压力，该压力为发动机怠速油压。

（2）缓慢踩下加速踏板，测量在节气门接近全开时的燃油压力，此压力为发动机全负荷油压。

（3）拔下燃油压力调节器上的真空软管，并用手堵住，让发动机怠速运转，测量此时的燃油压力，该压力为燃油泵的最大工作油压。

如果测得的燃油压力高于车型技术要求，则在进行车辆维护时应检修或更换燃油压力调节器及其真空软管；如果测得的燃油压力低于车型技术要求，则在进行车辆维护时应检修或更换电动燃油泵、燃油滤清器及燃油压力调节器。

五、燃油压力表使用注意事项

用燃油压力表检测燃油系统油压时，应严格按照安全操作规程进行检测，以确保安全。

1. 在拆开燃油系统部件或燃油管接头之前，必须先释放燃油压力。
2. 在松开油管接头前要用毛巾或抹布将接头包住，以防燃油喷出。
3. 必须在工作场所附近配备灭火器。
4. 防止燃油油雾或燃油蒸气与火花或明火接近。
5. 安装时，燃油管接头必须按规定的拧紧力矩拧紧。
6. 在每次拆卸后，都必须换用新“O”形密封圈。
7. 使用过程中应避免强烈振动、跌落。

技能实训

下面以KTG HS-A1011燃油压力表为例，介绍燃油压力的检测方法。

燃油压力的检测

图示	步骤与说明
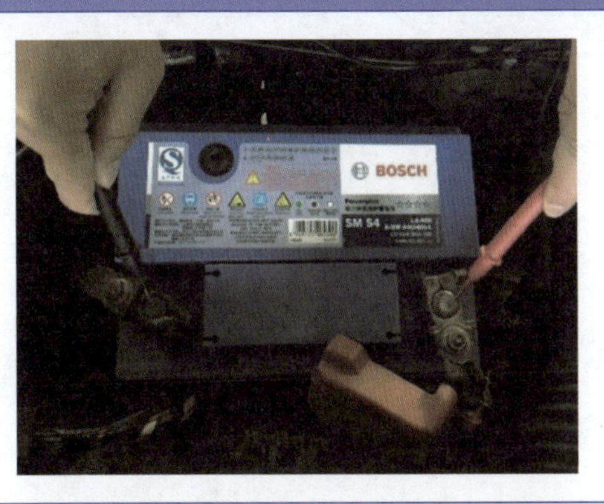	一、检查前准备 用万用表测量蓄电池电压，电压应在 11 ~ 14 V 之间。
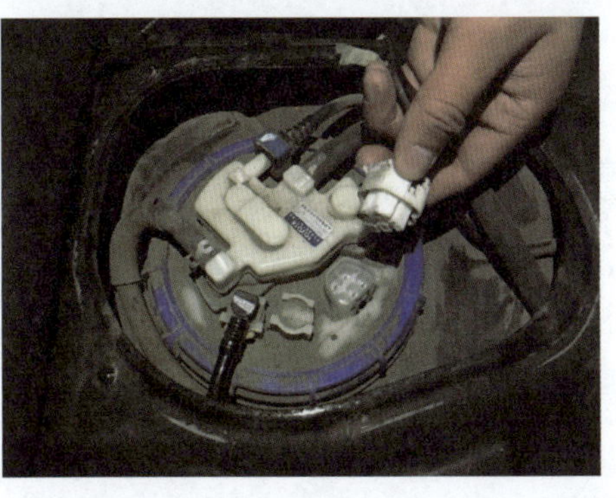	二、燃油系统卸压 1. 拆下后排座椅垫总成，拆下检修孔盖，并拔下燃油泵供电插头。

续表

图示	步骤与说明
	2. 启动发动机。在发动机自然停转后，将点火开关置于 OFF 位置。再次启动发动机，确认发动机不启动。
	3. 打开下燃油箱盖，释放燃油箱中的压力。
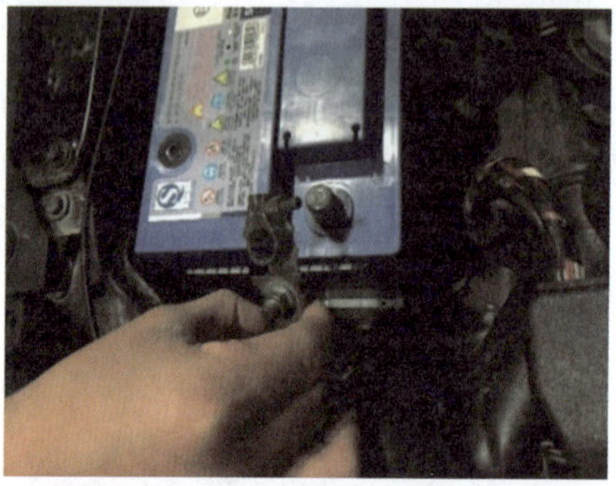	4. 断开蓄电池负极电缆。
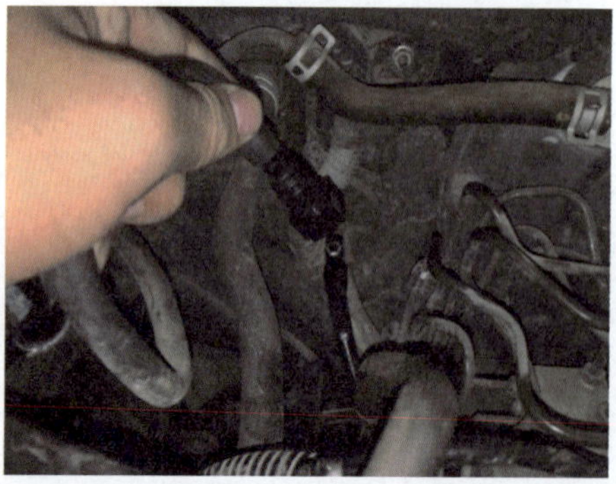	5. 从主燃油管上断开燃油连接软管，擦去滴漏的汽油。

续表

图示	步骤与说明
	6. 用燃油压力表的三通接头连接断开的燃油软管。
	7. 连接燃油压力表。
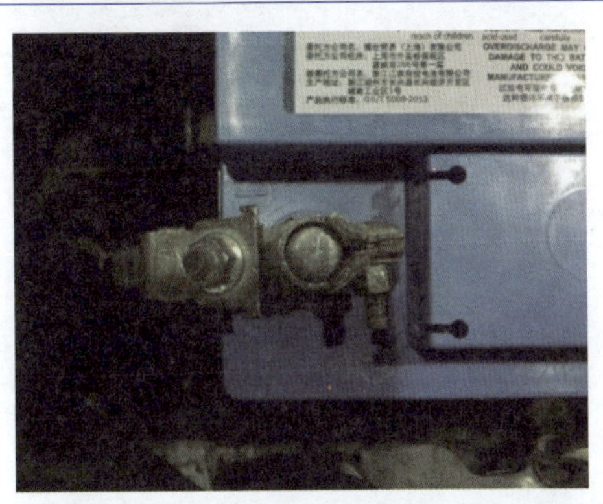	8. 将蓄电池负极电缆装回蓄电池上。
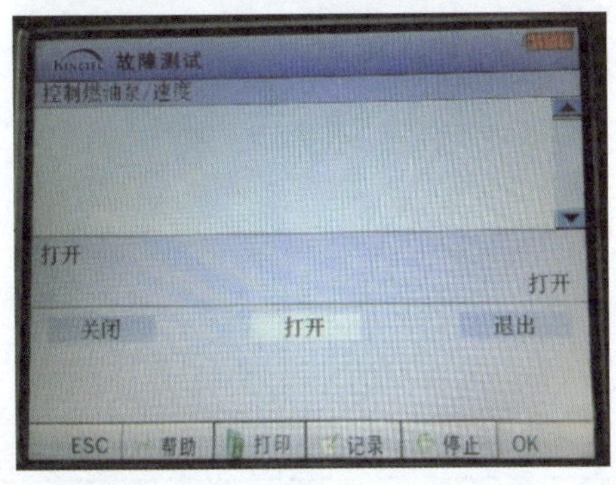	三、测量燃油系统静态压力 1. 将故障诊断仪 KT600 连接到车辆诊断接口，并用 KT600 进入发动机控制系统，控制油泵工作。（具体操作方法参见“故障诊断仪”操作步骤）

续表

图示	步骤与说明
	2. 观察燃油压力表的读数，此时的压力即为燃油静态压力。 如果燃油压力大于标准值（卡罗拉汽车规定值为 304 ~ 343 kPa），应更换燃油压力调节器；如果燃油压力小于标准值，检查燃油软管和连接情况，检查燃油泵、燃油滤清器和燃油压力调节器有无泄漏。 待燃油泵自动停止工作后，断开故障诊断仪 KT600 与车辆的连接。
	四、测量发动机怠速运转时燃油压力 1. 启动发动机，让车辆怠速运行。
	2. 观察发动机怠速时的燃油压力。
	五、测量燃油系统保持压力 关闭点火开关，发动机熄火，等待 5 min 后观察燃油压力表的读数（卡罗拉汽车燃油保持压力应为 147 kPa 或更高）。 如果燃油压力不符合规定，则检查燃油泵或喷油器。

续表

图示	步骤与说明
	六、检测后的燃油系统装复 1. 测量完燃油压力后，先释放燃油压力，然后从蓄电池负极（－）端子上断开电缆，小心地拆下燃油压力表及三通接头，以防汽油溅出。
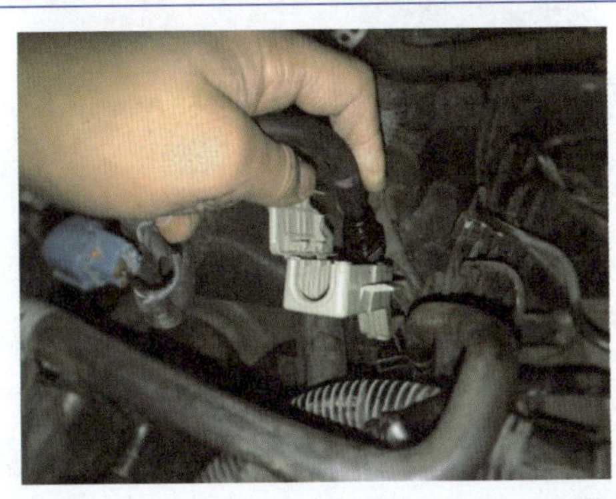	2. 将燃油管重新连接到主燃油管上，并用卡子固定。连接蓄电池负极（－），启动发动机检查燃油是否泄漏。 测试结束后，按照 6S 要求归置物品，清理场地。

课题四　喷油器清洗检测仪

学习目标

1. 了解喷油器清洗检测仪的功能和结构。
2. 掌握喷油器清洗检测仪的使用方法。
2. 能够使用喷油器清洗检测仪对喷油器进行清洗与检测。

任务引入

电控汽油喷射系统的喷油器是一种精密元件，在使用过程中，喷油器会因自身运动而磨损，汽油中的杂质也会堵塞或锈蚀喷油器的针阀。电控汽油喷射系统相当一部分故障是因为喷油器堵塞、卡滞、泄漏等引起的。因此，汽车日常维护过程中，需要经常使用喷油器清洗检测仪来清洗和检测喷油器。

知识准备

一、喷油器清洗检测仪简介

喷油器清洗检测仪是一种对喷油器进行清洗和检测的仪器，具有如下功能：

1. 超声波清洗功能：采用超声波发生器，对喷油器进行超声波清洗。
2. 正、反向冲洗功能：对喷油器内部的脏物进行正向或反向冲洗。
3. 免拆清洗功能：通过配套的管路可对燃油系统进行免拆清洗。
4. 均匀性检测功能：检测各个喷油器喷油量的均匀性。
5. 雾化性检测功能：检测各个喷油器的雾化情况。
6. 密封性检测功能：检测喷油器的密封性及滴漏情况。
7. 喷油量检测功能：检测喷油器在各种工况下的喷油量情况。

二、喷油器清洗检测仪的结构和原理

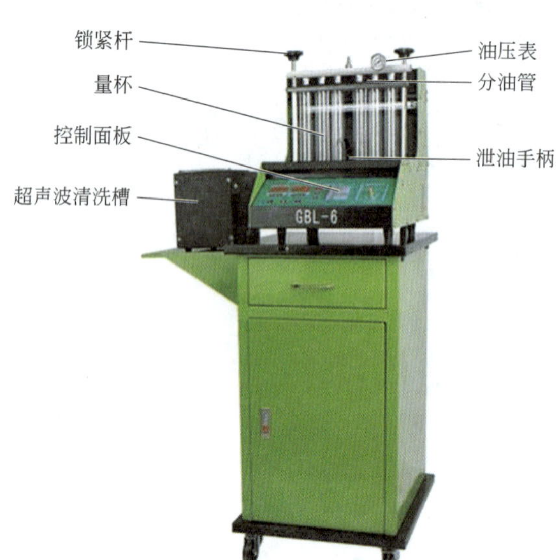

图 2—4—1 喷油器清洗检测仪的结构

喷油器清洗检测仪的结构如图2—4—1所示，主要由量杯、油压表、控制面板、分油管、燃油泵、限压阀、滤清器、电磁阀、燃油箱、超声波清洗槽、液位视窗、油浮子、压力传感器、免拆清洗接头套件、免拆清洗连接管，以及喷油器正、反向清洗套件等零件组成。

喷油器清洗检测仪控制面板主要由显示窗、压力调节旋钮、项目指示灯等部分组成，如图2—4—2所示。

喷油器清洗检测仪通过燃油泵向整个系统提供一定压力的检测液，检测液再通过滤清器进入喷油器分油管。为防止压力过高，喷油器清洗检测仪的管路中安装有限压阀，以保护系统的稳定运行。压力传感器用来实时检测系统压力以保证符合设定值。液位指示器用来观察油箱内液位变化的情况。

三、喷油器清洗检测仪的使用方法

（一）清洗检测前的准备

1. 将喷油器从车上拆下，并仔细查看喷油器的橡胶密封圈是否完好，如有损坏，应在清洗测试前及时更换同型号密封圈，以免测试时发生泄漏。将喷油器放入汽油或清洗剂中，

仔细清除外部油污后用软布擦拭干净。

2. 检查并添加检测液。从圆筒上方的圆孔倒入专用喷油器检测液，观察侧面的液位指示器，一般加注到油箱容量的2/3即可。

3. 在超声波清洗槽内放入清洗支架，倒入喷油器清洗剂，一般浸过支架表面即可。

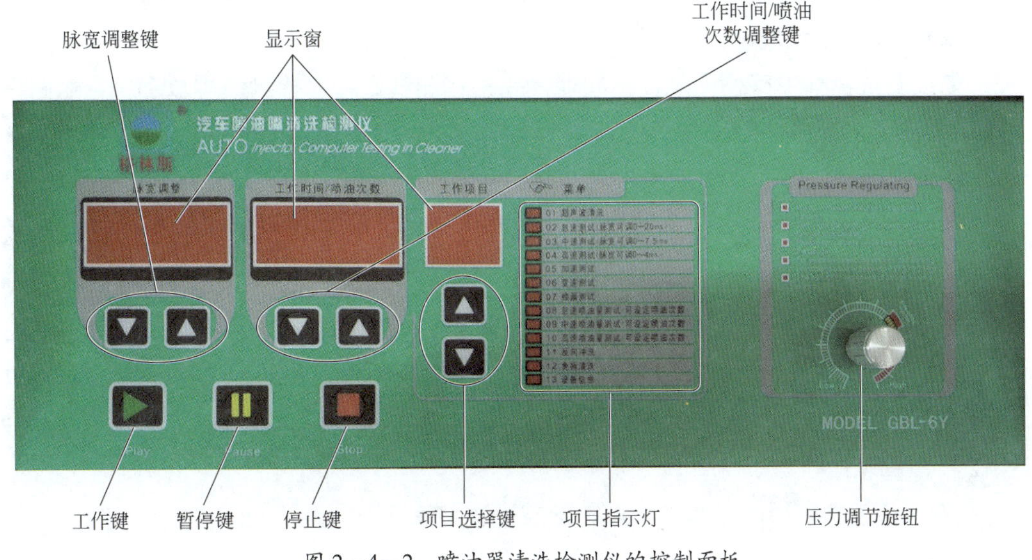

图 2—4—2　喷油器清洗检测仪的控制面板

（二）喷油器的清洗

1. 接通超声波清洗机电源。把电源线的一端插入清洗机的插座，另一端接在电源插座内。

2. 把外部清洗干净的喷油器放在清洗槽中的清洗支架上。

3. 将喷油器脉冲信号线分别与喷油器连接好。

4. 打开超声波电源开关和检测仪电源开关。

5. 在控制面板中选择超声波清洗，然后设定清洗时间，系统默认为10 min，按“Play”功能键即可进行清洗。

6. 清洗结束，系统自动停止，蜂鸣器鸣叫提示，这时可关闭超声波电源开关。从清洗槽中拿出喷油器，用软布擦净上面的清洗剂。

（三）喷油器的检测

1. 喷油器的安装

（1）从配件盒中取出顶进油偶件、分油器堵塞，选择配套的“O”形圈装在堵塞上，并涂以少许润滑脂，将堵塞装入分油器。

（2）在喷油器的“O”形圈上涂少许润滑脂，并正向安装喷油器。

（3）将分油器和喷油器水平端好放在上板座上，两端用锁紧杆旋紧固定。

（4）连接好机器上黑色出油管的快速接头与分油器上的接头。

（5）插上喷油器脉冲信号线。

2. 喷油器的检测

（1）怠速测试

1）在控制面板上选择“怠速测试”项，按工作时间/喷油次数调整键设定工作时间（一般设定为2 min），按“Play”开始工作。

2）如果测试量杯中有检测液，抬起泄油手柄将测试量杯中检测液排放干净，然后按下泄油手柄，将其关闭。

3）旋转压力调节旋钮，将系统压力调至0.25～0.3 MPa。

4）按脉宽调整键选择合适的脉宽，系统默认为3 ms，然后按下泄油手柄，关闭放油口，以便观察喷油量。

5）检测过程中，可以观察喷油器的雾化效果。检测完毕，系统自动停止，蜂鸣器鸣叫提示，此时可以观察喷油器的喷油量是否均匀。测试结束后，抬起泄油手柄将检测液放回油箱。

（2）中速测试

在控制面板上选择“中速测试”项，然后设定工作时间，按“Play”开始工作。

（3）高速测试

在控制面板上选择“高速测试”项，然后设定工作时间，按“Play”开始工作。

（4）检漏测试

1）在控制面板上选择“检漏测试”项，然后设定工作时间，一般设定为1 min，脉宽选择系统默认的3 ms，按“Play”开始工作。

2）观察汽车油路压力在0.3 Mpa时，喷油器在测试时间内全过程是否有滴漏现象。无滴漏现象说明喷油器正常，有滴漏则需更换喷油器。

（5）怠速/中速/高速喷油量测试

1）如果测试量杯中有检测液，抬起泄油手柄将测试量杯中检测液排放干净，然后按下泄油手柄，将其关闭。

2）在控制面板上选择对应测试项，按“Play”开始工作。

3. 反向冲洗

（1）从配件盒中取出顶进油偶件、分油器堵塞，选择配套的“O”形圈装在堵塞上，并涂以少许润滑脂，将堵塞装入分油器。

（2）在喷油器的“O”形圈上涂少许润滑脂，并反向安装喷油器。

（3）将分油器和喷油器水平端好放在上板座上，两端用锁紧杆旋紧固定。

（4）连接好机器上黑色出油管的快速接头与分油器上的接头。

（5）插上喷油器脉冲信号线。

（6）在控制面板上选择“反向冲洗”项，按“Play”开始工作。

四、喷油器清洗检测仪使用注意事项

1. 量杯为石英玻璃杯，易破碎，因此在机器周围不要放置其他物品，以免磕碰造成量杯破碎。

2. 拆卸管路，应在油压显示为“0”后进行。

3. 一般情况下不要调整调压阀，以免影响系统油压。

4. 在超声波清洗槽内没有清洗剂时，严禁打开超声波清洗机，以免造成超声波清洗机损坏。

5. 超声波清洗槽应定期清洗，清洗剂和检测液要定期更换。

6. 由于清洗剂具有一定的腐蚀性，在每次超声波清洗完成后应将超声波清洗槽内的清洗剂倒出。

7. 为使停机后管路能快速卸压，溢流阀在出厂时已调整好，一般情况下不要调整该阀，以免影响系统油压。若发现停机后油压在1 min内难以归零或系统油压不能达到0.6 MPa，可使用内六角扳手将阀芯分别沿逆时针或顺时针转动一定角度，并进一步检查。

8. 仪器使用完毕后，应盖上防尘罩，防止灰尘杂物掉入测试量杯内，避免排油管路堵塞。

技能实训

下面以格林斯GBL-6Y喷油器清洗检测仪为例，介绍超声波清洗喷油器、怠速与检漏测试的操作方法。

操作一　超声波清洗喷油器

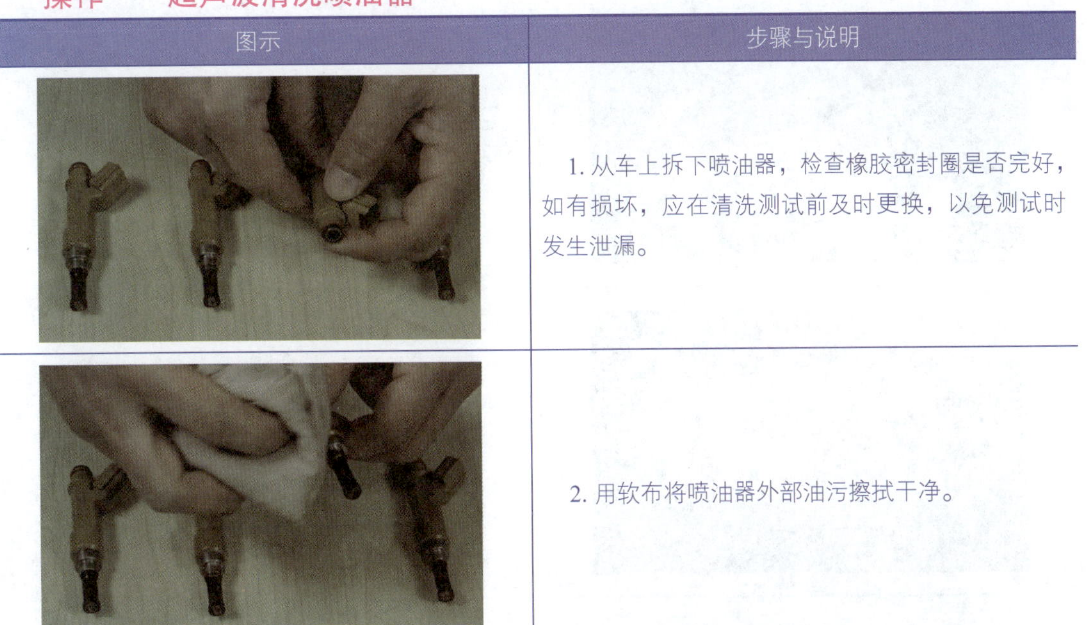

图示	步骤与说明
	1. 从车上拆下喷油器，检查橡胶密封圈是否完好，如有损坏，应在清洗测试前及时更换，以免测试时发生泄漏。
	2. 用软布将喷油器外部油污擦拭干净。

续表

图示	步骤与说明
 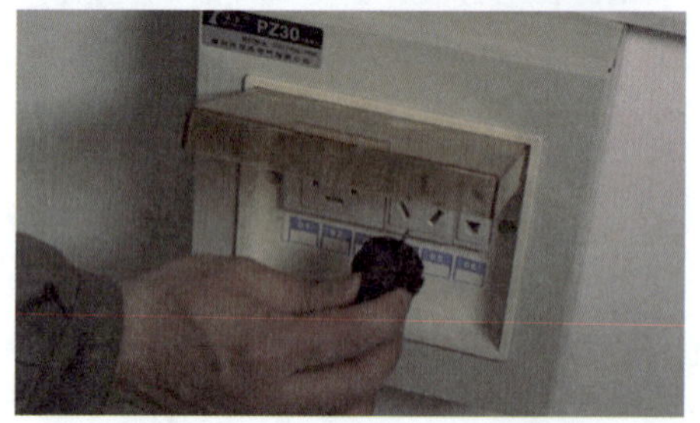 	3. 接通超声波清洗机电源。把电源线的一端插入清洗机的插座，另一端接在电源插座内。
	4. 将清洗支架放入超声波清洗槽内，并将擦拭干净的喷油器放在超声波清洗槽的清洗支架定位孔中。
	5. 在超声波清洗槽内加入适量的超声波清洗剂，一般浸过清洗支架即可。
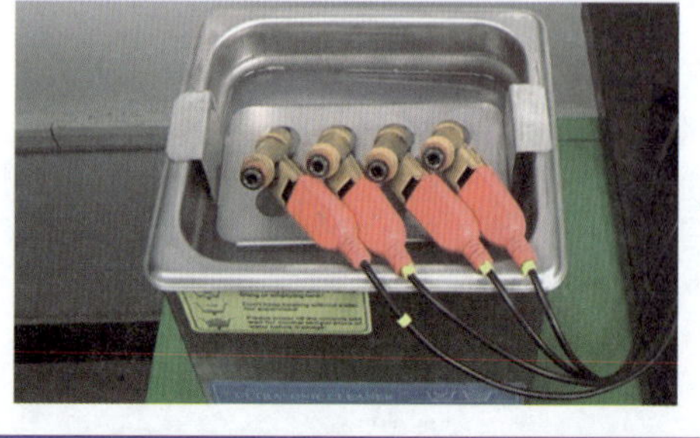	6. 分别插好喷油器脉冲信号线。

续表

图示	步骤与说明
	7. 打开超声波清洗机电源开关，设定好清洗时间，一般清洗 10 min。 注意：在超声波清洗槽未加注超声波清洗剂的情况下，严禁打开超声波清洗机电源，否则容易损坏超声波设备。
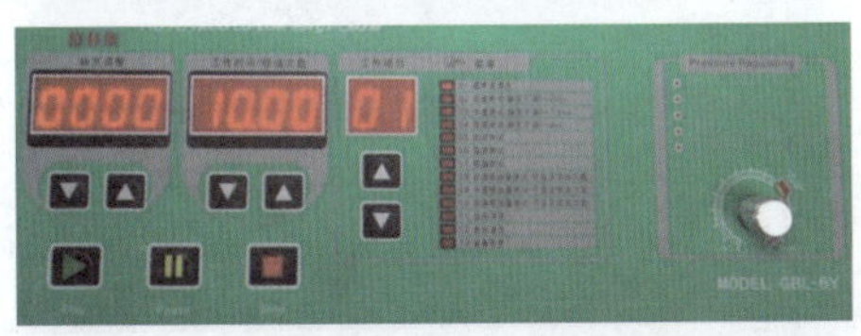	8. 打开喷油器清洗检测仪电源开关。
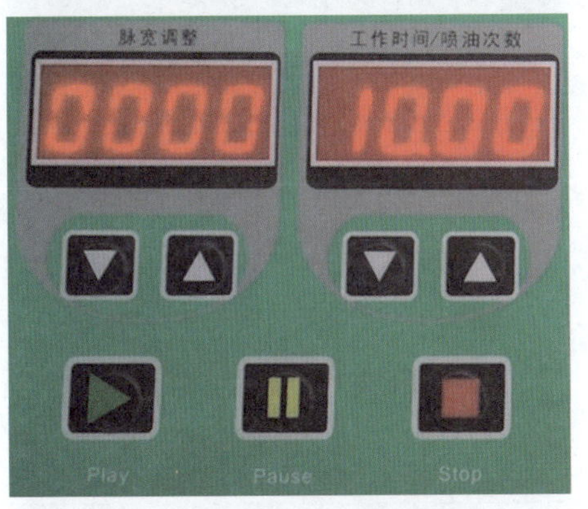	9. 在控制面板中选择超声波清洗功能，按项目选择键选定“01 超声波清洗”项，然后设定清洗时间，系统默认为 10 min，可以通过工作时间 / 喷油次数调整键修改清洗时间，按“Play”开始清洗。 清洗结束，系统自动停止，蜂鸣器鸣叫提示，这时可关闭超声波清洗机电源开关。 注意：在清洗的过程中，将喷油器拿出放在耳边可以听到间歇性的振动声，从而可以判断喷油器是否参与工作。
	10. 清洗完毕后，从清洗槽中拿出喷油器，用软布擦净上面的清洗剂，准备下一项工作。

操作二　怠速与检漏测试

图示	步骤与说明
 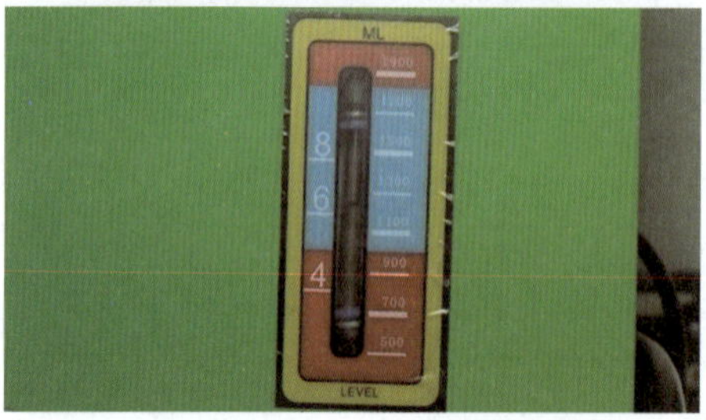	一、怠速测试 1. 在喷油器完成超声波清洗后，将检测液从玻璃管上方任意圆孔倒入，大约需加注 1 800 mL 的检测液，平时液面高度不得低于 1 000 mL。
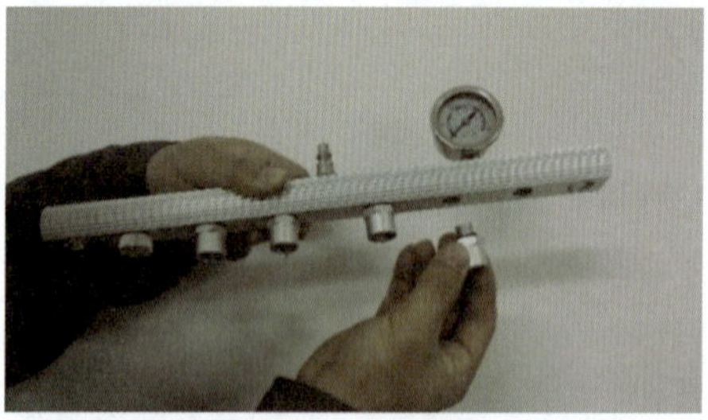	2. 从配件盒中取出顶进油偶件、分油器堵塞，选择配套的“O”形圈装在堵塞上，并涂以少许润滑脂，将堵塞装入分油器。
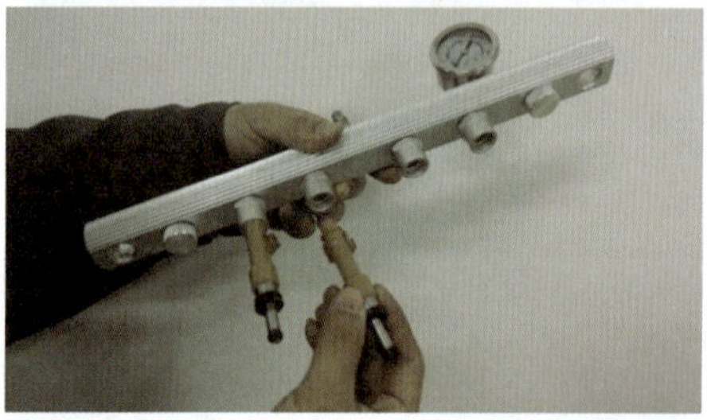	3. 在喷油器的“O”形圈上涂少许润滑脂，并正向安装喷油器。
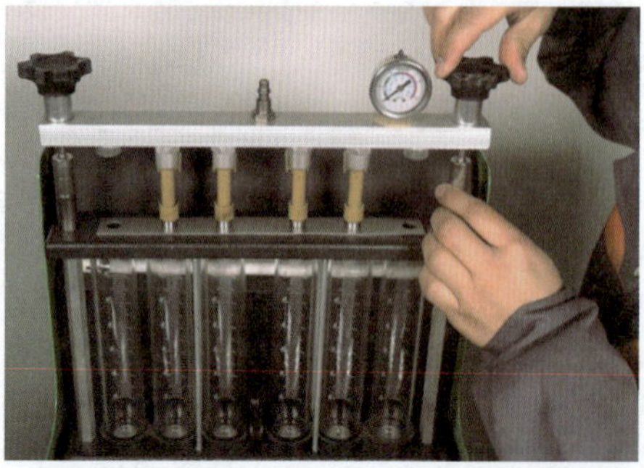	4. 将分油器和喷油器水平端好放在上板座上，两端用锁紧杆旋紧固定，准备测试。 注意：特殊的喷油器需用加长杆，如某些微型面包车的喷油器另需加长垫、垫板。

续表

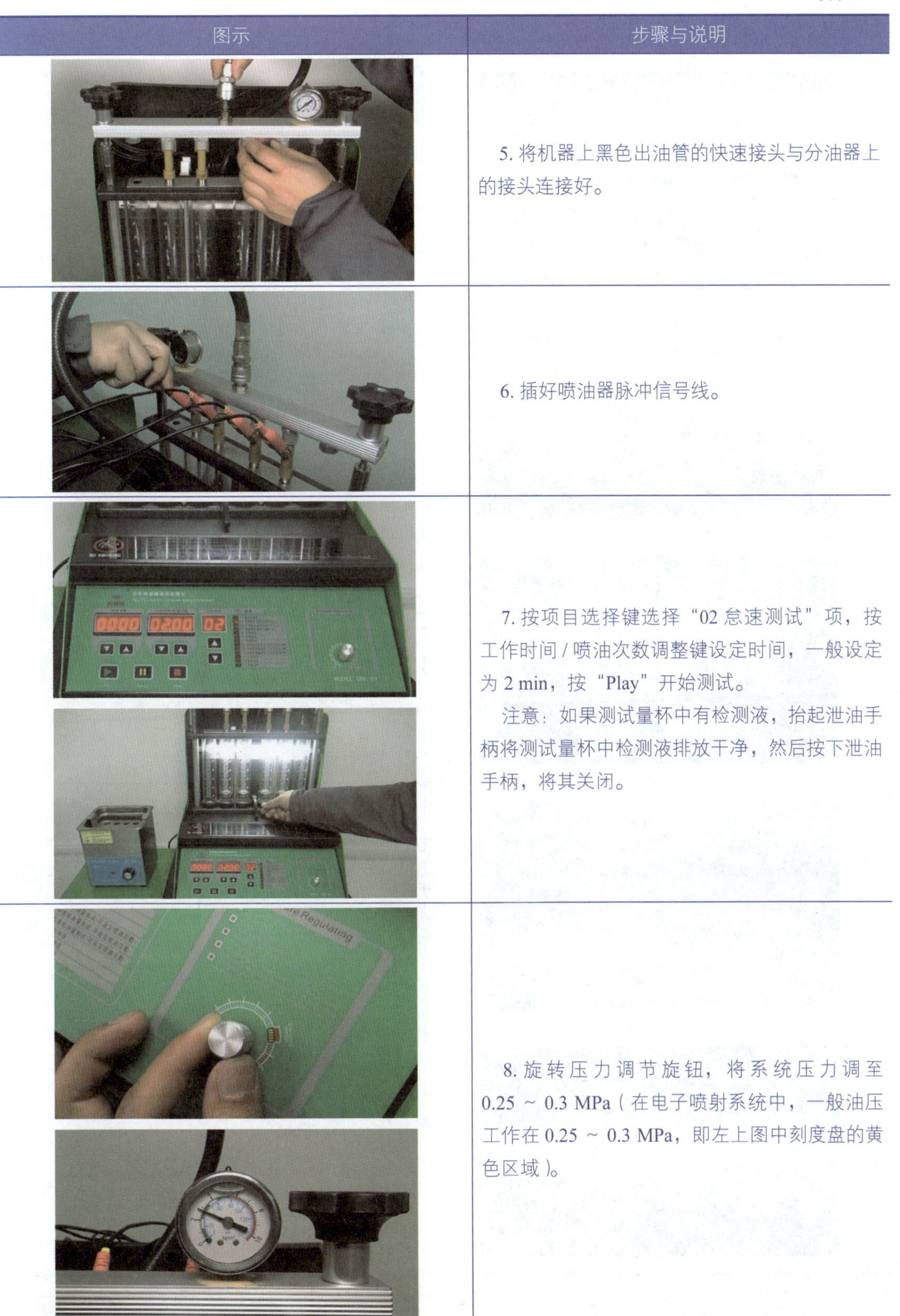

图示	步骤与说明
	5. 将机器上黑色出油管的快速接头与分油器上的接头连接好。
	6. 插好喷油器脉冲信号线。
	7. 按项目选择键选择“02 怠速测试”项，按工作时间 / 喷油次数调整键设定时间，一般设定为 2 min，按“Play”开始测试。 注意：如果测试量杯中有检测液，抬起泄油手柄将测试量杯中检测液排放干净，然后按下泄油手柄，将其关闭。
	8. 旋转压力调节旋钮，将系统压力调至 0.25 ~ 0.3 MPa（在电子喷射系统中，一般油压工作在 0.25 ~ 0.3 MPa，即左上图中刻度盘的黄色区域）。

续表

图示	步骤与说明
	9. 按脉宽调整键选择合适的脉宽，系统默认为 3 ms，然后按下泄油手柄，关闭放油口，以便观察喷油量。
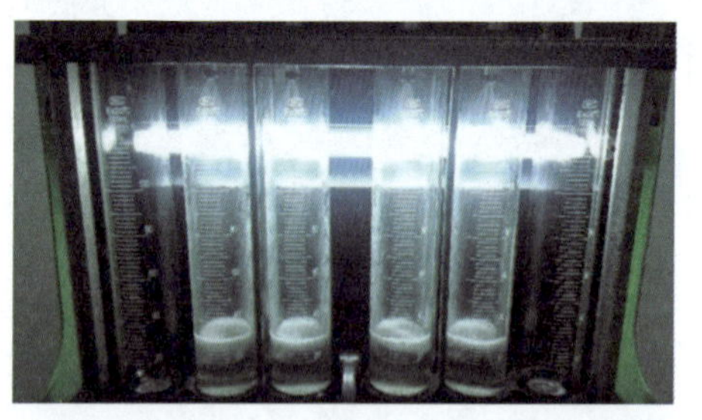	10. 检测过程中，可以观察喷油器的雾化效果。检测完毕，系统自动停止，蜂鸣器鸣叫提示，此时可以观察喷油器的喷油量是否均匀。测试结束后，抬起泄油手柄将检测液放回油箱。
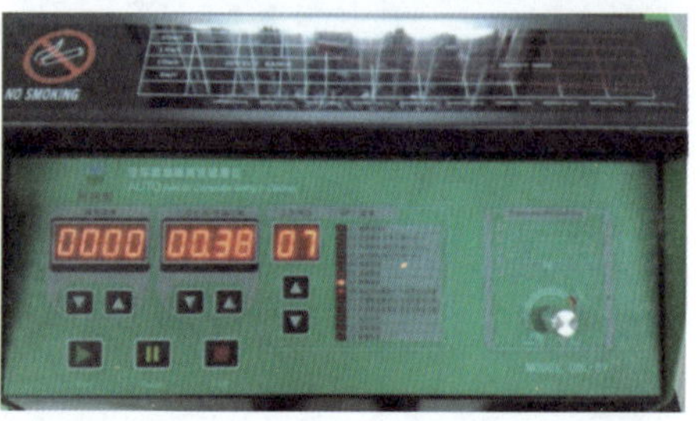	二、检漏测试 1. 按照"怠速测试"1～6 的步骤连接好喷油器。 按项目选择键选择"07 检漏测试"项。按工作时间 / 喷油次数调整键设定时间，一般设定为 1 min，脉宽系统默认为 3 ms，按"Play"开始测试。
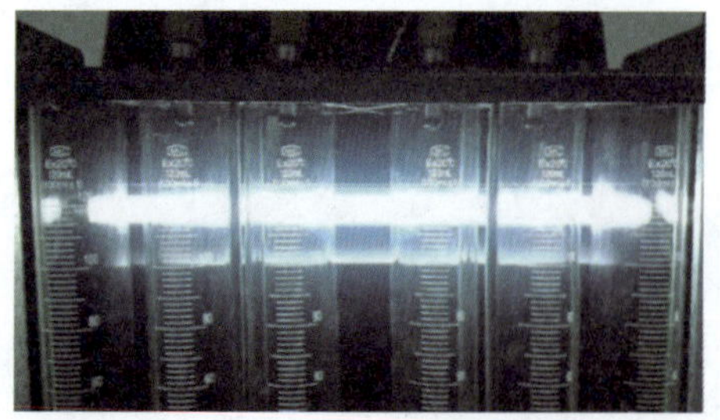	2. 观察汽车油路压力在 0.3 MPa 时，喷油器在测试全过程是否有滴漏现象。无滴漏现象说明喷油器正常，有滴漏则需更换喷油器。至此检漏测试完毕，按照 6S 要求恢复设备及现场，完成测试。

课题五　真空表

学习目标

1. 了解真空表的结构。
2. 掌握真空表的使用方法。
3. 能够利用真空表检测发动机进气歧管的真空度。

任务引入

如今维修技术人员越来越依赖汽车故障诊断仪、示波器等相对复杂的检测设备，却常常忽略了真空表这样一种简单而又实用的检测工具。实际上，借助真空表对发动机的性能与故障进行分析，可以给维修诊断工作带来很多方便。

知识准备

一、真空表简介

真空表主要用于测量发动机运转时进气歧管内的真空度，以判断发动机的运转状态是否正常。

二、真空表的结构

真空表通常由表头和软管两部分组成，如图2—5—1所示。其表头的结构和气缸压力表相同。当表头通过软管与真空源相连时，真空度越大，弯管弯曲得越大，于是通过杠杆和齿轮机构等带动表头指针动作，在表盘上指示真空度。软管的一端与表头连接，另一端连接在发动机进气歧管的检测孔上。

图 2—5—1　真空表的结构

三、真空表的使用方法

真空表的具体使用方法可参见【技能实训】。

四、真空表使用注意事项

1. 真空表内因有鲍登管，使用时应避免剧烈振动、敲击。
2. 测量结束后，一定要将指针回零。
3. 使用前和使用后应及时擦去油污、灰尘，保持真空表清洁，以降低测量误差。
4. 测量完毕，及时将真空表放入盒内，并由专人保管。

技能实训

下面以托马斯TU-1真空表为例，介绍真空表的使用方法。

发动机进气歧管真空度的检测

图示	步骤与说明
	1. 发动机预热至正常工作温度。
	2. 关闭点火开关，在发动机停机状态下，断开进气歧管上通向真空助力泵的软管。
	3. 用软管将真空表与进气歧管上断开的检测孔连接，并检查其密封性。
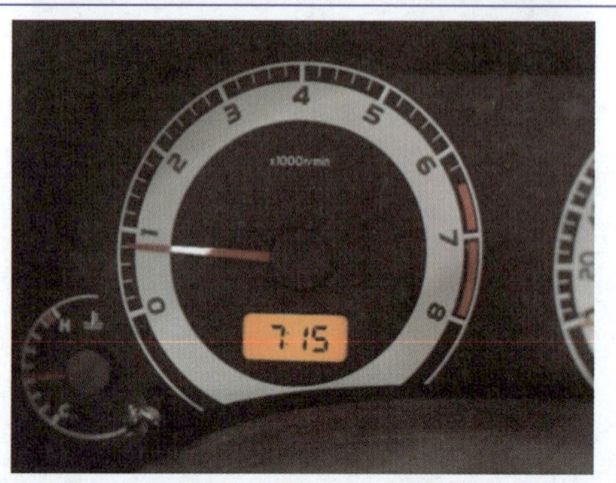	4. 将换挡杆置于空挡，发动机怠速稳定运转。

续表

图示	步骤与说明
	5. 读取真空表的读数，并记录。
	6. 按照拆卸步骤和 6S 要求恢复设备及现场。

单元三　底盘维修检测设备的使用与维护

课题一　车轮动平衡机

学习目标

1. 了解车轮动平衡机的功能、分类与结构。
2. 掌握车轮动平衡机的使用方法。
3. 能够熟练使用车轮动平衡机检测车轮的动平衡。

任务引入

随着道路条件的不断改善和汽车技术水平的不断提高，汽车行驶速度越来越快，车轮动平衡对汽车性能的影响也越来越大。如果车轮动不平衡，汽车在行驶过程中，车轮会产生跳动和摆振，进而影响汽车的行驶平顺性和乘坐舒适性。车轮跳动和摆振还会使车辆难以控制，因而对安全性也有较大影响。此外，车轮动不平衡，还会加剧轮胎及有关部件的磨损和冲击，缩短汽车使用寿命。因此，在汽车正常使用一定时间后，尤其是在对轮胎、轮毂进行修补或更换后，一定要对车轮进行动平衡检测，测定不平衡质量的大小和位置，并进行校正。车轮动平衡检测已成为汽车检测的重要项目之一。

知识准备

一、车轮动平衡机简介

车轮动平衡机是一种测量汽车车轮动不平衡量，并指示动不平衡量补偿位置的设备。维修人员通过增加配重的方法，将平衡块补偿在指定位置，使车轮达到动平衡要求。它是汽车4S店、汽车修理厂、汽车轮胎店等必备的设备。

二、车轮动平衡机的分类

1. 按照平衡范围分：小型车轮动平衡机和大型车轮动平衡机。

一般来说，小型车轮动平衡机能平衡的最大车轮直径为24 in，大型车轮动平衡机为26 in，虽然在测量的车轮直径上它们之间相差不大，但在测量的车轮重量上，小型车轮动平衡机要求小于65 kg，而大型车轮动平衡机最多可达到250 kg。

2. 按照平衡机的设计结构分：立式车轮动平衡机和卧式车轮动平衡机。

一般把平衡机主轴竖立的平衡机称为立式车轮动平衡机，相应的主轴水平的平衡机称为卧式车轮动平衡机。通常在汽车修理厂所见到的车轮动平衡机均为卧式车轮动平衡机，而立式车轮动平衡机一般用于流水线（如汽车车轮装配厂）。

3. 按照车轮的平衡方式分：离车式车轮动平衡机和就车式车轮动平衡机。

所谓离车式车轮动平衡机就是在给汽车平衡车轮时，须先将车轮从车轴上拆下，再将其装在平衡机上平衡。就车式车轮动平衡机则是车轮在不拆卸的状态下进行检测，更接近于车轮的实际工作状况，但由于安装不便，测试操作烦琐，故常用离车式车轮动平衡机。

三、离车式车轮动平衡机的结构

离车式车轮动平衡机如图3—1—1所示，一般由驱动装置、转轴与支承装置、显示与控制装置、制动装置、机箱和车轮防护罩等组成。驱动装置一般由电动机、传动机构等组成，可驱动转轴旋转。转轴的外端通过定位锥体和快速锁紧螺母安装被测车轮。驱动装置、转轴与支承装置等均装在机箱内。车轮防护罩可防止车轮旋转时车轮上的平衡块或花纹内夹杂物飞出伤人。制动装置可使车轮停转。

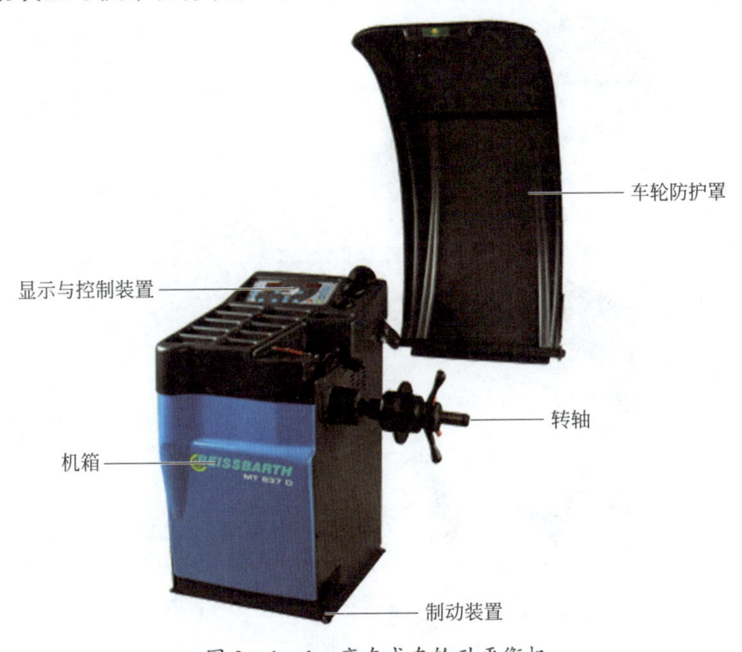

图 3—1—1　离车式车轮动平衡机

离车式车轮动平衡机的显示与控制装置如图3—1—2所示。

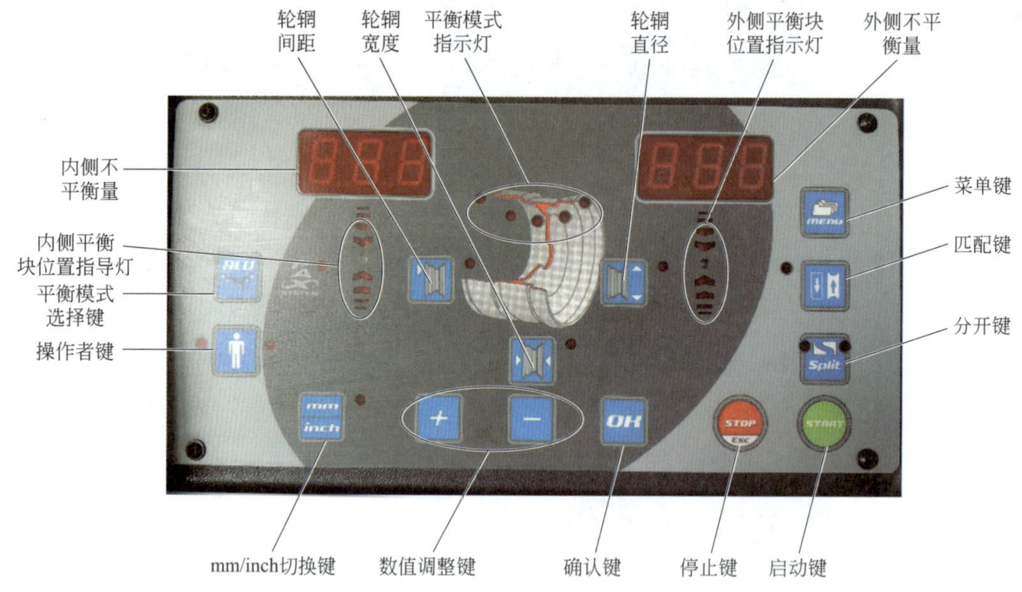

图 3—1—2 百斯巴特 MT 837D S80 车轮动平衡机显示与控制装置

车轮动平衡机的主要附件及其功用见表3—1—1。

表 3—1—1 车轮动平衡机的主要附件及其功用

名称	图示	功用
定位锥体		用于确保不同形式和不同规格的车轮的旋转中心能与动平衡机主轴轴线重合，离心式车轮动平衡机均配有数个大小不等的定位锥体
动平衡机专用卡尺		用于测量轮辋直径和轮辋宽度
平衡块拆装钳		用于拆装卡钩式或粘贴式平衡块、去除轮胎表面的杂物等

续表

名称	图示	功用
卡钩式平衡块		平衡块的作用是缩小车轮的质量差距，以达到相对平衡的状态。卡钩式平衡块适用于有卷边的轮辋，在卡钩式平衡块中，开口较大的适用于铝合金轮毂，开口较小的适用于钢质轮毂
粘贴式平衡块		粘贴式平衡块适用于无卷边的轮辋。粘贴式平衡块的外侧有不干胶，粘贴于轮辋的内表面上

近年来生产的车轮动平衡机，其显示与控制装置具有自动诊断功能，能将传感器的电信号通过运算、分析、判断后显示出不平衡量及位置。

四、车轮动平衡机的使用方法

不同品牌的车轮动平衡机操作方法略有不同，使用前应认真阅读原厂的使用说明书。下面以百斯巴特MT 837D S80车轮动平衡机为例，介绍动平衡机的使用方法。

（一）车轮动平衡机的标定

1. 法兰标定

（1）打开车轮动平衡机电源开关。

（2）按下菜单键，左侧显示屏上显示“CAL”后松开菜单键。

（3）在1.5 s内按下操作者键，左侧显示屏显示“C-1”。

（4）安装法兰。需要注意的是此时不安装车轮和快速锁紧螺母。

（5）盖上车轮防护罩，按下启动键开始测量。在测量结束后，左侧显示屏显示“C-2”，车轮动平衡机将保存测出的不平衡值，所有轴承的不平衡值用电子方式来补偿。此时法兰标定结束，不平衡数据为“0”。

2. 车轮动平衡机标定

（1）打开车轮动平衡机电源开关。

（2）按下菜单键，左侧显示屏上显示“CAL”后松开菜单键。

（3）在1.5 s内按下操作者键，直至左侧显示屏显示“C-2”。

（4）将一只状况较好的轮辋安装在法兰上。

（5）将轮辋边缘至机箱的距离a、轮辋宽度b和轮辋直径d的数值输入到显示与控制装置中。

（6）盖上车轮防护罩，按下启动键开始测量。

（7）测量结束后，左侧显示屏显示“C-3”，右侧显示屏显示需配重平衡块质量。

（8）将质量与显示屏显示的数值相等的平衡块安装在车轮内侧。

（9）盖上车轮防护罩，按下启动键开始测量。

（10）测量结束后，左侧显示屏显示“C-4”。

（11）转动车轮，直至平衡块位于12点钟位置。

（12）拆下内侧的平衡块，将其安装在车轮外侧12点钟的位置。

（13）盖上车轮防护罩，按下启动键开始测量。

（14）测量结束后，左侧显示屏显示“C-5”。

（15）转动车轮，直至平衡块位于6点钟位置，显示校正角度值。

（16）按下分开键，动平衡机标定结束。

（二）车轮动平衡

1. 清除被测轮胎花纹内嵌入的泥土、石子等杂物，用平衡块拆装钳拆下轮辋上旧的平衡块，保证轮胎和轮辋表面清洁。

2. 检查轮胎气压，将轮胎充气至规定气压值。

3. 选择与轮辋中心孔匹配的定位锥体安装于旋转轴上。

4. 检查轮辋定位面和轮辋中心孔有无变形，如有较大变形应及时更换，装上被测车轮，用快速螺母锁紧。

5. 打开电源开关，按规定预热，检查指示装置指示是否正确，并根据轮辋的结构选择合适的平衡块安装位置。

6. 用平衡机上的标尺测量轮辋边缘至机箱距离a，用卡尺测量轮辋宽度b和轮辋直径d，将数值a、b、d输入到显示与控制装置中。

7. 放下车轮防护罩，按下启动键，车轮旋转，平衡测试开始，自动采集数据。

8. 当车轮自动停转后，从指示装置读出车轮内、外动不平衡量和不平衡位置。

9. 抬起车轮防护罩，用手慢慢旋转车轮，当动平衡机指示装置发出信号时停止转动车轮。

10. 在轮辋内侧或外侧的上部，时钟12点位置加装与指示装置显示质量相同的平衡块。内、外侧要分别进行，平衡块装卡要牢固。

11. 放下防护罩，重新启动动平衡机，进行动平衡试验，直至动不平衡量小于5 g，机器显示合格为止。

12. 取下车轮，关闭电源，动平衡调整结束。

五、车轮动平衡机使用注意事项

1. 车轮动平衡机应放置或安装在通风、干燥的室内。

2. 保持车轮动平衡机清洁。

3. 传感器属于精密、易碎元件，使用时注意防止撞击、敲打。

4. 离车式车轮动平衡机移动位置时，不能搬动主轴或机头，以免降低其检测精度。

5. 根据被测车轮轮辋内孔大小，选择相应的定位锥体。

6. 驱动带的张紧度通过移动驱动电动机来调节。张紧度要求：用大拇指压下时，其挠度在10～15 mm之间。

7. 接通电源开关，如果无显示，应检查熔丝是否熔断，并更换相同规格的熔丝。

8. 对于轮辋严重变形、胎面大面积剥离的车轮，不能进行动平衡检测。因为，一方面过大的不平衡质量将产生极大的惯性，从而损坏动平衡机；另一方面动平衡机的检测有一定的范围，过大的不平衡质量将无法检测。

9. 当不平衡质量超过最大平衡块质量时，可用两块或两块以上平衡块，但应注意安装时各平衡块要尽量靠近。因为过多的平衡块占用轮辋的扇面较大，会使实际的平衡质量效果小于检测质量效果。

10. 车轮动平衡机属于精密贵重设备，应由专人负责使用、保管。

技能实训

下面以百斯巴特MT 837D S80车轮动平衡机为例，介绍使用车轮动平衡机检测车轮动平衡的方法。

操作一　车轮动平衡机标定

图示	步骤与说明
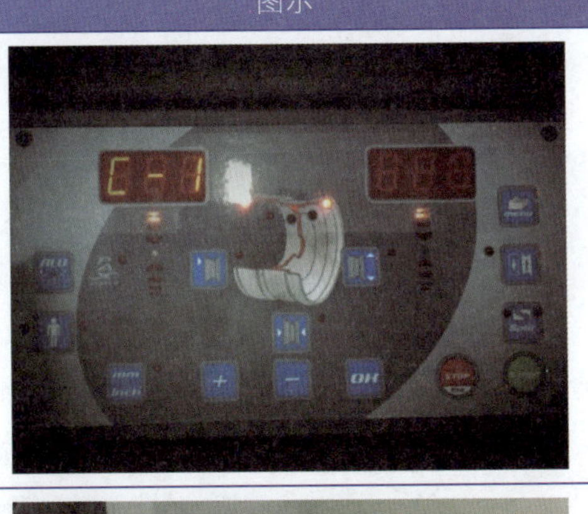	一、调出标定（校验）菜单 打开车轮动平衡机电源，按下并按住菜单键，直至左侧屏幕显示“CAL”，在1.5 s内按下操作者键，此时应在左侧屏幕上显示“C-1”，可进行法兰标定。再次按下菜单键，屏幕显示“C-2”，可进行动平衡机标定。
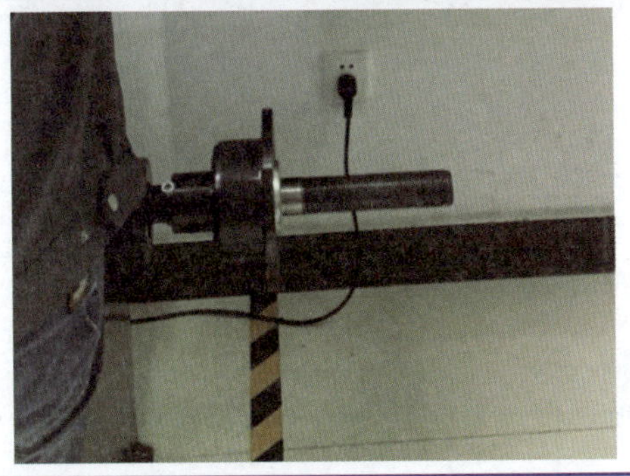	二、法兰标定 1. 调出标定菜单，让左侧屏幕上显示“C-1”，安装法兰，不安装车轮，不使用夹紧工具。

续表

图示	步骤与说明
	2. 盖上车轮防护罩，空轴转动，设备自动进行测量。测试结束，所有轴承不平衡值将用电子方式来补偿，法兰标定结束，不平衡值为“0”。
	三、动平衡机标定 1. 调出标定菜单，让左侧屏幕显示“C-2”。将一只状况较好的轮辋固定在法兰上。
	2. 用平衡机上的标尺测量轮辋边缘至机箱距离，并将数据输入到显示与控制装置中。
	3. 用卡尺测量轮辋宽度，并将数据输入到显示与控制装置中。

续表

图示	步骤与说明
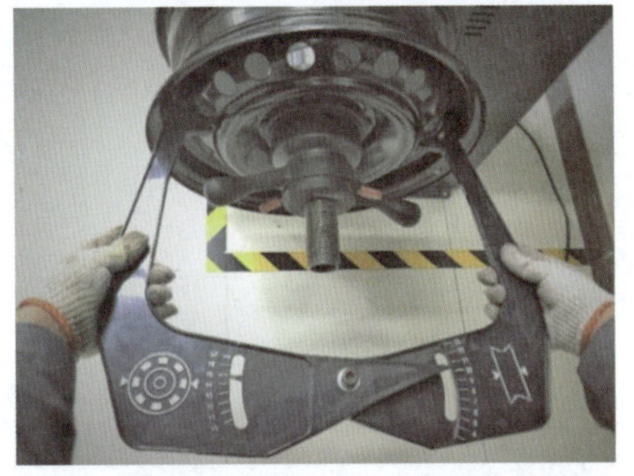	4. 用卡尺测量轮辋直径，并将数据输入到显示与控制装置中。
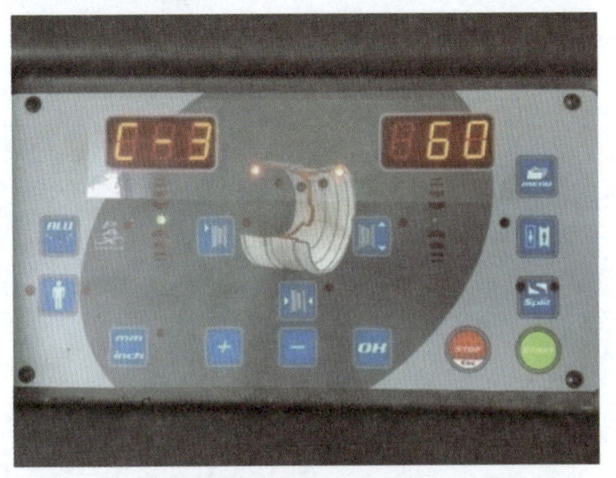	5. 盖上车轮防护罩，按下启动键，车轮转动，开始测量。测量结束后，左侧屏幕显示“C-3”，右侧屏幕显示“60”。
	6. 将与右侧屏幕显示值相等的 60 g 平衡块固定在轮辋内侧。
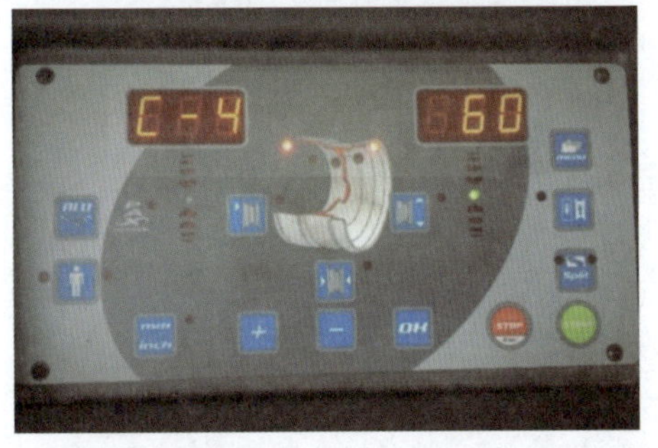	7. 盖上车轮防护罩，车轮转动，开始测量，直到左侧屏幕显示“C-4”，右侧屏幕显示“60”。

续表

图示	步骤与说明
	8. 转动轮辋，直到平衡块位于 12 点钟位置，取下车轮内侧的平衡块并放在车轮外侧 12 点钟位置。
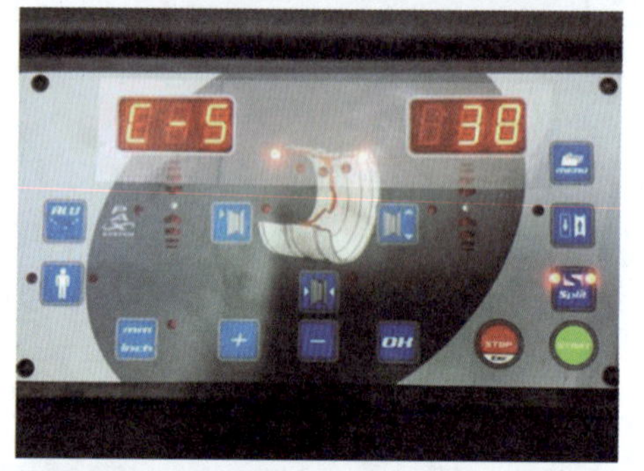	9. 盖上车轮防护罩，车轮转动，开始测量，直到左侧屏幕显示“C-5”。转动车轮，直到平衡块位于 6 点钟位置，右侧屏幕显示校正角度值。
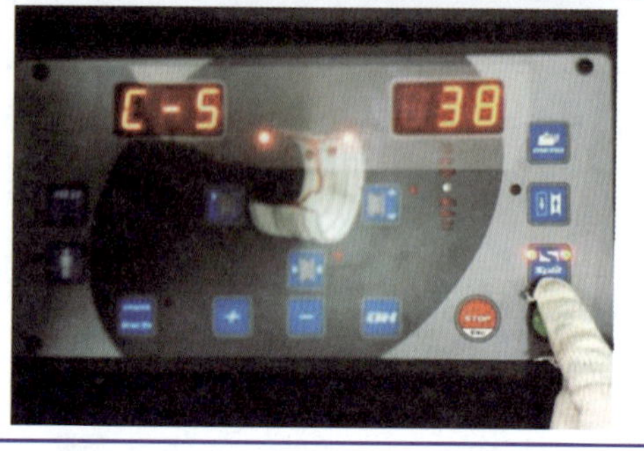	10. 按下分开键，动平衡机标定完成。

操作二　车轮动平衡检测

图示	步骤与说明
	一、车轮安装 1. 清除被测车轮轮胎花纹内嵌入的泥土、石子等杂物，拆下轮辋上旧的平衡块，保证轮胎和轮辋表面清洁。

续表

图示	步骤与说明
	2. 检查轮胎气压，并达到技术要求规定，轿车一般为 220 kPa。
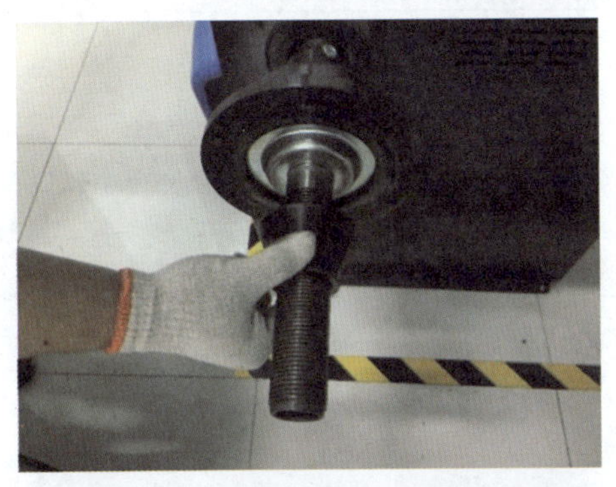	3. 选择与轮辋中心孔匹配的定位锥体安装于旋转轴上。
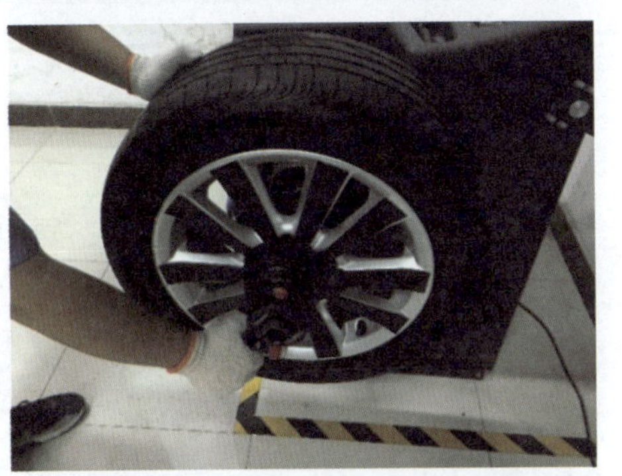	4. 检查轮辋定位面和轮辋中心孔有无变形，如有较大变形应及时更换，装上被测车轮，用快速螺母锁紧。
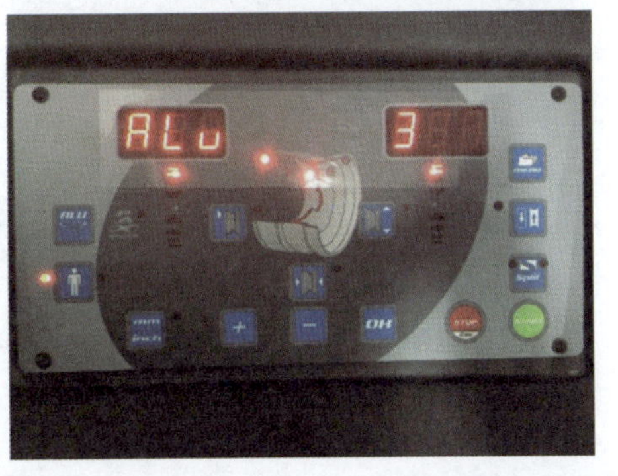	二、尺寸输入 1. 按下“ALU”键，选择适合该轮胎的平衡程序，本实训以 ALU3（非标准程序，内侧为挂钩式平衡块，外侧为隐藏式粘贴平衡块）为例进行操作。

续表

图示	步骤与说明
	2. 用平衡机上的标尺测量轮辋边缘至机箱距离，并将数据输入到显示与控制装置中。
	3. 用定位规测出轮辋宽度值（对于 ALU3 平衡程序而言，该值是外侧平衡块粘贴的位置到内侧平衡块的距离）并锁定定位规挡块，然后将数据输入到显示与控制装置中。
	4. 将轮胎侧面上标记的轮辋直径输入到显示与控制装置中。
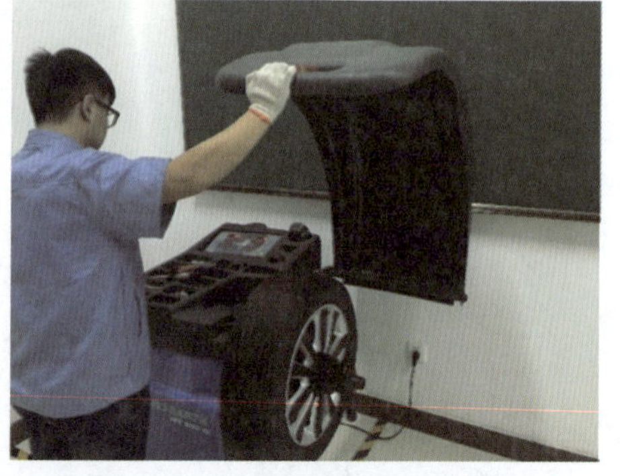	三、平衡车轮操作 1. 盖上车轮防护罩，车轮开始转动，平衡程序自动检测车轮动不平衡量。

续表

图示	步骤与说明
	2. 测量结束后，车轮自动停止转动，左侧屏幕显示车轮内侧需要加装的平衡块重量为 15 g，右侧屏幕显示车轮外侧需要加装的平衡块重量为 25 g。
	3. 转动车轮直到左侧屏幕下方“平衡位置”中间绿色指示灯亮起，停止转动。
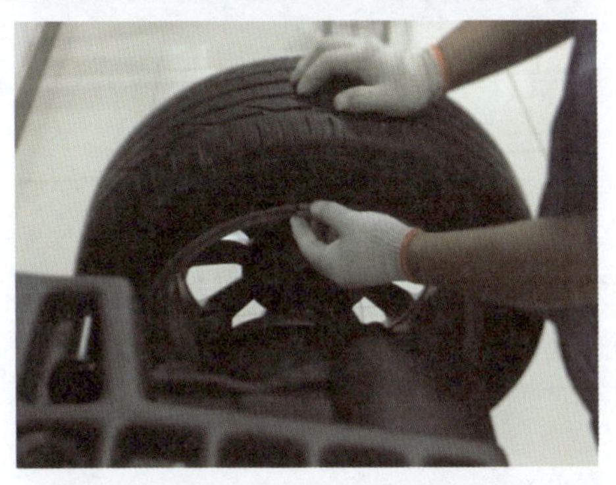	4. 此时在车轮内侧 12 点钟位置安装 15 g 平衡块，以此保持内侧动平衡。
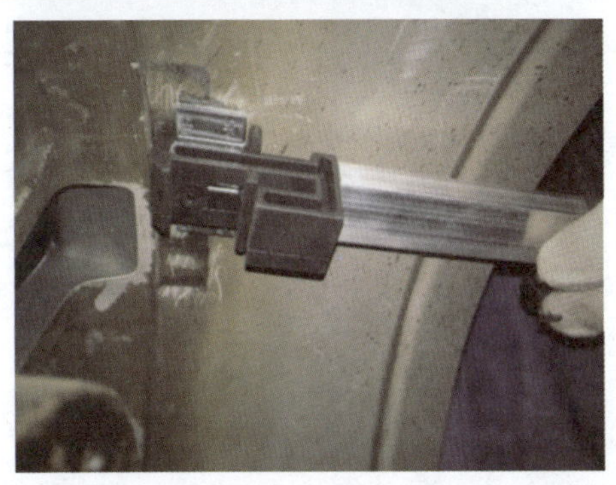	5. 转动车轮直到右侧屏幕下方“平衡位置”中间绿色指示灯亮起，停止转动。用定位规前端“外重量钳”夹住 25 g 粘贴式平衡块，在轮辋外侧 12 点钟位置粘贴牢靠。

续表

图示	步骤与说明
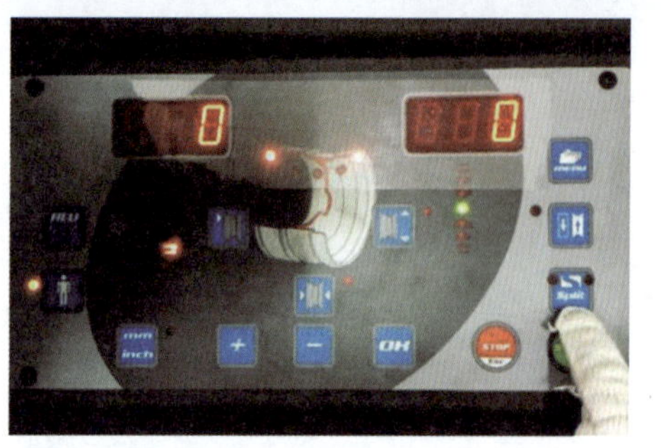	6. 再次放下车轮防护罩，按下启动键，车轮转动，启动平衡检测程序，直到左、右两侧屏幕显示数值为“0”，此时车轮已经平衡。 最后按照 6S 要求整理工具，清理场地。

操作三　粘贴式平衡块的粘贴

图示	步骤与说明
	1. 选择适当的清洁剂（如 70% 异丙醇溶液），用一块干净的软布仔细清洁轮辋表面，除去轮辋表面的杂质及灰尘。注意：应确保周围环境、平衡块以及轮辋的温度不低于 16 ℃。
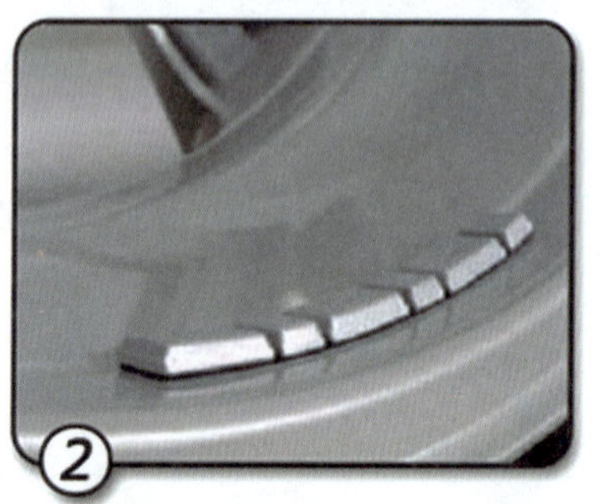	2. 清洁轮辋后，将平衡块放到轮辋上，检查轮辋的弧度是否适合放置平衡块，放置平衡块时，仍保留背面胶条的保护膜。平衡块弧度的半径不应小于轮辋的半径。
	3. 揭开平衡块背面胶条的保护膜，将平衡块放置在轮辋上。放置平衡块时，应以不低于 100 kPa 的压强，从平衡块中间向两端施力。

续表

图示	步骤与说明
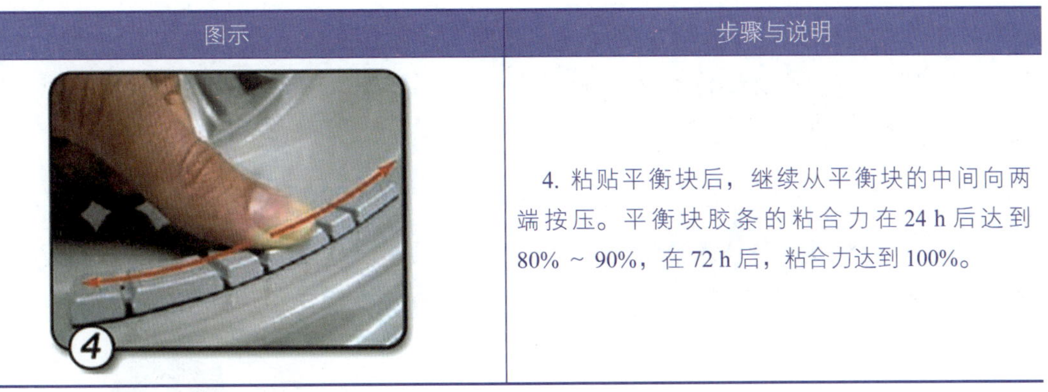	4. 粘贴平衡块后，继续从平衡块的中间向两端按压。平衡块胶条的粘合力在 24 h 后达到 80% ~ 90%，在 72 h 后，粘合力达到 100%。

课题二　四轮定位仪

学习目标

1. 了解四轮定位仪的功能、分类与结构。
2. 掌握四轮定位仪的使用方法。
3. 能够利用四轮定位仪对轿车进行检测。

任务引入

汽车行驶一段时间后，由于各种原因，会出现轮胎异常磨损、零件磨损加快、转向盘发沉、车辆跑偏、油耗增加等现象，为了消除这些现象，确保车辆的行驶性能，最有效的方法就是做四轮定位。

知识准备

一、四轮定位仪简介

四轮定位仪是检测汽车的车轮定位参数，并与原厂的设计参数进行对比，指导使用者对车轮进行调整，使其符合原设计要求，以达到理想的汽车行驶性能（操作轻便、行驶稳定可靠、减少轮胎偏磨）的精密测量仪器。

二、四轮定位仪的分类

四轮定位仪按测试方式及原理不同可分为拉线式、光学式、图像式三种，其中光学式又可分为激光四轮定位仪、PSD四轮定位仪、CCD四轮定位仪和3D四轮定位仪等。

（一）激光四轮定位仪

激光是直线传播的，其自身特性已经限制了产品的性能，激光四轮定位仪的光束较窄，测量范围有限，所以不能准确检测，而且检测速度较慢，因此汽车工业较发达国家基本已经摒弃了激光四轮定位仪。

（二）PSD四轮定位仪

PSD定位仪也是一种技术较为落后的产品。PSD技术只可以测试单一光点，且受温度影响较大，气温的变化有可能导致测量的误差，因此PSD四轮定位仪的精准度、稳定性都很差，不推荐使用。

（三）CCD四轮定位仪

CCD是一种新型半导体集成光电器件，其稳定性强，性能卓越，使用寿命长，基本不会因为受到外界干扰而对定位效果产生误差，是目前四轮定位仪领域使用较多的一种技术。百斯巴特E8四轮定位仪就是一种典型的CCD四轮定位仪，其外形如图3—2—1所示。

图 3—2—1　百斯巴特 E8 四轮定位仪

（四）3D四轮定位仪

3D四轮定位仪主要利用物理透视学的基本原理与计算机信息处理技术，将四个目标反光板安装在车辆的四个轮辋之上，滚动车轮，由摄像机对目标反光板上的几何图形进行连续拍摄，通过计算机对几何图形的变化进行分析运算，得出车轮及底盘等的相应定位参数，再由显示屏进行显示。其测量精度高，操作简便，故障率低，是目前最为先进的四轮定位仪。

三、四轮定位仪的结构

以3D四轮定位仪杰奔V3D-EL为例，它由主机、目标盘、转向盘固定器、制动踏板固定器等组成，如图3—2—2所示，其主要部件及其功用见表3—2—1。

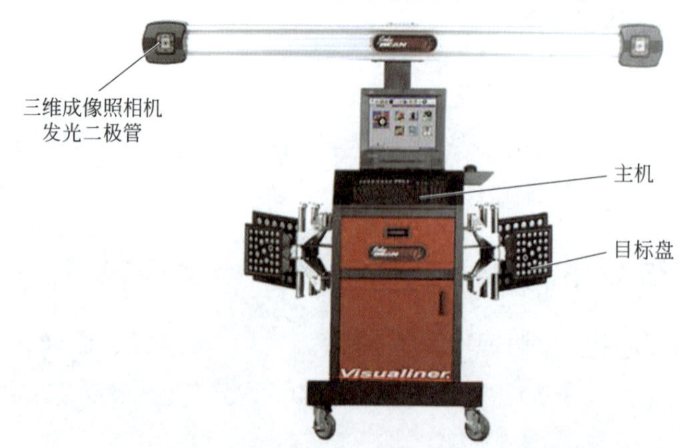

图 3—2—2　杰奔 V3D-EL 四轮定位仪

表 3—2—1　　杰奔 V3D-EL 四轮定位仪主要部件及其功用

名称	图示	功用
夹具		夹具的四个卡爪分别固定在轮辋边缘上，卡爪可根据轮辋尺寸的大小进行调节，并可通过其上的偏心手柄锁紧，目标盘固定在夹具上
目标盘		目标盘是四轮定位仪的核心部件。目标盘上无任何电子元器件，无须线束传输，更无须通过蓝牙、红外等方式传输数据，无须电池，能够彻底消除常用器件上的电子故障，大大降低产品的故障率，使产品更具稳定性
转向盘固定器		在测试中，需根据提示放置转向盘固定器，以保证测试过程中汽车车轮方向不会发生转动
制动踏板固定器		用于固定汽车制动踏板，使汽车在测试中不会发生前后移动的现象
转角盘		转角盘置于前轮下，以确保车轮在其上转动灵活轻便

四、四轮定位仪的使用方法

不同类型的四轮定位仪使用方法各不相同，应按原厂使用说明书进行操作，下面介绍3D四轮定位仪的使用方法。

（一）检测前准备

1. 检查底盘各零部件，包括轴承、摆臂、减振器、横拉杆球头和转向盘等部件是否有松旷及磨损。

2. 检查轮胎花纹是否相同，花纹深度是否一致，轮胎气压是否符合规定。

（二）四轮定位参数测量

四轮定位参数测量的具体方法可参见【技能实训】。

五、四轮定位仪使用注意事项

四轮定位仪是一种比较精密且贵重的检测设备，要求操作人员在使用前需经过专业培训，以便更好地掌握其操作方法。四轮定位仪的使用注意事项如下：

1. 被测车辆整体结构应符合定位仪的要求。
2. 被测车辆应清洁干净，轮毂轴承预紧力应正常，轮胎螺母、悬架等连接可靠。
3. 传感器在卡盘上的安装要稳妥，不用时应妥善保管，避免受到振动和冲击。
4. 计算机和电子仪器应避免接触高温，所接电源应加装过载保护装置。
5. 检测中，一定要进行传感器安装夹具的偏摆补偿，否则会引起很大的测量误差。
6. 应适时进行校正（一般半年一次），以保证测量精度。
7. 使用完毕后，应按规定关闭计算机，切断电源，并对计算机和电气柜加装防尘罩。
8. 应及时补充新的车型资料，以拓宽车型测量范围。

技能实训

下面以杰奔V3D-EL四轮定位仪为例，介绍车轮定位参数的测量方法。

车轮定位参数的测量

图示	步骤与说明
	一、将车辆停放在举升机上 1. 检查前转角盘和后滑动板的插销是否安装到位。

续表

图示	步骤与说明
	2. 将车辆行驶到举升机上，停在转角盘正前方。
	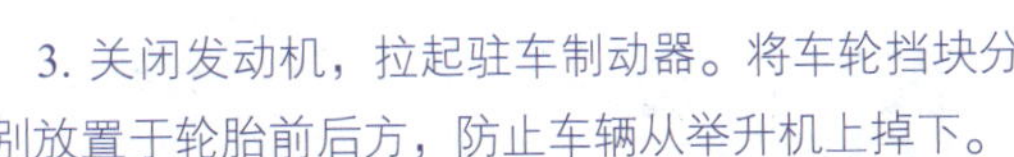 3. 关闭发动机，拉起驻车制动器。将车轮挡块分别放置于轮胎前后方，防止车辆从举升机上掉下。
	4. 调整转角盘的位置，保证轮胎在转角盘的正中央。将车辆换挡杆置于空挡，释放驻车制动器，将车辆推上转角盘，并调整好车轮挡块的位置。
	二、安装目标盘 将目标盘朝向照相机，夹具竖直安装在轮辋上，并用绑带将夹具和目标盘绑在轮辋上，防止在推动汽车过程中目标盘掉落。 注意：小目标盘安装在前轮上，大目标盘安装在后轮上。
	三、定位参数测量 1. 进入四轮定位主界面，选择“OK”功能键，进入“开始新一轮四轮定位测量”界面。

续表

图示	步骤与说明
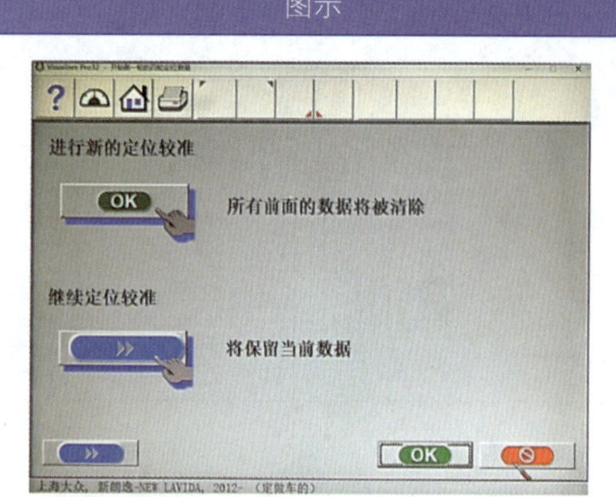	2. 在“开始新一轮四轮定位测量”界面下，可以进行新的定位校准或继续定位校准，选择“OK”功能键，进入“用户数据”输入界面。
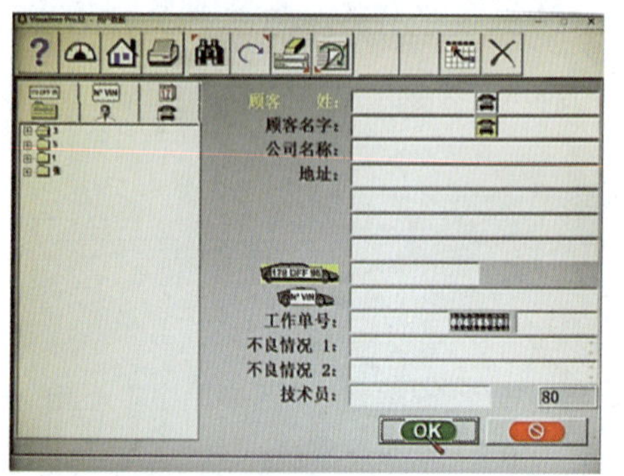	3. 在“用户数据”界面下，可以输入顾客名字、电话、公司名称、地址、工作单号及技术员等信息。然后点击“OK”功能键，进入“车辆选择”界面。
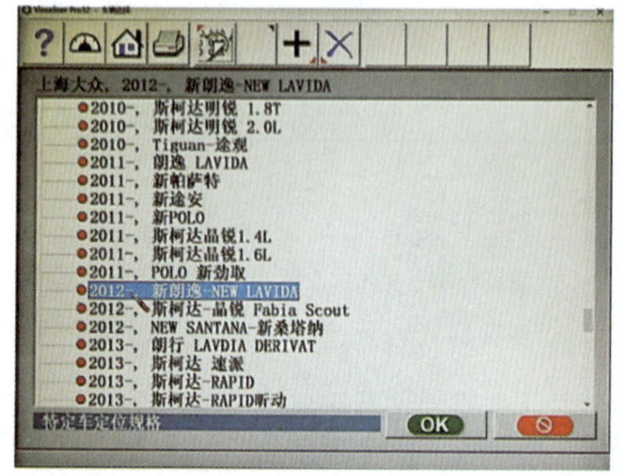	4. 在“车辆选择”界面，选择对应的车型，点击“OK”功能键，进入“汽车规格”界面。
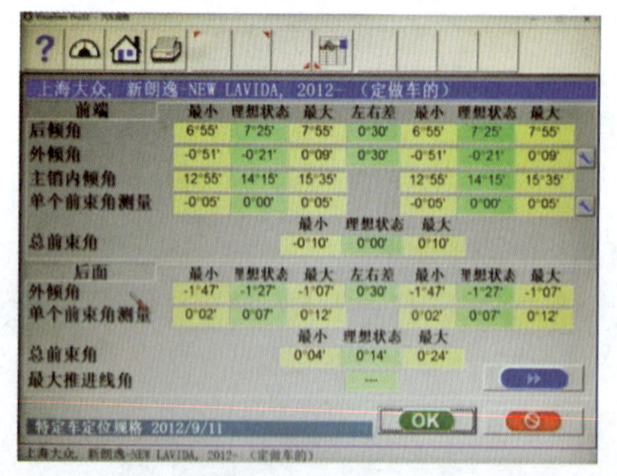	5. 在“汽车规格”界面下可以看到选定车型的标准定位参数值，然后点击“OK”功能键，进入“四轮定位测量”界面。此时可以看到屏幕上的车轮和目标盘呈红色状态，表示目标盘不在照相机的视野范围中。

续表

图示	步骤与说明
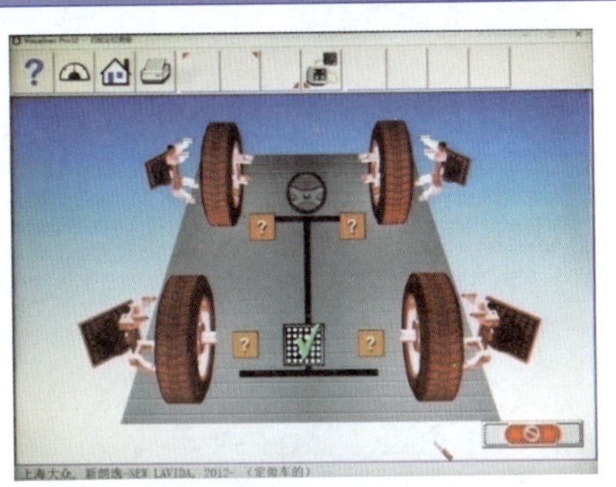	6. 将车辆举升至合适高度，使目标盘处于照相机的视野范围中，此时屏幕上的车轮和目标盘呈蓝色状态，用保险装置固定好举升平台。
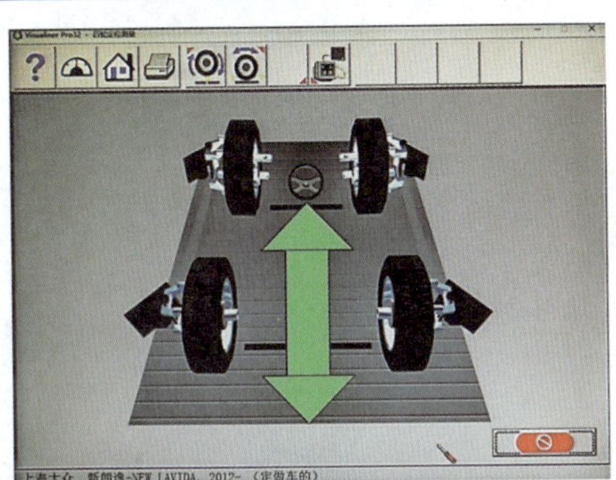 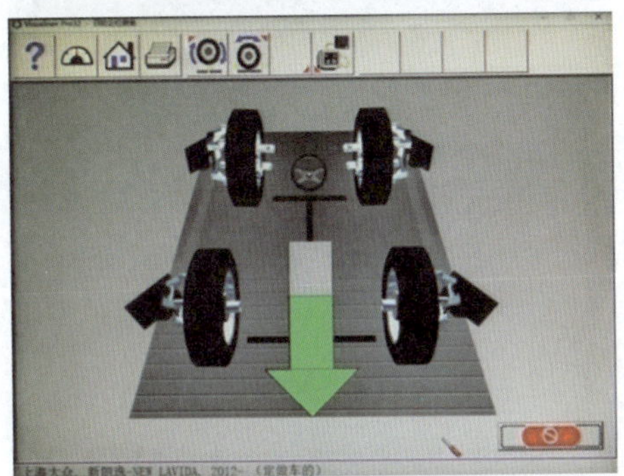 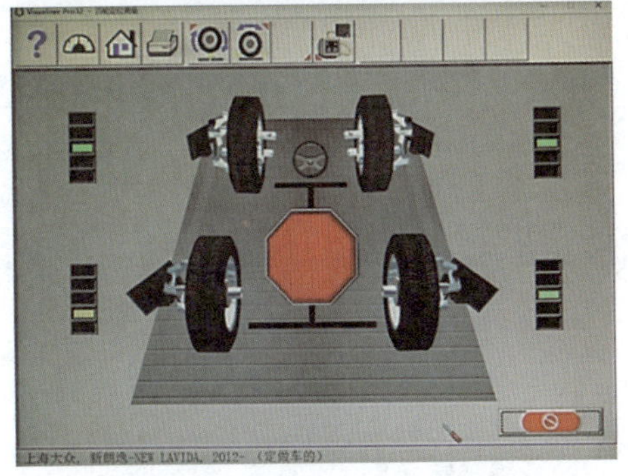	7. 稍等片刻后，操作人员根据屏幕提示推动车辆，在推动车辆过程中，画面会根据车辆的移动进行同步提示。 注意：推动过程要平稳进行，防止车辆发生振动。如果车辆发生振动，需要重新推动车辆。

续表

<table>
<tr><th>图示</th><th>步骤与说明</th></tr>
<tr><td>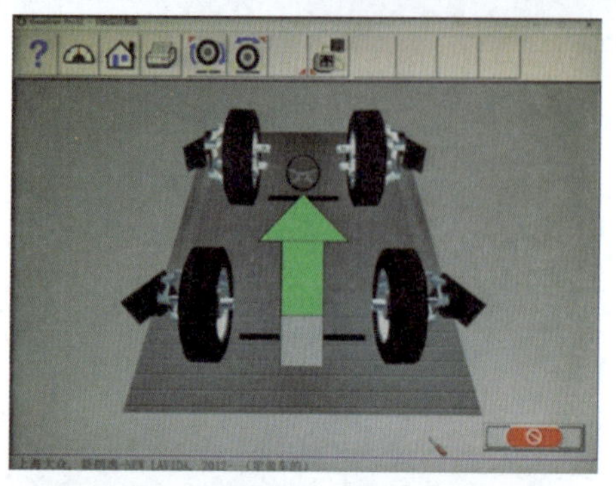
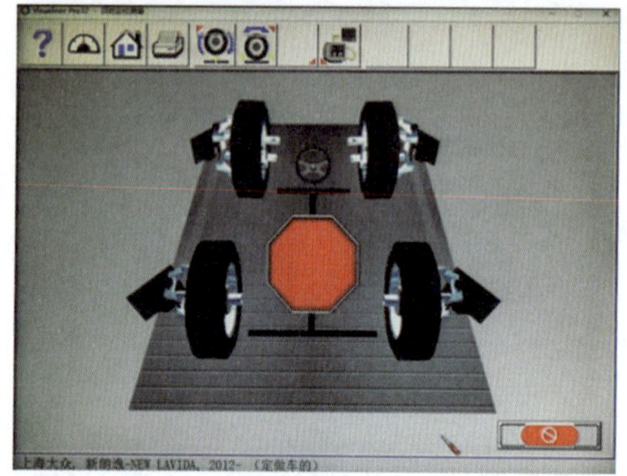</td><td></td></tr>
<tr><td>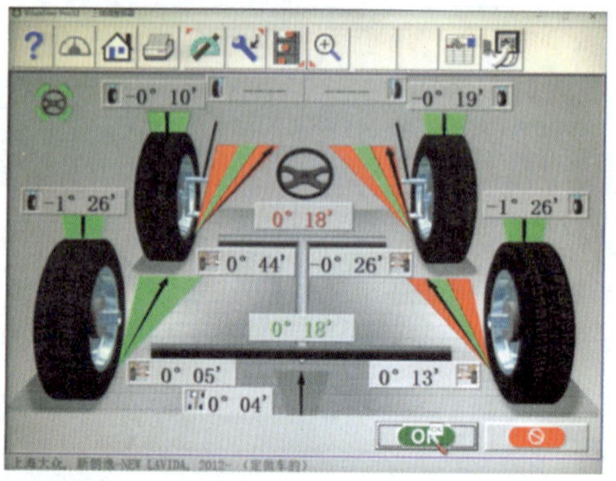
</td><td>8. 在推动车辆结束后，会自动进入“三维调整屏幕”界面，点击“OK”功能键，进入“后轮读数表”界面。</td></tr>
<tr><td>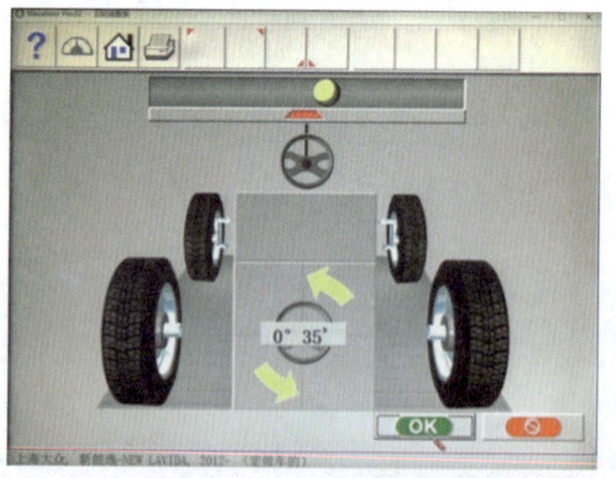
</td><td>9. 根据屏幕提示，调整转向盘，使车轮完全回正。</td></tr>
</table>

续表

图示	步骤与说明
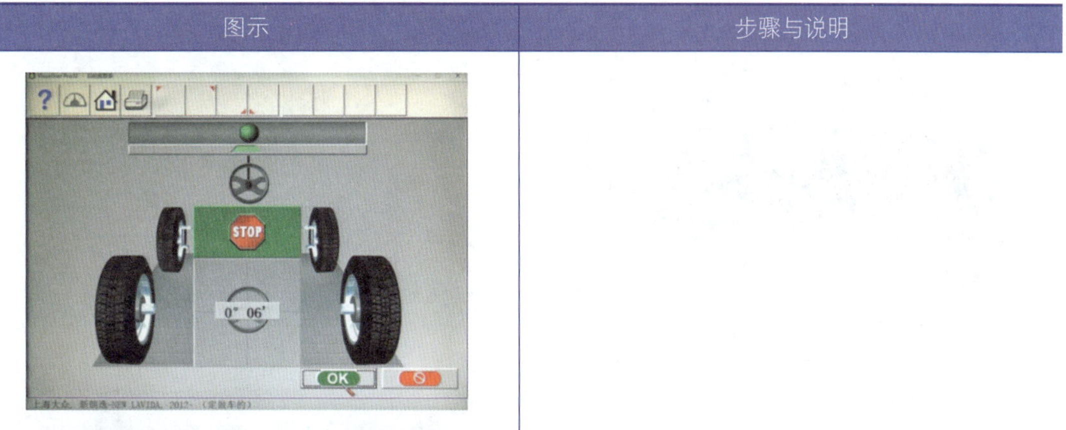	
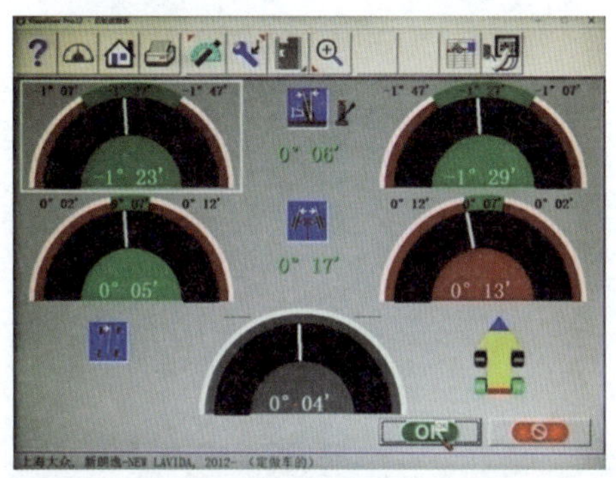	10. 在车轮完全回正后，仪器自动读取后轮的定位参数。
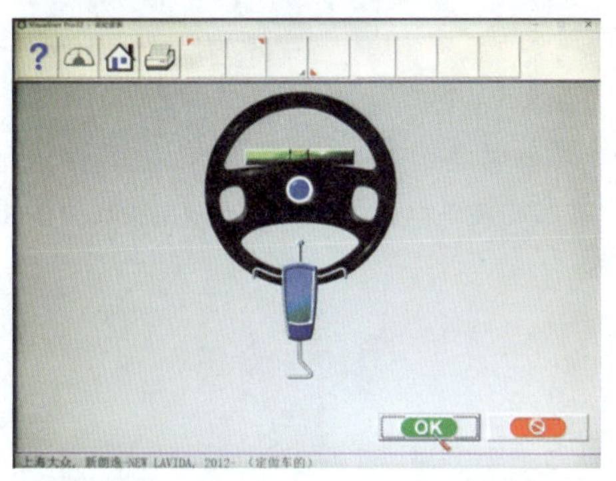	11. 用水平仪调正转向盘后，再使用转向盘固定器固定，防止转向盘转动。点击“OK”功能键，进入“前轮读数表”界面。
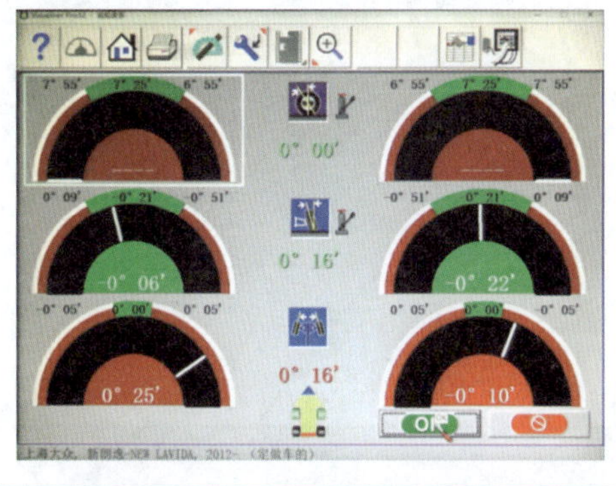	12. 在“前轮读数表”界面下，点击“主销后倾 / 内倾”图标，进入“后倾角 / 内倾角测量”界面。 注意：此时，前轮主销后倾和主销内倾参数没有显示。

续表

图示	步骤与说明
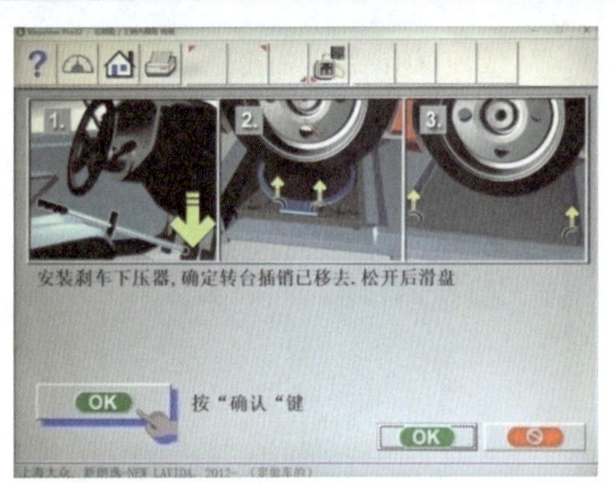	13. 在“后倾角 / 内倾角测量”界面下，根据提示正确安装制动踏板固定器，拔掉前转角盘和后滑盘插销，点击“OK”功能键，进入“转向测量”界面。
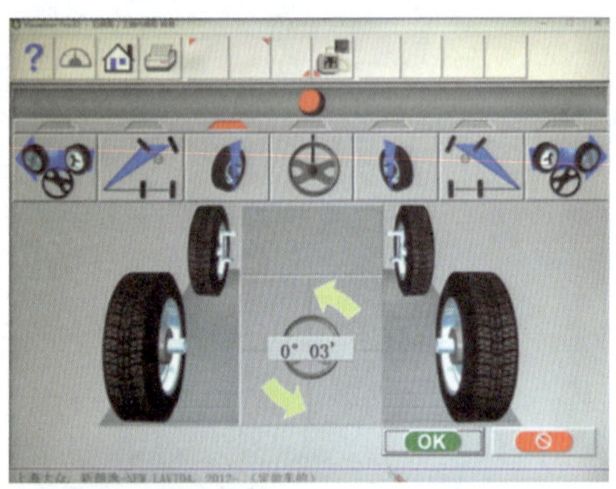  	14. 在“转向测量”界面下，根据屏幕提示向左或向右转动转向盘后，即可测出与主销相关的所有参数。

续表

图示	步骤与说明
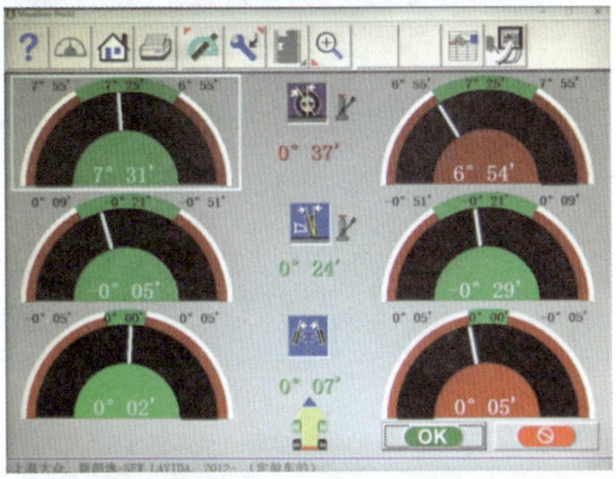	15. 转动转向盘结束后，仪器会自动显示前轮主销后倾和主销内倾参数，点击“OK”功能键，仪器即可显示前、后轮的定位参数值。
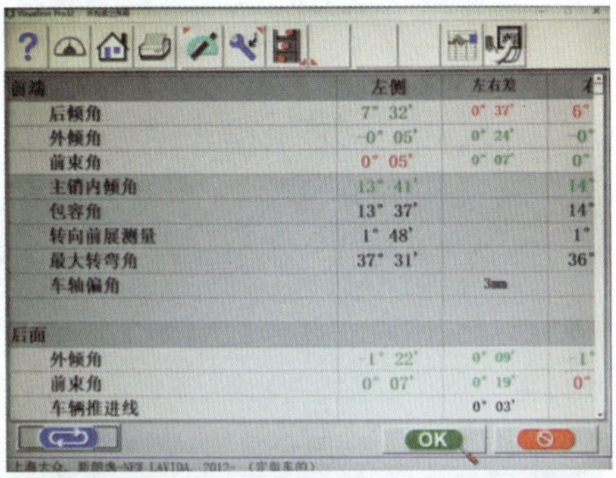	16. 记录并打印数据。
	17. 根据所测数据，进行车轮调整。左图为通过调整转向横拉杆长度来调整前束。调整结束后，按照 6S 要求归置物品，清理场地。

课题三　转向参数测试仪

学习目标

1. 了解转向参数测试仪的功能、结构和工作原理。
2. 了解转向盘自由转动量、转向力的概念。
3. 掌握转向参数测试仪的使用方法。
4. 能够使用转向参数测试仪进行转向系统的检测。

任务引入

转向系是汽车底盘的重要组成部分，其技术状况好坏直接影响汽车操纵稳定性和高速行驶的安全性。开车时转向盘出现摆动、高速行驶时出现跑偏等现象都和转向系的技术状况有关。而利用转向参数测试仪可以对相关参数进行检测，从而准确地判断出转向系的技术状况。

知识准备

一、转向参数测试仪简介

转向参数测试仪是对转向盘的自由转动量和转向力进行测量的专用设备。其中转向盘的自由转动量是指汽车转向轮保持直线行驶位置静止不动时，转向盘可以自由转动的最大角度，如图3—3—1所示。转向盘的转向力是指在一定行驶条件下，作用在转向盘外缘的圆周力。

图 3—3—1　卡罗拉转向盘的自由转动量

二、转向参数测试仪的结构和工作原理

转向参数测试仪是一种智能化仪器，它主要由操纵盘、主机箱、连接叉等部分组成，如图3—3—2所示。

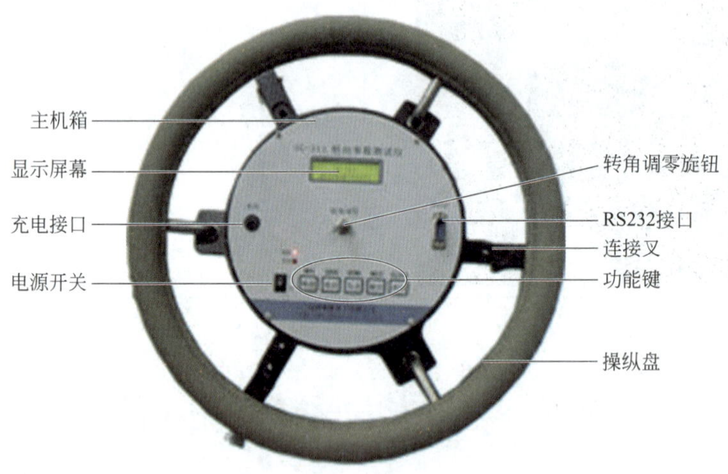

图 3—3—2　转向参数测试仪

操纵盘由螺钉固定在三爪底板上，底板经力矩传感器与连接叉相连，每个连接叉上都有一只可伸缩长度的活动卡爪，以便与被测转向盘相连接。主机箱固定在底板中央，其内装有接口板、微机板、转角编码器、打印机和电池等，力矩传感器也装在其中。定位杆从底板下伸出，吸附在驾驶室内的仪表盘上（也有吸附在玻璃或其他位置的）。当把转向参数测试仪对准被测转向盘中心，调整好三只伸缩爪长度与转向盘连接牢固后，转动操纵盘，转向

力通过底板、力矩传感器、连接叉传递到被测转向盘上，使转向盘转动以实现汽车转向。此时，力矩传感器将转向力矩转变成电信号，而定位杆内端连接的光电装置则将转角的变化转变成电信号。这两种电信号传入主机箱内的计算机后，经转角编码、运算、分析即可测得转向盘的转向力和自由转动量。转向参数测试仪各按键的功能见表3—3—1。

表 3—3—1　　转向参数测试仪各按键的功能

功能键	作用
“峰值”键	按该键，仪器将停止测试，开始显示本次测试过程中的转向力矩和自由转角的最大值
“保存”键	可以将当前测试数据存储起来，共可存储 100 组数据
“发送”键	将测试数据由 RS232 接口发送出去
“翻页”键	可以查看其他存储序号上的存储值
“清除”键	清除保存的数据，使仪器进入自由转角测量状态

三、转向参数测试仪的使用方法

（一）转向系检测的技术标准

根据《机动车运行安全技术条件》（GB7258-2017）的规定，转向盘自由转动量和转向力应符合以下要求：

1. 机动车（摩托车、三轮汽车、手扶拖拉机运输机组除外）正常行驶时，转向轮转向后应有一定的回正能力（允许有残余角），以使机动车具有稳定的直线行驶能力。

2. 机动车转向盘的最大自由转动量应小于等于：

（1）最大设计车速大于等于100 km/h的机动车：15°。

（2）三轮汽车：35°。

（3）其他机动车：25°。

3. 汽车（三轮汽车除外）应具有适度的不足转向特性。

4. 机动车在平坦、硬实、干燥和清洁的水泥或沥青道路上行驶，以10 km/h的速度在5 s之内沿螺旋线从直线行驶过渡到外圆直径为25 m的车辆通道圆行驶，施加于方向盘外圆的最大切向力应小于等于245 N。

5. 专用校车应采用转向助力装置；其他机动车转向轴最大设计轴荷大于4 000 kg时，也应采用转向助力装置。装有转向助力装置的机动车，转向时其转向助力功能不得出现时有时无的现象，且转向助力装置失效时仍应具有用转向盘控制机动车的能力。

（二）转向盘自由转动量的测量方法

转向盘自由转动量测量的具体方法可参见【技能实训】。

（三）转向轻便性原地检验方法

转向轻便性原地检验的具体方法可参见【技能实训】。

四、转向参数测试仪使用注意事项

1. 在测试过程中，如遇按键无反应、屏幕显示无变化时，可关闭电源开关，等待一会儿，再重新打开电源开关进行测试。

2. 开始测试时（传感器未施加任何外力），如转矩显示不为零，则应先调零后再进行测试。转矩显示不为零也可能是电池电压低所致，可充电后再进行测试。

3. 如长时间不使用，在使用前应进行充电。如发现测试数据偏差较大，也可能是电池电压低所至，应充电后再测试。

4. 当电源指示灯熄灭，则表示内部电池亏电，应用仪器所配充电器进行充电。通常充电2～5 h即可，不可长时间充电，以免损坏内部电池和仪器。

技能实训

下面以赛格SG-311转向参数测试仪为例，介绍使用转向参数测试仪检测转向系统的方法。

转向系统的检测

图示	步骤与说明
	一、车辆准备 检查轮胎气压是否正常，前轮轴承是否松旷，转向系各连接部件是否正常。
	二、转向盘自由转动量的测量方法 1. 测量时，将车辆停稳并将两转向轮置于回正状态，用三只伸缩爪固定转向参数测试仪到车辆转向盘上，确保牢靠。

续表

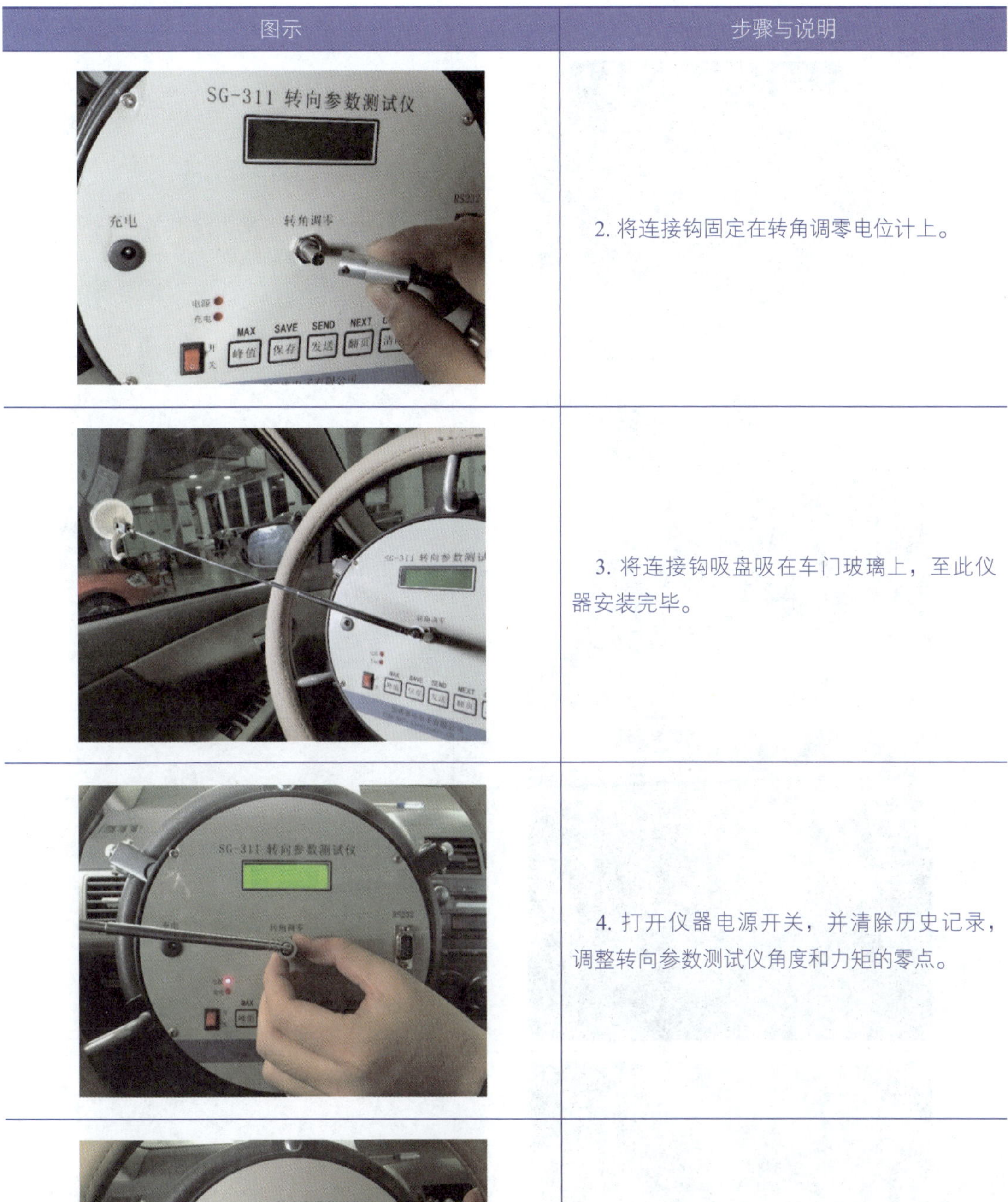

图示	步骤与说明
	2. 将连接钩固定在转角调零电位计上。
	3. 将连接钩吸盘吸在车门玻璃上，至此仪器安装完毕。
	4. 打开仪器电源开关，并清除历史记录，调整转向参数测试仪角度和力矩的零点。
	5. 轻轻向左（向右）转动转向参数测试仪的操纵盘至空行程一侧的极限位置，记录角度值，然后再旋转至空行程另一侧的极限位置，记录角度值，两个角度值的绝对值之和就是转向盘的自由转动量。

续表

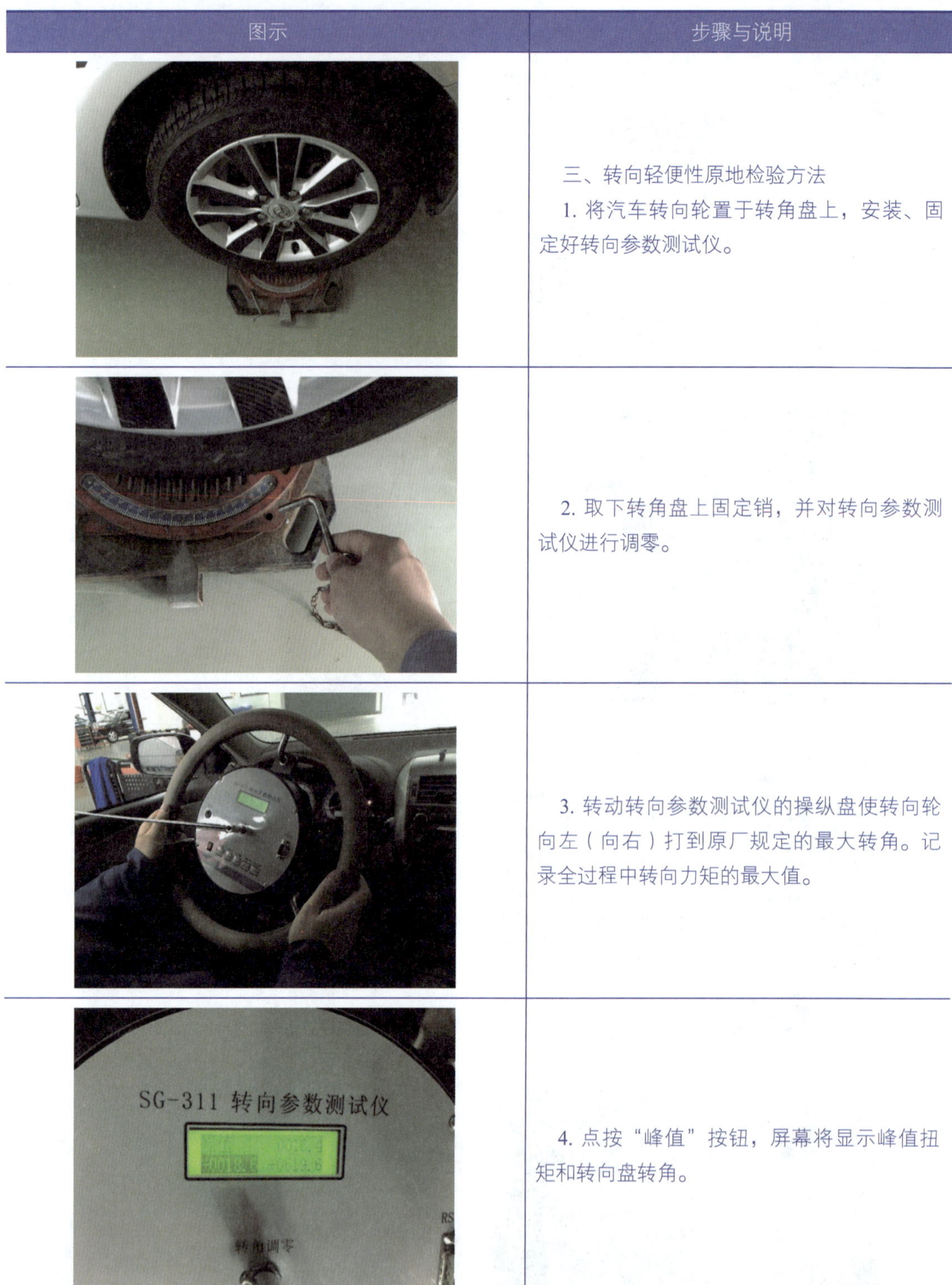

图示	步骤与说明
	三、转向轻便性原地检验方法 1. 将汽车转向轮置于转角盘上，安装、固定好转向参数测试仪。
	2. 取下转角盘上固定销，并对转向参数测试仪进行调零。
	3. 转动转向参数测试仪的操纵盘使转向轮向左（向右）打到原厂规定的最大转角。记录全过程中转向力矩的最大值。
	4. 点按“峰值”按钮，屏幕将显示峰值扭矩和转向盘转角。

单元四　空调检测设备的使用与维护

课题一　空调压力表组

学习目标

1. 了解空调压力表组的功能、结构和工作原理。
2. 熟悉汽车空调各种状态下的压力值。
3. 能够使用空调压力表组检查汽车空调系统的压力。

任务引入

汽车空调常常工作在恶劣的环境中，容易出现故障，而在汽车空调的维修过程中，检测空调系统压力是必做的工作项目，那么检测空调系统压力的常用设备是什么呢?

知识准备

一、空调压力表组简介

空调系统内的制冷剂看不见摸不着，一旦出现故障往往无处下手，所以为了判断空调系统中的制冷剂的情况，必须借助空调压力表组。空调压力表组是汽车空调维修中必不可少的工具，它不仅用于制冷系统维修时的抽真空、加注制冷剂和添加冷冻机油，还用于空调制冷系统的故障检测。

二、空调压力表组的结构和工作原理

（一）空调压力表组的结构

如图4—1—1所示，空调压力表组主要由高、低压表，高、低压阀，观察窗和连接软管等组成。红色连接软管（高压软管）连接高压检修阀，蓝色软管（低压软管）连接低压检修阀，黄色软管（中间软管）连接真空泵或者制冷剂罐。高、低压阀可以调节高、低压软管与中间软管的连接。

（二）空调压力表组的工作方式

空调压力表组有四种工作方式，如图4—1—2所示。

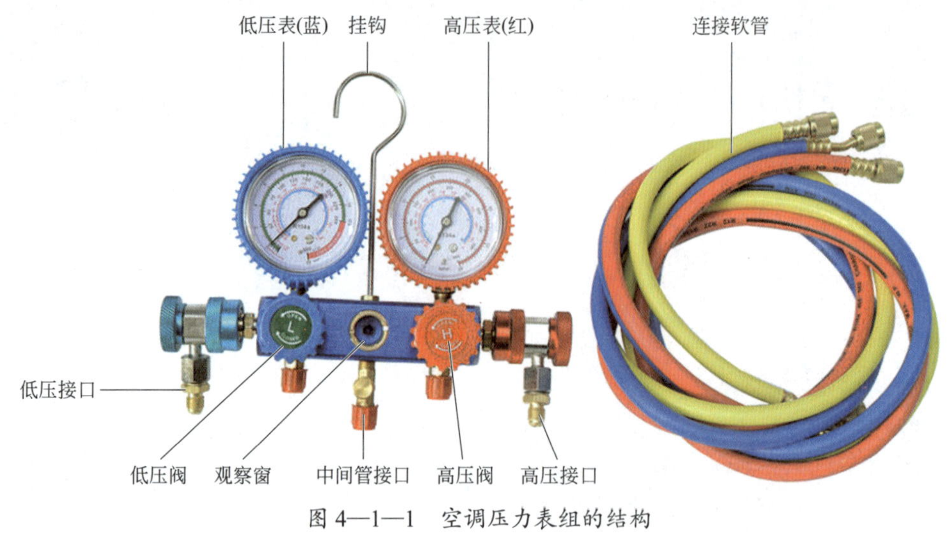

图 4—1—1 空调压力表组的结构

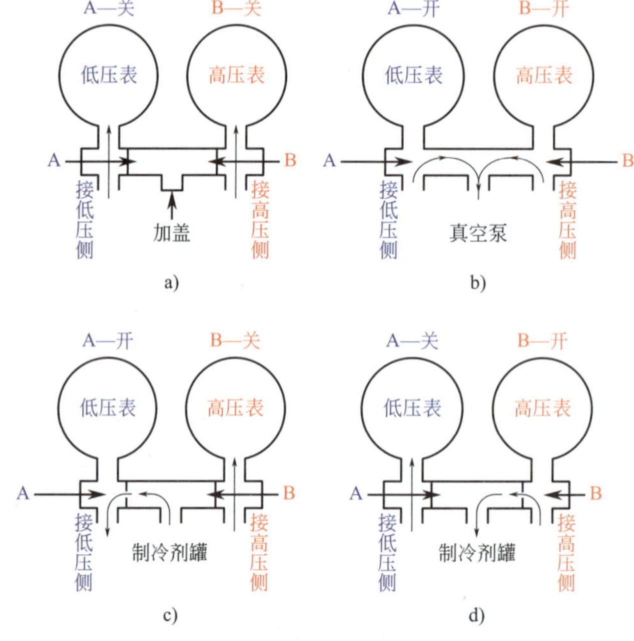

图 4—1—2 空调压力表组的工作方式

a）高低压阀均关闭 b）高低压阀均打开 c）低压阀打开、高压阀关闭 d）高压阀打开、低压阀关闭

1. 如图4—1—2a所示，高压阀B和低压阀A同时关闭，此时可进行高、低压侧压力检测。

2. 如图4—1—2b所示，高压阀B和低压阀A同时打开，内部通道全部畅通，如果接上真空泵，此时可对系统进行抽真空。

3. 如图4—1—2c所示，开启低压阀A，高压阀B关闭，此时低压管路、中间管路及低压表相通，可从低压侧加注气态制冷剂或排放制冷剂，同时可检测高、低压侧压力。

4. 如图4—1—2d所示，开启高压阀B，低压阀A关闭，此时高压管路、中间管路及高压表相通，可从高压侧加注液态制冷剂或排放制冷剂，同时可检测高、低压侧压力。

三、空调压力表组的使用方法

1. 空调系统压力检测：检测高压侧和低压侧的压力时，两个阀均关闭。

2. 抽真空：中间软管连接真空泵，两个阀均开启。

3. 加注制冷剂：中间软管连接制冷剂罐，高（低）压侧阀开启，此时可以从高（低）压侧向空调制冷系统加注制冷剂。

四、空调压力表组的使用注意事项

1. 连接高、压软管时，只能用手拧紧，不能用工具拧紧，以免拧坏接头螺纹。

2. 加注制冷剂时，要将连接软管中的空气排净。

3. 不使用时，要将连接软管和压力表组收好，以防止灰尘、杂物或水进入管路。

4. 空调压力表组是精密仪表，应细心维护，保持压力表组及管接头清洁，轻拿轻放。

五、制冷系统正常压力值

R134a制冷系统正常压力值见表4—1—1。

表 4—1—1　　R134a 制冷系统正常压力值

环境温度（℃）	发动机不运转时制冷系统循环压力（kPa）	发动机运转时制冷系统循环压力（kPa）	
		高压	低压
15	390	—	—
20	470	—	—
25	550	1 050 ~ 1 250	100 ~ 150
30	660	1 350 ~ 1 550	150 ~ 200
35	750	1 450 ~ 1 810	200 ~ 250
40	880	1 850 ~ 2 530	250 ~ 300
45	980	—	—

技能实训

下面介绍使用空调压力表组检测空调系统压力的方法。

操作　空调系统压力的检测

图示	步骤与说明
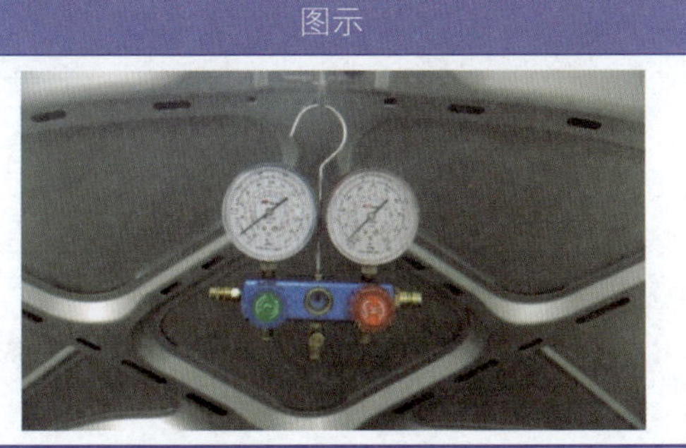	一、空调压力表组管路连接 1. 将空调压力表组挂在发动机舱盖上。

续表

图示	步骤与说明
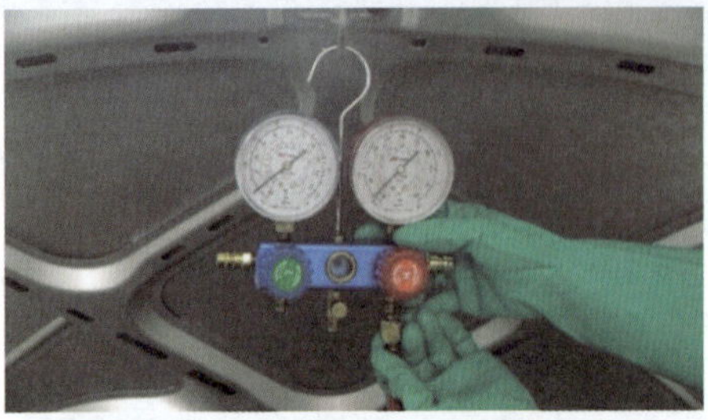	2. 将红色高压连接软管与压力表组高压表相连，并顺时针拧紧高压阀。
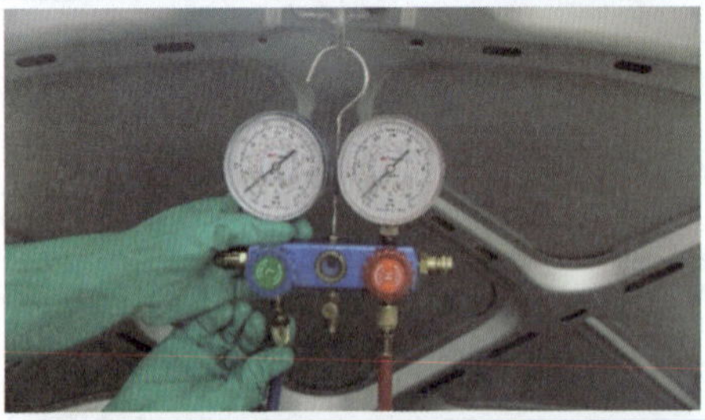	3. 将蓝色低压连接软管与压力表组低压表相连，并顺时针拧紧低压阀。
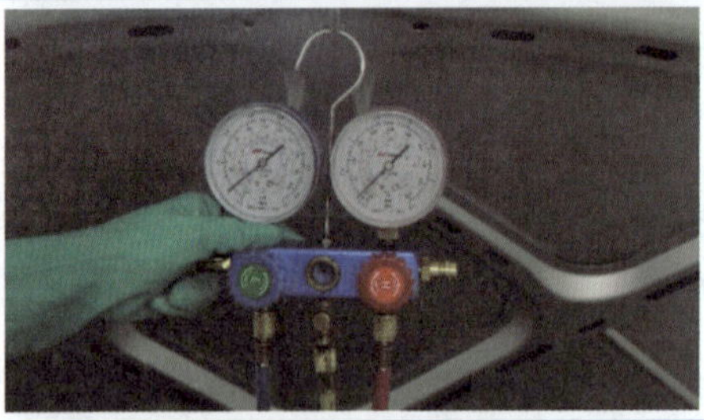	4. 将黄色连接软管与中间接头相连。
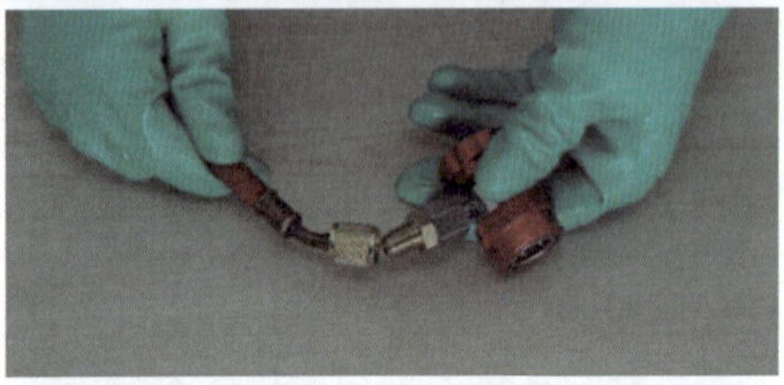	5. 将红色高压辅助阀与红色高压连接软管相连。
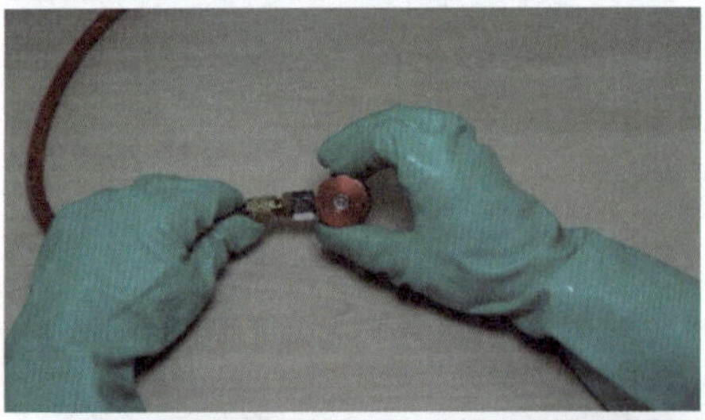	6. 逆时针旋转高压辅助阀旋钮，使针阀回到最高位。
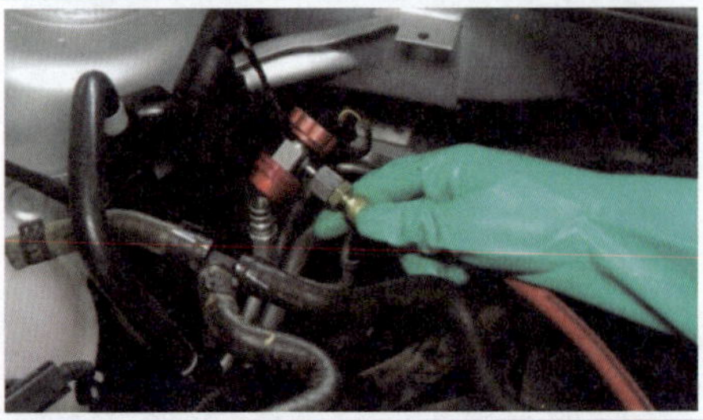	7. 将高压辅助阀连接到空调对应的高压管路上，并确保连接牢靠。

续表

图示	步骤与说明
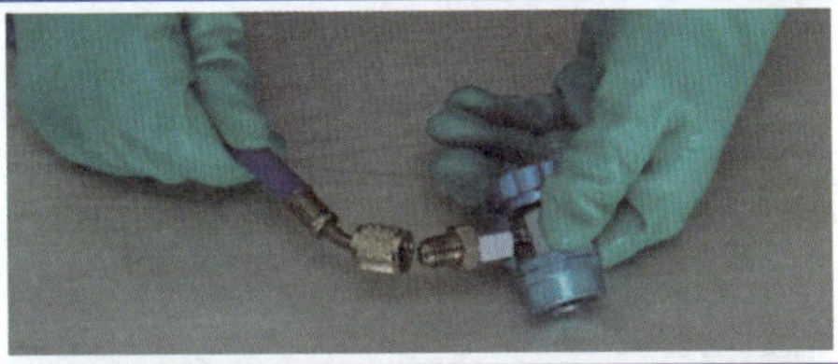	8. 将低压辅助阀与蓝色低压连接软管相连。
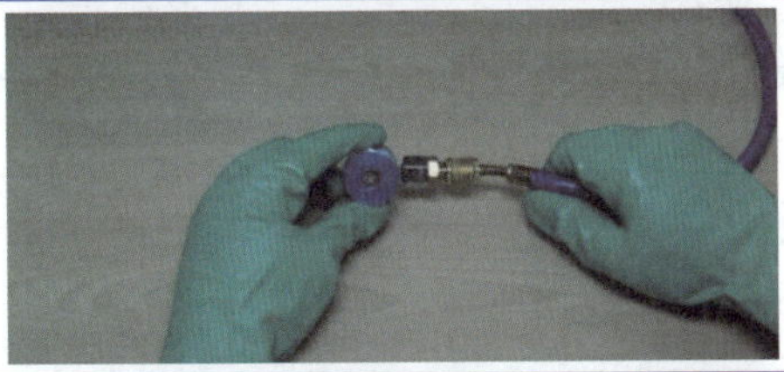	9. 逆时针旋转低压辅助阀旋钮，使针阀回到最高位。
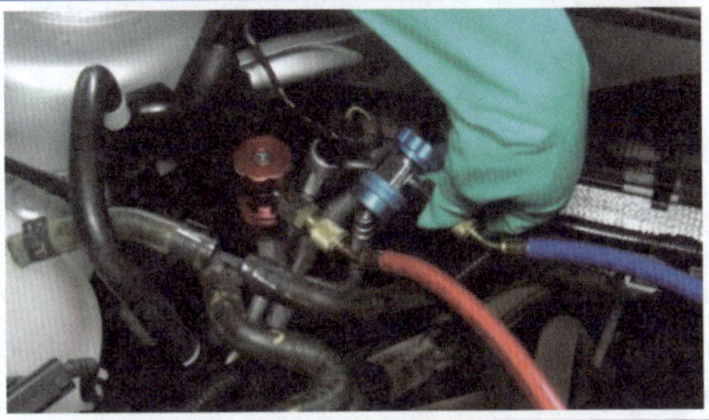	10. 将低压辅助阀连接到空调对应的低压管路上，并确保连接牢靠。
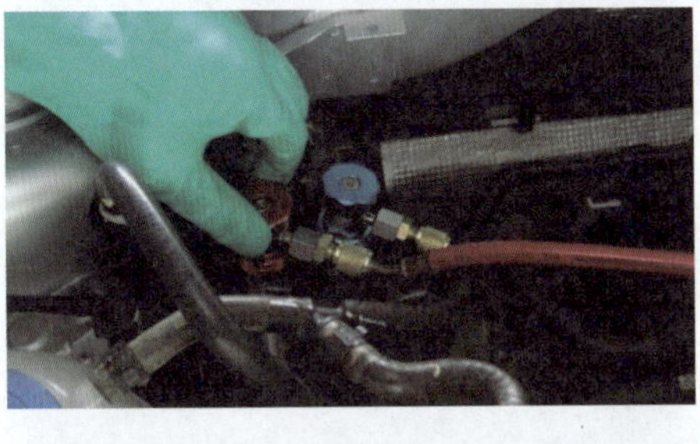	二、空调系统静态压力检测 1. 顺时针方向旋转高低压辅助阀旋钮顶开气门芯，使空调管与压力表组高低压表相通。 注意：旋转高低压辅助阀旋钮过程中，应观察压力表，当压力表指针开始转动时，再将旋钮转180° 即可，防止辅助阀针阀顶坏空调气门芯。同时，检查低压阀和高压阀是否完全关闭，测试过程中不能打开高、低压阀，否则会导致制冷剂泄漏或损坏空调压缩机。
	2. 读取并记录汽车空调关闭时，高低压侧的压力。
	三、空调系统运行压力检测 1. 启动发动机，打开空调，将鼓风机风量调至最大，温度调至最低，并将所有车门打开。

续表

图示	步骤与说明
	2. 踩下加速踏板，使发动机以 1 500 r/min 的速度运转。
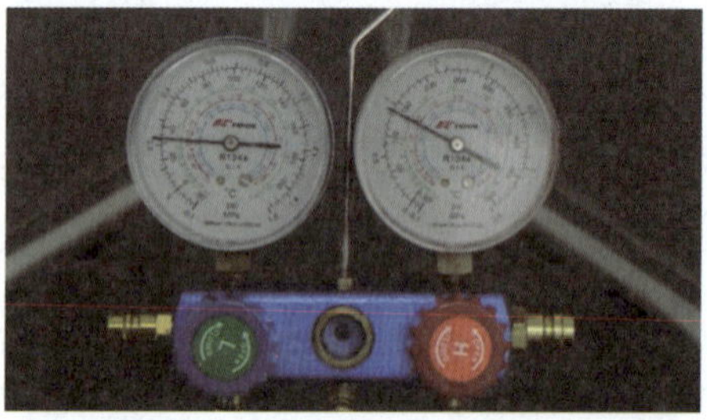	3. 读取并记录汽车空调运行时，高、低压侧的压力。
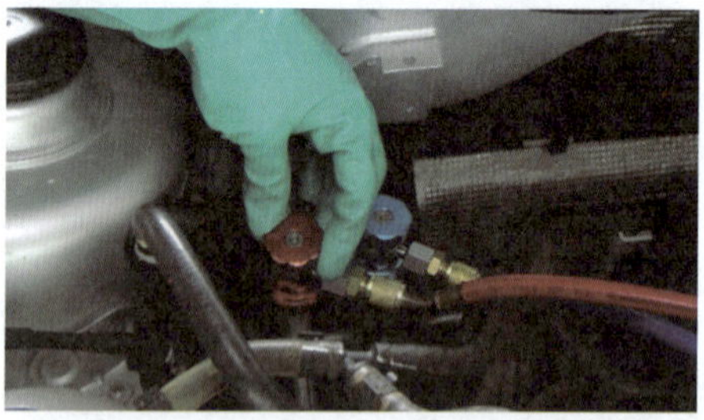	四、整理设备 1. 逆时针旋转高低压辅助阀，将针阀旋回到最高位置。
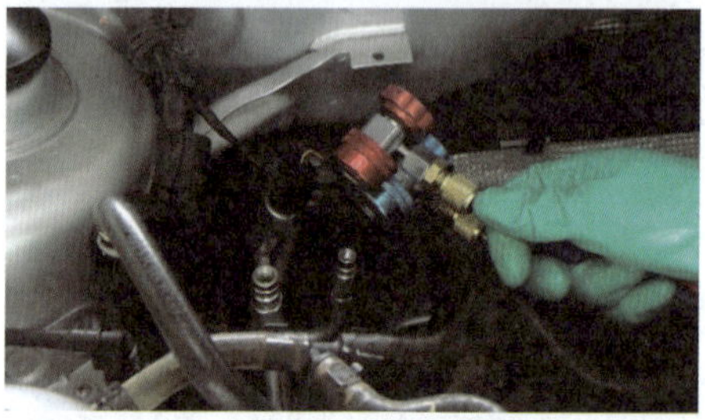	2. 拆下高低压辅助阀。
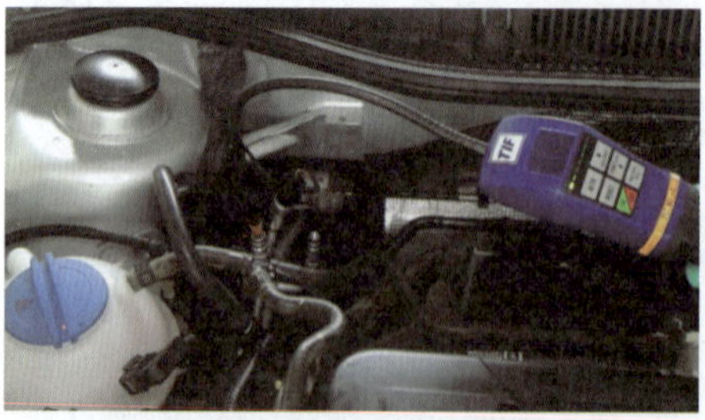	3. 用电子检漏仪检查空调管路高、低压维修阀口是否泄漏。

续表

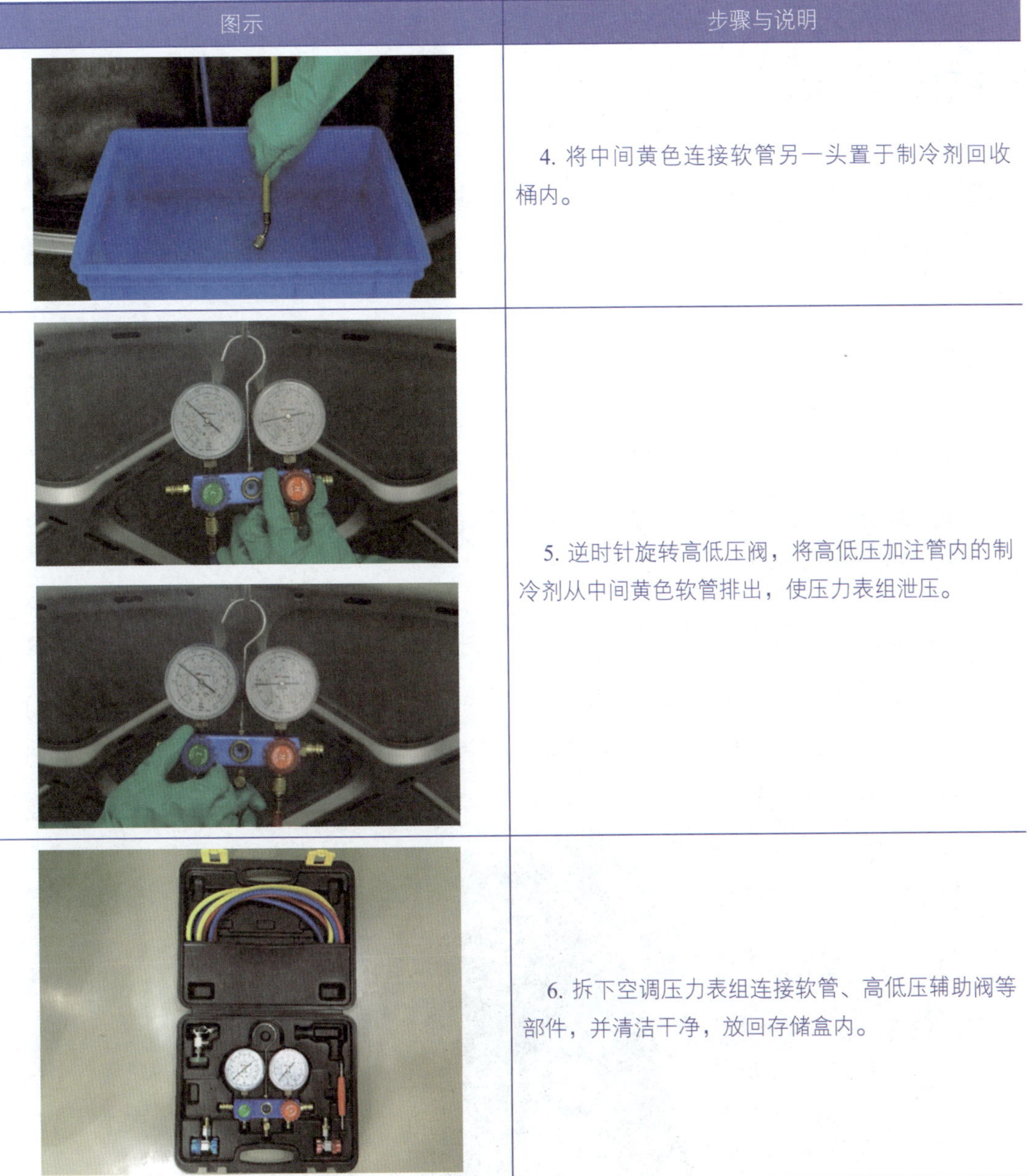

图示	步骤与说明
	4. 将中间黄色连接软管另一头置于制冷剂回收桶内。
	5. 逆时针旋转高低压阀，将高低压加注管内的制冷剂从中间黄色软管排出，使压力表组泄压。
	6. 拆下空调压力表组连接软管、高低压辅助阀等部件，并清洁干净，放回存储盒内。

课题二　制冷剂鉴别仪

学习目标

1. 了解制冷剂鉴别仪的功能和结构。

2. 掌握制冷剂鉴别仪的使用方法。

3. 能够使用制冷剂鉴别仪鉴别汽车空调系统制冷剂的成分。

任务引入

汽车空调在维修的过程中，加注制冷剂是空调维修的一项基本工作。在汽车空调中使用不合规的制冷剂，会出现制冷剂与冷冻机油相溶性的问题，造成压缩机回油性变差，引起压缩机快速损坏，或是冷冻油聚集在蒸发器底部影响空调的制冷效果，因此鉴定制冷剂的纯度是非常有必要的。

知识准备

一、制冷剂鉴别仪简介

制冷剂鉴别仪又称制冷剂纯度分析仪，主要用来检验制冷剂的类型和纯度等，可以帮助维修人员了解空调系统中的制冷剂状态。

二、制冷剂鉴别仪的结构

SPX16910型制冷剂鉴别仪能鉴别R134a、R12、R22三种制冷剂及HC（碳氢化合物）、AIR（空气）的纯度，结果以百分比显示，精度为0.1%。SPX16910型制冷剂鉴别仪的主机结构及其主要部件如图4—2—1、图4—2—2所示。

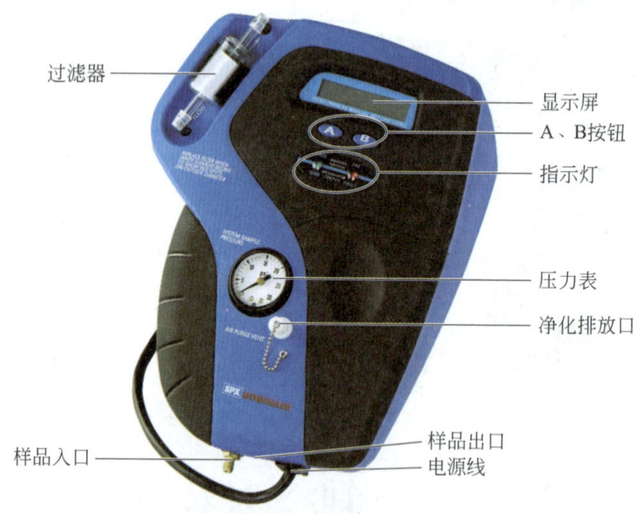

图 4—2—1 SPX16910 型制冷剂鉴别仪的主机结构

三、制冷剂鉴别仪的使用方法

1. 接通制冷剂鉴别仪电源，仪器的各项参数出现在显示屏上，并开始预热。

2. 预热过程持续90 s。显示屏显示“SYSTEM WARM UP，CHECK FILTER”（系统预热、检查过滤器），提醒用户检查仪器的采样过滤器。

3. 在预热期间，如需打印在仪器启动前最后一次进行的制冷剂鉴定结果，可将打印机连接到仪器的打印机端口上，然后按“A”按钮。

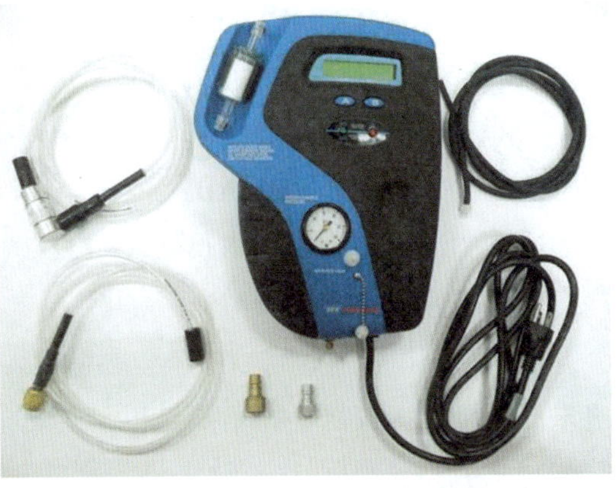

图 4—2—2　SPX16910 型制冷剂鉴别仪的主要部件

4. 首次使用制冷剂鉴别仪或是在使用地点海拔发生改变时，在预热期间，要将当地的海拔高度信息输入到仪器内存中，输入方法如下：

（1）在预热期间，同时按住“A”和“B”按钮，直到显示屏显示“USEAGE ELEVATION 400 Feet”（使用海拔高度，400英尺）的信息。这是仪器出厂设置的海拔值（400 Feet≈122 m）。

（2）使用“A”和“B”按钮以100 Feet（约30 m）为单位调整海拔高度。按“A”按钮将增加海拔高度设定值，按“B”按钮将减少海拔高度设定值。设定值在0～9 000 Feet（0～2 743 m）范围内可调。

（3）正确完成海拔高度设定后，静置仪器20 s，仪器自动回到预热阶段。

5. 预热过程完成后，仪器进行自校准。环境空气通过进气口被吸入，然后被送到检测装置进行校准，校准时间大约为20 s。

6. 校准完成后，仪器显示“READY：CON.HOSE PRESS A TO START”（准备就绪：连接软管，按A开始）的信息，绿色LED指示灯闪烁。将采样软管的使用端连接到待测制冷剂储存容器或车辆空调系统的低压侧或蒸发器出口。软管固定到位后，按仪器上的按钮“A”开始进行检测。

7. 分析制冷剂小样以测定R12、R134a、R22、碳氢化合物和空气的浓度时，仪器显示“SAMPLING IN PROGRESS”（正在取样）信息。分析完成后，将显示R12、R134a、R22、碳氢化合物和空气的浓度百分比。

8. 仪器显示结果分析

（1）PASS R134a：如果仪器检测到按质量计的R 134a浓度为98%以上，则绿色“PASS LED”（合格LED指示灯）点亮，并显示R12、R134a、R22、碳氢化合物和空气的质量浓度。

（2）PASS R12：如果仪器检测到按质量计的R12浓度为98%以上，则绿色“PASS LED”（合格LED指示灯）点亮，并显示R12、R134a、R22、碳氢化合物和空气的质量浓度。

（3）FAIL：如果R12或R134a的质量浓度未达到98%，则仪器会发出五次报警音。红色“FAIL LED”（不合格LED指示灯）点亮，并显示R12、R134a、R22、碳氢化合物和空气的质量百分比。请注意，仪器不会对受到污染的混合物执行净化程序。在出现

"REFRIGERANT FAIL"（制冷剂不合格）的显示时，建议重新测试制冷剂源，以确认首次测试的结果。

（4）碳氢化合物报警：如果检测到按质量计碳氢化合物的浓度为2%以上，则仪器发出警告声30次，点亮红色"FAIL LED"指示灯，显示"HYDROCARBONS HIGH"（碳氢化合物过高），并显示R12、R134a、R22、碳氢化合物和空气的质量浓度。

9. 打印分析结果

检测结果显示后，可以按下仪器的"A"按钮，将检测结果发送到打印机上，如果打印机未准备就绪，仪器会将检测结果储存，以便在下次预热时打印。如果不希望打印，则按"B"按钮退出。

四、制冷剂鉴别仪的使用注意事项

1. 使用前检查仪器上圆柱形容器中的白色过滤芯上是否有红点或褪色的痕迹，如有应更换滤芯。

2. 使用前检查采样软管，如果出现开裂、磨损、阻塞或油污染，则更换软管。

3. 如果仪器显示"AIR SENSOR FAULT"信息，则应需要更换空气检测传感器。

4. 使用结束后，用干净的湿布清理仪器的外表面，将清理干净的仪器放入存储盒中。

技能实训

下面以SPX16910型制冷剂鉴别仪为例，介绍制冷剂纯度的检测方法。

制冷剂纯度的检测

图示	步骤与说明
	1. 检查仪器黄色样品入口和白色样品出口，确保没有堵塞。
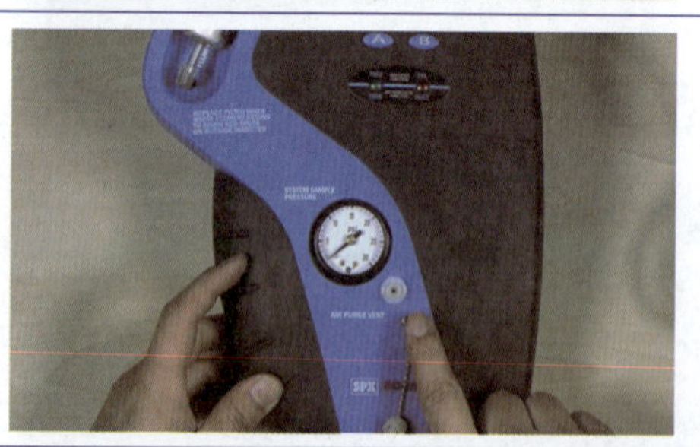	2. 检查仪器净化排放口。 注意：为避免制冷剂过度流失，在制冷剂鉴别过程中，防护帽必须始终装在排放口上。

续表

图示	步骤与说明
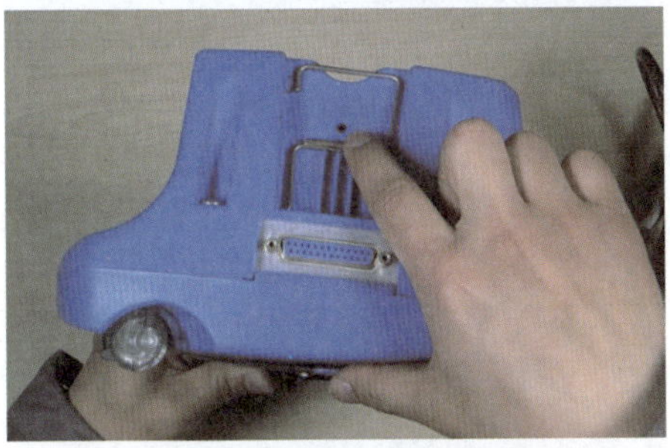	3. 检查仪器进气口，应洁净、无堵塞。
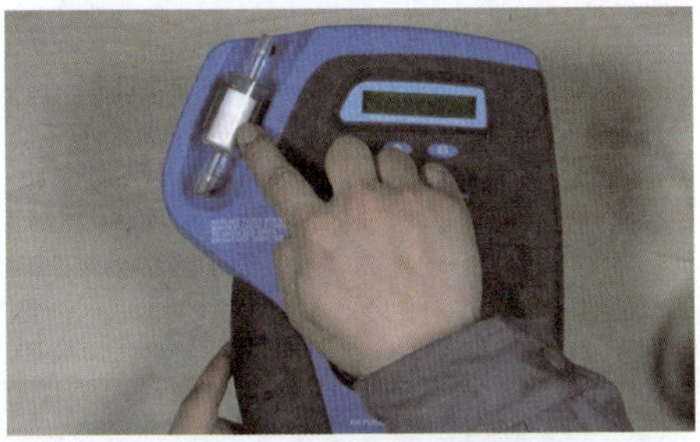	4. 检查仪器上圆柱形容器中的白色过滤芯上是否有红点或褪色痕迹，如有应更换滤芯。
	5. 将制冷剂鉴别仪挂在发动机舱盖上。
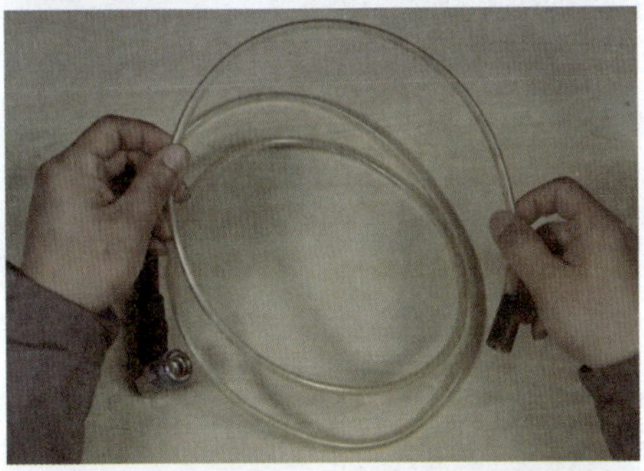	6. 选择合适的采样管，检查采样管是否有裂纹、磨损、脏堵或污染痕迹。
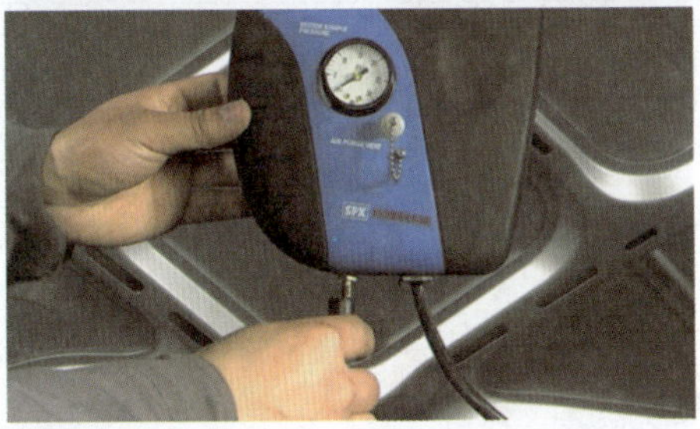	7. 将采样管连接到仪器上。

续表

图示	步骤与说明
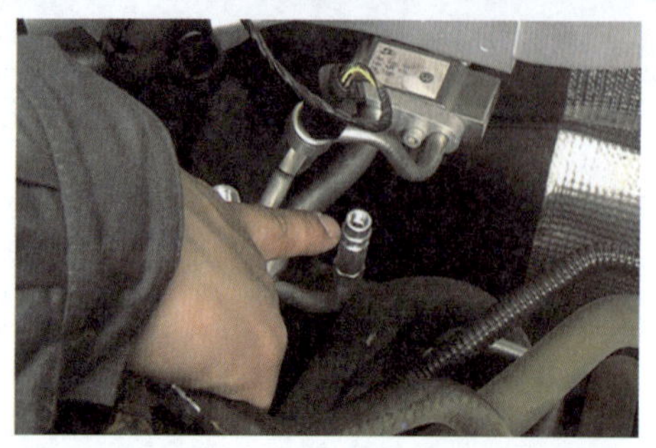	8. 检查空调系统的样品出口处，确保出口为气态出口，不会有液态制冷剂或油流出。
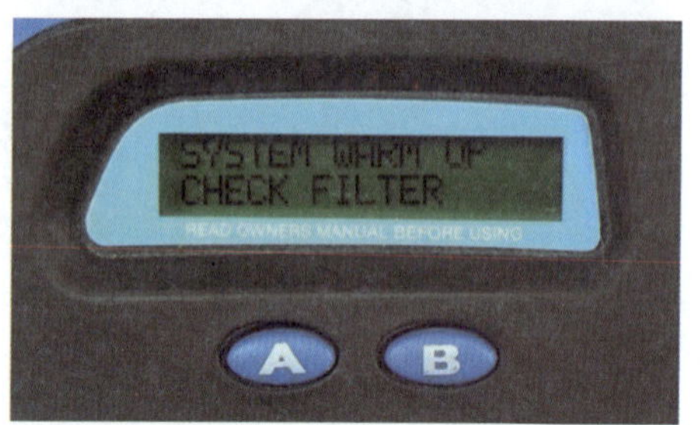	9. 连接电源后，仪器进入预热模式。在预热过程中，如果不进行海拔高度设定，将自动跳到系统标定环节。
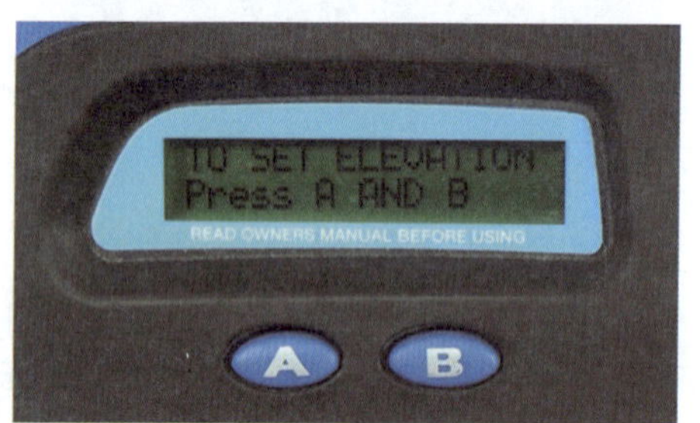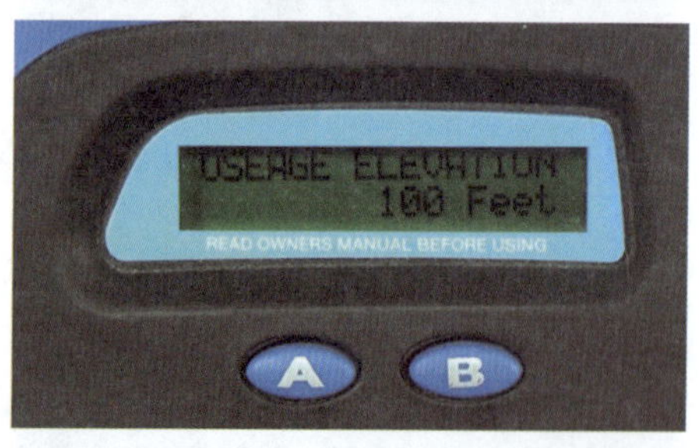	10. 海拔高度设定。 仪器在预热的过程中显示“TO SET ELEVATION Press A AND B”时，按住“A”“B”按钮直到显示屏出现“USEAGE ELEVATION 100 Feet”。然后每按一次“A”按钮，升高 100 Feet，每按一次“B”按钮，降低 100 Feet。设定完成后，静置 20 s，仪器自动切换到预热状态。
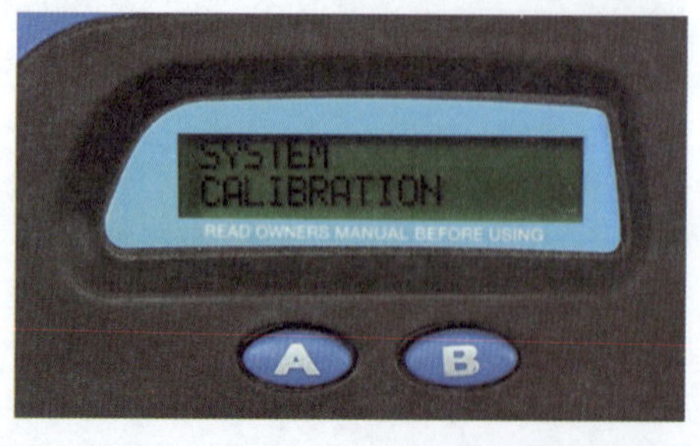	11. 系统标定。 预热完成后，系统标定自动进行，时间约为 20 s。系统标定用于对仪器内部的测量元件进行归零，同时排出残余的制冷剂。 提示：在系统标定过程中，仪器内部的气泵运转，发出声音属于正常现象。

续表

<table>
<tr><th>图示</th><th>步骤与说明</th></tr>
<tr><td>
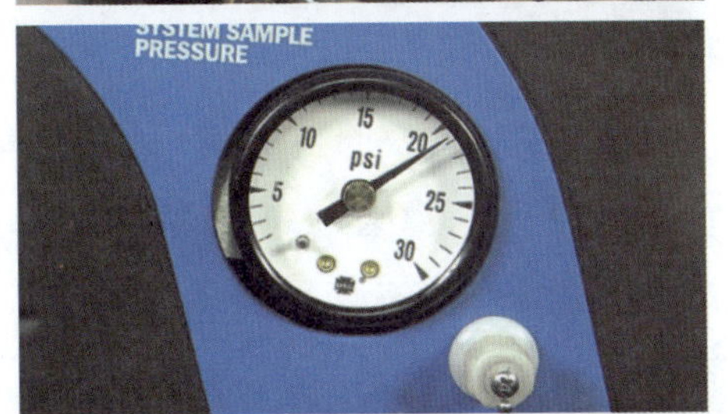</td><td>12. 连接管路。
将制冷剂鉴别仪采样软管的低压快速接头连接到汽车空调的低压加注口上。调整压力至 5 ~ 25 psi。
注意：连接管路前应确保汽车空调处于关闭状态，如果打开汽车空调，有可能会损坏仪器。</td></tr>
<tr><td>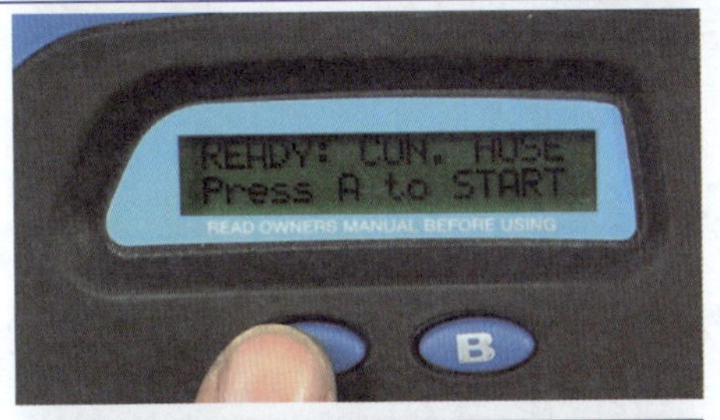
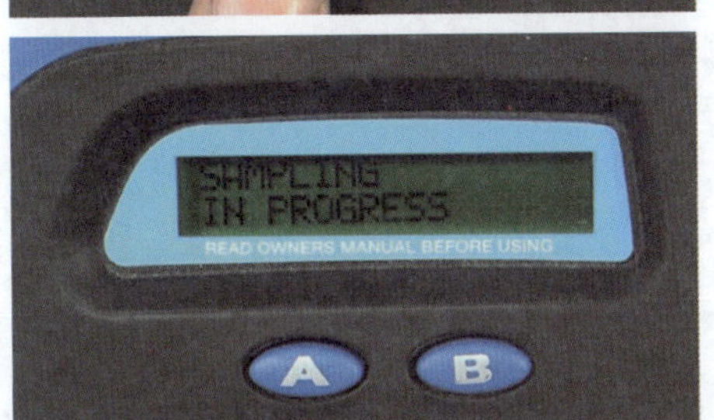</td><td>13. 样品检验。
根据系统提示，按“A”按钮制冷剂样品会立即流向仪器。仪器对样品的分析过程需要大约 1 min 的时间。当分析完成后，仪器显示检测结果，此时应立即拆下采样管。
注意：仪器未配备自动切断开关，所以只要管路是连接的，制冷剂气体将不断流出。为了避免过多的制冷剂流出，在分析过程中要注意观察仪器，并根据仪器的提示及时拆下采样管。</td></tr>
<tr><td>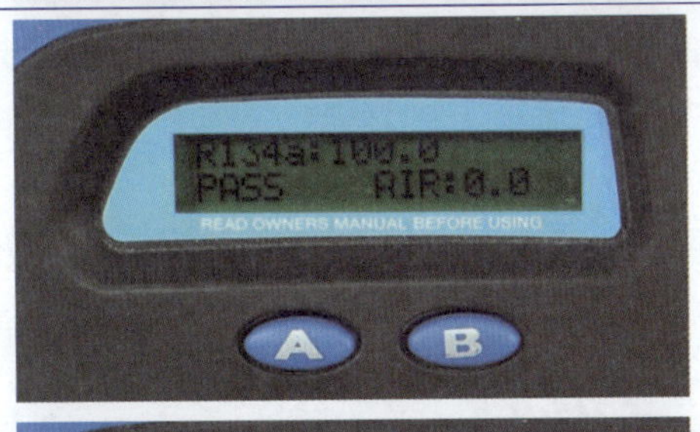
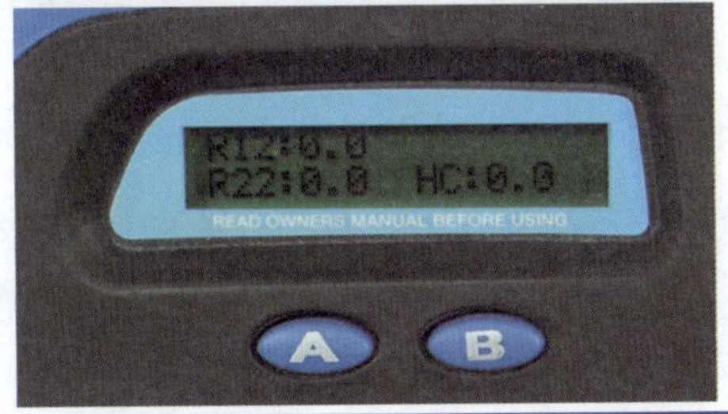</td><td>14. 检测结果显示。
PASS：制冷剂纯度达到 98% 或更高，通过检验，可以回收。
FAIL：R12 或 R134a 的混合物，任一种制冷剂纯度达不到 98%，混合物太多。
FAIL CONTAMINATED：R22 或 HC 含量大于 4%，未知制冷剂。
NO REFRIGERANT CHK HOSE CONN：空气含量大于 90%，没有制冷剂。</td></tr>
</table>

续表

图示	步骤与说明
 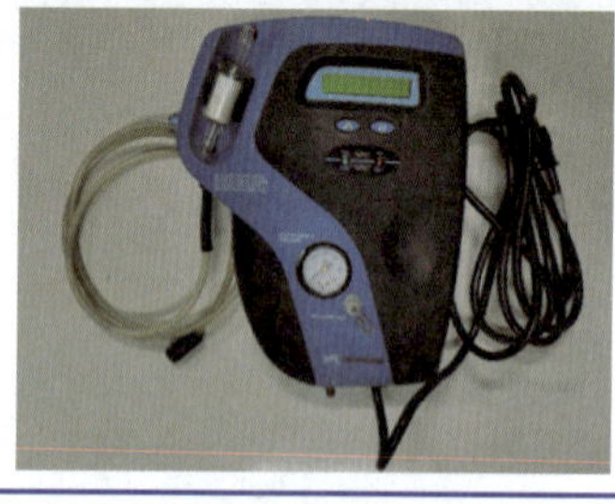	15. 设备整理。 （1）从仪器样品入口处拆下采样管。观察管子是否有磨损、裂纹、油污或污染，并及时更换。擦净管子的外表面，将管子卷起放入存储盒中。 （2）检查样品过滤器是否有红点出现。如果发现有红点则更换滤芯。 （3）从仪器上拆下电源线，擦净，卷起收到存储盒中。 （4）用湿布清理仪器的外表面（不要使用溶剂或水直接清理仪器），将清理干净的仪器放入存储盒中。

课题三　电子卤素检漏仪

学习目标

1. 了解电子卤素检漏仪的功能、结构和工作原理。
2. 掌握电子卤素检漏仪的使用方法。
3. 能够使用电子卤素检漏仪对空调系统进行检查。

任务引入

空调系统制冷管路的密封性好坏对制冷系统的工作状态有很大影响。如果管路密封不良，会影响空调的制冷效果，甚至不能制冷。因此维修技术人员在对空调系统维修的过程中，制冷剂检漏是一项非常重要的工作内容。

知识准备

一、电子卤素检漏仪简介

在进行空调维修或充注制冷剂之前，为了确保空调的制冷或制热效果，通常会先检测是否存在制冷剂泄漏的情况，常用的空调系统检漏方法有查看油迹检漏法、肥皂水检漏法、着色检漏法、加压检漏法和真空检漏法等，但是这几种检漏方法精度低，且仅适用于人眼能看到的部位，而空调检漏仪检漏精度较高，并且检测范围广泛。

电子卤素检漏仪是目前比较先进的空调检漏仪器，它的优点是使用方便，不需点火，不产生毒性物质，灵敏度高，可以探测到微量泄漏。

二、空调检漏仪的分类

空调检漏仪主要可分为荧光检漏仪和电子卤素检漏仪两大类，如图4—3—1、图4—3—2所示。

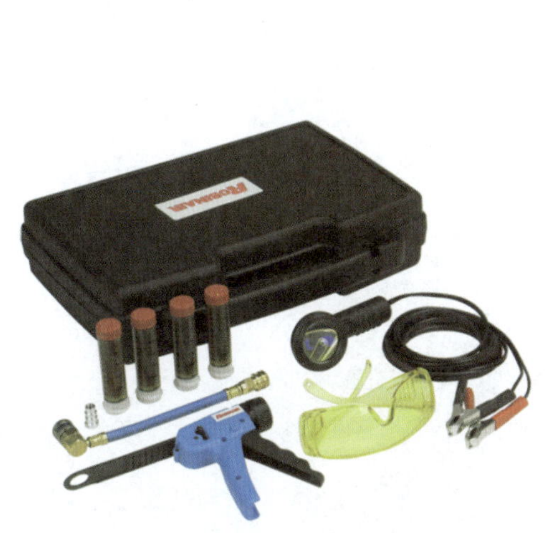

图 4—3—1　SPX16350 荧光检漏仪

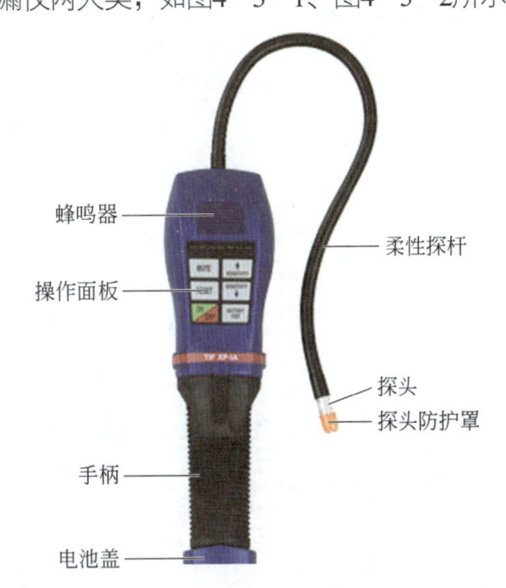

图 4—3—2　TIFXP-1A 电子卤素检漏仪的结构

三、电子卤素检漏仪的结构和工作原理

电子卤素检漏仪是一种非常精密的检漏设备，它主要由探头、卤素检测元件、放大器、蜂鸣器、操作面板等组成，如图4—3—2、图4—3—3所示。其工作原理如图4—3—4所示，利用阴阳两极作用构成一个电场，通过阴极发热产生电子和正离子，然后利用微型风扇将被探测处的空气吸入电场，如果被吸入的空气中含有卤素，那么通过发热的阴极就可以分解出卤化气体，同时阴极所释放的离子就会增加，因此就可以通过离子电流的变化来确定制冷剂的泄漏量，如果检测数值大于正常值，那么蜂鸣器就会发出声响信号。

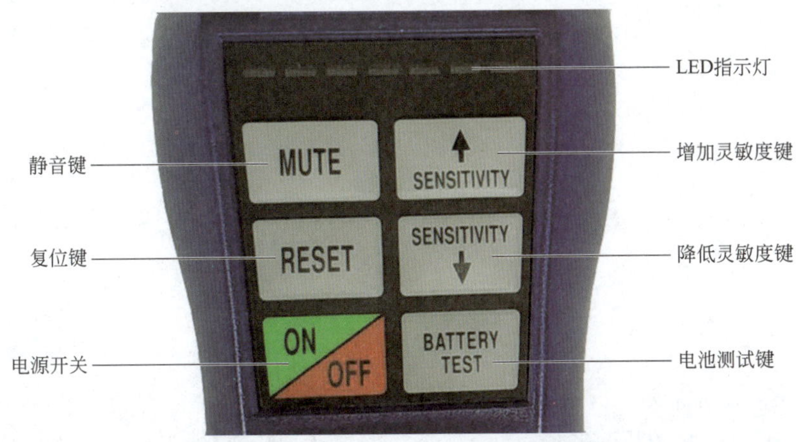

图 4—3—3　TIFXP-1A 电子卤素检漏仪的操作面板

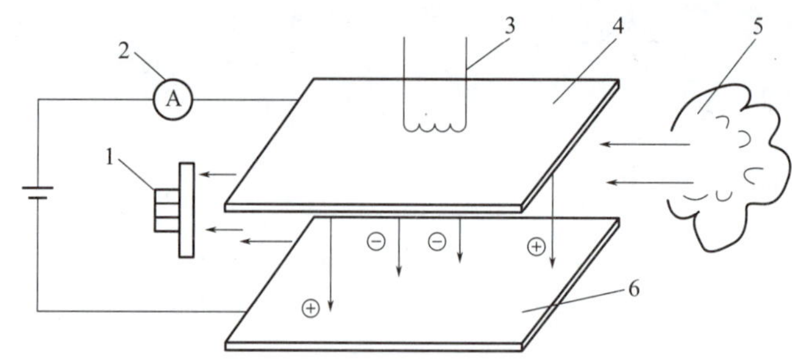

图 4—3—4 电子卤素检漏仪的工作原理

1—微型吸气风扇 2—电流表 3—加热器 4—阳极 5—气态制冷剂 6—阴极

由于电子卤素检漏仪的灵敏度很高，所以使用时被测试环境不能有卤素和其他的烟雾污染，必须在空气比较清新的场所进行。检漏仪的灵敏度是可以调节的，从粗检到细检分为几挡，可以根据环境条件和需要选择适合的挡位。

使用电子卤素检漏仪时，应该使探头与制冷系统被检测部位保持3～5 mm的距离，探头移动的速度不可以超过5 cm/s，使用的过程中应该严格防止大量的制冷剂气体被吸入检漏仪。因为过量的制冷剂会对检漏仪的电极造成短时或永久性污染，使其探头的灵敏度大大降低。

四、电子卤素检漏仪的使用方法

（一）电源指示和电池测试

TIFXP-1A电子卤素检漏仪有两种方式指示电池电量。一种为常设状态，通过最左边的LED指示灯显示电池的电量。绿色表示电池电量正常，满足正常工作要求；橙色表示电池电量不足，应尽快更换电池；红色表示电池电量很低，已无法工作。另一种为电池测试状态，打开电子检漏仪电源开关，按下电池测试键进行电池测试。测试时LED指示灯以三色图谱指示电池的实际电压，如图4—3—5所示。

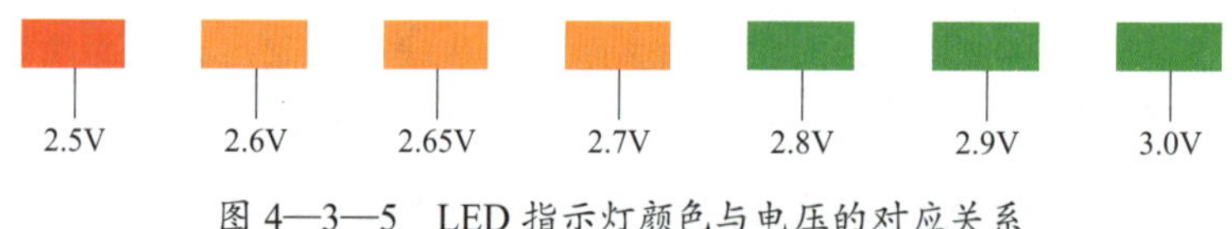

图 4—3—5 LED 指示灯颜色与电压的对应关系

（二）自动电路和复位功能

1. 自动电路

TIFXP-1A型电子卤素检测仪装有自动电路，可使仪器忽略环境中制冷剂的浓度水平，只有当浓度大于此水平时才发出警告。如果将探头置于泄漏处开机，则泄漏不能测出。

2. 复位功能

在操作中按下复位键，仪器将重置零点，忽略探头周围存在的制冷剂。将仪器移至清洁空气中复位可将仪器调整到最大灵敏度。当按下复位键时，发光二极管（除最左边的外）

将变成橘红色大约1 s，以确认复位动作。

（三）灵敏度调节

TIFXP-1A型卤素检测仪的灵敏度具有7挡可调。当开机时，仪器自动设定为第5挡。按灵敏度上调键或下调键，可调节灵敏度。在按下调整键时发光二极管显示红色。

发光二极管点亮的数目代表相应的灵敏度挡位。最左边的发光二极管亮表示灵敏度1挡（最低灵敏度）。从左边数，2至7挡由相应数目的发光二极管表示，所有的发光二极管全亮时表示7挡（最高灵敏度）。每增加或降低一挡，相对灵敏度变化一倍，这使得该仪器灵敏度最大可改变64倍。

（四）报警说明

TIFXP-1A型卤素检测仪具有18级警示，每一级由相应的红、绿、橙三色之一的发光二极管表示，因此可清晰地指示泄漏的相对范围和强度。渐进的指示可用于定位漏点。

五、电子卤素检漏仪使用注意事项

1. 当泄漏不能被检出时，可调高灵敏度。当复位不能使检漏仪“回位”时，可调低灵敏度。
2. 在环境气体被严重污染的区域，应复位检漏仪以消除环境气体浓度的影响。
3. 有风的区域，即使大的泄漏也很难发现，这种情况下，最好遮挡住潜在泄漏区域。
4. 在使用过程中，严防大量制冷剂吸入检漏仪，过量的制冷剂会污染电极，大幅降低灵敏度，缩短仪器使用寿命。
5. 使用电子卤素检漏仪时应注意保持探头清洁，避免灰尘或油污污染，切不可与水接触。
6. 不要随意拆卸探头，以免损坏或影响检漏仪的灵敏度。
7. 检漏仪长期不用时，应取出电池，并将其置于干燥处保存。

技能实训

下面以TIFXP-1A 电子卤素检漏仪为例，介绍空调系统的检漏方法。

空调系统的检漏

图示	步骤与说明
	1. 利用空调压力表组检查空调系统的压力，确保系统内有足够的制冷剂来产生正常的压力，空调系统压力不低于 345 kPa。对于空的系统，补充加注制冷剂至总加注量的 7% ~ 10%。 注意：应在通风干燥的空间进行泄漏测试，如果测试空间已被制冷剂污染，要先用风扇把制冷剂吹走。在寻找泄漏时要关闭发动机。

续表

图示	步骤与说明
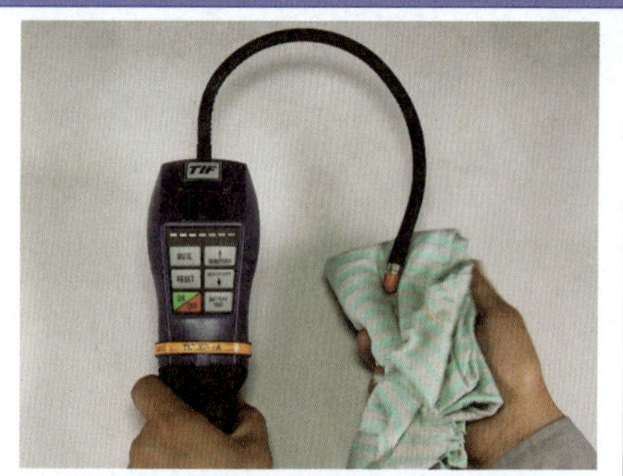	2. 用干布把待测部位油污清洁干净，残余的溶剂可能会干扰检漏测试仪器。检查电子卤素检漏仪的探头和过滤器是否干净。
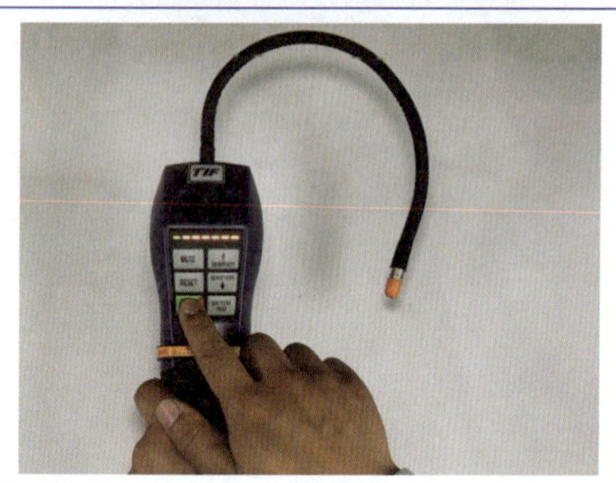	3. 打开电源开关，并进行调整和校准。检查电池电量，LED 指示灯显示绿色表示电池电量正常；显示橙色表示电池电量不足，应尽快更换电池；显示红色表示电池电量很低，已无法工作。开机时仪器默认灵敏度为 5 级，此时可听到间隔稳定的“嘟嘟”声，如果需要，可通过灵敏度调整键改变灵敏度。 注意：若将探头置于制冷剂泄漏部位开机，则泄漏的制冷剂不能测出。
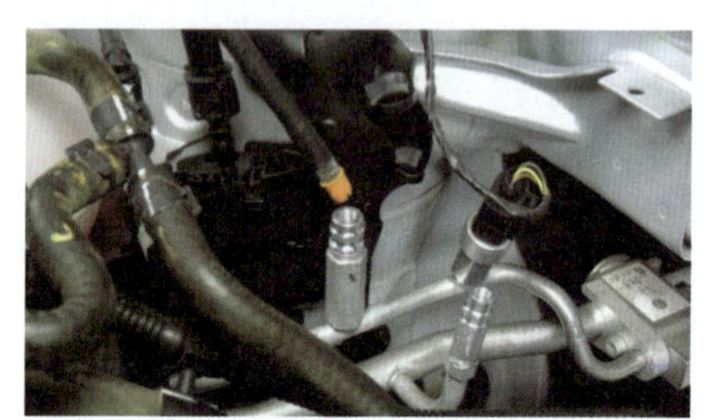	4. 检测时，一般从压缩机出口→冷凝器入口→冷凝器出口→储液干燥器入口→储液干燥器出口→膨胀阀(蒸发器)入口→蒸发器出口→压缩机入口的顺序开始检测，按连续路径进行，以确保不会漏掉任何可能的泄漏点。把电子卤素检漏仪的探头放在被检查部位的下面，沿管路移动探头，移动速度不超过 5 cm/s，确保电子卤素检漏仪的探头不接触被检查的部位。在检查特殊位置时，可将探头静止 5 s。检测系统所有部位是否有泄漏，如有泄漏，应及时修理。 注意：开始检漏时，当泄漏的气体被发现，“嘟嘟”声将变得急促，LED 指示灯也将根据浓度的变化改变发光方式。 电子卤素检漏仪的灵敏度可在操作中的任何时候进行调整，且不影响检测。
	5. 检测完成后，将电子卤素检漏仪擦拭干净，按照 6S 标准整理现场。

课题四　汽车空调诊断仪

学习目标

1. 了解汽车空调诊断仪的功能与结构。
2. 掌握汽车空调诊断仪的使用方法。
3. 能够使用汽车空调诊断仪进行蒸发器和冷凝器测试。
4. 能够使用汽车空调诊断仪对空调系统进行自诊断。

任务引入

对于汽车空调系统，通过万用表和故障诊断仪一般只能查出电路方面的问题，空调压缩机、冷凝器、蒸发器等机械部件的运行情况很难检查。但汽车空调诊断仪的出现，使维修人员可以在不拆解汽车空调制冷系统部件的情况下，检查冷凝器、蒸发器、压力传感器、压缩机等部件的工作性能，大大降低了汽车空调系统的维修难度。

知识准备

一、汽车空调诊断仪简介

汽车空调诊断仪可以读取汽车空调系统各部件工作时的数据，收集系统管路制冷剂的压力值，读取各制冷部件的温度值，借助这些信息可以在不拆解空调制冷系统部件的情况下，对空调制冷系统部件，如冷凝器、蒸发器、压力传感器、压缩机等进行工作性能的评价。

罗宾耐尔RA007PLUS汽车空调诊断仪主要有三种操作模式，如图4—4—1所示。

（一）测量模式

测量模式可以启用某些物理值的图形或数字显示功能。如车辆空调电路的高低压，周围空气或系统排出空气的温度和湿度，在管道内流动的与热电偶夹子TK1到TK4接触的制冷剂温度。

（二）控制模式

控制模式可使维修人员执行目的明确的测试项目。在每一个测试项目中，诊断仪会指导维修人员进行操作，会对测试前要完成的连接，以及如何实施测试作出精确的说明。

1. 效率测试：使维修人员能够通过测量排气并根据测定的初始条件确定被测空调系统的效率，所谓的初始条件指的是车辆外空气的温度和湿度值等。

2. 负载测试：目的是确定空调系统内制冷剂的负载水平。

3. 冷凝器测试：目的是确定空调系统内冷凝器是否正常发挥了功能。例如，冷凝器能否使高压制冷剂从气态（进入冷凝器时的状态）变成液态（离开冷凝器时的状态）。

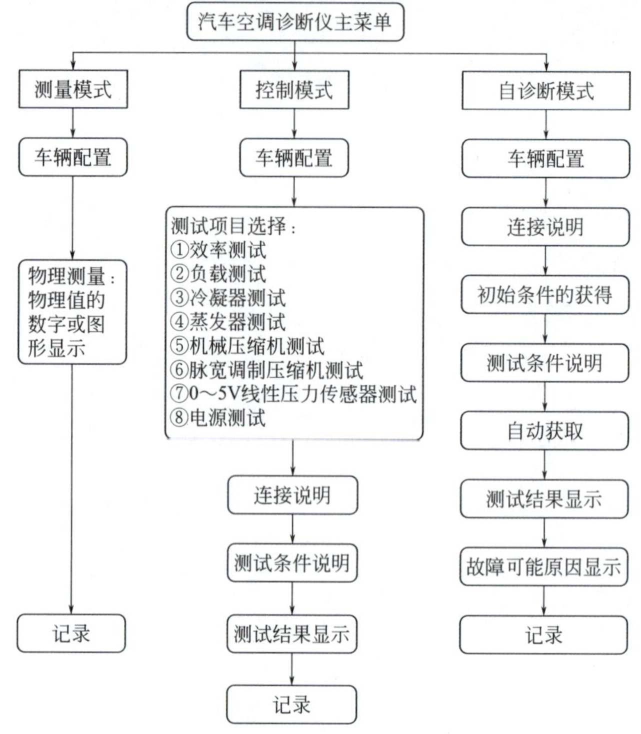

图 4—4—1　罗宾耐尔 RA007PLUS 汽车空调诊断仪的三种操作模式

4. 蒸发器测试：目的是确定蒸发器能否使制冷剂从高压液态变成低压气态。

5. 机械压缩机测试：目的是确定安装在被测空调系统内的内部控制压缩机能够正常运转，并能够随排气状况的不同而良好运转。

6. 脉宽调制压缩机测试：目的是监测和模拟安装在被测空调系统内的外部控制压缩机。

7. 0～5 V线性压力传感器测试：目的是通过对两个值进行比较从而检查空调系统高压传感器的工作状态。其中一个值是从传感器输出电压中推导出的高压值，另一个值是诊断仪测量的实际压力值。

（三）自诊断模式

自诊断模式能够使维修人员对任何装备了两个检修阀的空调系统执行一次全面诊断，并在几分钟以后得到测量结果以及可能的故障原因。

二、汽车空调诊断仪的结构

罗宾耐尔RA007PLUS汽车空调诊断仪主要由高压快速连接器、低压快速连接器、温度和湿度传感器（THR）、温度传感器（TK1～TK4）和诊断仪主机等部分组成，如图4—4—2所示，其中诊断仪主机的结构如图4—4—3所示。

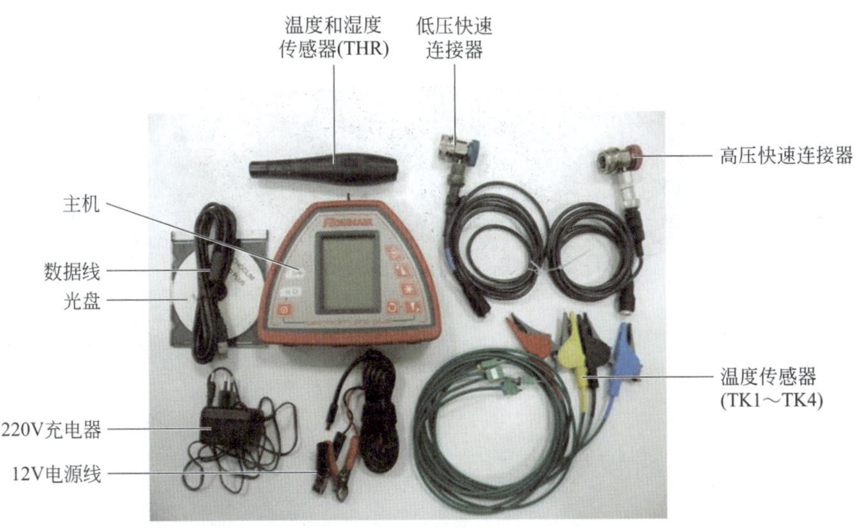

图 4—4—2 罗宾耐尔 RA007PLUS 汽车空调诊断仪的组成

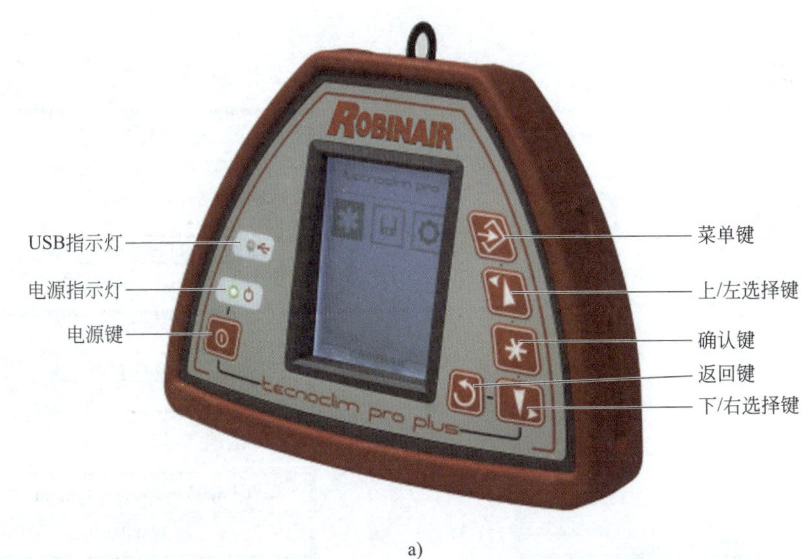

a)

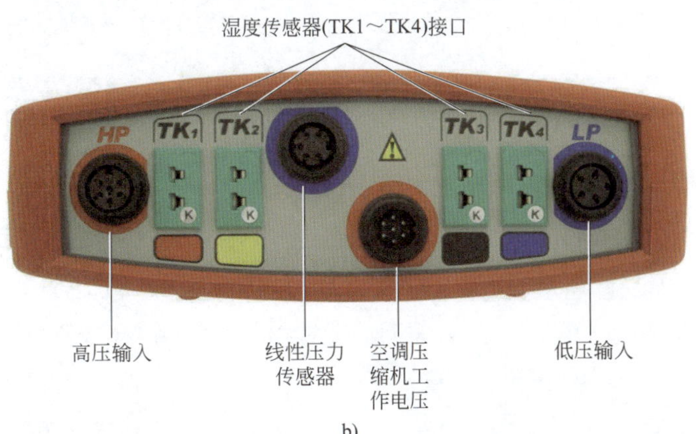

b)

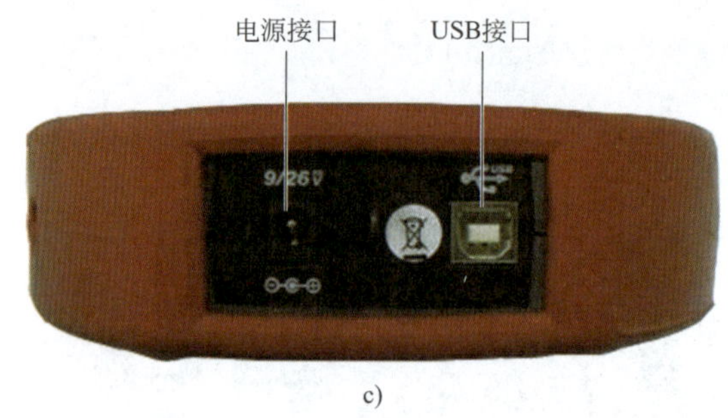

c)

图 4—4—3 罗宾耐尔 RA007PLUS 汽车空调诊断仪的主机结构
a）控制面板 b）底部接口 c）顶部接口

三、汽车空调诊断仪的使用方法

（一）测量模式

1. 打开空调诊断仪电源开关后，进入主菜单界面，如图4—4—4所示。

2. 选择“✱”图标，按确认键，进入模式选择菜单，如图4—4—5所示。

图 4—4—4 空调诊断仪主菜单

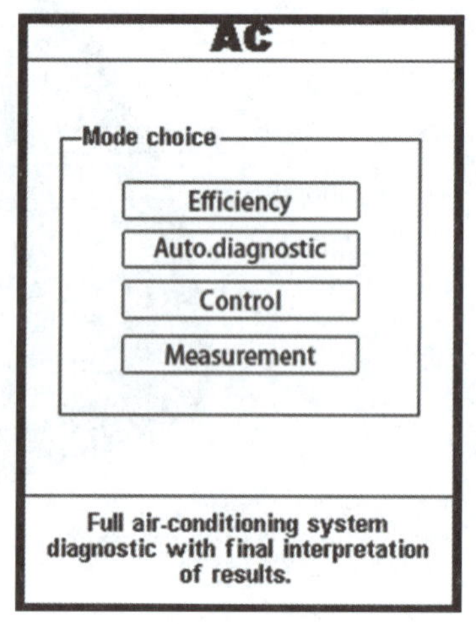

图 4—4—5 模式选择菜单

3. 在模式菜单下，选择“Measurement”，按确认键进入车辆配置菜单，如图4—4—6所示。

4. 将车辆空调系统配置的信息输入到诊断仪。

5. 发动机处于关闭状态，打开发动机舱盖，将红色高压快速连接器接到车辆的高压管检测接口上，将蓝色低压快速连接器接到车辆的低压管检测接口上。将TK1接到冷凝器的输入口，将TK2接到冷凝器的输出口上，将TK3接到膨胀阀的输入口，将TK4接到蒸发器的输出口上。将THR放在距车辆2 m处的位置。

6. 在车辆配置菜单下，选择“OK”，按确认键后，诊断仪即可显示测量数据，如图4—4—7所示。

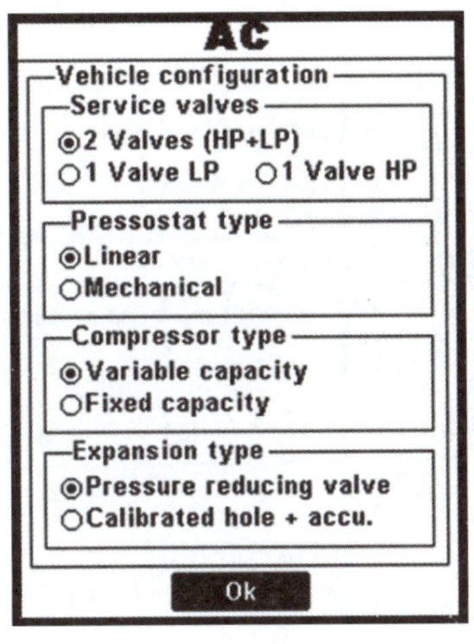

图 4—4—6　车辆配置菜单

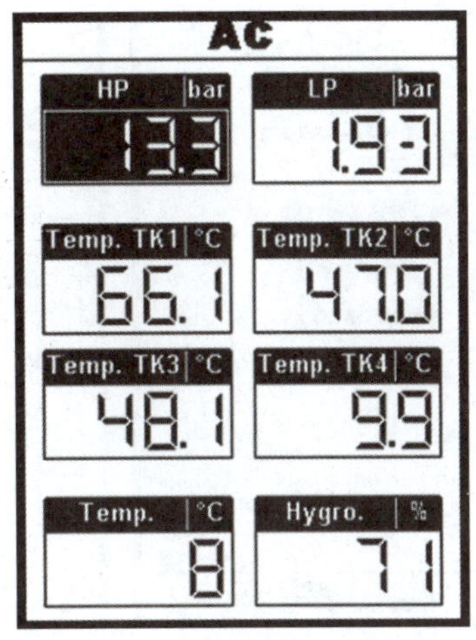

图 4—4—7　空调诊断仪测量数据

（二）控制模式

1. 效率测试

（1）在模式选择菜单下，选择“Control”，按确认键进入控制模式菜单，如图4—4—8所示。

（2）在控制模式菜单下，选择“Efficiency”，按确认键进入车辆配置菜单，如图4—4—6所示。

（3）在车辆配置菜单下，将车辆空调系统配置的信息输入到诊断仪。选择“OK”，按确认键进入效率测试菜单，如图4—4—9a所示。

（4）将THR放置在车辆前部2 m处的位置后，选择“Next”，按确认键，仪器显示当前环境温度和湿度，如图4—4—9b所示。

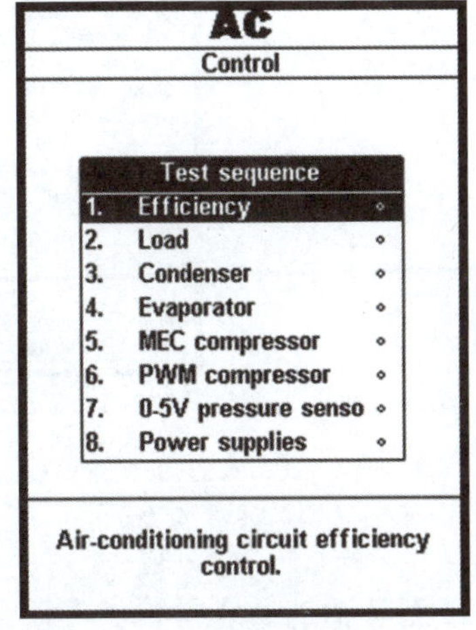

图 4—4—8　控制模式菜单

（5）选择“OK”，按确认键后，仪器提示：将空调打开运转5～10 min，使发动机转速保持在1 800～2 200 rpm，降下车辆窗户，打开外循环，如图4—4—9c所示。

（6）选择“Next”，按确认键后，仪器提示：将空调温度调至最冷，风量设置为最大，送风模式设置为正面，将THR放在正面出风口处，如图4—4—9d所示。

（7）选择“Next”，按确认键后仪器显示测量结果，如图4—4—9e所示。A区显示出风温度不正常，B区显示出风温度符合要求，C区显示出风温度正确（低于理论极限）。

2. 负载测试

（1）在控制模式菜单下，选择“Load”，按确认键进入负载测试菜单，如图4—4—10a所示。

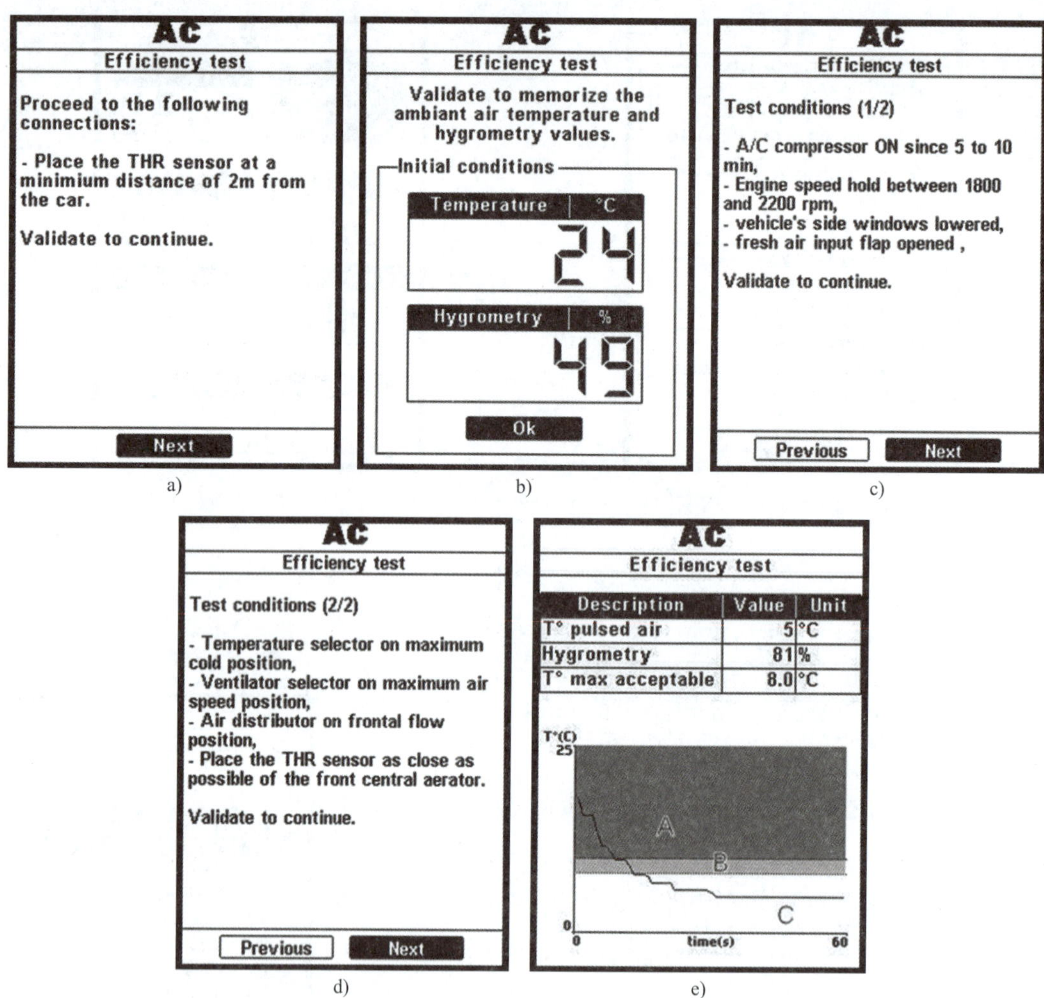

图 4—4—9　效率测试菜单

（2）将红色高压快速连接器接到车辆的高压管检测接口上，将蓝色低压快速连接器接到车辆的低压管检测接口上，将TK2（黄色）接到冷凝器出口的金属管路上。然后选择“Next”，并按确认键。

（3）如图4—4—10b所示，打开空调，使压缩机运转5～10 min，使发动机转速保持在1 800～2 200 rpm，降下车辆窗户，打开外循环。然后选择“Next”，并按确认键。

（4）如图4—4—10c所示，将空调温度调至最冷，风量设置为最大，送风模式设置为正面。

（5）选择“Next”，并按确认键后，仪器显示负载测试结果，如图4—4—10d所示。A区：被测管路中的制冷剂放热不足。B区：被测管路中的制冷剂放热过量。C区：被测管路中的制冷剂放热正常。

3. 冷凝器测试

（1）在控制模式菜单下，选择“Condenser”，按确认键进入冷凝器测试菜单，如图4—4—11a所示。

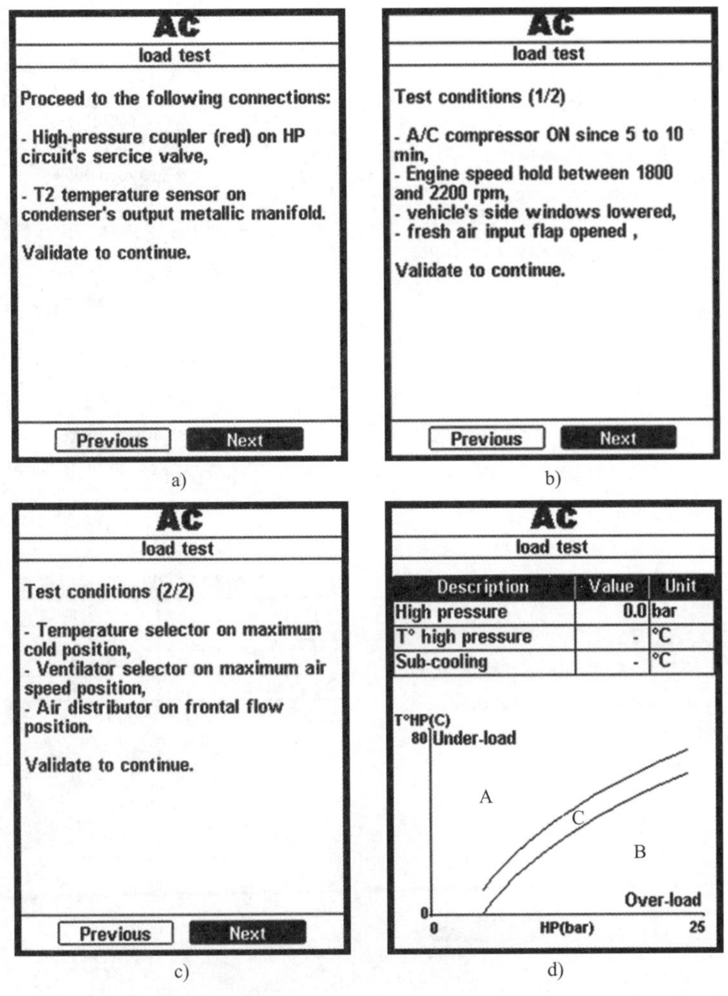

图 4—4—10　负载测试菜单

（2）将红色高压快速连接器接到车辆的高压管检测接口上，将TK1（红色）接到冷凝器的输入口，将TK2（黄色）接到冷凝器的输出口上。然后选择“Next”，并按确认键。

（3）如图4—4—11b所示，打开空调，使空调压缩机运转5 ~ 10 min，使发动机转速保持1 800 ~ 2 200 rpm，完全打开车窗，将循环模式置于外循环。然后选择“Next”，并按确认键。

（4）如图4—4—11c所示，将温度设置为最冷，风量设置为最大，送风模式设置为正面。然后选择“Next”，并按确认键。

（5）如图4—4—11d所示，仪器显示测试结果。光标在A区，表示制冷剂以液态离开冷凝器——正确。光标在B区，表示制冷剂以饱和状态离开冷凝器——不正确。光标在C区，表示制冷剂以气态离开冷凝器——不正确。

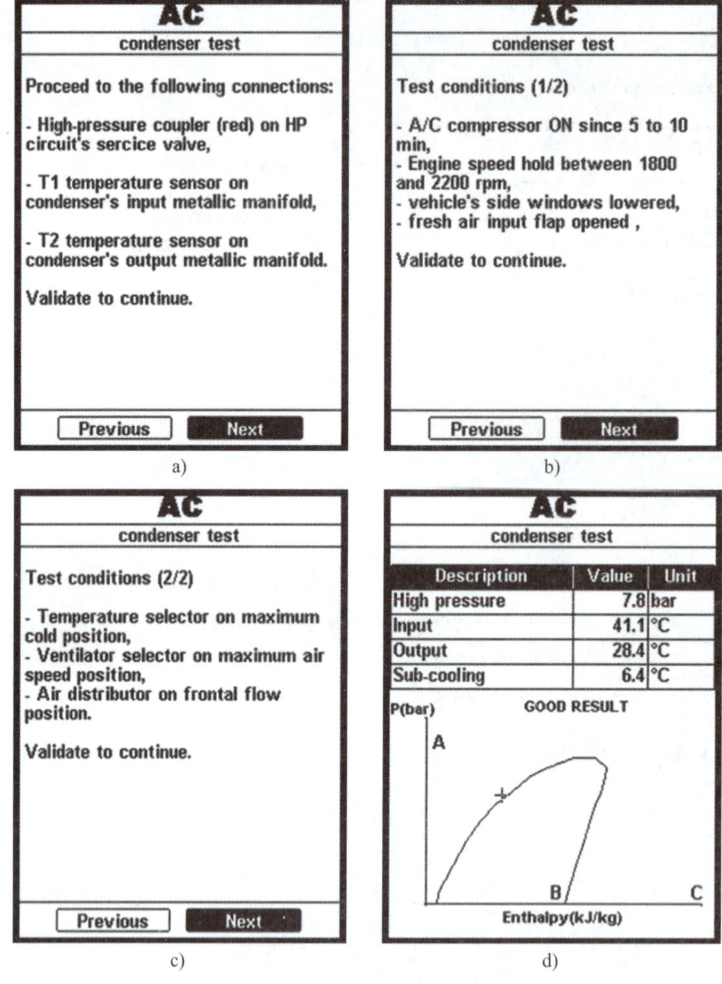

图 4—4—11 冷凝器测试菜单

4. 蒸发器测试

（1）在控制模式菜单下，选择“Evaporator”，按确认键进入蒸发器测试菜单，如图4—4—12a所示。

（2）将低压快速连接器（蓝色）接到车辆的低压管检测接口上，将TK4（蓝色）接到蒸发器的输出口上。然后选择“Next”，并按确认键。

（3）如图4—4—12b所示，打开空调，使空调压缩机运转5～10 min，使发动机转速保持1 800～2 200 rpm，完全打开车窗，将循环模式置于外循环。然后选择“Next”，并按确认键。

（4）如图4—4—12c所示，将温度设置为最冷，风量设置为最大，送风模式设置为正面。然后选择“Next”，并按确认键。

（5）如图4—4—12d所示，仪器显示测试结果。光标在A区，表示制冷剂以液态离开蒸发器——不正确。光标在B区，表示制冷剂以饱和状态离开蒸发器——不正确。光标在C

区，表示制冷剂以气态离开蒸发器——正确。

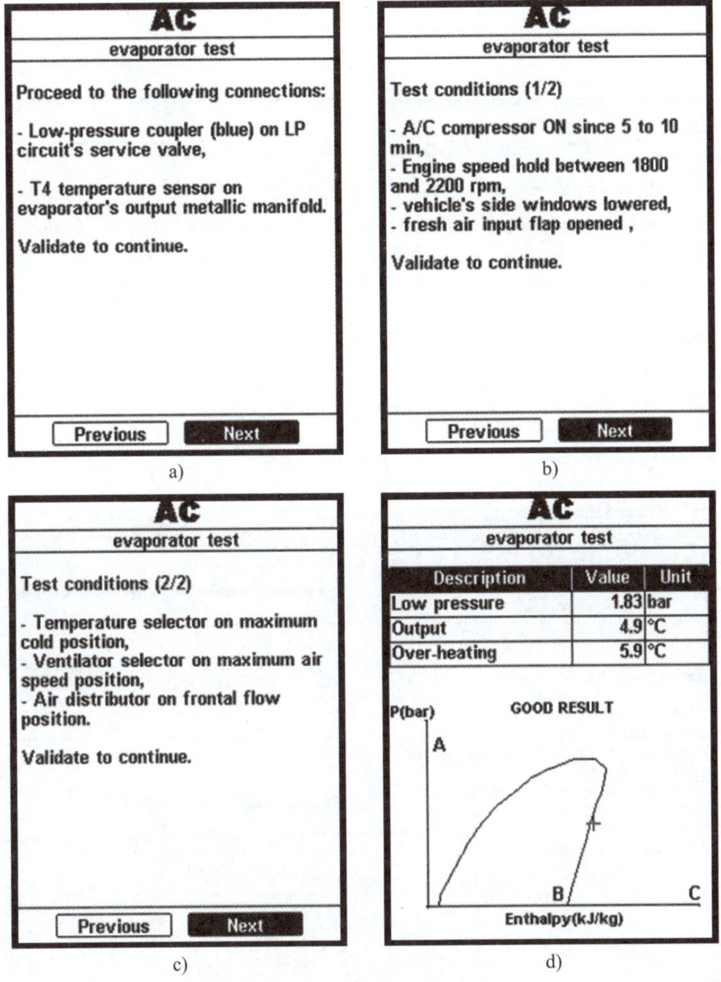

图 4—4—12　蒸发器测试菜单

5. 机械压缩机测试

（1）在控制模式菜单下，选择“MEC compressor”，按确认键进入机械压缩机测试菜单，如图4—4—13a所示。

（2）将红色高压快速连接器接到车辆的高压管检测接口上，蓝色低压快速连接器接到车辆的低压管检测接口上。然后选择“Next”，并按确认键。

（3）如图4—4—13b所示，打开空调，使空调压缩机运转5 ~ 10 min，使发动机转速保持1 800 ~ 2 200 rpm，完全打开车窗，将循环模式置于外循环。然后选择“Next”，并按确认键。

（4）如图4—4—13c所示，将温度设置为最冷，风量设置为最大，送风模式设置为正面。然后选择“Next”，并按确认键。

（5）如图4—4—13d所示，仪器显示测试结果。A区：光标在区域内保持稳定，表示压缩机容量最小。B区：光标在区域内保持稳定，表示压缩机容量最大。C区：光标在区域内保持稳定，表示压缩机处于调整阶段。如果光标在这些区域之一内保持稳定，这表示压缩机出现了故障。

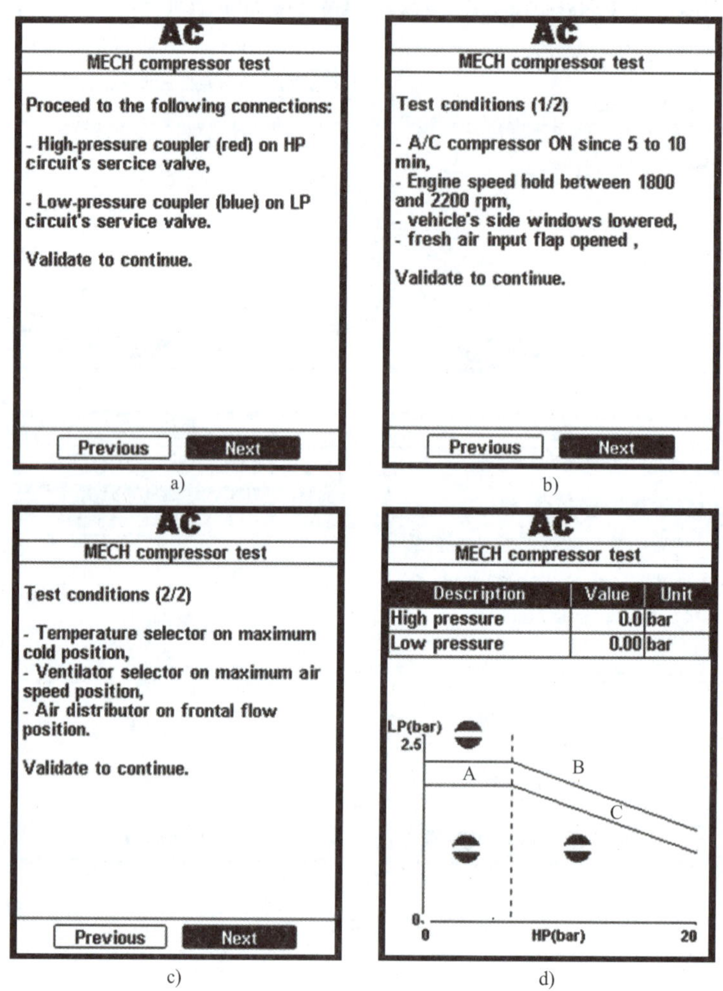

图 4—4—13 机械压缩机测试菜单

6. 脉宽调制压缩机测试

（1）在控制模式菜单下，选择“PWM compressor”，按确认键进入脉宽调制压缩机测试菜单，如图4—4—14a所示。

（2）将红色高压快速连接器接到车辆的高压管检测接口上，蓝色低压快速连接器接到车辆的低压管检测接口上，频率“Y”电缆连接至压缩机和诊断仪，然后选择“OK”，按确认键。

（3）如图4—4—14b所示，仪器显示测量结果。然后选择“Measure”，按确认键。

（4）如图4—4—14c所示，仪器显示模拟结果（如PMW-simulated 97%：模拟脉宽调制97%）。

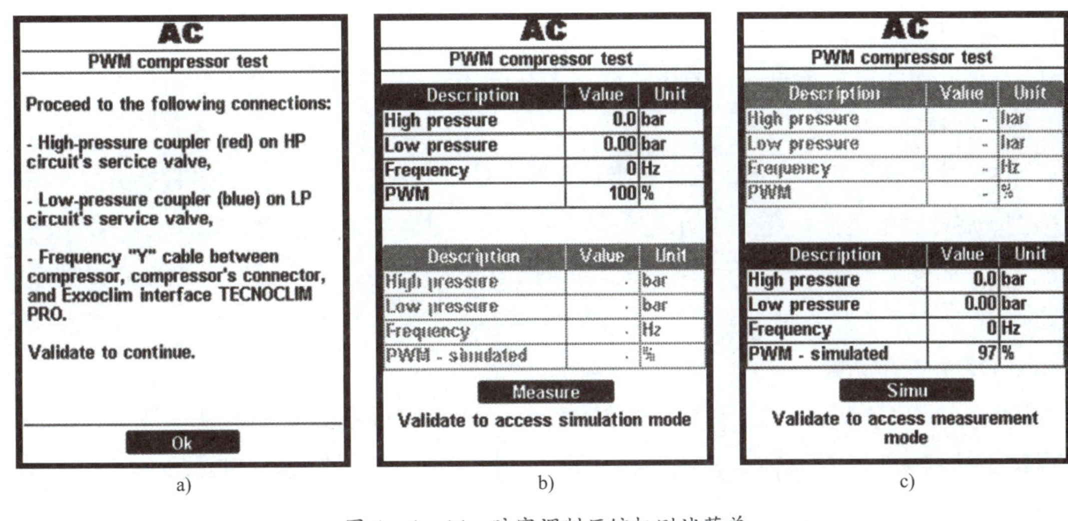

图 4—4—14　脉宽调制压缩机测试菜单

7. 0～5 V线性压力传感器测试

（1）在控制模式菜单下，选择“0-5 V pressure senso”，按确认键进入0～5 V线性压力传感器测试菜单，如图4—4—15a所示。

（2）将红色高压快速连接器接到车辆的高压管检测接口上，线性压力传感器连接至空调压力传感器和诊断仪，诊断仪供电电源线连接至汽车蓄电池。然后选择“OK”，按确认键。

（3）如图4—4—15b所示，仪器显示测量结果。然后选择“Measure”，按确认键。

（4）如图4—4—15c所示，仪器显示模拟结果（如Simulated signal 3.53 V：模拟电压信号3.53 V）。

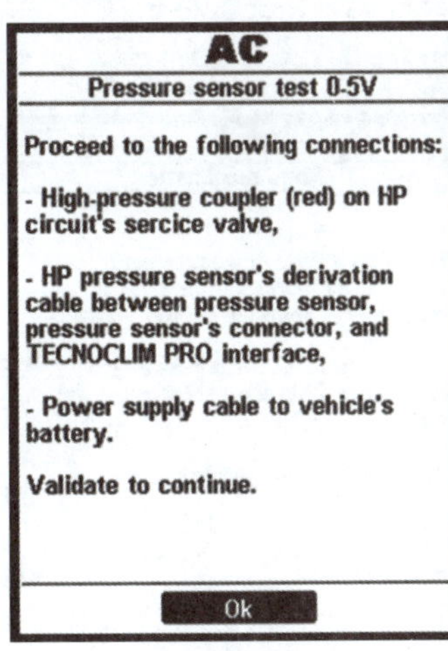

a)

AC

Pressure sensor test 0-5V

Description	Value	Unit
5V power supply	5.0	V
0V power supply	0.0	V
Signal measurement	1.96	V
HP pressure sensor	11.2	bar
HP service valve	11.1	bar

Description	Value	Unit
HP pressure sensor	-	bar
HP service valve	-	bar
HP - simulated	-	bar
Simulated signal	-	V

Measure

Validate to access simulation mode

b)

AC

Pressure sensor test 0-5V

Description	Value	Unit
5V power supply	-	V
0V power supply	-	V
Signal measurement	-	V
HP pressure sensor	-	bar
HP service valve	-	bar

Description	Value	Unit
HP pressure sensor	11.4	bar
HP service valve	11.1	bar
HP - simulated	21.6	bar
Simulated signal	3.53	V

Simu

Validate to access measurement mode

c)

图 4—4—15　0～5 V 线性压力传感器测试菜单

（三）自诊断模式

（1）在模式选择菜单下，选择“Auto.diagnostic”，按确认键进入车辆配置菜单，如图4—4—6所示。

（2）在车辆配置菜单下，根据车型选择合适的维修阀门类型、压力传感器类型、压缩机类型、膨胀阀类型后，选择“OK”，并按确认键，进入空调自诊断菜单。

（3）如图4—4—16a所示，在空调自诊断菜单下，将红色高压快速连接器接到车辆的高压管检测接口上，将蓝色低压快速连接器接到车辆的低压管检测接口上。然后选择“Next”，并按确认键。

（4）如图4—4—16b所示，将TK2（黄色）接到冷凝器出口的金属管路上，将TK3（黑色）接到膨胀阀的输入口，将TK4（蓝色）接到蒸发器出口的金属管路上。然后选择“Next”，并按确认键。

（5）如图4—4—16c所示，将THR放在车辆前方2 m位置，长按THR开关按钮，打开THR。然后选择“Next”，并按确认键。

（6）如图4—4—16d所示，空调诊断仪上，将显示当前环境下温度、湿度数据。选择“OK”，并按确认键。

（7）如图4—4—16e所示，打开空调，使空调压缩机运转5～10 min，使发动机转速保持1 800～2 200 rpm，打开车窗，将循环模式置于外循环。选择“Next”，并按确认键。

（8）如图4—4—16f所示，将温度设置为最冷，风量设置为最大，送风模式设置为正面，将THR放在正面出风口处。选择“Next”，并按确认键。

（9）如图4—4—16g所示，仪器开始进行诊断，时间为100 s。

（10）如图4—4—16h所示，诊断结束后，仪器将显示诊断数据。选择“Next”，按确认键，显示诊断结果，如图4—4—16i所示。如果空调系统存在故障，则会显示空调系统的故障可能原因，如图4—4—17a、图4—4—17b所示。

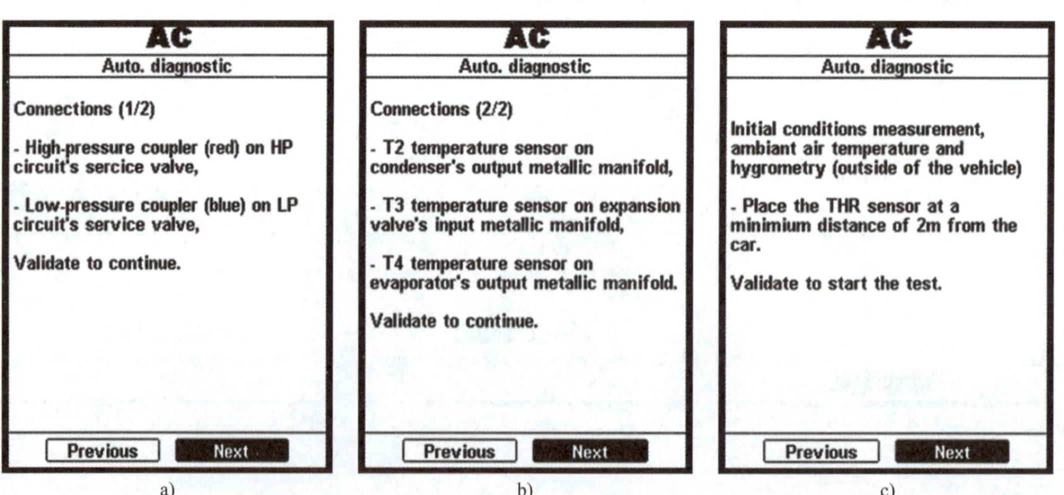

a)　　b)　　c)

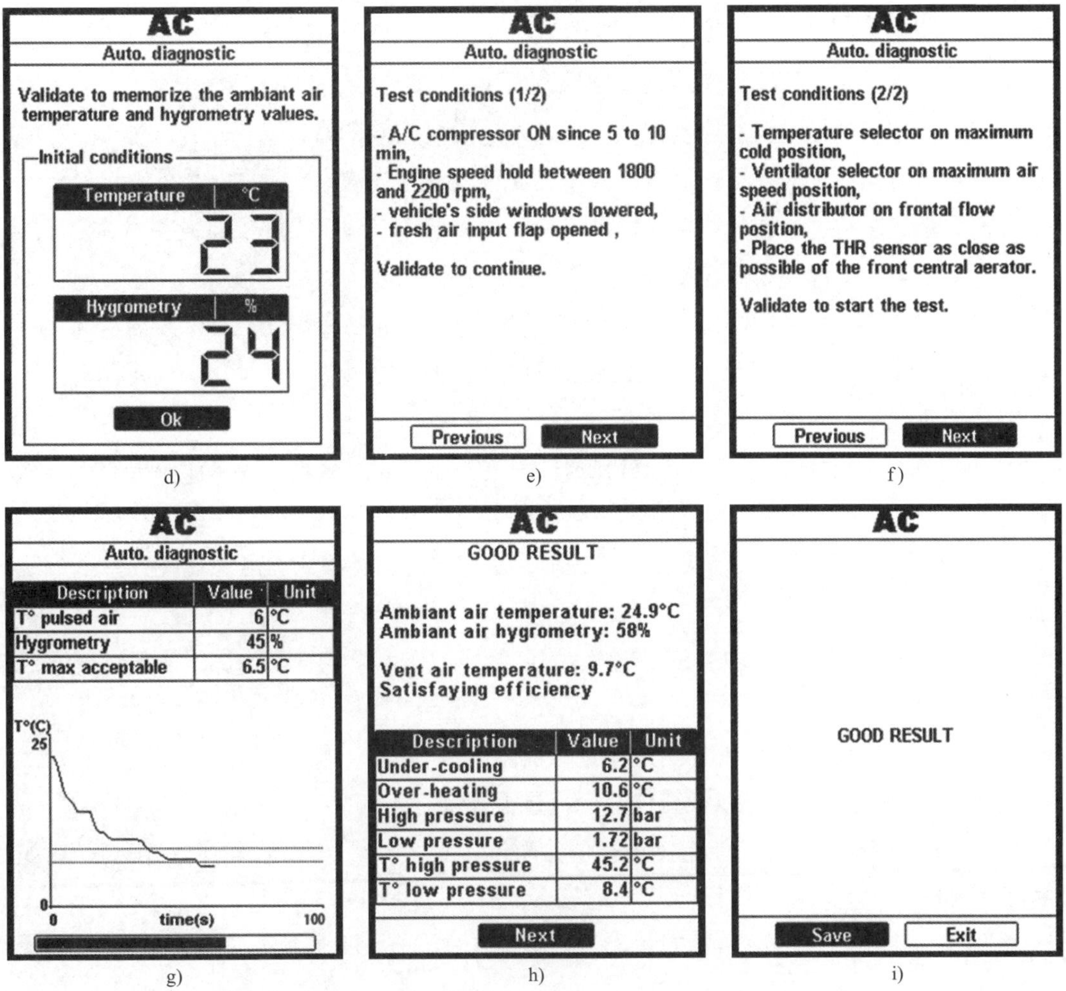

AC
Auto. diagnostic
Validate to memorize the ambiant air temperature and hygrometry values.
Initial conditions
Temperature
°C
23
Hygrometry
%
24
Ok
d)
AC
Auto. diagnostic
Test conditions (1/2)
- A/C compressor ON since 5 to 10 min,
- Engine speed hold between 1800 and 2200 rpm,
- vehicle's side windows lowered,
- fresh air input flap opened ,
Validate to continue.
Previous
Next
e)
AC
Auto. diagnostic
Test conditions (2/2)
- Temperature selector on maximum cold position,
- Ventilator selector on maximum air speed position,
- Air distributor on frontal flow position,
- Place the THR sensor as close as possible of the front central aerator.
Validate to start the test.
Previous
Next
f)
AC
Auto. diagnostic
Description | Value | Unit
T° pulsed air | 6 | °C
Hygrometry | 45 | %
T° max acceptable | 6.5 | °C
T°(C)
25
0
0
time(s)
100
g)
AC
GOOD RESULT
Ambiant air temperature: 24.9°C
Ambiant air hygrometry: 58%
Vent air temperature: 9.7°C
Satisfaying efficiency
Description | Value | Unit
Under-cooling | 6.2 | °C
Over-heating | 10.6 | °C
High pressure | 12.7 | bar
Low pressure | 1.72 | bar
T° high pressure | 45.2 | °C
T° low pressure | 8.4 | °C
Next
h)
AC
GOOD RESULT
Save
Exit
i)

图 4—4—16　自诊断模式菜单

AC
BAD RESULT
Ambiant air temperature: 17.9°C
Ambiant air hygrometry: 32%
Vent air temperature: 17.9°C
Bad efficiency
Description | Value | Unit
Sub-cooling | -0.9 | °C
Over-heating | 4.5 | °C
High pressure | 4.3 | bar
Low pressure | 3.75 | bar
T° high pressure | 18.4 | °C
T° low pressure | 18.6 | °C
Next
a)
AC
BAD RESULT
Possible faults reasons
under-load
faulty compressor
faulty expansion valve - blocked
Save
Exit
b)

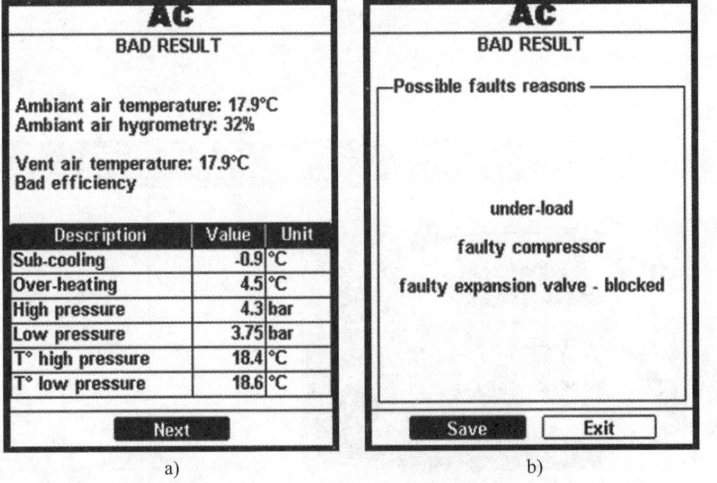

图 4—4—17　自诊断测试出的故障可能原因

四、汽车空调诊断仪使用注意事项

1. 应在良好通风的环境下使用汽车空调诊断仪。
2. 使用汽车空调诊断仪前应确保所有接口及连接线连接牢固。
3. 在测试过程中，应严格按照汽车空调诊断仪的提示或操作规程进行操作。
4. 不要让汽车空调诊断仪连接线碰到带轮等旋转部件，防止损坏仪器设备。
5. 不要让汽车空调诊断仪连接线碰到排气管等部件，防止烫损连接线。
6. 罗宾耐尔RA007PLUS汽车空调诊断仪只能诊断R134a制冷剂的空调系统。
7. 任何操作之前，应确保使用的挠性软管内不含不可凝气体。
8. 操作过程中，应避免制冷剂泄漏。
9. 不要在环境温度过高的地方进行操作，制冷剂在高温下会分解并释放出对操作者与环境有毒有害的腐蚀性物质。
10. 断开汽车空调诊断仪连接之前，应确保所有阀门均已关闭，避免制冷剂散播到空气中去。
11. 汽车空调诊断仪必须始终在操作者的监督下工作，不能在靠近爆炸性气体、蒸汽或灰尘的地方使用。
12. 注意汽车空调诊断仪上标明的测量峰值。
13. 通过测量已知值，可以检查仪器运行是否正常。
14. 汽车空调维修人员在使用汽车空调诊断仪诊断之前要采取适当的防护措施，比如佩戴防护镜和防护手套。
15. 如果长期不使用仪器，需对仪器进行定期充电，延长电池的使用寿命。

技能实训

下面以罗宾耐尔RA007PLUS汽车空调诊断仪为例，介绍空调自诊断、冷凝器测试和蒸发器测试的操作方法。

操作一　空调自诊断

图示	步骤与说明
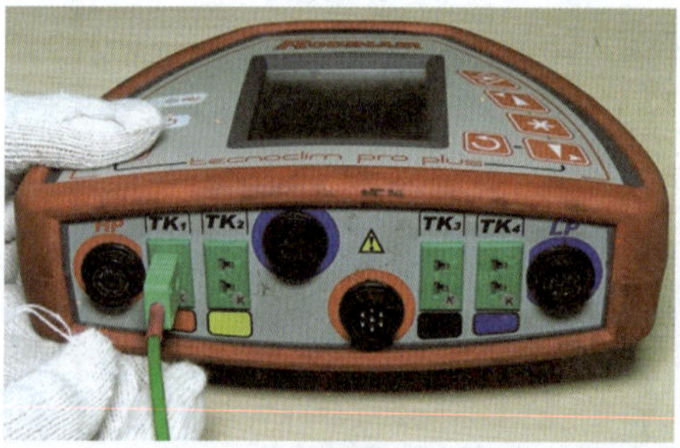	一、线路连接 1. 将TK1线束连接至主机TK1端口上。 注意：TK1线束标记的颜色（红色）与主机TK1端口的颜色（红色）要对应。

续表

图示	步骤与说明
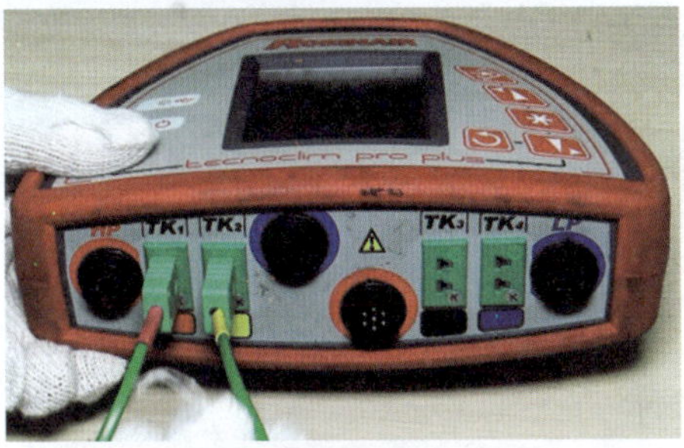	2. 将 TK2 线束连接至主机 TK2 端口上。 注意：TK2 线束标记的颜色（黄色）与主机 TK2 端口的颜色（黄色）要对应。
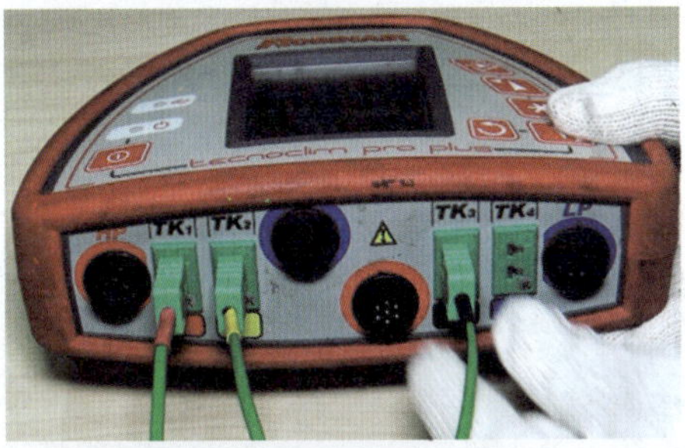	3. 将 TK3 线束连接至主机 TK3 端口上。 注意：TK3 线束标记的颜色（黑色）与主机 TK3 端口的颜色（黑色）要对应。
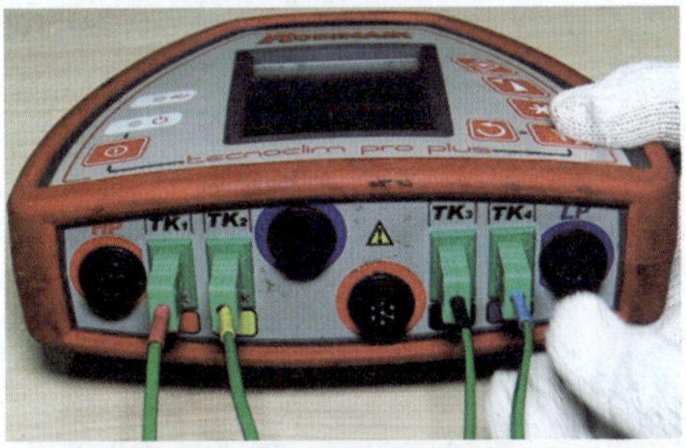	4. 将 TK4 线束连接至主机 TK4 端口上。 注意：TK4 线束标记的颜色（蓝色）与主机 TK4 端口的颜色（蓝色）要对应。
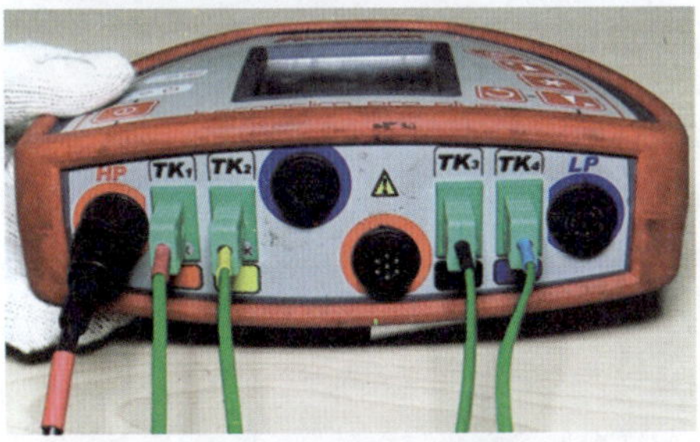	5. 将带有红色标记的高压快速连接器连接至主机 HP 端口上。 注意：高压快速连接器上标记的颜色（红色）与主机 HP 端口的颜色（红色）要对应。
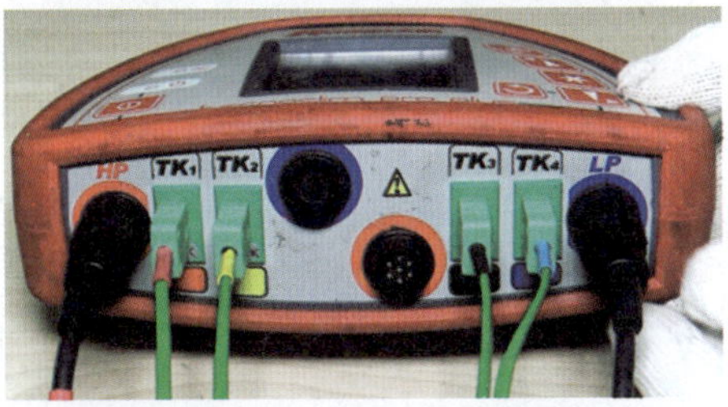	6. 将带有蓝色标记的低压快速连接器连接至主机 LP 端口上。 注意：低压快速连接器上标记的颜色（蓝色）与主机 LP 端口的颜色（蓝色）要对应。

续表

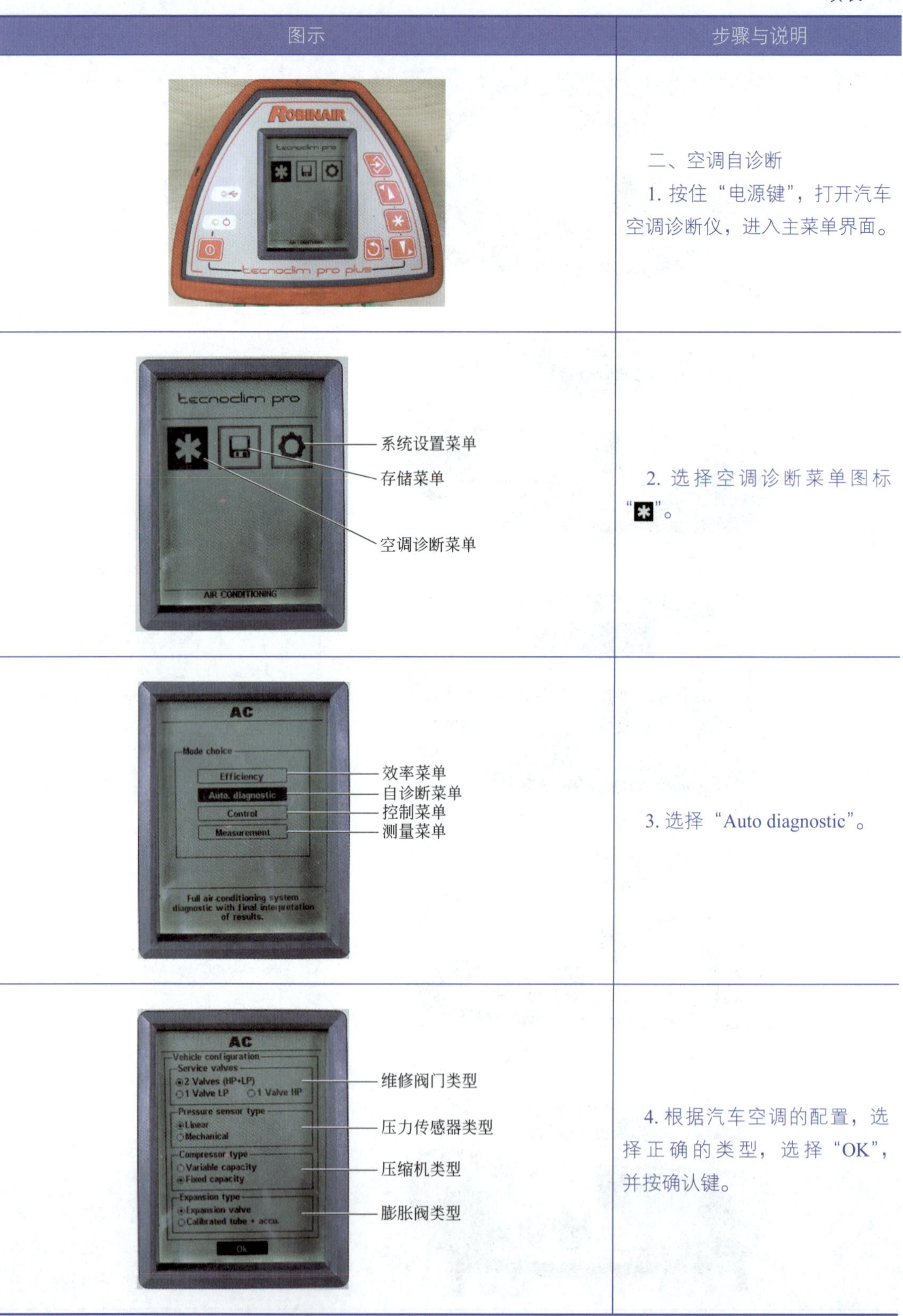

图示	步骤与说明
ROBINAIR; tecnoclim pro; AIR CONDITIONING; tecnoclim pro plus	二、空调自诊断 1. 按住“电源键”，打开汽车空调诊断仪，进入主菜单界面。
tecnoclim pro; AIR CONDITIONING; 系统设置菜单; 存储菜单; 空调诊断菜单	2. 选择空调诊断菜单图标“✱”。
AC; Mode choice; Efficiency; Auto. diagnostic; Control; Measurement; Full air conditioning system diagnostic with final interpretation of results.; 效率菜单; 自诊断菜单; 控制菜单; 测量菜单	3. 选择“Auto diagnostic”。
AC; Vehicle configuration; Service valves; 2 Valves (HP+LP); 1 Valve LP; 1 Valve HP; Pressure sensor type; Linear; Mechanical; Compressor type; Variable capacity; Fixed capacity; Expansion type; Expansion valve; Calibrated tube + accu.; Ok; 维修阀门类型; 压力传感器类型; 压缩机类型; 膨胀阀类型	4. 根据汽车空调的配置，选择正确的类型，选择“OK”，并按确认键。

续表

<table>
<tr><th>图示</th><th>步骤与说明</th></tr>
<tr><td>
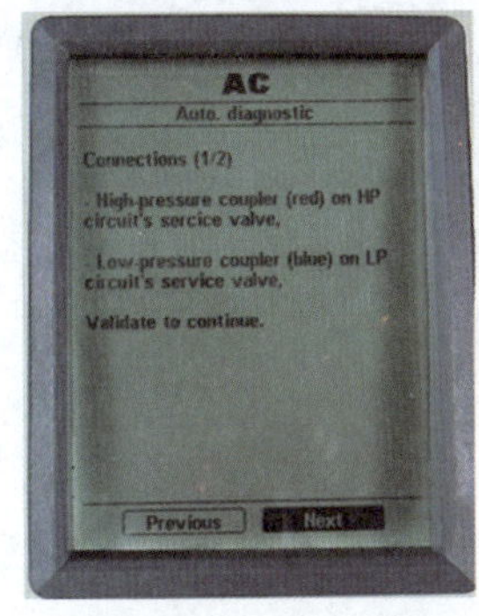

</td><td>5. 根据显示屏提示，将红色高压快速连接器接到车辆的高压管检测接口上，将蓝色低压快速连接器接到车辆的低压管检测接口上，然后选择“Next”。</td></tr>
<tr><td>
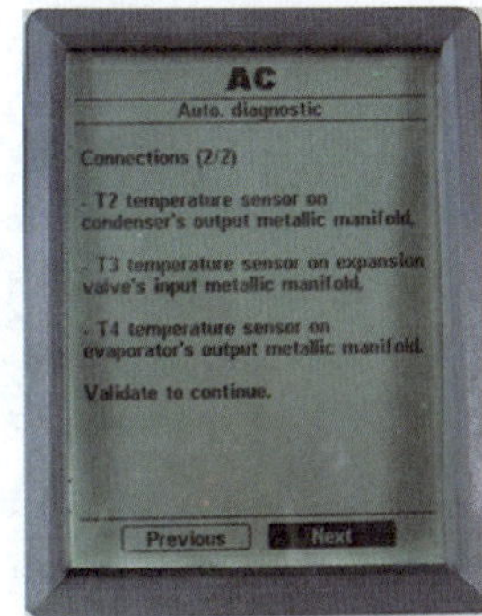

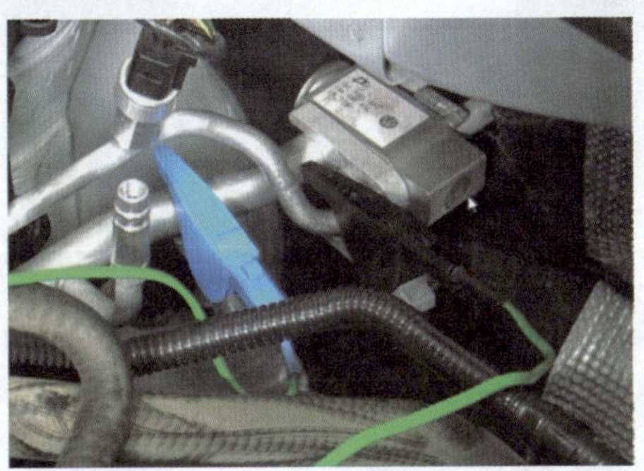
</td><td>6. 将 TK2（黄色）接到冷凝器出口的金属管路上，将 TK3（黑色）接到膨胀阀的输入口，将 TK4（蓝色）接到蒸发器出口的金属管路上，然后选择“Next”。</td></tr>
<tr><td>
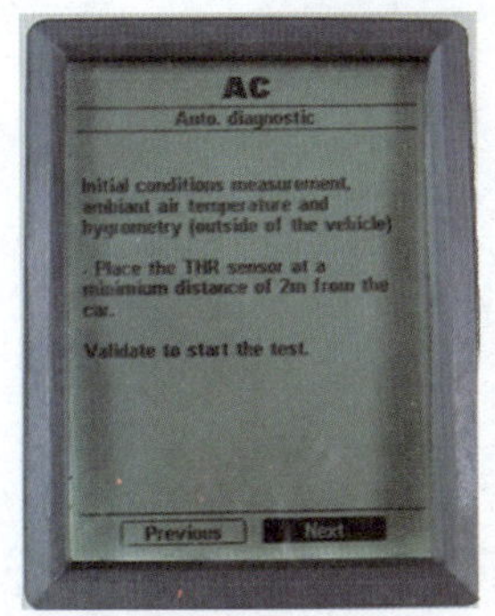

</td><td>7. 根据显示屏提示，将 THR 放在车辆前方 2 m 位置，长按 THR 开关按钮，打开 THR，选择“Next”。
注意：THR 开机后指示灯会闪烁。</td></tr>
</table>

续表

<table>
<tr><th>图示</th><th>步骤与说明</th></tr>
<tr><td></td><td>8. 通过 THR，温度（Temperature）和湿度（Hygrometry）信息被无线传输至记录诊断仪上，如图所示。选择“OK”，并按确认键。
注意：如果空调诊断仪没有显示温度和湿度，应首先检查THR。</td></tr>
<tr><td>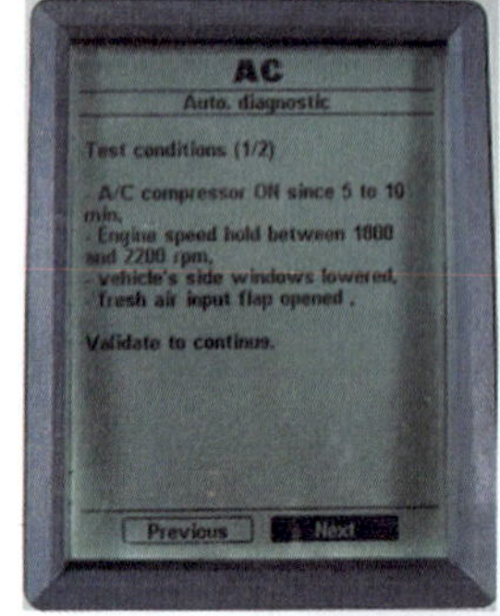

</td><td>9. 根据显示屏提示，启动发动机，打开空调，使空调压缩机运转 5 ~ 10 min，发动机转速保持 1 800 ~ 2 200 rpm，打开车窗，将循环模式置于外循环，然后选择“Next”。</td></tr>
<tr><td>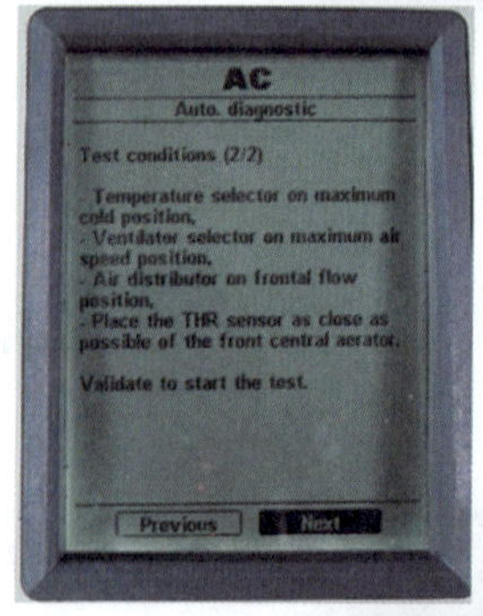

</td><td>10. 将温度设置为最冷，风量设置为最大，送风模式设置为正面，将 THR 放在正面出风口处，然后选择“Next”。</td></tr>
</table>

续表

图示	步骤与说明
	11. 仪器开始进行诊断，时间为 100 s。
	12. 检查前出风口的风门位置，选择“Continue”。
	13. 记录相关数据，然后选择“Next”。
	14. 屏幕显示可能的故障原因：压力传感器故障、膨胀阀堵塞。 选择“Save”，保存诊断结果。选择“Exit”，退出并完成自诊断过程。

操作二　冷凝器的测试

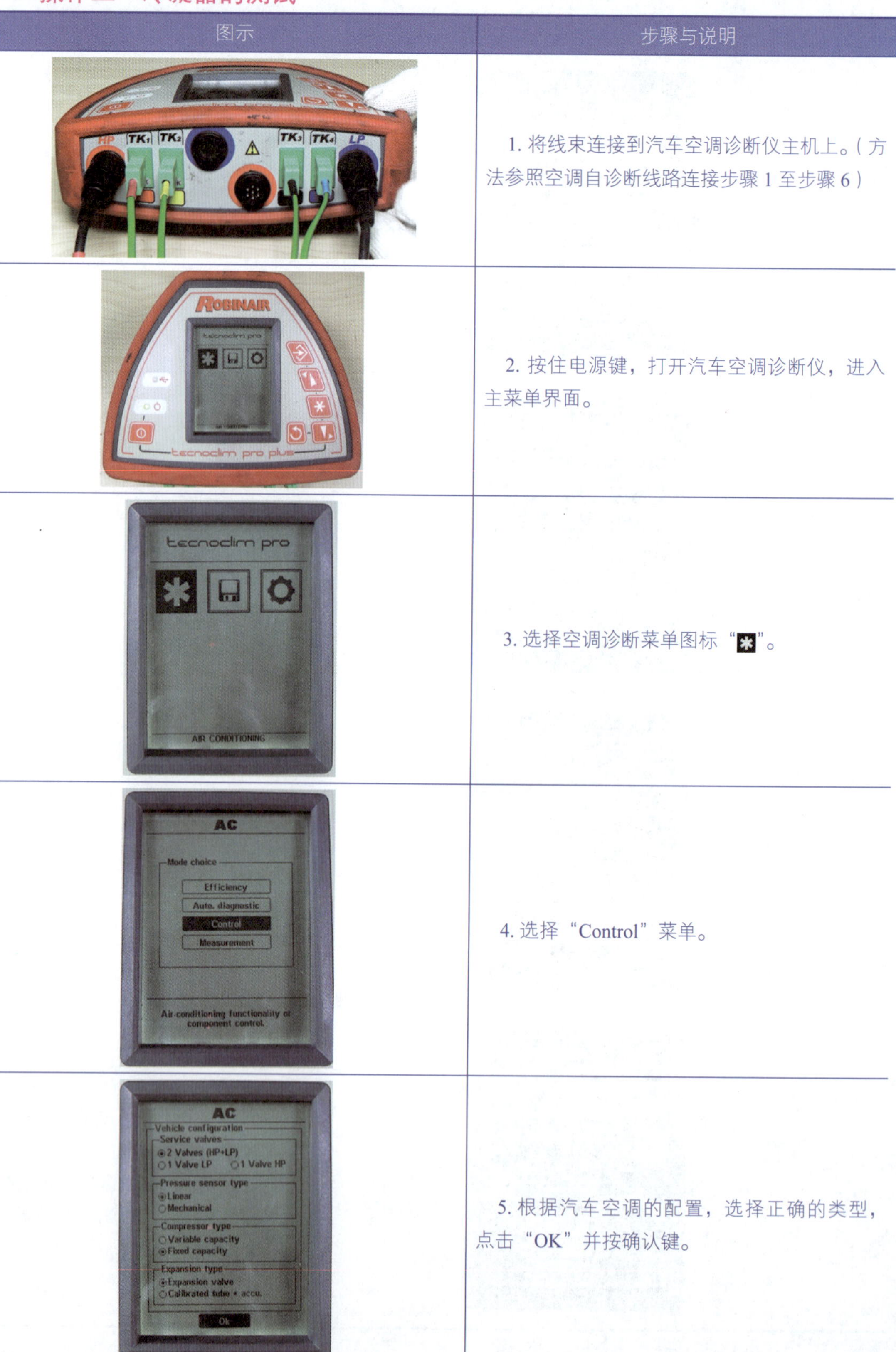

图示	步骤与说明
	1. 将线束连接到汽车空调诊断仪主机上。（方法参照空调自诊断线路连接步骤 1 至步骤 6）
	2. 按住电源键，打开汽车空调诊断仪，进入主菜单界面。
	3. 选择空调诊断菜单图标“✱”。
	4. 选择“Control”菜单。
	5. 根据汽车空调的配置，选择正确的类型，点击“OK”并按确认键。

续表

图示	步骤与说明
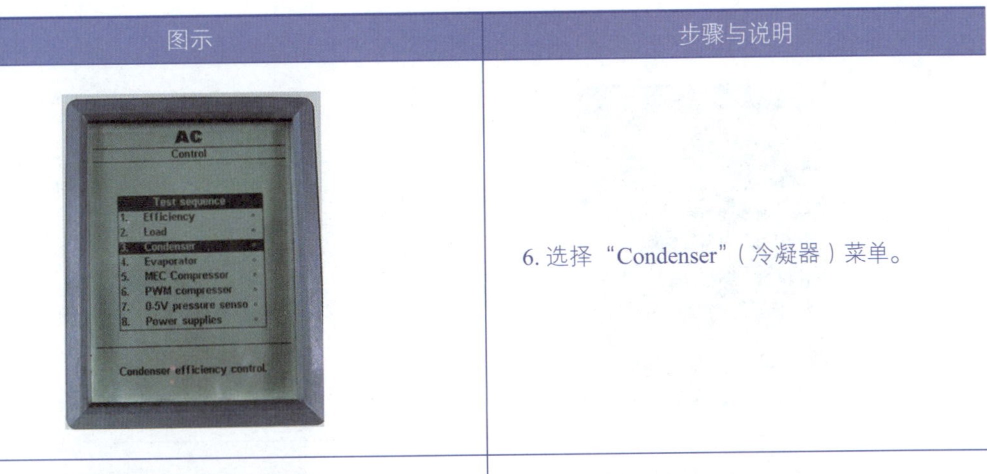 	6. 选择“Condenser”（冷凝器）菜单。
  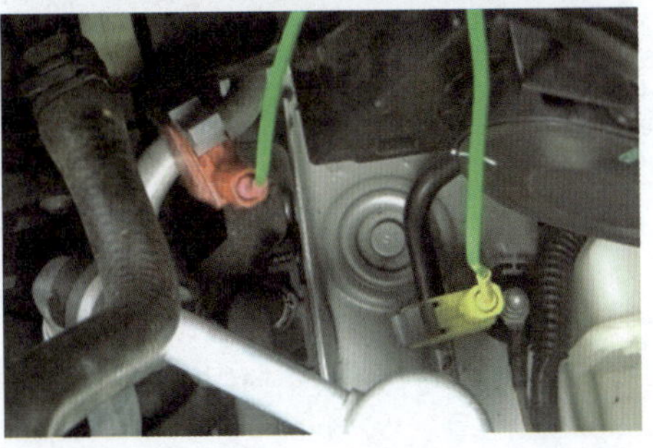	7. 根据显示屏提示：将红色高压快速连接器接到车辆的高压管检测接口上。将 TK1（红色）接到冷凝器的输入口，将 TK2（黄色）接到冷凝器的输出口上，然后选择“Next”。

续表

图示	步骤与说明
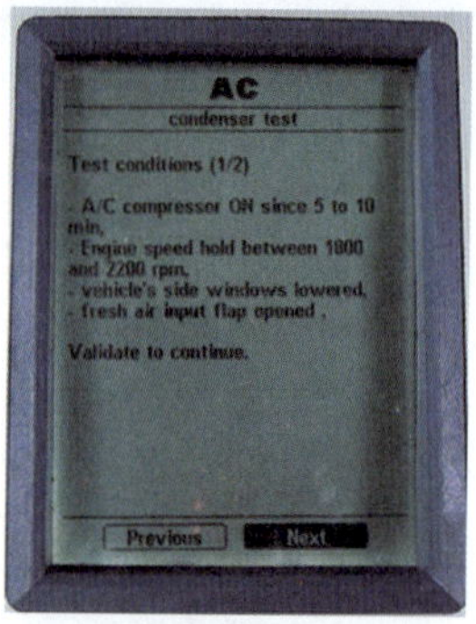 AC condenser test Test conditions (1/2) - A/C compresser ON since 5 to 10 min, - Engine speed hold between 1800 and 2200 rpm, - vehicle's side windows lowered, - fresh air input flap opened . Validate to continue. Previous Next	8. 根据显示屏提示：启动发动机，打开空调，让空调压缩机运转 5 ~ 10 min，使发动机转速保持 1 800 ~ 2 200 rpm，完全打开车窗，将循环模式置于外循环，然后选择“Next”。
 AC condenser test Test conditions (2/2) - Temperature selector on maximum cold position. - Ventilator selector on maximum air speed position. - Air distributor on frontal flow position. Validate to continus. Previous Next	9. 根据显示屏提示：将温度设置为最冷，风量设置为最大，送风模式设置为正面，然后选择“Next”。
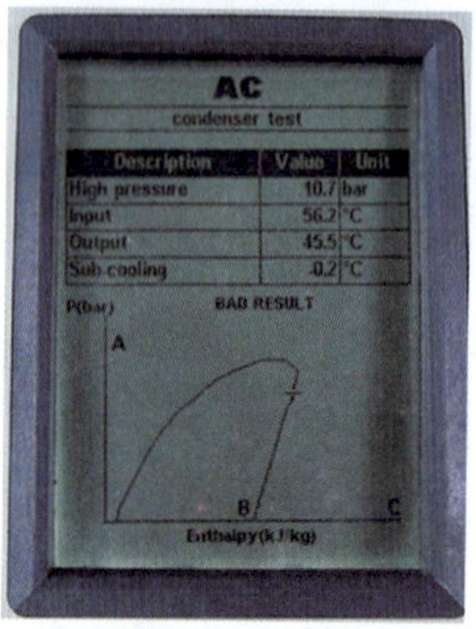 AC condenser test Description / Value / Unit High pressure 10.7 bar Input 56.2 °C Output 45.5 °C Sub cooling 0.2 °C P(bar) BAD RESULT A B C Enthalpy(kJ/kg)	10. 记录相关数据。光标在 A 区，表示制冷剂以液态离开冷凝器——正确。光标在 B 区，表示制冷剂以饱和状态离开冷凝器——不正确。光标在 C 区，表示制冷剂以气态离开冷凝器——不正确。

操作三　蒸发器的测试

图示	步骤与说明
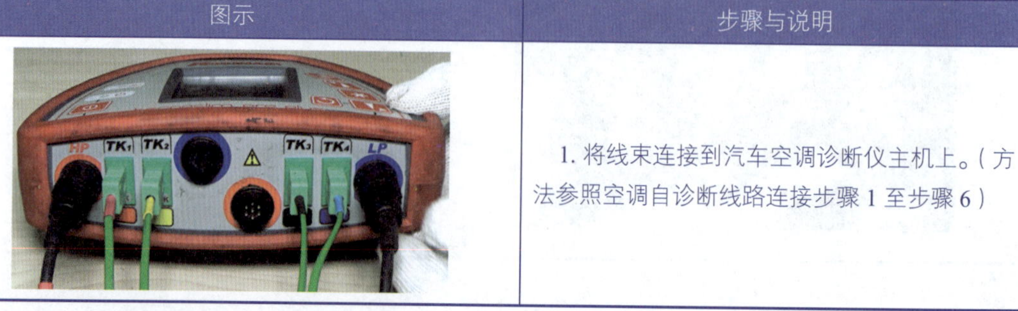	1. 将线束连接到汽车空调诊断仪主机上。（方法参照空调自诊断线路连接步骤 1 至步骤 6）

续表

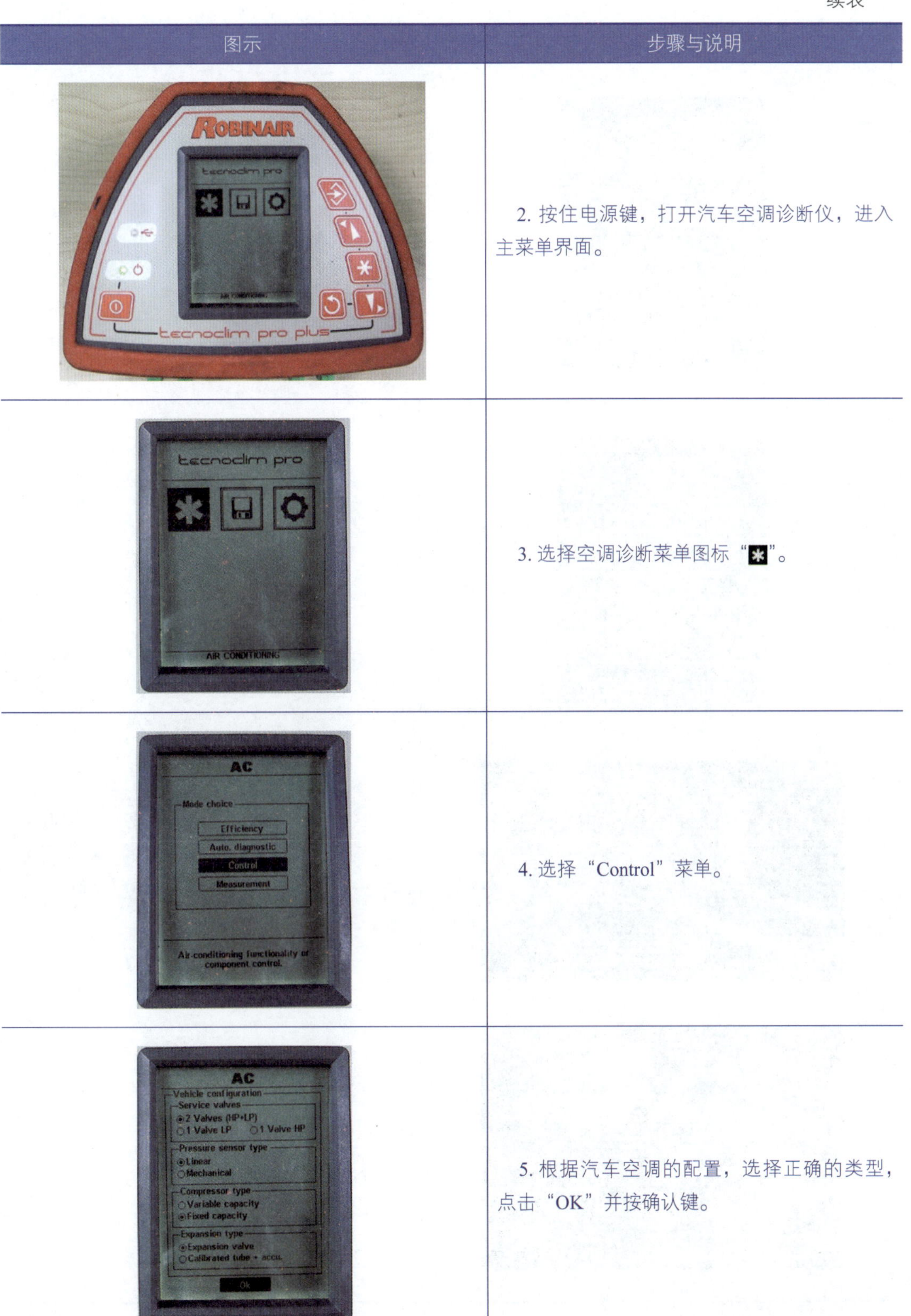

图示	步骤与说明
	2. 按住电源键，打开汽车空调诊断仪，进入主菜单界面。
	3. 选择空调诊断菜单图标“*”。
	4. 选择“Control”菜单。
	5. 根据汽车空调的配置，选择正确的类型，点击“OK”并按确认键。

续表

图示	步骤与说明
AC Control Test sequence 1. Efficiency 2. Load 3. Condenser 4. Evaporator 5. MEC Compressor 6. PWM compressor 7. 0-5V pressure senso 8. Power supplies Evaporator-expansion valve group efficiency control.	6. 选择“Evaporator”（蒸发器）菜单。
  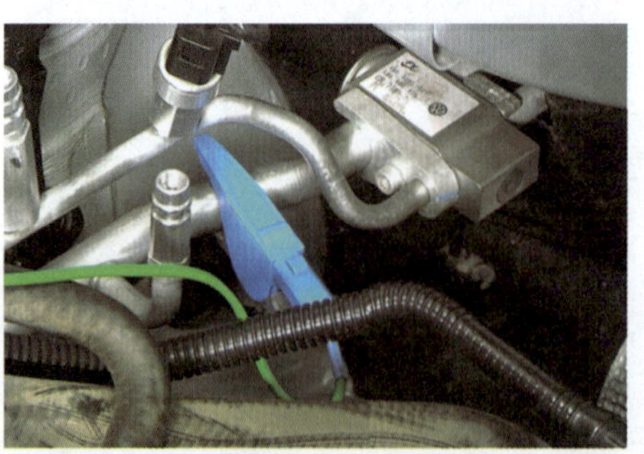	7. 根据显示屏提示：将低压快速连接器（蓝色）接到车辆的低压管检测接口上。将 TK4（蓝色）接到蒸发器的输出口上，然后选择“Next”。

续表

<table>
<tr><th>图示</th><th>步骤与说明</th></tr>
<tr><td>
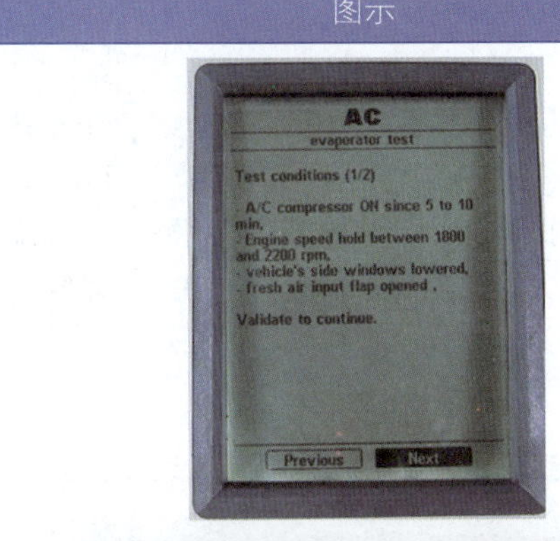

</td><td>8. 根据显示屏提示：启动发动机，打开空调，让空调压缩机运转 5 ~ 10 min，使发动机转速保持 1 800 ~ 2 200 rpm，完全打开车窗，将循环模式置于外循环，然后选择“Next”。</td></tr>
<tr><td>
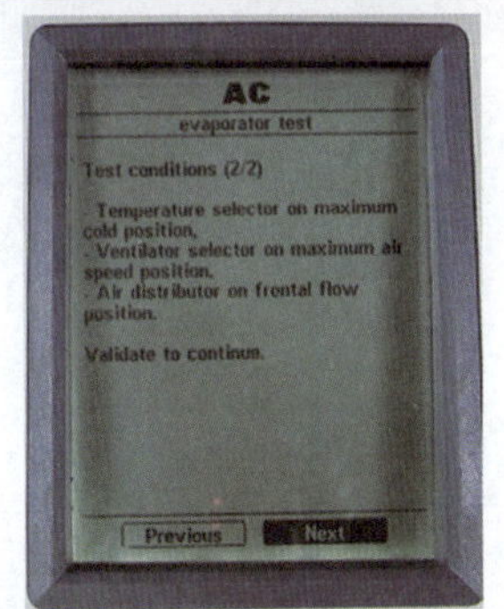

</td><td>9. 根据显示屏提示：将温度设置为最冷，风量设置为最大，送风模式设置为正面，然后选择“Next”。</td></tr>
</table>

<table>
<tr><th>图示</th><th>步骤与说明</th></tr>
<tr><td>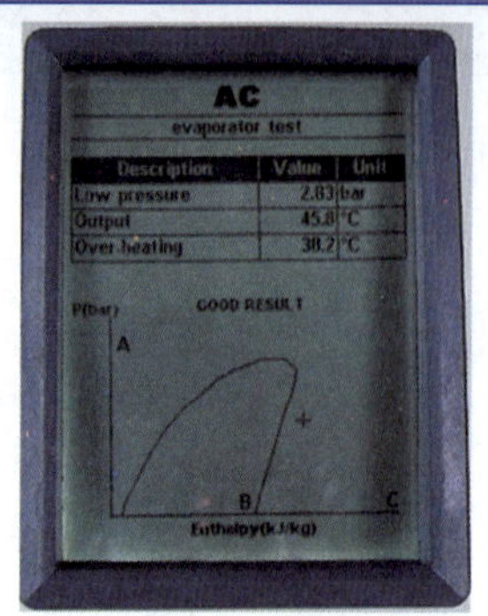
</td><td>10. 记录相关数据。光标在 A 区，表示制冷剂以液态离开蒸发器——不正确。光标在 B 区，表示制冷剂以饱和状态离开蒸发器——不正确。光标在 C 区，表示制冷剂以气态离开蒸发器——正确。</td></tr>
</table>

单元五　汽车安全环保检测设备的使用与维护

课题一　安全环保检测线

学习目标

1. 了解汽车检测站的功能及分类。
2. 了解汽车检测站的组成及工作流程。
3. 了解安全环保检测线的主要设备及用途。
4. 了解安全环保检测线的工艺布局。
5. 掌握安全环保检测线的使用注意事项与维护方法。

任务引入

近年来，我国机动车和驾驶人数量迅猛增长，截至2019年3月底，全国机动车保有量达3.3亿辆，其中汽车达2.46亿辆；机动车驾驶人突破4.1亿人。机动车、驾驶人总量及增量均居世界第一。加强机动车辆的管理，保证交通安全和减少污染已成为交通管理部门最重要的任务之一。

知识准备

汽车检测站是综合运用现代检测技术，对汽车实施不解体检测的机构。它能在室内检测出车辆的各种参数并诊断出可能出现的故障，为全面、准确评价汽车的使用性能和技术状况提供依据。汽车检测站不仅是交通管理部门对汽车技术状况进行检测和监督的机构，而且已成为汽车制造企业、汽车运输企业、汽车维修企业中不可缺少的重要组成部分。

一、汽车检测站的类型和职能

（一）按检测站的服务功能分类

1. 安全环保检测站

安全环保检测站是一种专门从事定期检查运行车辆是否符合有关安全技术标准和环保要求，执行监督任务的检测站，由公安部门管理。它一般是针对汽车行驶安全和对环境的污染程度进行总体检测，如对汽车制动、侧滑、灯光、排放、噪声、车速表进行检测，然后与国家有关标准进行比较，给出“合格”或“不合格”的结果，从而作为发放或吊扣车辆行驶证的依据。其目的是建立安全和公害的监控体系，强化汽车的安全管理，确保汽车具有符合要求的外观、良好的安全性能和规定范围内的环境污染程度，使汽车能在安全、高效和低污染的工况下运行。

2. 维修检测站

维修检测站通常由汽车运输企业或维修企业建立，其作用是为车辆维修部门服务。它以汽车性能检测和故障诊断为主要工作内容。这种检测站通过对汽车进行技术状况检测和故障诊断，可以确定汽车附加作业、小修项目以及车辆是否需要大修，同时通过对维修后的汽车进行技术检测，可以监控汽车的维修质量。

3. 综合性能检测站

综合性能检测站既能担负车辆安全、环保方面的检测任务，又能担负汽车维修中的技术检测任务，还能承担科研、制造和教学等部门的有关汽车性能试验和参数测定任务。这种检测站设备齐全，自动化程度高，既可进行快速检测，以适应年检要求，又可以进行高精度的测试，以满足技术评定的需要，其检测结果不仅可作为交通运输管理部门发放或吊扣营运证的依据，也可作为确定维修单位车辆维修质量的凭证。

汽车综合性能检测站一般由两条检测线组成：一条是安全环保检测线；另一条是综合性能检测线。检测项目既保留了安全环保的检测项目，又增加了汽车动力性、经济性、可靠性等内容，同时还加入了一些诊断功能，如发动机故障诊断、四轮定位故障诊断等。

（二）按检测站的规模大小分类

按检测站的规模大小不同，汽车检测站可分为大、中、小三种类型。

大型检测站检测线多，自动化程度高，检测能力大，且能检测多种车型。中型检测站至少有两条检测线。小型检测站主要指那些服务对象单一的检测站，如规模不大的安全环保检测站和维修检测站。

（三）按检测站的自动化程度分类

按检测站的自动化程度不同，汽车检测站可分为手动式、半自动式和全自动式三种类型。

手动检测站由人工手动控制检测过程，从各单机配备的指示装置上读数，笔录检测结果或由单机配备的打印机打印检测结果，因而工作人员多，检测效率低，读数误差大，多适用于维修检测站。

全自动检测站利用计算机控制系统，除车辆的外观检查仍需人工外，其他所有检测过程都能自动控制，包括设备的启动与运转、数据采集、数据分析、数据存储、结果显示和打印报表等。由于全自动检测站检测效率高，能避免人为的判断错误，因而获得广泛应用，目前国内外的安全检测站多为这种形式。

半自动检测站的自动化程度介于手动和全自动检测站之间，一般是在原手动检测站的基础上将部分检测设备（如侧滑检验台、制动检验台、车速表检验台等）与计算机联网以实现自动控制，而另一部分检测设备（如烟度计、废气分析仪、前照灯检测仪、声级计等）仍然手动操作。当计算机联网的检测设备因故不能进行自动控制时，各检测设备仍可手动使用。

（四）按检测站的工作职能分类

1. A级检测站

A级检测站能对汽车的安全性、动力性、可靠性、经济性、环保特性进行全面的检测，并能对车辆的技术状况及维修质量进行鉴定，能全面承担检测站的任务。它能检测车辆的制动、侧滑、灯光、转向、前轮定位、车速、车轮动平衡、底盘输出功率、燃料消耗、发动机功率和点火状况，以及异响、磨损、变形、裂纹、噪声、废气排放等状况。

2. B级检测站

B级检测站能对在用车辆技术状况、车辆维修质量进行检测和评定。它能检测车辆的制动、侧滑、灯光、转向、车轮动平衡、燃料消耗、发动机功率和点火系状况，以及异响、变形、噪声、废气排放等状况。

3. C级检测站

C级检测站能对在用车辆的技术状况进行检测。它能检测车辆的制动、侧滑、灯光、转向、车轮动平衡、燃料消耗、发动机功率，以及异响、噪声、废气排放等状况。

二、汽车检测站的组成及工作流程

汽车检测站主要由一条或数条检测线组成。其中，常见安全环保检测站一般配备一条大、小型汽车通用自动检测线，一条小型汽车（轴重500 kg或以下）专用自动检测线，以及一条新车检测线，以供新车登录、检测使用。

综合性能检测站一般由安全环保检测线和综合性能检测线组成，可以各为一条，也可以各为数条。我国交通系统建成的检测站大多属于综合性能检测站，一般由一条安全环保检测线和一条综合性能检测线组成，如图5—1—1所示。汽车检测站的工作流程如图5—1—2所示。

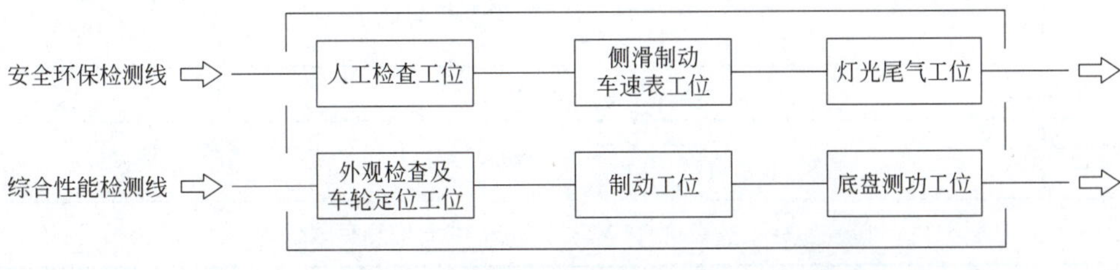

图 5—1—1　双线式综合性能检测站工位布置图

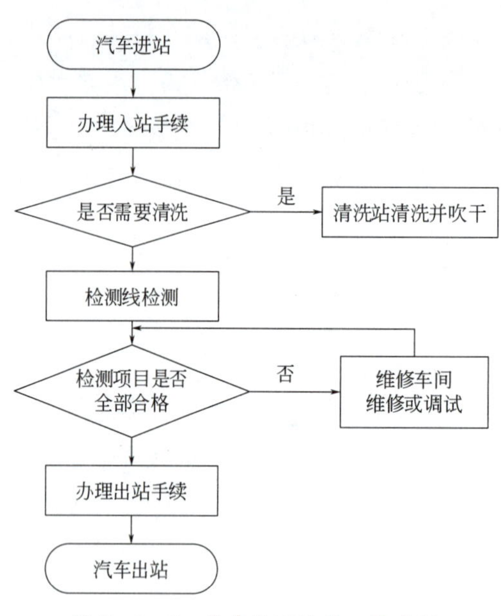

图 5—1—2 汽车检测站的工作流程

三、安全环保检测线

安全环保检测线的技术检验分为人工检验（包括汽车外观检查、底盘动态检查、地沟底盘检查）和仪器设备检验（检验项目包括车速、排放、制动、侧滑、灯光、喇叭声级等）两大部分，两部分分别进行检验和判定，最终将结果统一打印在“机动车安全技术检验报告”上，该报告式样见表5—1—1。

表 5—1—1 机动车安全技术检验报告（式样）

<table>
<tr><td colspan="6">一、基本信息</td></tr>
<tr><td>检验报告编号</td><td>022015122600001</td><td>检验机构名称</td><td colspan="3">××××汽车性能检测有限公司</td></tr>
<tr><td>号牌号码</td><td>×××××××</td><td>所有人</td><td colspan="3">李××</td></tr>
<tr><td>车辆类型</td><td>小型普通客车</td><td>品牌/型号</td><td>比亚迪牌/QCJ6480S</td><td>使用性质</td><td>非营运</td></tr>
<tr><td>注册登记日期</td><td>2013-5 -7</td><td>出厂年月</td><td>2013-1-9</td><td>检验日期</td><td>2018-12-26</td></tr>
<tr><td>车辆识别代号（或出厂编号）</td><td colspan="2">LGXC14D××××××××××</td><td>发动机号码（或电动机号码）</td><td colspan="2">313000×××</td></tr>
<tr><td colspan="6">二、检验结论</td></tr>
<tr><td>检验结论</td><td colspan="2">合格</td><td>授权签字人</td><td colspan="2">×××</td></tr>
<tr><td colspan="6">单位名称（盖章）：××××汽车性能检测有限公司</td></tr>
</table>

续表

三、人工检验结果					
序号	检验项目	结果判定	具体不符合项目情况说明		备注
1	001—车辆唯一性检查	合格			
2	002—车辆特征参数检查	合格			
3	003—车辆外观检查	合格			
4	004—安全装置检查	合格			
5	005—联网查询	合格			
6	006—底盘动态检查	合格			
7	007—车辆底盘部件检查	合格			
四、仪器设备检验结果					
序号	检验项目	检验结果	标准限值	结果判定	备注
1	一轴制动率	72.6（%）	≥ 60.0（%）	合格	
2	一轴不平衡率	9.3（%）	≤ 24.0（%）	合格	
3	二轴制动率	66.1（%）	≥ 20.0（%）	合格	
4	二轴不平衡率	11.4（%）	≤ 30.0（%）	合格	
5	整车制动率	71.2（%）	≥ 60.0（%）	合格	
6	驻车制动率	26.4（%）	≥ 20.0（%）	合格	
7	左外灯远光发光强度	45 000（cd）	≥ 15 000（cd）	合格	
8	右外灯远光发光强度	35 600（cd）	≥ 15 000（cd）	合格	
9	车速表指示误差	35.0（km/h）	32.8（km/h）～ 40.0（km/h）	合格	
10	转向轮横向侧滑量	0.0（m/km）	-5.0（m/km）～ +5.0（m/km）	合格	
五、建议					
备注	检测依据：GB7258—2017、GB21861—2014				

1. 安全环保检测线的设备组成

安全环保检测线上的设备主要包括车速表检验台、轴（轮）重检验台、制动检验台、前照灯检测仪、废气分析仪、烟度计、声级计、侧滑检验台等，各设备的功用见表5—1—2。

表 5—1—2　　安全环保检测线主要设备及其功用

设备名称	设备功用
滚筒反力式制动检验台	滚筒反力式制动检验台是用于测量车辆各轴（左右轮）的制动力的仪器设备，它由承载的滚筒装置、带动滚筒旋转的主电机与减速机构、制动力测量系统等组成

续表

设备名称	设备功用
平板制动检验台	平板制动检验台是一种新型的制动检测设备，通过汽车低速驶上平板后突然制动时的惯性力作用，来检测制动效果，属于动态惯性制动检验台，除了能检测制动性能外，还可以测试轮重、前轮侧滑和汽车的悬架性能
轴（轮）重检验台	轴重检验台是检测汽车制动所需要的辅助设备，用于测量汽车各轴或各车轮的垂直载荷，提供检测汽车制动时，可计算各轴及整车的制动效能所需要的轴重数据
双板联动侧滑检验台	侧滑检验台是当汽车从侧滑板上驶过时，用测量滑板移动量的方法来测量车轮侧滑量的大小和方向，并以此判断前轮定位是否合格的一种检测设备
车速表检验台	车速表检验台主要用于检验汽车车速表的精度和运行速度
前照灯检测仪	前照灯检测仪可用于测量机动车前照灯远光发光强度，远光光轴偏移量，近光明暗截止线交叉点、偏移量，以及前照灯基准中的高度及各项参数
废气分析仪	废气分析仪是一种用来检测汽车尾气中各种气体元素含量指标的仪器
烟度计	烟度计主要有滤纸式烟度计和不透光烟度计两种，它是用于测定汽车废气中烟度的仪器
声级计	声级计是测量声压级大小的仪器
底盘间隙仪	汽车底盘间隙仪用于检查汽车悬架系统和转向系统中相配零部件之间的间隙情况
便携式制动性能测试仪	便携式制动性能测试仪是用于检验车辆制动性能和加速性能的检测仪表
第五轮仪	第五轮仪是常用于汽车滑行试验、制动试验、车速试验和加速试验的一种常用仪器
非接触式速度计	非接触式速度计是集光学、机械、电子、计算机技术于一体的技术含量较高的计量仪器，它主要被汽车制造厂和汽车性能检测机构应用于汽车减速性能检测、加速性能检测和油耗测量等场合，是目前动态实时测试汽车行驶速度准确性、可靠性最高的一种计量仪器

2. 安全环保检测线的工艺布局

根据检测车间的长度，安全环保检测线一般有三工位和四工位两种布局。

（1）三工位布局：一般适用于42～50 m线，其布局如图5—1—3所示。采用该布局方式主要是考虑以下几点：一是考虑到排烟性，将排烟大的项目，如速度及尾气检测等项目全部安排在检测车间的入口处，检测时车辆尾部正好在车间外部或靠近车间入口大门，废气容易排出；二是从一工位到三工位所包含的检测项目的检测时间总和基本相等，可以提高检测效率；三是侧滑检测操作简单，无须看LED提示屏，因此可将其放在检测车间的最后面，并靠近出口2～3 m，能够有效节省检测空间；四是可以在侧滑检测前安排前照灯检测，由于灯光检测时的停车位距侧滑检测大致有3～4 m的距离，而且路面平整，符合侧滑起步的要求。另外，轴重检测工位若检测大车时，应分开布置，至少要求间隔10 m以上。

（2）四工位布局：一般适用于56～60 m线，其布局如图5—1—4所示。

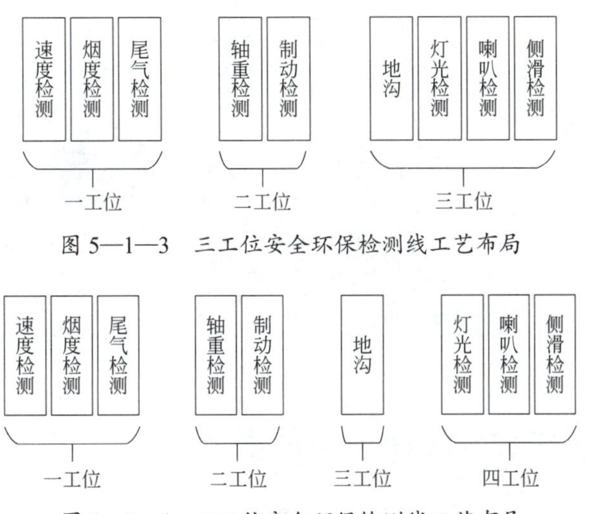

图 5—1—3　三工位安全环保检测线工艺布局

图 5—1—4　四工位安全环保检测线工艺布局

3. 安全环保检测线的工作流程

安全环保检测线的工作流程如图5—1—5所示。

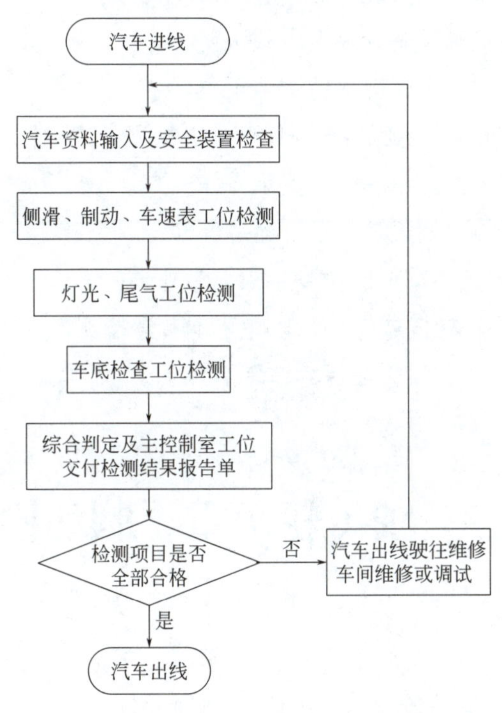

图 5—1—5　安全环保检测线工作流程图

四、机动车安全技术检验流程

汽车进入检测站后，在检测线上只有按照规定的检测路线和程序流动，才能完成整个检测过程。根据国家标准《机动车安全技术检验项目和方法》（GB21861—2014）规定，机动车安全技术检验流程如图5—1—6所示。

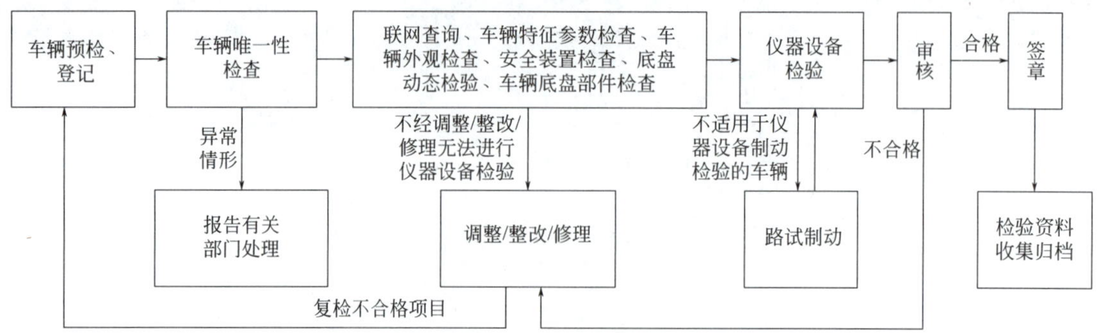

图 5—1—6 机动车安全技术检验流程

五、安全环保检测线的使用注意事项

1. 如遇雷雨天气，检测线应立即停止使用并关闭电源。
2. 设备如被水浸泡，应及时风干，在彻底风干前禁止使用。
3. 设备的调试、标定和维修必须由专门的技术人员进行。
4. 设备仅可由具备资质的人员进行操作。
5. 被检车辆不得超过检测设备的最大承载负荷。
6. 被检车辆车轮和检测台表面应保持清洁干净。
7. 被检车辆必须按引车线指示保持直线低速驶上检测台，不得快速驶入或通过检测台。
8. 驾驶员必须严格按设备显示系统的提示操作。
9. 严禁踏入检测台表面，如滚筒、举升器等部件，以免损坏设备或发生人身意外。
10. 检测中，驾驶员严禁下车，以免发生人身意外。
11. 汽车通过滑板时不得转向或制动，以免影响侧滑检测精度和损坏设备。
12. 严禁在检测台上停放、维修或保养车辆。

课题二 轴（轮）重、制动检验台

学习目标

1. 了解轴（轮）重检验台的分类、结构和工作原理。
2. 了解制动检验台的分类、结构和工作原理。
3. 熟悉汽车制动性能技术要求。
4. 能够利用轴（轮）重、制动检验台检测汽车的制动性能。

任务引入

汽车制动性能的好坏不仅直接关系到行车安全，还影响着汽车动力性的发挥。因此，无论是新车还是在用车辆，制动性能检测都是汽车检测的重点项目。

知识准备

一、轴（轮）重检验台

（一）轴（轮）重检验台简介

在汽车性能检测中，轴（轮）重的测量并不是一个单独的检测项目，轴（轮）重测量的目的是配合汽车制动性能的检测。轴（轮）重检验台用于测量汽车各轮的垂直载荷，以提供计算各轮及整车制动效能时所需的轮重数据。

（二）轴（轮）重检验台的分类

轴（轮）重检验台根据结构形式不同可分为移动式、固定安装式和组合式（与其他检测设备组合成一体）等。根据工作原理不同，轴（轮）重检验台又可以分为机械式和电子式两类。

机械式轴（轮）重检测台依据杠杆原理制成，因其功能简单、精度较低、不便于联网等问题，目前已很少使用。

电子式轴（轮）重检验台多配有智能化仪表，其功能强、精度高，目前已获得广泛应用。电子式轴（轮）重检验台又可分为轴重检验台和轮重检验台。轴重检验台是整个承重台面为一刚性连接整体，左右车轮停在同一台面上直接测取轴重；轮重检验台分左右两块相互独立的承重板，通过测取左右轮重计算轴重，测量精度较高。为更好地评价机动车的制动性能，应尽可能采用轮重检验台。

（三）轴（轮）重检验台的结构和工作原理

1. 轴（轮）重检验台的结构

图5—2—1所示为典型轮重检验台。它主要由框架、承重台面及电子仪表组成。机械部分又称为秤体，是轮重检验台的主体部分，而电子仪表主要起显示作用。测量左、右车轮的两个秤体，分别安装在左右框架内。

2. 轴（轮）重检验台的工作原理

不论检验台结构如何，都必须满足以下两个基本条件：第一，所有传感器承受的总质量应与被测轴重相适应；第二，在正确使用的条件下，测量结果应与车轮在承载板上停放的位置无关。

承重台面四角分别固定了4只压力应变传感器，当传感器受到压力时，电阻应变片的阻

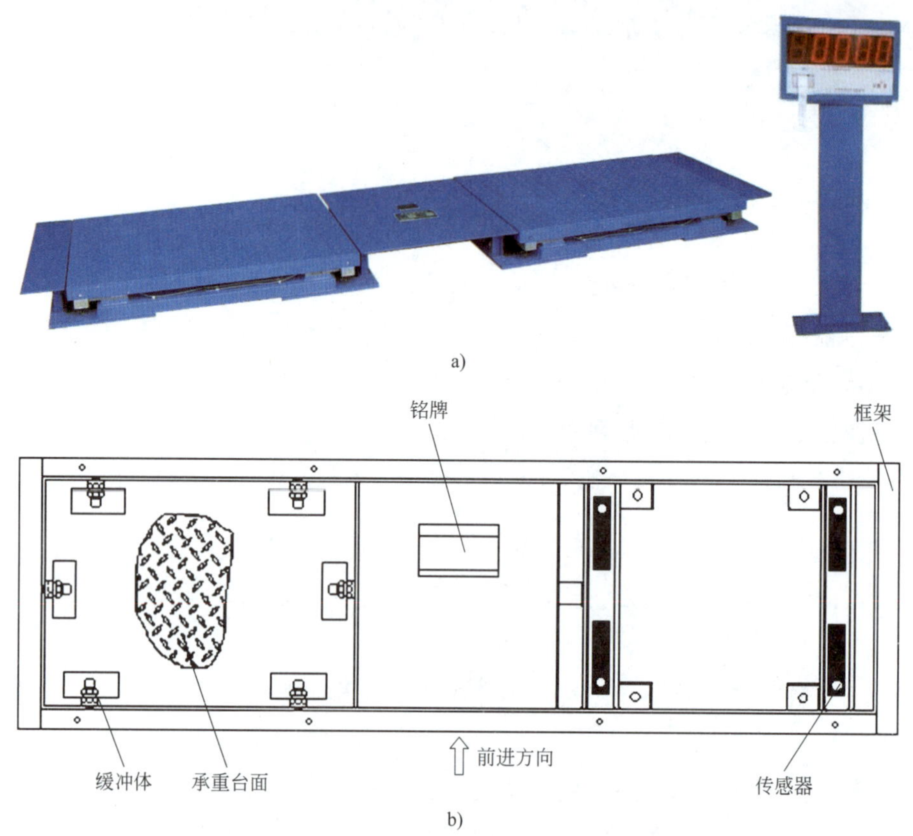

图 5—2—1 轮重检验台的外形与结构
a）轮重检验台的外形 b）轮重检验台的结构

值发生变化，从而能够输出一个与所受压力成正比的电信号。设轴重为W，其重心位于台面上任意一点M，四个传感器将会受到大小不等的压力。根据力学常识不难理解，这四个力的大小比例与M点的位置有关，但是四个传感器的支撑力之和必定等于轴重W，因为台面在轴重W和四个传感器支撑力的作用下是保持平衡的。因此，只要采集这四个传感器输出的电信号经放大滤波后，送往仪表或A/D转换器转换成数字信号，经计算机计算处理后，就可以显示测量结果。

但在实际使用中还是应该尽量摆正车轮在检验台上的位置，以减少测量误差。

（四）轴（轮）重检验台的使用方法

1. 检验前仪器及车辆准备

（1）仪器清零。

（2）车辆轮胎气压、轮胎规格符合标准规定，车辆空载，不乘人（含驾驶员）。

2. 检验程序

（1）被检车正直居中行驶，将被测轴停放于轴重台面的中央位置，停稳，如果为“动态测试”应按检测线系统的提示进行操作。

（2）系统读取左、右轮重数据。

（3）按以上程序依次测试其他车轴。

（五）轴（轮）重检验台使用注意事项

1. 检测过程中车辆应停稳或稳定慢速通过（动态测试），且不得转动转向盘。
2. 超出检验台额定载荷的汽车，禁止驶上轴（轮）重检验台。
3. 不要在轴（轮）重检验台上停放车辆和堆积杂物。
4. 脏污车辆不能直接进行检测，应先清洗并待滴水较少时再进行检测。
5. 雨天检测必须为车辆除水，待滴水较少时才能检测。
6. 严禁轴（轮）重检验台进水，要时刻保持传感器干燥。
7. 为保证测试精度，传感器必须预热30 min。

二、制动检验台

（一）制动检验台简介

根据《机动车运行安全技术条件》（GB7258—2017）的规定，汽车制动性能可通过道路检验和检验台检验，后者称为台试检验。台试检验所用的设备目前有两种，一种是滚筒反力式制动检验台，另一种是平板制动检验台。全国各地的汽车检测线都是采用台试检验，其优点是采用计算机控制检测过程，检测速度快、数据获取容易、精确度高、重复性好、工作条件好。因此，国家相关部门制定了汽车制动性能定期检测及技术要求，汽车室内台架试验和道路试验的部分制动性能技术要求见表5—2—1～表5—2—5。

表 5—2—1　制动距离和制动稳定性要求

机动车类型	制动初速度 km/h	空载检验制动距离 m	满载检验制动距离 m	试验通道宽度 m
三轮汽车	20	≤ 5.0		2.5
乘用车	50	≤ 19.0	≤ 20.0	2.5
总质量不大于 3 500 kg 的低速货车	30	≤ 8.0	≤ 9.0	2.5
其他质量不大于 3 500 kg 的汽车	50	≤ 21.0	≤ 22.0	2.5
铰接客车、铰接式无轨电车、汽车列车	30	≤ 9.5	≤ 10.5	3.0
其他汽车	30	≤ 9.0	≤ 10.0	3.0
两轮普通摩托车	30	≤ 7.0		—
边三轮摩托车	30	≤ 8.0		2.5
正三轮摩托车	30	≤ 7.5		2.3
轻便摩托车	20	≤ 4.0		—
轮式拖拉机运输机组	20	≤ 6.0	≤ 6.5	3.0
手扶变型运输机	20	≤ 6.5		2.3

表 5—2—2　　制动减速度和制动稳定性要求

机动车类型	制动初速度 km/h	空载检验充分发出的平均减速度 m/s²	满载检验充分发出的平均减速度 m/s²	试验通道宽度 m
三轮汽车	20	≥ 3.8		2.5
乘用车	50	≥ 6.2	≥ 5.9	2.5
总质量不大于 3 500 kg 的汽车	30	≥ 5.6	≥ 5.2	2.5
其他总质量不大于 3 500 kg 的汽车	50	≥ 5.8	≥ 5.4	2.5
铰接客车、铰接式无轨电车、汽车列车	30	≥ 5.0	≥ 4.5	3.0
其他汽车	30	≥ 5.4	≥ 5.0	3.0

表 5—2—3　　应急制动性能要求

机动车类型	制动初速度 km/h	制动距离 m	充分发出的平均减速度 m/s²	允许操作力应小于等于 N	
				手操纵	脚操纵
乘用车	50	≤ 38.0	≥ 2.9	400	500
客车	30	≤ 18.0	≥ 2.5	600	700
其他汽车（三轮汽车除外）	30	≤ 20.0	≥ 2.2	600	700

表 5—2—4　　台试检验制动力要求

机动车类型	制动力总和与整车质量的百分比 %		轴制动力与轴载荷[a]的百分比 %	
	空载	满载	前轴[b]	后轴
三轮汽车	—		—	≥ 60[c]
乘用车、其他总质量不大于 3 500 kg 的汽车	≥ 60	≥ 50	≥ 60[c]	≥ 20[c]
铰接客车、铰接式无轨电车、汽车列车	≥ 55	≥ 45	—	—
其他汽车	≥ 60	≥ 50	≥ 60[c]	≥ 50[d]
普通摩托车	—	—	≥ 60	≥ 55
轻便摩托车	—	—	≥ 60	≥ 50

注意：

a：用平板制动检验台检验乘用车时应按左右轮制动力最大时刻所分别对应的左右轮动态轮荷之和计算。

b：机动车（单车）纵向中心线中心位置以前的轴为前轴，其他轴为后轴，挂车的所有车轴均按后轴计算；用平板制动检验台测试并装轴制动力时，并装轴可视为一轴。

c：空载和满载状态下测试均应满足此要求。

d：满载测试时后轴制动力百分比不做要求；空载用平板制动检验台检验时应大于等于 35%；总质量大于 3 500 kg 的客车，空载用反力滚筒式制动检验台测试时应大于等于 40%，用平板制动检验台检验时应大于等于 30%。

表 5—2—5　　台试检验制动力平衡要求

机动车类型	前轴	后轴（及其他轴）	
		轴制动力大于等于该轴轴荷 60% 时	制动力小于该轴轴荷 60% 时
新注册车	≤ 20%	≤ 24%	≤ 8%
在用车	≤ 24%	≤ 30%	≤ 10%

（二）制动检验台的分类

制动检验台是用来检验制动性能的设备，按测试原理不同，可分为反力式和惯性式两类；按检验台支撑车轮形式不同，可分为滚筒式和平板式两类；按检测参数不同，可分为测制动力式、测制动距离式、测制动减速度式和综合式四种；按检验台的测量、指示装置信号传递方式不同，可分为机械式、液压式和电气式三类。目前，国内汽车检测站所用制动检验设备多为滚筒反力式制动检验台和平板式制动检验台。国外目前已研制出惯性式防抱死制动检验台，但价格较昂贵。

（三）制动检验台的结构和工作原理

1. 滚筒反力式制动检验台

滚筒反力式制动检验台由机械装置和智能仪表两大部分组成。机械装置主要包括左右对称布置的两套滚筒、电动机、减速器等部件。滚筒用于支撑被测车轮，并承受制动力。电动机一方面提供检验台的驱动力，通过减速器和传动链带动滚筒转动，同时也接受制动反作用力并将其传递给传感器。典型滚筒反力式制动检验台的外形与结构如图5—2—2、图5—2—3所示。

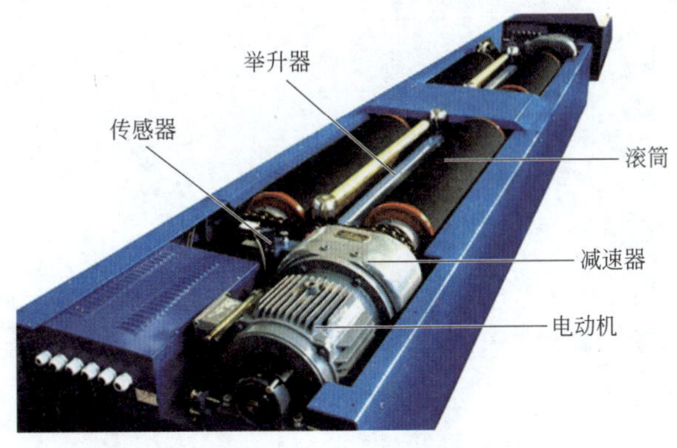

图 5—2—2　滚筒反力式制动检验台的外形

滚筒反力式制动检验台检测过程不受驾驶人操作状况的影响，检测工况稳定，检测结果稳定可靠、多次检测的重复性好。滚筒反力式制动检验台检测时是滚筒推动车轮转动，因此，它可检测车轮阻滞力和驻车制动力。滚筒反力式制动检验台制动检测过程包括制动器作用阶段和持续制动阶段，可检查车轮的制动蹄与制动鼓接触配合状况，判断制动鼓的失圆度。

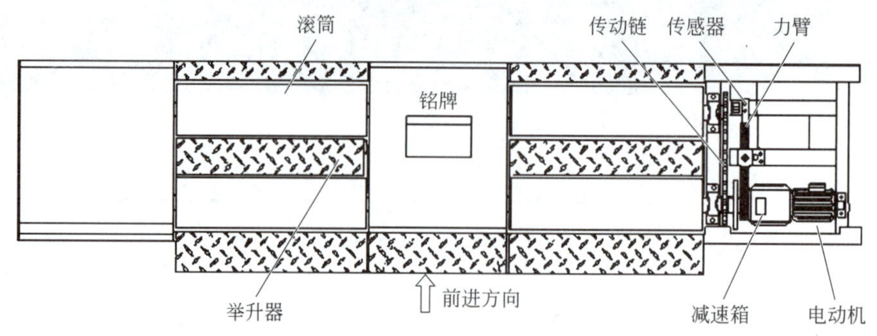

图 5—2—3　滚筒反力式制动检验台结构简图

滚筒反力式制动检验台是静态检测，不能检测汽车动态制动状况下的制动力，尤其是不能检测出轿车前轴制动力，因为静态检测很难提供前轮制动器充分发挥固有制动力的条件，这是该检验台的最大不足。滚筒反力式制动检验台受结构制约，一次只能检测一轴车轮的制动力。滚筒反力式制动检验台的结构较平板检验台复杂，其检测能力、检测准确度受结构参数的制约，同一辆车在结构相似、结构参数不同的检验台上检测，测得的数值可能相差很大。另外，滚筒反力式制动检验台检测时力的传递环节多，会影响制动力的检测准确度及制动时间测取的准确度。为此，滚筒反力式制动检验台需要经常维护、定期检定，以保障检测的准确性。

上述几点是滚筒反力式制动检验台结构原理性的不足，非调整、优化参数所能弥补。

2. 平板制动检验台

平板制动检验台不仅结构简单、测试方便，且比滚筒反力式制动检验台更接近实际制动状况，因此应用广泛。平板制动检验台利用汽车低速驶上平板后突然制动时的惯性力作用，来检验制动效果。除了能检验车辆的制动性能外，它还可以测试车辆的轮重和前轮侧滑等参数。

平板制动检验台由几块表面轧花的测试平板、传感器以及数据采集系统等组成，其结构如图5—2—4所示。数据采集系统由拉力传感器、放大器和多通道数据采集板组成。来自各传感器的模拟量信号经放大后进入数据采集板，再由计算机进行数据处理，以显示和打印数据结果。

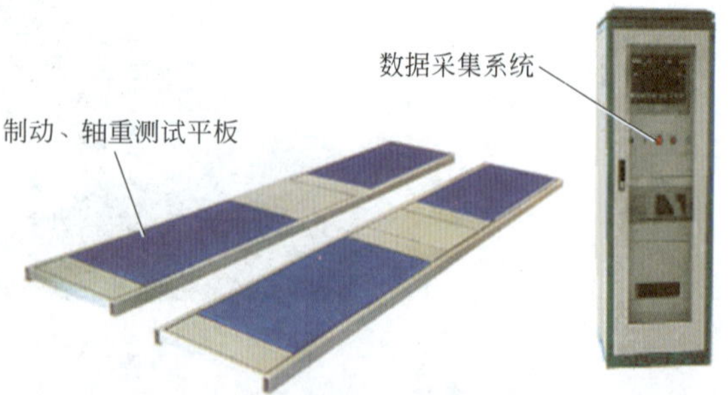

图 5—2—4　平板制动检验台的结构

平板制动检验台主要具有以下优点：

（1）采用动态测试，能够考虑到制动时前后轴动态载荷的变化，从而检测结果更接近路试状况。

（2）不仅能够测试最大制动力，还能提供各轴载荷、制动力和制动减速度在制动过程中随时间变化的曲线，从而能够更全面地评价车辆的制动性能。

（四）制动检验台的使用方法

1. 检验要求

（1）检验设备选择

机动车制动性能的检验采用滚筒反力式制动检验台或平板制动检验台进行。采用滚筒反力式制动检验台时，制动检验台的电气系统应能分别控制左右两组滚筒停机以测得左、右车轮的最大制动力。滚筒反力式制动检验台应符合《滚筒反力式汽车制动检验台》（GB/T 13564—2005）要求。

（2）检验方法选择

对于部分无法在滚筒反力式制动检验台上检测的车辆，如全时四轮驱动车辆、多轴半挂车、轮式专用机械车等，应路试检验制动性能；平板制动检验台能检验时，可用平板制动检验台检验。

（3）被检车辆

1）气压制动的车辆，储气筒压力应能保证该车各轴制动力测试完毕时，气压仍不低于起步气压，未标起步气压者，按400 kPa计。

2）液压制动的车辆，如线外底盘动态检验时发现踏板沉重，应将踏板力计装在制动踏板上，在制动检验时一并监测踏板力全过程数据，评价是否在限定踏板力范围内最大轴制动力能达到《机动车运行安全技术条件》（GB 7258—2017）要求。

（4）检验项目

1）四轮及以上汽车：检测各轮阻滞率、轴制动率、左右轮制动不平衡率和整车制动率。可对线外底盘动态检验发现踏板沉重车辆裁定踏板力是否符合要求，平板制动检验时可对线外底盘动态检验发现制动迟滞车辆检测协调时间。

2）边三轮摩托车、两轮摩托车和两轮轻便摩托车：只检验前、后轮制动率。

3）正三轮摩托车：检验前轮、后轴制动率，驻车制动率，后轴的左右轮不平衡率。

4）三轮汽车：检验后轴、驻车、后轴的左右轮不平衡率。

（5）项目属性

制动各指标均为否决项，即所有参数中有一项要求不符合规定，则必须对车辆进行检修，直到所有测试数据都符合规定，方为合格。

2. 滚筒反力式制动检验台检验方法

（1）被检车辆正直居中行驶，各轴依次停放在轮重检验台上，并按仪器说明书规定的时间停放，分别测出静态轮荷。

（2）被检车辆正直居中行驶，将被测试车轮停放在滚筒上，变速器置于空挡。

（3）启动滚筒电动机，在2 s后开始采样并保持足够的采样时间（3 s），测取采样过程的平均值作为阻滞力。按滚筒反力式制动检验台检验制动性能参数的计算方法计算各车轮的阻滞力百分比。

（4）检验员按显示屏指示在5～8 s内（或按厂家规定的速率）将制动踏板逐渐踩到底（对气压制动车辆）或踩到制动性能检验时规定的制动踏板力，测得左、右车轮制动力增长全过程及左、右车轮最大制动力，并依次测试各车轴；对驻车制动轴，操纵驻车制动操纵装置，测得驻车制动力数值。按滚筒反力式制动检验台检验制动性能参数的计算方法计算各车轴的制动率、左右轮制动力差百分比、整车制动率、驻车制动力百分比。

（5）制动检验时，如果被测试车轮在滚筒上抱死，但制动率未达到合格要求的，应采用步骤6或步骤7方法进行检验。

（6）在车辆上增加足够的附加质量或相当于附加质量的作用力（在设备额定载荷以内，附加质量或作用力应在该轴左右车轮之间对称作用，不计入轴荷）。为防止被检车辆在滚筒反力式制动检验台上后移，可在非测试车轮后方垫三角垫块或采取整车牵引的方法。

（7）用平板制动检验台检验制动力或按标准规定的路试方法检验制动距离或充分发出的平均减速度和制动协调时间。

（8）台试检验左右轮制动力差不合格，但底盘动态检验过程中点制动时车辆无明显跑偏现象的，应换用平板制动检验台或采用路试方法检验。

3. 平板制动检验台检验方法

（1）检验员将被检车辆以5～10 km/h的速度（或制动检验台生产厂家推荐的速度）滑行，置变速器于空挡后（对自动变速器车辆可位于“D”挡），正直平稳驶上平板。

（2）当被测试车轮均驶上平板时，急踩制动，使车辆停止，测得各车轮的轮荷（对乘用车应为动态轮荷）、阻滞力、最大轮制动力等数值，按照平板式制动检验台检验制动性能参数的计算方法计算各车轴的制动率、左右轮制动力差百分比、整车制动率等指标。

（3）重新启动车辆，待车辆驶上平板时操纵驻车制动操纵装置，测得驻车制动力数值，按照平板制动检验台检验制动性能参数的计算方法计算驻车制动力百分比。

（4）车辆制动停止时如被测试车轮已离开平板，则此次制动测试无效，应重新测试。

（5）对制动反应迟缓的车辆，必要时应连接踏板开关信号，检验车辆制动协调时间是否符合规定。

（五）制动检验台使用注意事项

1. 超出制动检验台额定载荷的汽车，禁止驶上制动检验台。

2. 不要在制动检验台上停放车辆和堆积杂物。

3. 脏污车辆不能直接进行检测，应先清洗并待滴水较少时再进行检测。

4. 雨天检测必须为车辆除水，待滴水较少时才能检测。

5. 严禁制动检验台进水，要时刻保持传感器干燥。

6. 为保证测试精度，传感器必须预热30 min后进行调零。

7. 为保证精度，被测试车辆的轮胎气压应符合出厂规定值。

8. 车辆进入检验台时，轮胎不得夹有泥土、石子等杂物。

9. 测制动时车辆尽量摆正，不得转动转向盘。

10. 在制动检验时，车轮如在滚筒上抱死，制动力未达到要求时，可固定非被测轮、或牵引车身、或加载测量、或换用路试、或通过平板制动方法检验。

11. 用平板制动检验台检验时，检验员应该急踩制动，每次踩制动动作要尽量一致。

技能实训

下面以华燕ZCS-100C型轴重检验台和FZ-100型制动检验台为例，介绍汽车轴重与制动力的检测方法。

汽车轴重与制动力的检测

图示	步骤与说明
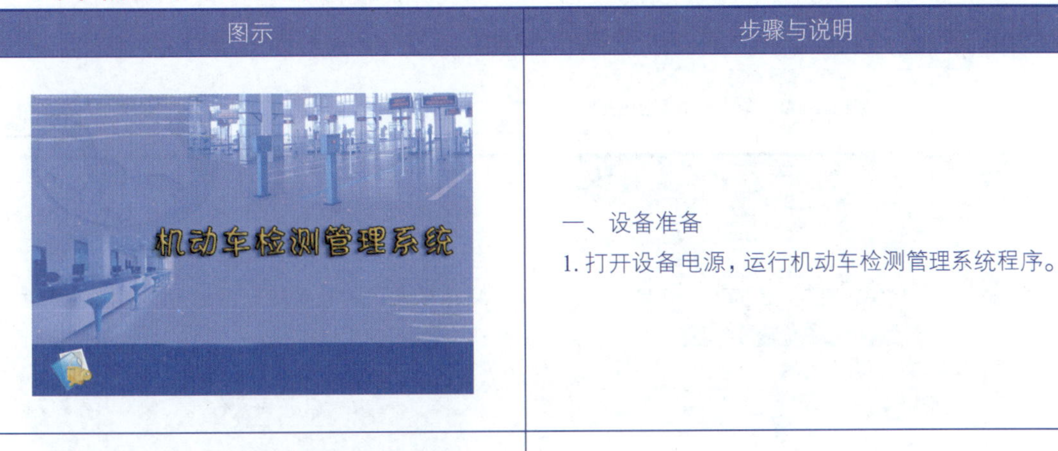	一、设备准备 1. 打开设备电源，运行机动车检测管理系统程序。
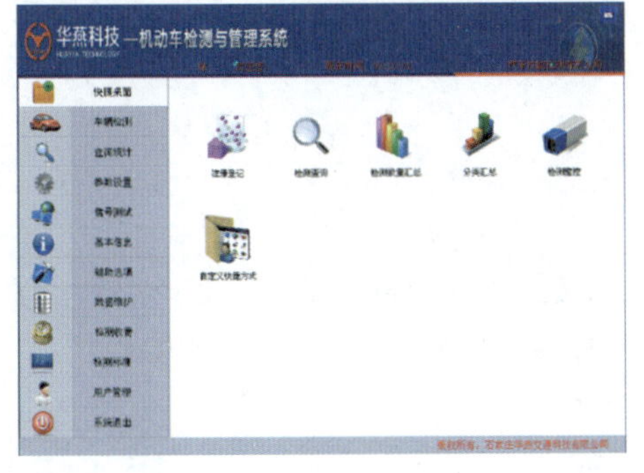	2. 进入主界面后，点击“注册登记”，进入车辆登记界面。

续表

图示	步骤与说明
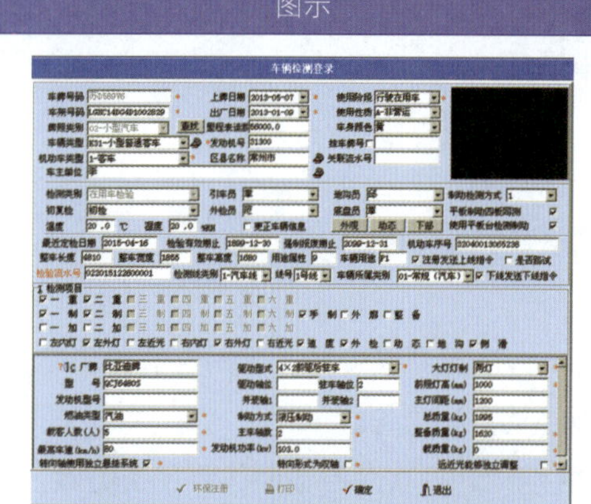	3. 输入车辆信息，选择检测项目，然后点击“确定”保存信息。
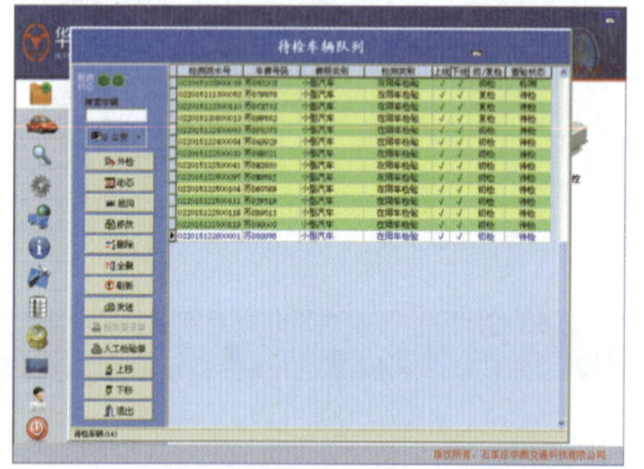	4. 选择待检车辆，然后点击“发送”按钮。
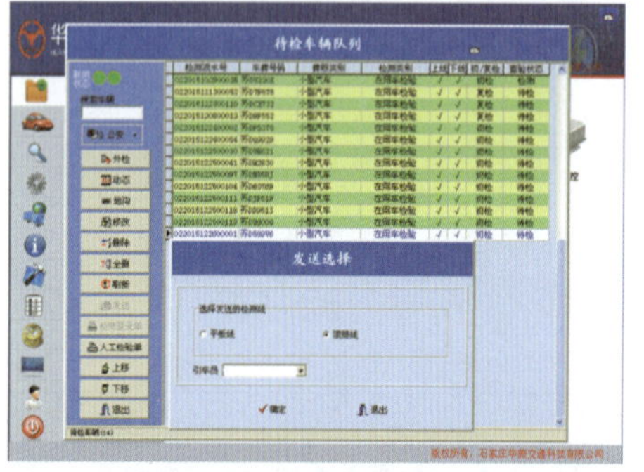	5. 选择发送的检测线：“平板线”或“滚筒线”，并按“确定”，完成选择。
	6. 检查车辆轮胎气压、花纹深度，应符合出厂标准规定；清除轮胎上的泥土、石子等杂物。

续表

图示	步骤与说明
	二、轴重检测 1. 将车辆正直居中驶上轴重检验台。
	2. 根据工位前部上方的屏幕提示，将前轮停放在轴重检验台的中间位置（前轮到达中间位置，设备会有“到位”提示）。
	3. 根据工位前部上方的屏幕提示，在轴重检验台上等待 3 s，称重完成，屏幕显示左右侧前轮重量。
	4. 根据工位前部上方的屏幕提示，将后轮停放在轴重检验台的中间位置（后轮到达中间位置，设备会有“到位”提示）。

续表

图示	步骤与说明
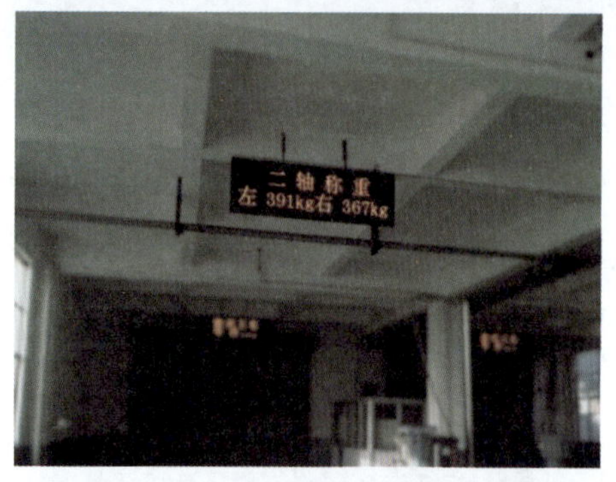	5. 根据工位前部上方的屏幕提示，在轴重检验台上等待 3 s，称重完成，屏幕显示左右侧后轮重量。然后屏幕提示“请驶离”，将车辆驶出轴重检验台。
	三、制动力检测 1. 根据制动力检测工位前部上方的屏幕提示，将车辆正直居中驶上滚筒反力式制动检验台。
	2. 将车辆前轮停在制动检验台两滚筒之间的举升板上，此时屏幕会提示“一轴制动到位”。
	3. 前轮在制动力检测工位上，根据屏幕提示，完全松开制动踏板。此时举升板会下降，滚筒与车轮完全接触，设备通过电动机带动车轮转动。

续表

图示	步骤与说明
	4. 等待 3 s，按屏幕提示踩下制动踏板，此时逐渐增加踩下制动踏板的力量直到车轮完全停止。
	5. 制动检验台记录左右前轮最大制动力，并将前轴左右轮最大制动力之和与前轴轴重的百分比计算出来，显示在工位前上方屏幕上。
	6. 制动检验台计算左、右前轮制动力的差值与最大制动力的比值，并显示在工位前上方屏幕上。至此前轮制动力检测完毕。
	7. 待前轮制动力检测完毕后，举升板上升，车辆继续正直向前行驶，使后轮停在举升板上，直到工位前上方屏幕提示“二轴制动到位”。

续表

图示	步骤与说明
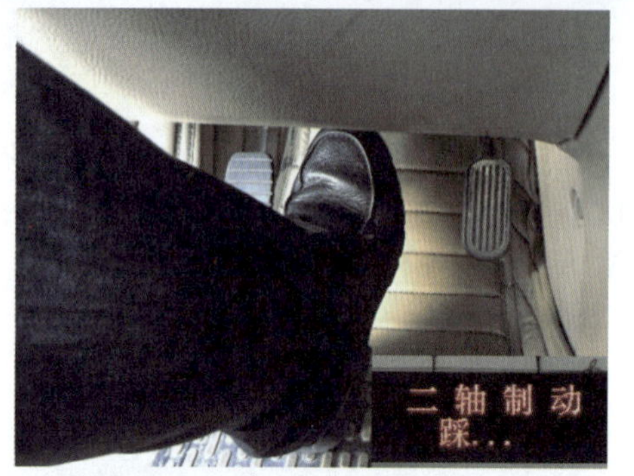	8. 待举升板下降后，车轮在滚筒带动下转动，并等待 3 s，工位前上方屏幕会提示“二轴制动踩”，此时逐渐增加踩下制动踏板的力量直到车轮完全停止。
	9. 制动检验台记录左右后轮最大制动力，并将后轴左右轮最大制动力之和相对轴重的百分比计算出来，并显示在工位前上方屏幕上。之后屏幕显示左右后轮制动力差值的百分比。
	10. 待前、后轴制动力检测完毕后，进入驻车制动力检测阶段。驻车制动完全放松，待车轮在滚筒带动下转动，等待 3 s。
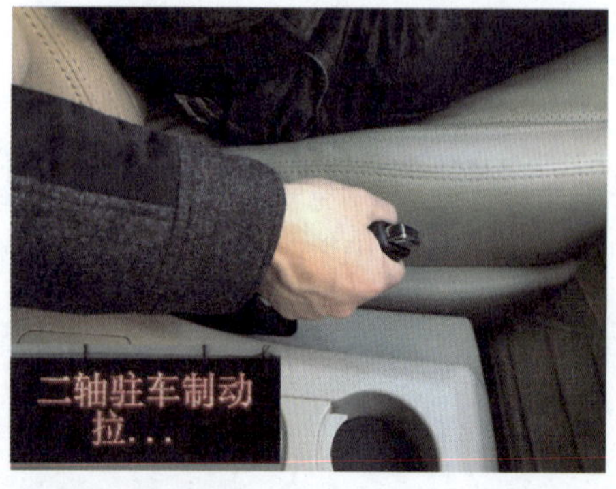	11. 根据工位前上方屏幕提示，逐渐拉紧驻车制动。

续表

图示	步骤与说明
	12. 制动检验台记录左右轮最大驻车制动力，并显示在工位前上方屏幕上。
	13. 随后制动检验台会将后轴左右轮最大驻车制动力之和相对轴重的百分比计算出来，并显示在工位前上方屏幕上（“○”表示测试合格，“×”表示测试不合格）。
	14. 最后屏幕显示整车各轮最大制动力之和相对整车重量的百分比。
	15. 举升器上升，车辆轴重与制动力检测全部完毕，车辆驶离制动力检测工位。

课题三　车速表检验台

学习目标

1. 了解车速表检测的必要性。
2. 熟悉车速表的分类。
3. 了解车速表检验台的结构。
4. 能正确运用车速表检验台检测车速表。

任务引入

驾驶员经常看到或听到这样的警语："十次肇事九次快"，这告诉我们，开车时一定要准确地控制车速，决不能违章超速。从理论上讲，如果车速增加一倍，制动距离就要增加四倍，这就是为什么车速越快，就越容易发生交通事故且事故损失越大。汽车的行驶速度是驾驶员依靠车速表的指示值进行控制的，如果车速表的指示误差大，驾驶员就很难准确地掌握车速。传统的车速表随着汽行驶里程的增加，由于驱动其工作的齿轮、软轴和车速表本身的技术状况会发生变化，以及车轮滚动半径的变化，其指示误差可能越来越大。因此，为了保障行车安全，需要对车速表进行检验和校正。

知识准备

一、车速表检验台简介

车速表检验台是用来校正汽车车速表指示数值与实际数值之差的一种测试设备。它是以滚筒作为移动的路面，把被测车轮置于滚筒之上旋转，以此来模拟汽车在路上行驶时的状态，进行车速表误差的测量。测试时由汽车的轮胎带动两对滚筒一起旋转，滚筒的线速度和轮胎的线速度相等。在已知滚筒直径的情况下，只要测出滚筒的转速，就可以换算出滚筒的线速度，从而得到车辆的实际车速。

《机动车运行安全技术条件》（GB 7258-2017）4.11条规定，车速表指示误差（最大设计车速不大于40 km/h的机动车除外），车速表指示车速V_1（单位：km/h）与实际车速V_2（单位：km/h）之间应符合下列关系式：

$$0 \leq V_1 - V_2 \leq (V_2/10) + 4\ \text{km/h}$$

根据上式，将被测汽车的车轮驶上车速表检验台的滚筒上使之旋转，当该汽车车速表的指示值V_1为40 km/h时，车速表检验台速度指示仪表的指示值V_2在32.8～40 km/h范围内为合格；或当车速表检验台速度指示仪表的指示值V_2为40 km/h时，读取该汽车车速表的指示值V_1，V_1在40～48 km/h范围内为合格。

二、车速表检验台的分类

车速表检验台按有无驱动装置可分为标准型与电动机驱动型两种。标准型检验台无驱动装置，通过被测汽车驱动轮带动滚筒旋转；电动机驱动型检验台由电动机驱动滚筒旋转，再由滚筒带动车轮旋转。此外，还有把车速表检验台与制动检验台或底盘测功机组合在一起的综合式检验台。目前，检测机构多使用标准型滚筒式车速表检验台，其外形如图5—3—1所示。

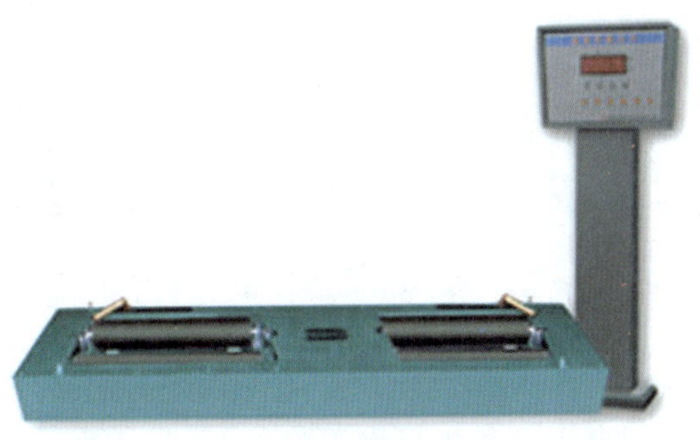

图 5—3—1　标准型滚筒式车速表检验台

三、车速表检验台的结构

(一) 标准型车速表检验台的结构

标准型车速表检验台由速度测量装置、速度指示装置和速度报警装置等组成，如图5—3—2所示。

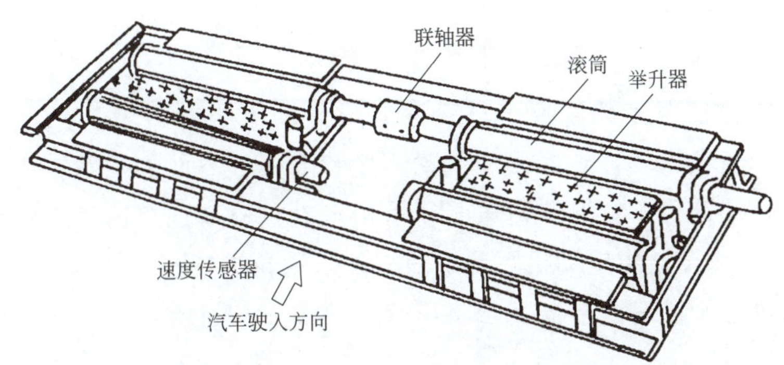

图 5—3—2　标准型车速表检验台的结构

1. 速度测量装置

速度测量装置由滚筒、速度传感器和举升器等组成。滚筒分两组，共四个，通过滚动轴承安装在框架上。检测时为防止汽车差速器齿轮滑转，检验台的两前滚筒由联轴器连在一起。

速度传感器一般采用测速发电机，装在滚筒的一端，它可将对应于滚筒转速所发出的电压信号（或脉冲信号）处理后送到速度指示装置。为使汽车进出检验台方便，在前后滚筒之间设有举升器。举升器多用气压驱动或液压驱动。举升器与滚筒制动装置联动，举升器升起时，滚筒被制动而不能转动。

2. 速度指示装置

速度指示装置能够根据速度传感器传来的电信号、滚筒外圆周长等参数，经处理后驱动显示装置显示以“km/h”为单位的车速。

在计量检定时，所用的标准速度指示装置有转速表和速度计。速度计可以直接测量车速表检验台滚筒表面的线速度，而转速表测量的是滚筒转速，通过简单的计算也可求导出滚筒表面线速度。

3. 速度报警装置

速度报警装置用来协助检验员判断车速表误差是否在合格范围内。该装置一般有以下三种形式：

（1）用检验台报警装置指示检测车速。当汽车实际行驶车速达到某一规定值时，报警装置灯发亮或蜂鸣器发响，提醒驾驶员车辆已到达检测车速，注意观察驾驶室内车速表指示值是否在合格范围内。

（2）将指示仪表上一定范围内涂成绿色区域，表示车速表指示值与实际车速误差的合格范围。试验时，汽车车速指示值达到某一检测车速时，观察检验台速度表指示值是否在合格的绿色区域内。

（3）同时具备上述两种装置的速度报警装置。

（二）电动机驱动型车速表检验台的结构

车速表的转速信号多数取自汽车变速器或分动器的输出轴，但对于后置发动机的汽车，由于车速表软轴过长会出现传动精度和寿命等方面的问题，所以转速信号取自前从动轮。检测这种车辆的车速表必须采用电动机驱动型车速表检验台，其结构如图5—3—3所示。测试时由电动机驱动滚筒与前从动轮旋转进行检测。这种检验台往往在滚筒与电动机之间装有离合器，若将离合器分离，该检验台又可作为标准型检验台使用。

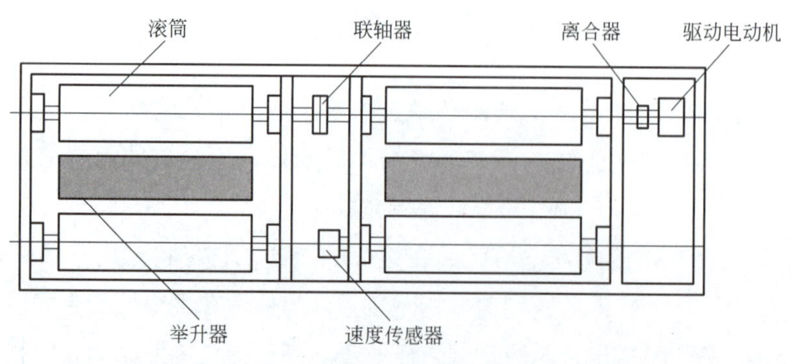

图 5—3—3　电动机驱动型车速表检验台的结构

四、车速表检验台的使用方法

（一）汽车检验程序

1. 将车辆正直居中驶上检验台，驱动轮停放在测速滚筒上。

2. 降下举升器或放松滚筒锁止机构，必要时在非驱动轮前部加止动块，前轮驱动车使用驻车制动。

3. 当车速表稳定指示40 km/h时，测取实际车速，检验结束。

4. 升起举升器或锁止滚筒，将车辆驶出检验台。

5. 四轮全时驱动车辆和具有防滑功能的车辆无法使用车速表检验台进行测试。对于四轮全时驱动车辆，测量设备需用前后车轮轴距可调的双速度台结构，对于具有防滑功能的车辆需用反拖电动机拖动测量或给车速台加载阻力。

6. 后双桥驱动车辆检验时应加一组自由滚筒。

（二）二、三轮机动车检验程序

1. 将车辆被测试车轮置于车速表检验台的前、后滚筒之间。

2. 扶正转向盘，启动夹紧装置夹紧非测试车轮，使被测车轮尽可能与滚筒成垂直状态。

3. 启动电动机逐渐加速，当车辆速度表稳定指示30 km/h时，读取车速表检验台的数值，检测结束。

4. 关闭电动机，松开车轮夹紧装置，将车辆推下车速表检验台。

五、车速表检验台的使用注意事项

1. 检验时，车辆前、后方及驱动轮两旁不准站立人员。

2. 检验结束后，检验员不可采取任何紧急制动措施使滚筒停止转动。

3. 对于不能在车速表检验台上检验的车辆，可路试检验车速表指示误差。

4. 轴重大于检验台允许载荷的汽车，不得开上检验台。

5. 不能在检验台上进行车辆维修作业。

6. 不应让油、水、泥沙等进入检验台内。

7. 每季度对滚筒支撑轴承进行润滑。

8. 每周对水过滤器进行放水，并检查油雾器油面，如需要，则加注机油。

9. 调整气泵压力不得超过0.8 MPa。

10. 台架表面应经常保持清洁，不能用腐蚀性液体擦拭。

11. 每季度对速度传感器进行清洁处理。

12. 每月检查各轴承座及其他关键部位螺钉是否松动并拧紧。

技能实训

下面以华燕HYCG-100型底盘测功机（内含车速表检验台）为例，介绍汽车车速表的检验方法。

汽车车速表的检验

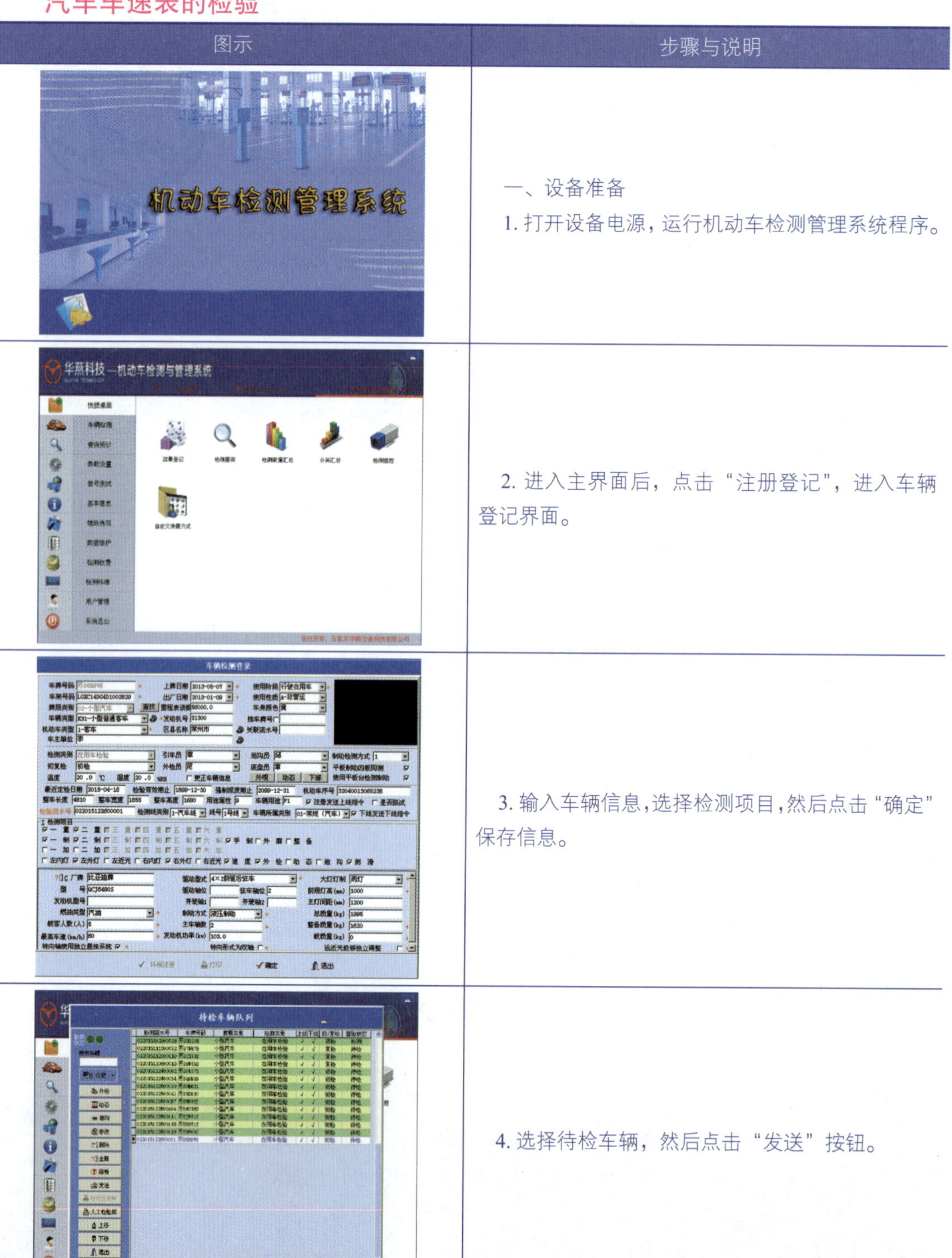

图示	步骤与说明
	一、设备准备 1. 打开设备电源，运行机动车检测管理系统程序。
	2. 进入主界面后，点击“注册登记”，进入车辆登记界面。
	3. 输入车辆信息，选择检测项目，然后点击“确定”保存信息。
	4. 选择待检车辆，然后点击“发送”按钮。

续表

图示	步骤与说明
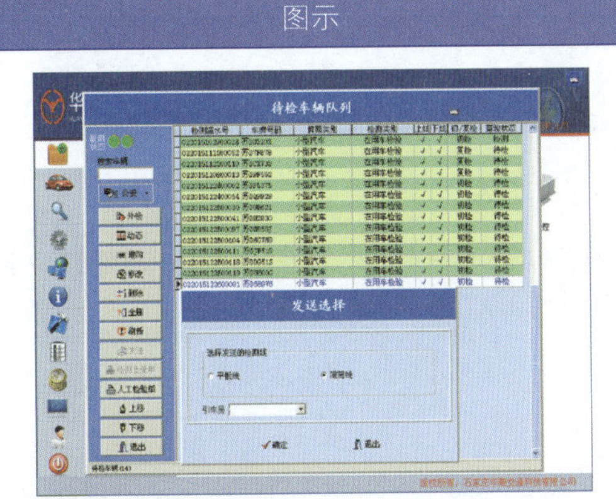	5. 选择发送的检测线：“平板线”或“滚筒线”，并按“确定”，完成选择。
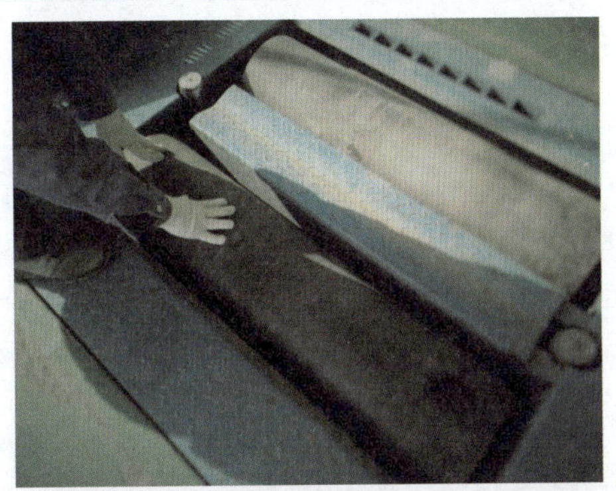	6. 检查并清除车速表检验台上的油、水、泥沙等杂物。
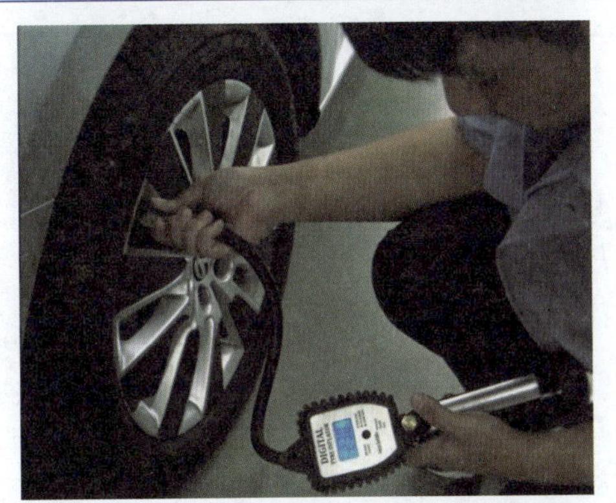	7. 检查车辆轮胎气压、花纹深度，应符合出厂标准规定；清除轮胎上的泥土、石子等杂物。
	二、车速检测 1. 将车辆正直居中驶上检验台，驱动轮停放在测速滚筒上，降下举升器，使汽车轮胎与举升器托板脱离。

续表

图示	步骤与说明
	2. 在非驱动轮前后放置车轮挡块，前轮驱动车，使用驻车制动。
	3. 启动发动机，挂入合适挡位（手动挡汽车一般挂入 3 挡，自动挡汽车挂入 D 挡），踩下加速踏板，使车速缓慢上升。
	4. 当车速表指示 40 km/h 时，按下遥控按钮，检测并记录实际车速。
	5. 测试完成后，屏幕显示实际车速。

续表

图示	步骤与说明
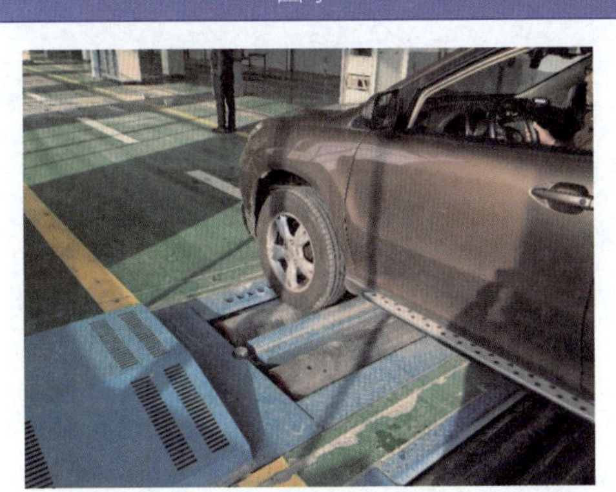	6. 测试结束后，轻轻踩下制动踏板，使车轮与滚筒完全停止转动，车速检验台自动升起举升器并锁止滚筒，拿掉挡块，将车辆驶出检验台。

课题四　侧滑检验台

学习目标

1. 了解侧滑的概念及检测方法。
2. 了解侧滑检验台的结构。
3. 了解汽车侧滑的检验标准。
4. 能够利用侧滑检验台检测汽车的侧滑量。

任务引入

为保证汽车转向车轮无横向滑移地直线滚动，要求车轮外倾角和车轮前束值有适当的配合。当车轮前束值与车轮外倾角匹配不当时，车轮就可能在直线行驶过程中产生侧向滑移现象。当这种滑移现象过于严重时，将破坏车轮的附着条件，丧失定向行驶能力，引发交通事故，并且还将会造成轮胎的异常磨损。汽车如果没有正确的前轮定位，将引起转向沉重、操控困难，增加驾驶员的劳动强度。因此，汽车侧滑的检测是汽车安全检测中的重点检测项目之一。

知识准备

一、侧滑检验台简介

前轮侧滑是指前轮前束和外倾角不匹配，使汽车在直线行驶时产生向左或向右的偏移现象。它反映的是汽车直线行驶的稳定性。

在车轮滚动时，车轮外倾与车轮前束引起的侧滑方向是相反的。如果车轮前束调整合适，可以完全抵消前轮外倾引起的侧滑影响，使总的侧向滑移量为零。但车轮前束值过大，则两侧车轮在滚动时有向内靠拢的趋势，需要通过前轴和横拉杆使两车轮向外侧滑移来抵消这种侧滑影响。

侧滑检验台是通过测量汽车驶过侧滑板时滑板移动量的方法来测量车轮侧滑量的大小和方向，并以此判断前轮定位是否合格的一种检测设备。检验指标是前转向轮侧滑量，它是前左、右转向车轮侧滑量的平均值，单位为m/km。目前，国内侧滑检验台有单板式侧滑检验台和双板联动式侧滑检验台两种。

依据《机动车安全技术检验项目和方法》（GB 21861—2014）规定，对前轴采用非独立悬架的汽车（前轴采用双转向轴时除外），转向轮横向侧滑量应符合《机动车运行安全技术条件》（GB 7258—2017）中6.10的相关要求：汽车（三轮汽车除外）的车轮定位应与该车型的技术要求一致。对前轴采用非独立悬架的汽车（前轴采用双转向轴时除外），其转向轮的横向侧滑量，用侧滑台检验时侧滑量值应小于等于5 m/km。

二、侧滑的检测方法

侧滑的检测方法可分为静态检测和动态检测。静态检测可以使用前轮定位仪进行检测，前轮定位仪结构简单，但操作烦琐，速度慢。动态检测可以使用侧滑检验台，侧滑检验台具有操作简便、速度快的特点，非常适合快速检测。

三、侧滑检验台的结构

双板联动式侧滑检验台的外观及结构如图5—4—1和图5—4—2所示，它由机械部分、测量装置、指示装置等部分组成。

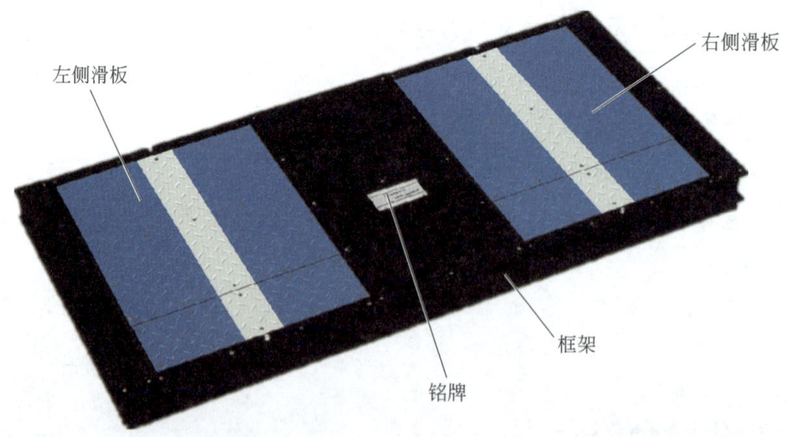

图 5—4—1 双板联动式侧滑检验台的外观

单板式侧滑检验台的结构如图5—4—3所示。

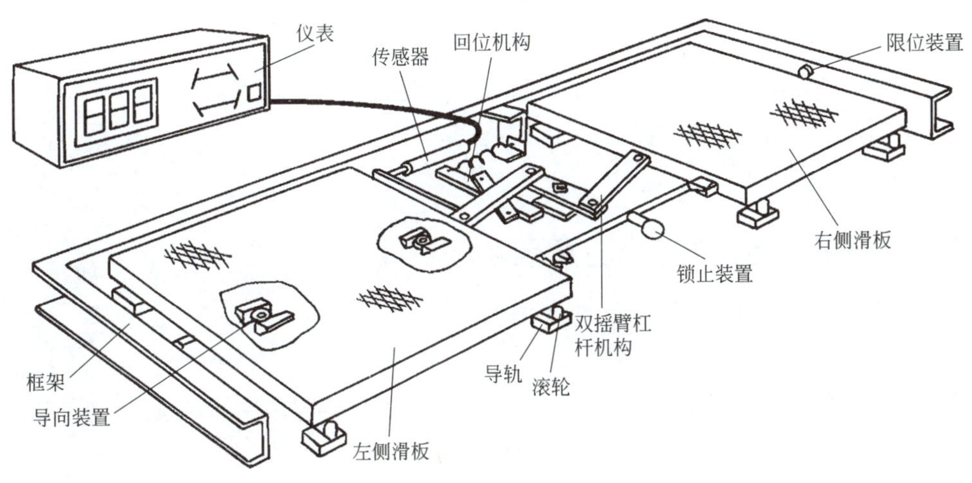

图 5—4—2　双板联动式侧滑检验台的结构

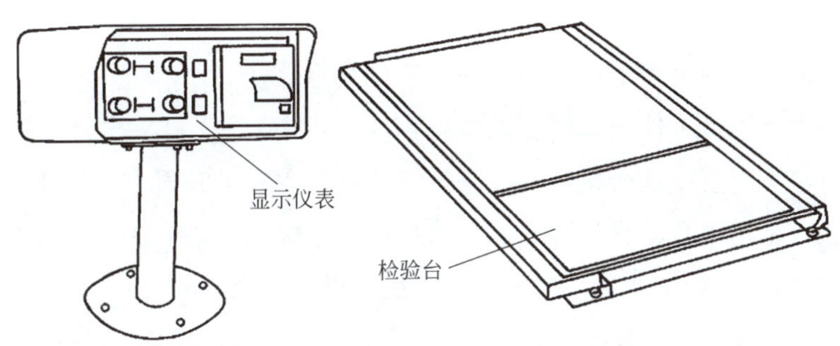

图 5—4—3　单板式侧滑检验台的结构

四、侧滑检验台的使用方法

（一）检验要求

1. 检验设备选择

应选择带应力释放板的双板联动侧滑检验台，《汽车侧滑检验台》（JT/T 507—2004）交通行业标准推荐使用滑板有效测试长度为1 m。

2. 被检车辆

《机动车安全技术检验项目和方法》（GB 21861—2014）中要求，对四轮及以上汽车应检验前转向轮侧滑量，对双转向轴的机动车，原则上不需要检测转向轮横向侧滑量，也可只检测不评价。

（二）检验方法

1. 检验前仪器及车辆准备

（1）打开锁止装置，拨动滑板，仪表清零。

（2）车辆轮胎气压、花纹深度符合标准规定，胎面清洁。

2. 检验程序

（1）车辆正直居中驶上侧滑检验台，并使转向轮置于正中位置。

（2）以不高于5 km/h的车速平稳通过侧滑检验台。

（3）读取最大示值。

五、侧滑检验台的使用注意事项

1. 车辆通过侧滑检验台时，不得转动转向盘。
2. 不得在侧滑检验台上制动或停车。
3. 轴荷超过检验台允许载荷的汽车不能驶上检验台，以防压坏机件或压弯滑动板。
4. 不能在检验台上进行车辆修理和保养工作。
5. 检验台不使用时，一定要锁止滑动板，以防受到外界因素（人或汽车等）引起的晃动而损坏测量机件。
6. 应保持侧滑检验台滑板下部清洁，防止锈蚀或阻滞。
7. 不要在侧滑检验台上停放车辆和堆积杂物。
8. 脏污的车辆不能直接进行检测，应先清洗并待滴水较少时再进行检测。
9. 侧滑检验台地基中严禁有水渗入，要保持仪器干燥。
10. 侧滑台滑板表面如有油污，应擦拭干净后再进行检测。

技能实训

下面以华燕CH-100型侧滑检验台为例，介绍侧滑值的测量方法。

侧滑值的测量

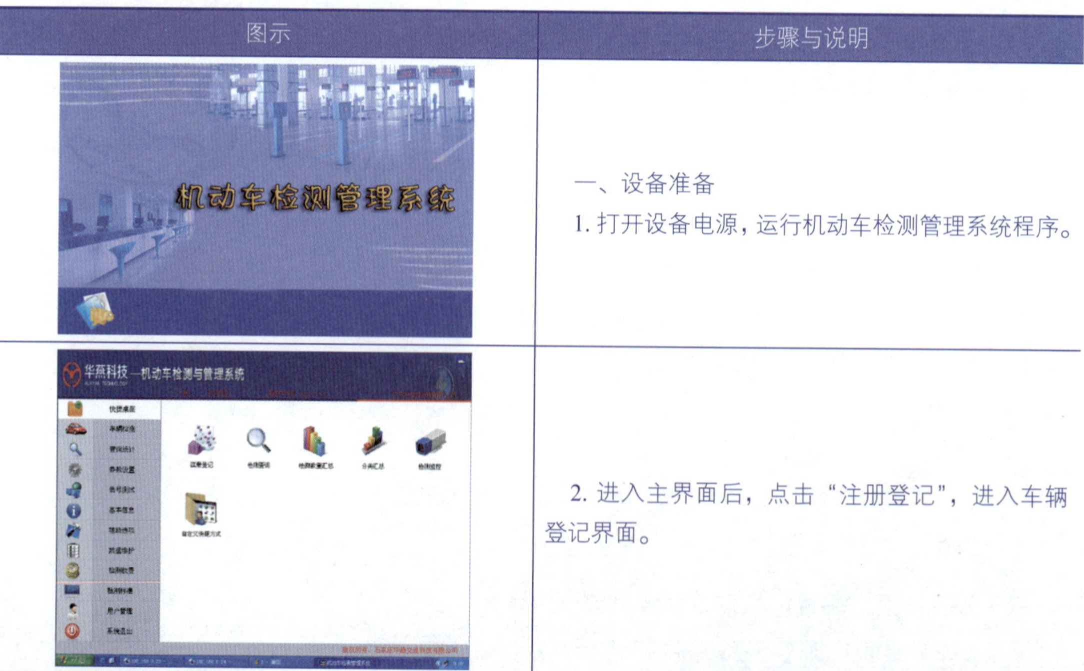

图示	步骤与说明
	一、设备准备 1. 打开设备电源，运行机动车检测管理系统程序。
	2. 进入主界面后，点击“注册登记”，进入车辆登记界面。

续表

图示	步骤与说明
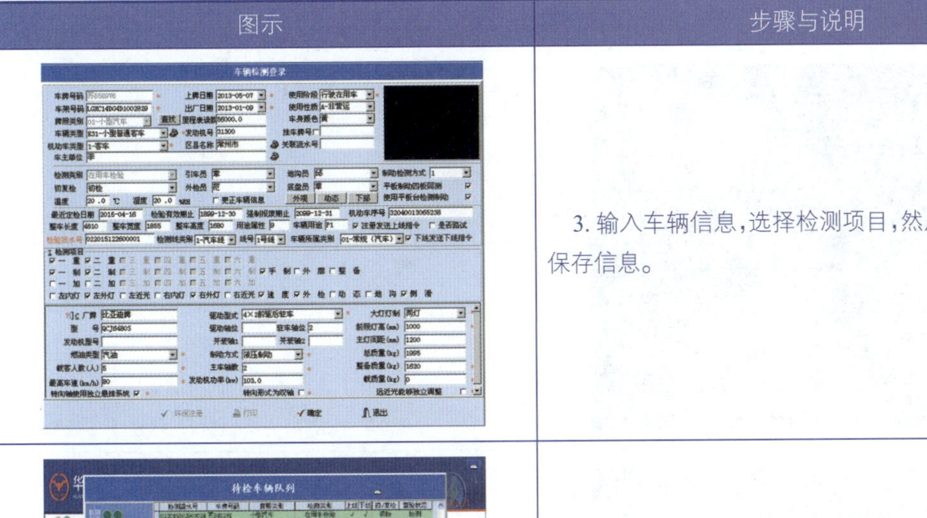	3. 输入车辆信息，选择检测项目，然后点击“确定”保存信息。
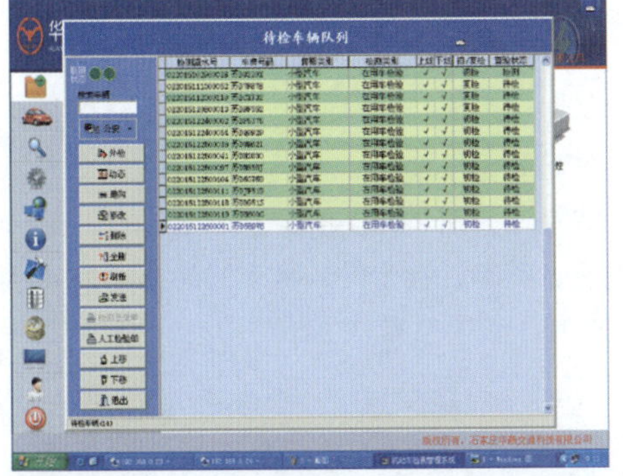	4. 选择待检车辆，然后点击“发送”按钮。
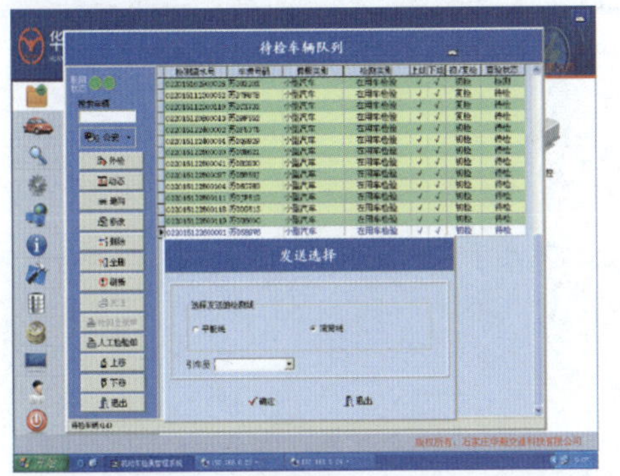	5. 选择发送的检测线：“平板线”或“滚筒线”，并按“确定”，完成选择。
	6. 拨动滑板，检查滑板能否自动回位（如能自动回位，设备将自动清零），如果不能顺畅回位，应检查侧滑检验台。

续表

图示	步骤与说明
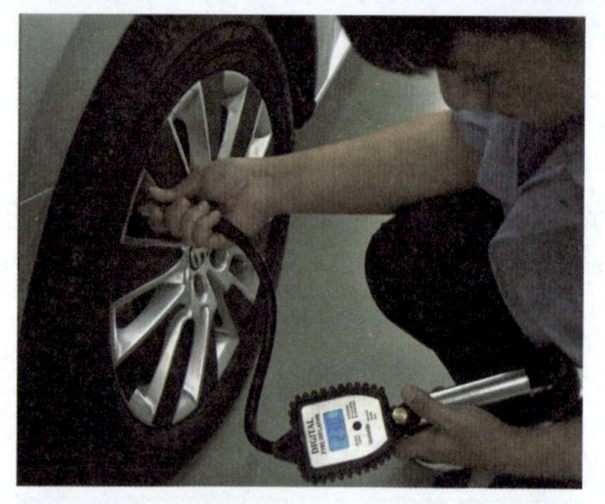	7. 检查车辆轮胎气压、花纹深度，应符合出厂标准规定；清除轮胎上的泥土、石子等杂物。
	二、检验程序 1. 车辆正直居中驶上侧滑检验台（其间不得转动转向盘，不得在侧滑检验台上制动或停车），并使转向轮处于正中位置。
	2. 以不高于 5 km/h 的车速平稳通过侧滑检验台。
	3. 汽车通过侧滑检验台后，读取最大示值，作为横向侧滑量检测值。

课题五　声级计

学习目标

1. 了解声级计的分类、结构和工作原理。
2. 掌握声级计的使用方法。
3. 能用声级计检测汽车喇叭声音及车内噪声。

任务引入

噪声是使接收者产生厌恶感的声音。机动车工作时会发出各种声响，其中有些声响是因工作需要而产生的，如喇叭声、倒车提示声和各种警报声。但是，还有一些声响，如发动机燃烧、排气、传动部件运转、轮胎摩擦地面等发出的声音，对人的听觉器官有一定刺激作用，不仅对驾驶员和乘客有害处，同时还会影响周围环境中的其他人，会对公众正常工作和生活带来伤害。随着机动车辆的日益增多，噪声的影响程度也日益严重，已引起社会大众和有关部门的密切关注。

知识准备

一、声级计简介

声级计又叫噪声计，是一种按照一定频率计权和时间计权测量声音的声压级或声级的仪器，是声学测量中最基本、最常用的仪器，可以用于环境噪声、机器噪声、车辆噪声以及其他各种噪声的测量。

二、声级计的分类

声级计按供电电源种类不同可以分为交流式和直流式两种，其中直流式声级计因操作携带方便，所以应用范围更加广泛；按精度不同可分为精密声级计和普通声级计，精密声级计的测量误差约为±1 dB，普通声级计约为±3 dB；按用途不同可分为两类，一类用于测量稳态噪声，一类则用于测量不稳态噪声和脉冲噪声。

三、声级计的结构和工作原理

声级计的结构如图5—5—1所示，一般由传声器、操作面板和显示面板等组成。声级计液晶显示面板如图5—5—2所示。声级计原理框图如图5—5—3所示。

1. 传声器：也叫麦克风，是将声压信号转变为电信号的传感器，是声级计中的关键元件之一。

2. 前置放大器：由于电容式传声器输出信号很小，输出阻抗很高，所以需要通过前置放大器将信号进行放大和实现阻抗匹配。

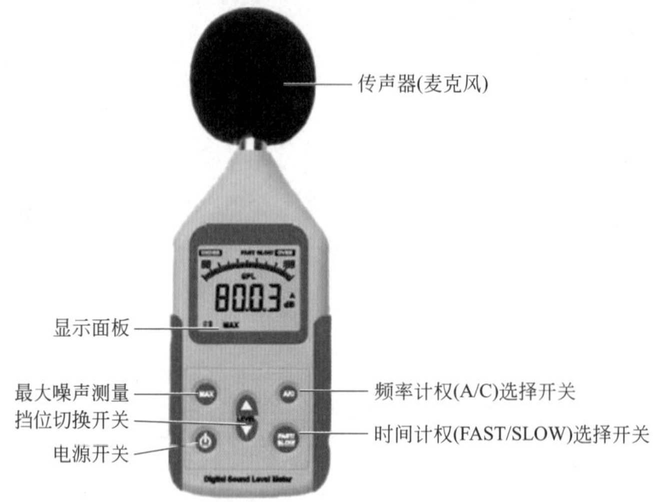

图 5—5—1　声级计的结构

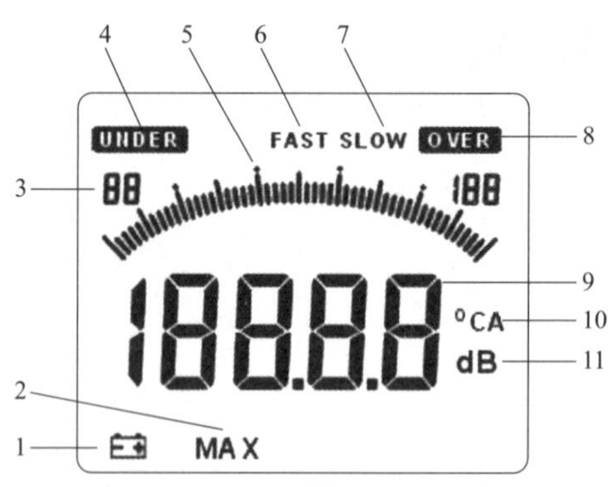

图 5—5—2　声级计液晶显示面板

1—欠压提示　2—最大值　3—测量范围指标
4—UNDER警示符号（读数低于该挡位最小测量值）　5—刻度　6—快速（指反应速率）　7—慢速（指反应速率）
8—OVER警示符号（读数超过该挡位最大测量值）　9—噪音量读值　10—A计权和C计权　11—噪音单位（分贝）

3. 衰减器：用于调整输出信号的大小，使得显示仪表显示到适当的位置。根据量程的选择衰减程度分为H、M、L三挡。

4. 计权放大器：即计权网络。它是将声音信号的低频段进行适当衰减的电路，以使仪器的频率特征更好地适应人耳的听觉特性。计权网络分A、B、C三种，有的声级计只有A、C两种计权。

5. 检波器：在检波器之前的信号还是包含着声音频率成分的交流信号。为了便于仪表显示，信号需经检波处理（实质上就是整流和滤波），以便将快速变化的交流信号转换成变换比较慢的直流电压信号。检波器的输出一般分为快慢两挡。

6. 对数放大器：从检波器输出的信号还只是与声压成正比。为了与人耳听觉对声音响应的对数特征相吻合，在电路中设计了对数放大器，以便使信号仪表显示后，能够以均匀的刻度显示所测声级数值。

7. 保持输出：声级计上有一个保持按钮，在测量最大值时使用。当按下保持按钮时，仪表显示的数值只能升不能降，从而可测量某一段时间内的声音最大值。当松开按钮后，自动恢复即时显示。

8. 指示仪表：有数字式和指针式多种。

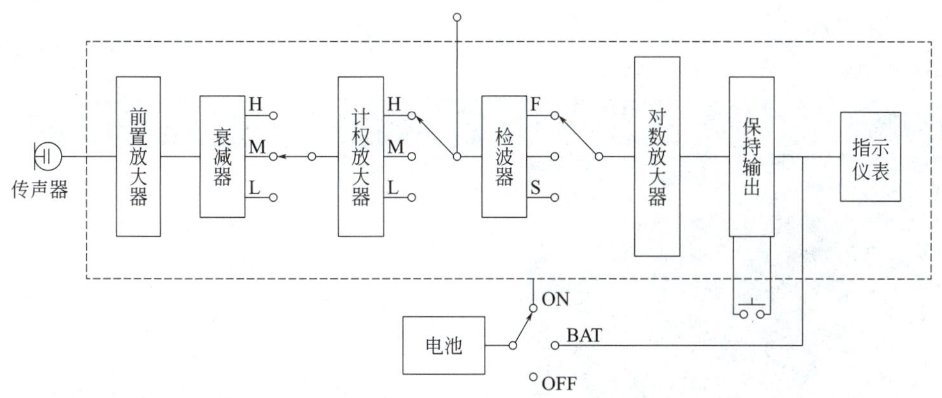

图 5—5—3　声级计原理框图

四、声级计的使用方法

由于声级计的品种、形式各样，因此使用时必须根据仪器使用说明书的要求进行，一般常见声级计的使用方法如下：

1. 接通电源，使声级计预热5 min以上，检查电源电压是否正常。

2. 将听觉校正开关（计权挡）拨到所要测量的位置。

3. 根据对被测噪声级的估计值，预先选定量程。

4. 测定行驶噪声、排气噪声和喇叭声音时，将计权网络开关置于A挡，采用“快挡”读取噪声的平均值。

5. 测量车内噪声时，应将计权网络开关置于C挡，采用“慢挡”读取噪声的最大值。

6. 当被测噪声与环境噪声的差值不足10 dB时，应进行校准计算。

五、声级计的使用注意事项

1. 声级计使用前，要先开机预热5 min，天气潮湿时应延长预热时间至5 ~ 10 min。

2. 如液晶显示面板中出现欠压提示，应及时更换电池。

3. 仪器使用电池供电时，使用完毕后立即将电池取出，以免电池漏液损坏仪器。

4. 仪器应存放于干燥、温暖的场所，如有可能，最好置于干燥器皿中。

5. 在拆装传声器、电池或外接电源时，应先将电源开关置于“关”。

6. 不要随意取下传声器的保护罩，以免损坏膜片。当发现膜片脏污时，可用脱脂棉蘸少许三氯乙烯或丙酮轻轻擦拭干净。

7. 不能用手触摸输入接头，以防由于人体静电而损坏仪器。

8. 液晶是有机化合物，如果长期暴露于强烈的紫外线辐射下，将会发生光化学反应，因此在使用中应尽量避免日光直接照射在液晶显示面板上。

9. 声级计每年都要进行检定。

技能实训

下面以ADD358型声级计为例，介绍喇叭声音及车内噪声的测量方法。

喇叭声音及车内噪声的测量

图示	步骤与说明
	一、喇叭声音的测量 1. 将声级计安装在三脚架上，置于车前 2 m 处。
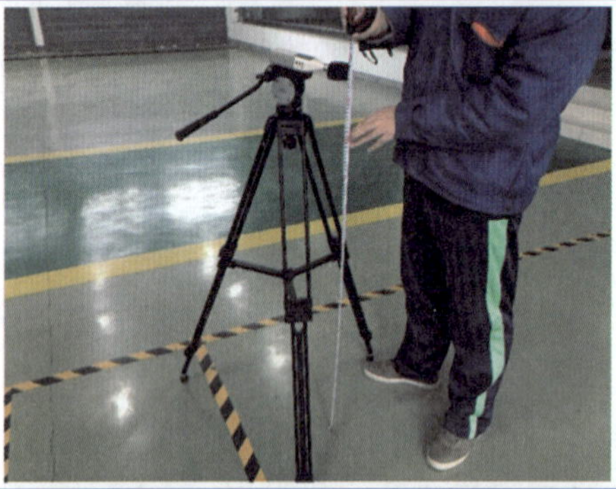	2. 调整三脚架，使声级计离地高 1.2 m，且传声器指向被检车辆驾驶员位置。
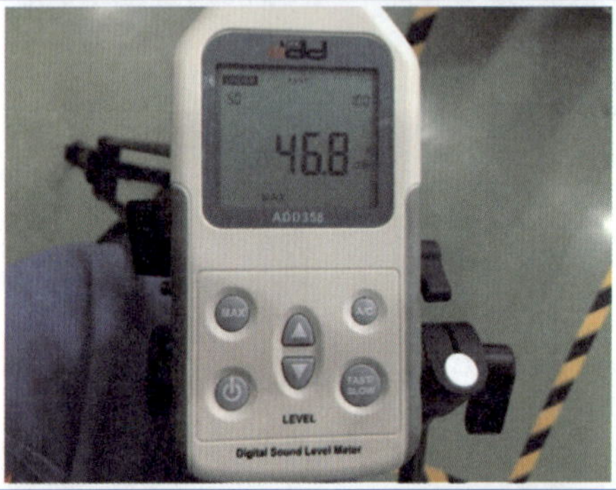	3. 调整开关到“A”级计权和快挡位置，并按下“MAX”键，检测环境本底噪声应＜ 80 dB。
	4. 按下汽车喇叭，使汽车喇叭连续发声 3 s 以上，读取测量数据。

续表

图示	步骤与说明
	5. 读取并记录喇叭声音测量数据。
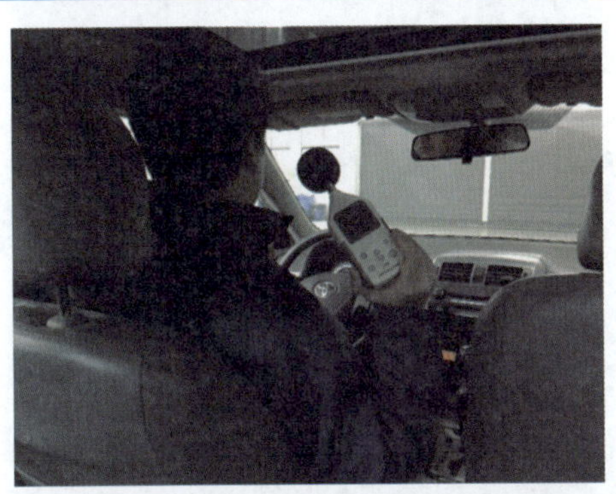	二、车内噪声的测量方法 1. 关闭车辆门窗，关闭音响设备。将仪器放置在驾驶员耳旁（驾驶员座位上方 750 ± 10 mm，靠背前方 200 ± 50 mm 处），传声器朝向车辆前进方向。
	2. 让车辆以常用挡位的不同车速匀速行驶，分别进行测量。
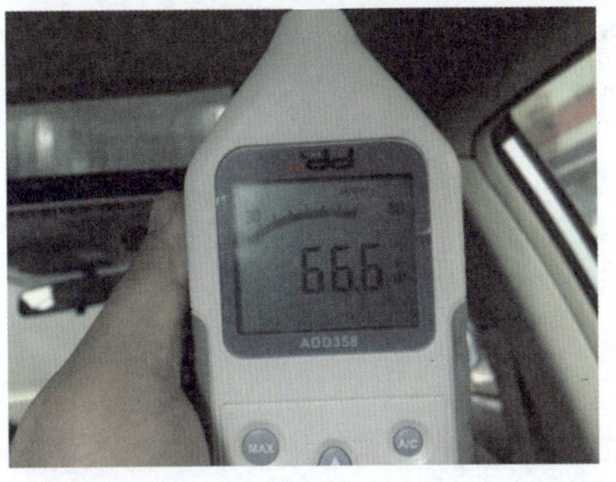	3. 用声级计“慢”挡，测量 A、C 计权声级。分别读取液晶显示面板最大读数的平均值。

图示	步骤与说明
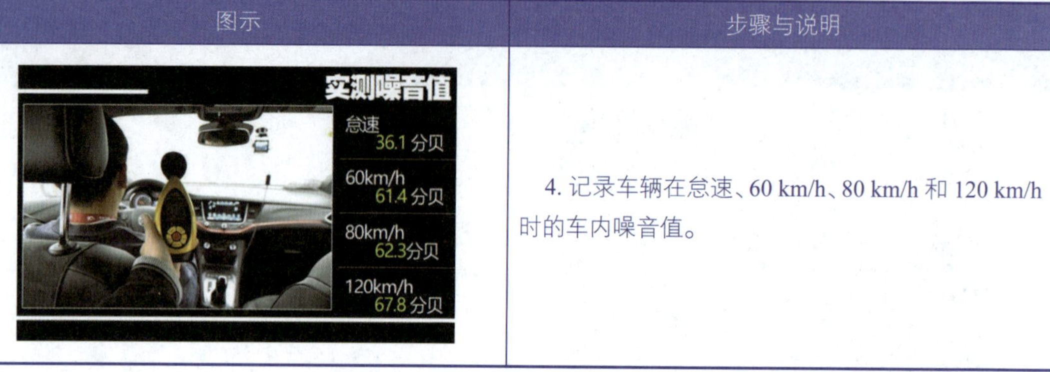	4. 记录车辆在怠速、60 km/h、80 km/h 和 120 km/h 时的车内噪音值。

课题六　废气分析仪

学习目标

1. 了解废气分析仪的功能与分类。
2. 了解废气分析仪的结构和工作原理。
3. 掌握废气分析仪的使用方法。

任务引入

随着汽车工业的发展和汽车保有量的增加，汽车排放的污染物已成为大气污染主要来源之一，严重影响了人们的身体健康。因此，对汽车排放的废气进行检测，已成为汽车检测中的重要检测项目。

知识准备

一、废气分析仪简介

废气分析仪是在发动机不同工作状况下，通过检测废气中不同成分气体的含量来对发动机的燃烧状况进行综合评价，从而判断发动机各系统故障的一种常用设备。另外，废气分析仪还可对机动车的排放情况进行检测，监测其污染物的排放水平，判断是否合格或超标。

二、废气分析仪的分类

汽车废气分析仪按照检测对象不同可分为两气、四气和五气等多种类型。

（一）两气废气分析仪

两气废气分析仪可以用来检测汽车尾气排放中CO和HC的体积分数。由于两气废气分析仪大多都不具有自检泄漏的功能，因此采集数据的真实性很难保证，目前已经基本被淘汰。

（二）四气废气分析仪

四气废气分析仪除了能检测CO和HC外，还能检测录CO_2和O_2的体积分数，以及发动机油温、转速、过量空气系数和空燃比等。所以四气废气分析仪不仅可作为环保检测仪器使用，还可作为故障诊断工具。图5—6—1所示为元征VEA-401型废气分析仪。

图 5—6—1　元征 VEA-401 型废气分析仪

（三）五气废气分析仪

当CO和HC降低时，可能会引起尾气中的NO_x浓度升高，而且NO_x常常是在高温大负荷的情况下产生的，五气废气分析仪能监测NO_x的浓度。

三、废气分析仪的结构和工作原理

NHA-505型废气分析仪属于五气废气分析仪，它由废气取样装置、废气分析装置、废气浓度指示装置和校准装置等组成，其外形和结构分别如图5—6—2、图5—6—3所示。NHA-505型废气分析仪的面板布置如图5—6—4所示。

NHA-505废气分析仪是利用不分光红外线吸收法原理来检测尾气的。汽车尾气中的CO、HC、NO和CO_2等气体，都分别具有吸收一定波长范围红外线的性质，而且红外线被吸收的程度与排气浓度之间有一定的关系。不分光红外线分析法就是利用这一原理，来检测排气中各种污染物的含量。在各种气体混合在一起的情况下，这种检测方法具有测量值稳定的特点。

图 5—6—2　NHA-505 型废气分析仪

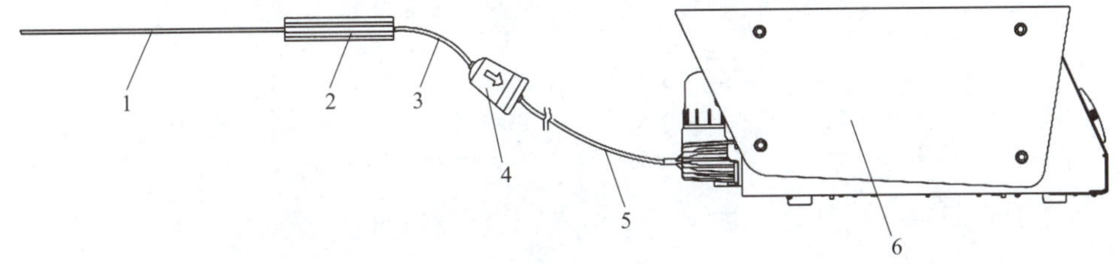

图 5—6—3　废气分析仪的结构

1—取样探头　2—取样探头把手　3—短导管　4—前置过滤器　5—取样管　6—仪器主机

四、废气分析仪的使用方法

（一）准备工作

如图5—6—3所示，将取样管、油温测量探头和转速测量钳等附件连接到废气分析仪主机上，并确保连接牢靠。详细操作步骤可参见【技能实训】。

（二）仪器预热

1. 预热：为了确保废气分析仪器检测的准确性，必须对仪器内部的光学部件进行预热。一般预热可靠时间为10 min。详细操作步骤可参见【技能实训】。

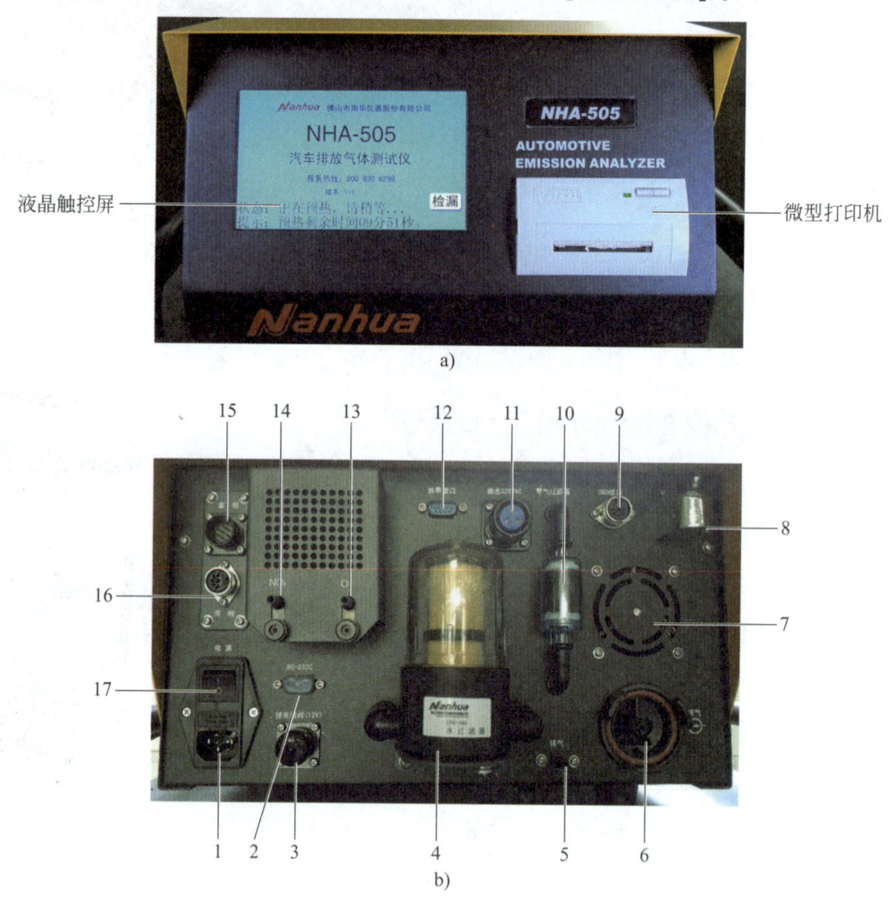

图 5—6—4 废气分析仪的面板布置

a）前面板布置 b）后面板布置

1—电源插座 2—RS-232C插座 3—接电磁阀（DC 12V） 4—水过滤器 5—主排气口 6—样气入口 7—排气风扇排风出口 8—标准气入口 9—OBD诊断接口 10—零气过滤器 11—输出220V（AC） 12—测量接口 13—氧气传感器排气口 14—氧化氮传感器排气口 15—转速信号插座 16—油温信号插座 17—电源开关

2. 泄露检查：仪器预热完成后，需要对采样管气路进行泄露检查，确保管路无泄漏才能继续进行后面的操作，详细操作步骤可参见【技能实训】。

（三）仪器调零

泄漏检查成功后，仪器将进行调零，显示屏进入主界面，下方将出现提示：“正在调零，请等待…”，如图5—6—5所示。如果调零完成，触控屏下方会显示“调零成功”，如图5—6—6所示。几秒钟后，下方的提示消失，触控屏进入主菜单。如果调零不正常，触控屏下方将显示：“调零失败”，如图5—6—7所示。几秒钟后，触控屏也将进入主菜单。如果氧气传感器或氮氧传感器老化，触控屏下方将显示：“氧气传感器老化，按任意键退出”或“氮氧传感器老化，按任意键退出”，如图5—6—8所示，此时点击触控屏任意位置即进入主菜单。

仪器的主菜单界面如图5—6—9所示。中部是 HC、CO、CO_2、O_2、NO、转速、油温、过量空气系数λ和丙烷/正已烷转换系数 *PEF*的实时测量值显示区，右侧是“设置”“校

图 5—6—5 正在调零

图 5—6—6 调零成功

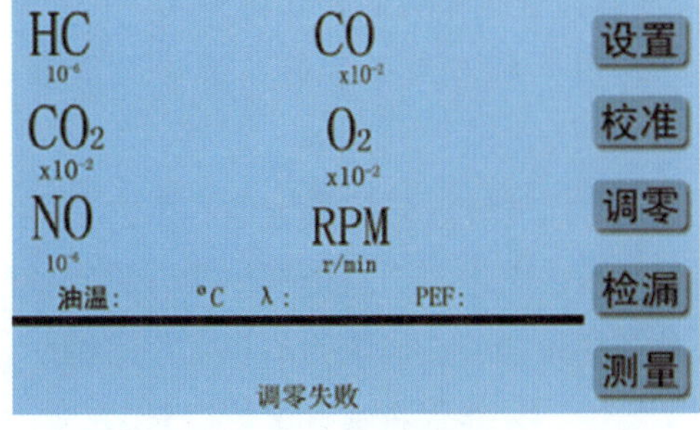

图 5—6—7 调零失败

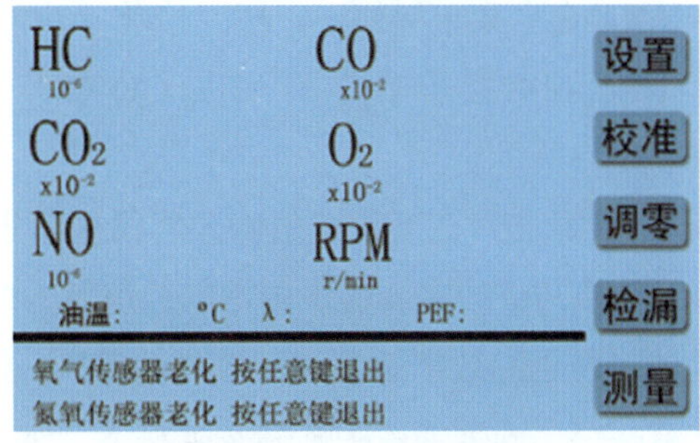

图 5—6—8 传感器老化

准”“调零”“检漏”和“测量”五个功能键。

按触控屏右侧对应的功能键，就可以从主菜单界面进入相应的操作界面。反之，无论从哪个项目（操作界面）退出，都会返回到主菜单界面。

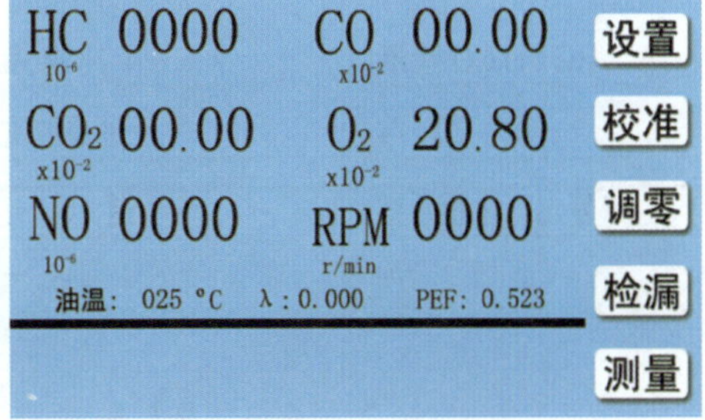

图 5—6—9 主菜单界面

该型废气分析仪具有自动调零功能，能对零位进行每半小时自动校准一次，一般情况下无须再调零。但是当用户认为有必要调零时，可在主菜单界面下，按“调零”功能键，进入调零程序，如图5—6—10所示。调零完毕后，触控屏下方显示“调零成功”，如图5—6—11所示，调零期间，所有功能键均无法操作。

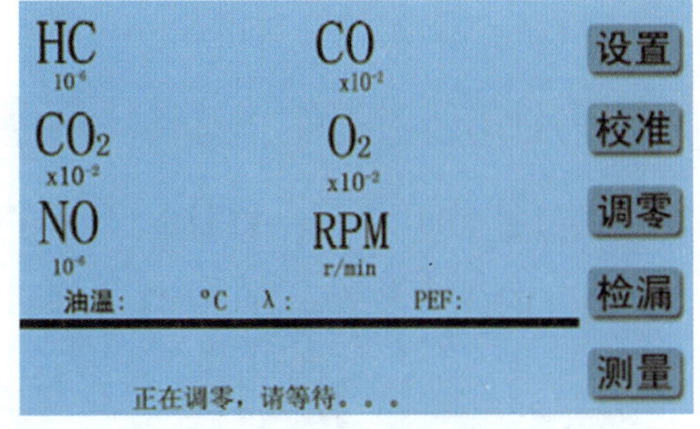

图 5—6—10 正在调零

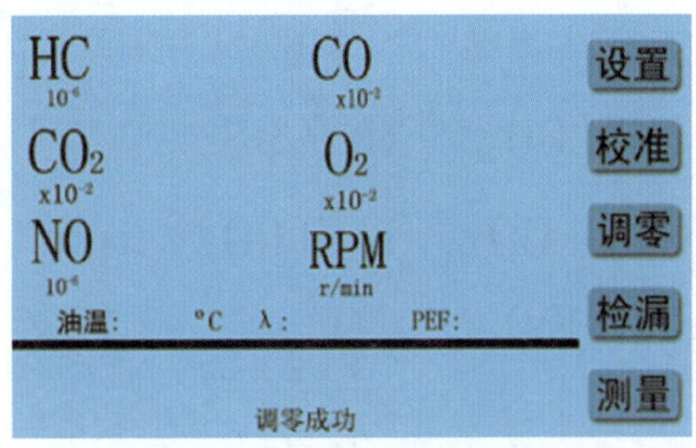

图 5—6—11 调零成功

（四）仪器校准

仪器在使用过程中会产生漂移、传感器老化等情况，因此，一般使用3～6个月后应进行量距校准。由于老化的原因，O_2传感器和NO传感器使用一年左右就需要更换。传感器更换后，应进行清除老化标志操作，并重新校准该通道才能投入使用。

在校准过程中，如果操作失误，会造成数据严重偏差，在无法重新校准的情况下，可用“恢复出厂校准系数 ”进行恢复，使数据恢复到出厂时的状态，NHA-505型废气分析仪只能恢复HC、CO、CO_2通道的校准系数，O_2及NO通道无法恢复。

1. 校准 HC、CO和CO_2通道的量距

（1）废气分析仪校准前，应先对仪器进行调零。

（2）在主菜单界面下，按“校准”功能键，进入校准菜单界面，如图5—6—12所示。

（3）在触控屏中选择“HC CO CO_2校准”，进入标准气浓度设定值修改界面，如图5—6—13所示。

（4）标准气浓度设定值修改界面显示当前校准用标准气成分的设定值，下方是操作信息提示区及*PEF*的实测值。依据触控屏下方的信息提示，点击每个通道气体成分设定值的白色区域，再通过数字键盘即可修改设定值，每个通道的设定值应修改为与标准气气瓶一致的标称值，每个通道修改完毕后必须按下“确认”功能键，才能保存该通道的设定值。

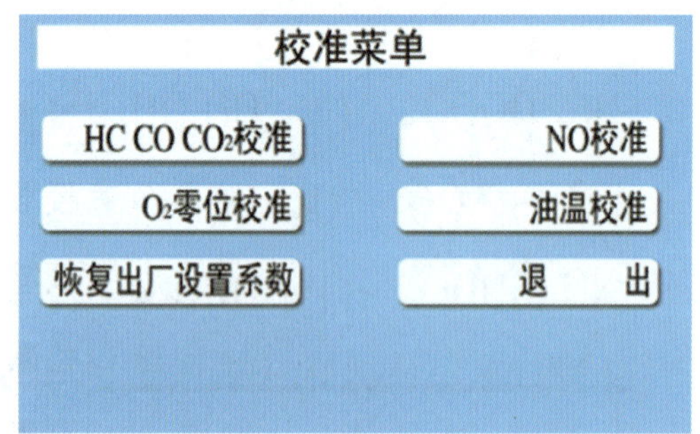

图 5—6—12 校准菜单界面

图 5—6—13 标准气浓度修改界面

（5）三个通道的气体设定值修改完毕后，如果不需要进行校准，则按“退出”功能键直接返回校准子菜单界面。如需要进行校准，则按照触控屏下方的提示：“请通入标准气后按校准键”，如图5—6—14所示向仪器的标准气入口通入三组分标准气，并保持校准气体流量稳定。按下“校准键”后，触控屏返回主菜单，下方显示“正在校准…”，如图5—6—15所示。

图 5—6—14 等待校准

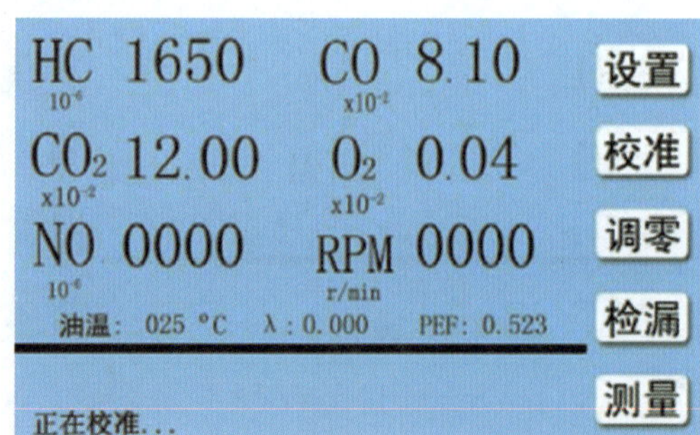

图 5—6—15 正在校准

（6）校准完成后，如果显示“校准成功”，如图5—6—16所示，表示 HC、CO和CO_2通道的量距已成功完成校准。如果未向仪器通入标准气就按下“校准”键或校准数值超出有效范围，则触控屏下方会出现提示：“校准失败”。

图 5—6—16　校准成功

2. 校准NO通道的量距

校准方法参考“校准HC、CO和CO_2通道的量距”操作步骤，注意在校准菜单界面选择“NO校准”，标准气浓度设定值修改界面输入与标准气气瓶一致的标称值。

3. 校准O_2通道的零位

校准方法参考“校准HC、CO和CO_2通道的量距”操作步骤，注意在校准菜单界面选择“O_2零位校准”，标准气浓度设定值修改界面输入与标准气气瓶一致的标称值。

4. 油温校准

（1）将油温探头与仪器连接，并等待5 min以上。

（2）在主菜单界面下，按“校准”功能键，进入“校准”菜单界面。

（3）选择“油温校准”，进入油温校准界面，如图5—6—17所示。

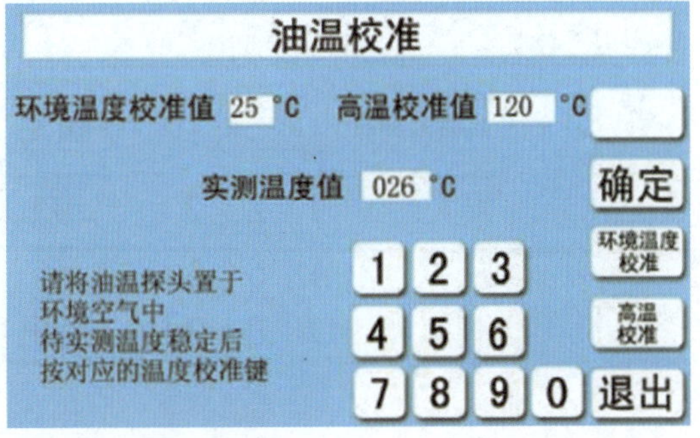

图 5—6—17　油温校准界面

（4）油温校准界面触控屏左下方是操作提示区，触控屏上方是环境温度校准设定值、高温校准设定值和环境温度实时测量值显示区，右下方为数字键盘和四个操作功能按键。根据操作提示，参照温度计或其他标准温度测量装置，点击“环境温度校准值”右侧的白色区域，修改环境温度校准值为目标值，修改完毕后按“确定”键，待实测温度值稳定后，按“环境温度校准”键进行校准，触控屏下方会出现提示：“校准成功”，如图5—6—18所示，表示环境温度已成功完成校准，几秒后，仪器自动进入下一步。

（5）如果未将温度探头接在仪器上就按下“确定”键或校准数值超出有效范围，则触控屏下方会出现提示：“校准失败”，如图5—6—19所示，表示此次校准无效。

（6）环境温度校准成功后，仪器就自动进入油温高温校准界面，如图5—6—20所示。

（7）按照界面的提示操作，将油温探头插入水温在85 ℃以上的热水中，最好是100 ℃的沸水，并用标准温度计测量热水的温度。也可以将油温探头置于已知温度的高温发生装置。点击“高温校准值”右侧的白色区域，修改高温校准值为目标值，修改完毕后按“确定”键，待实测温度值稳定后，按“高温校准”键进行校准，触控屏下方会出现提示：“校准成功”，表示环境温度已成功完成校准。

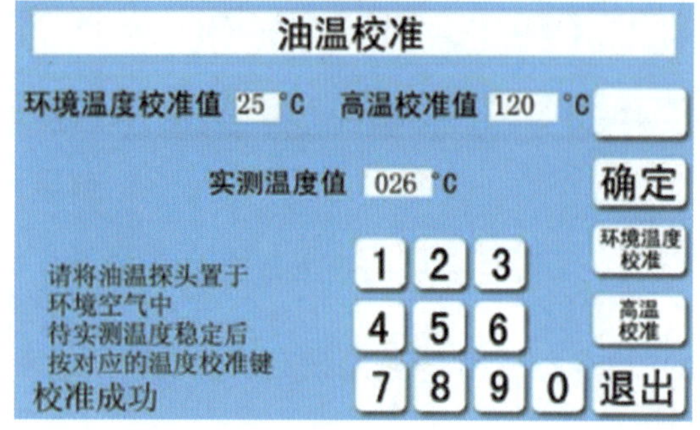

图 5—6—18 环境温度校准成功

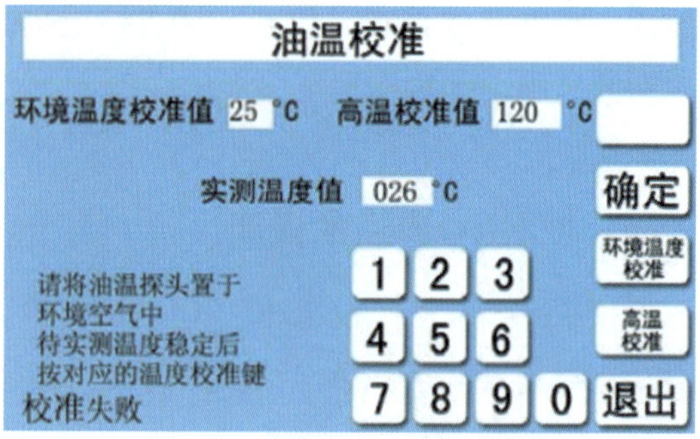

图 5—6—19 环境温度校准失败

（8）如果未将温度探头接在仪器上就按下“确定”键或校准数值超出有效范围，则触控屏下方会出现提示：“校准失败”，如图5—6—21所示，表示此次校准无效。

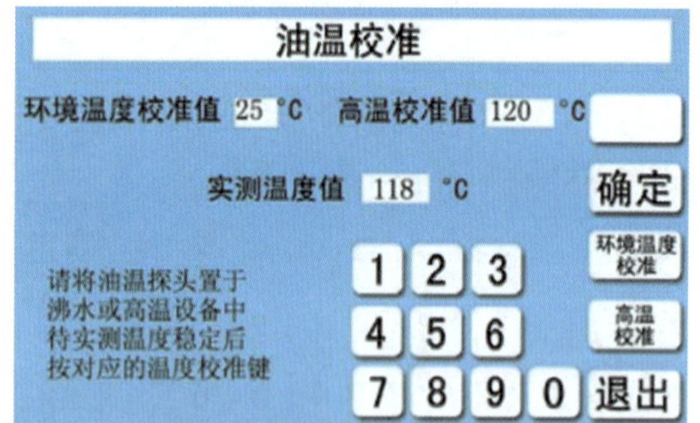

图 5—6—20 油温高温校准

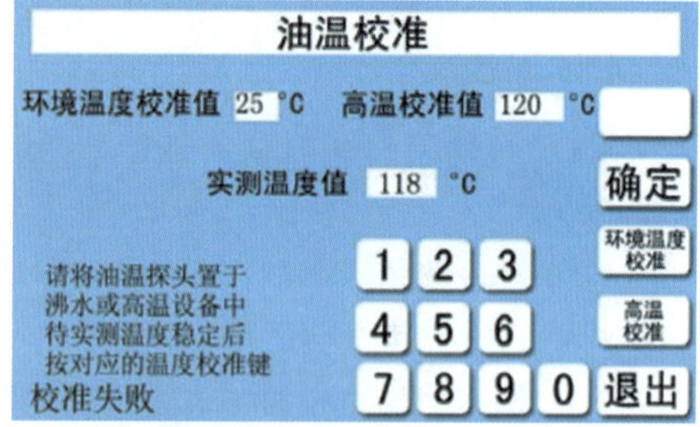

图 5—6—21 油温高温校准失败

（五）测量

在主菜单界面下按下“测量”功能键，仪器将根据先前所设置的测量模式，进入相应的测量界面：实时测量、双怠速测量和怠速测量界面，并开始进行相应的测量工作。

测量前，应做好安装转速和油温测量装置的准备工作。若选配了油温测量探头，则将油温测量探头插入发动机的润滑油标尺孔中，一直插到探头接触到润滑油为止。若选配了转速测量钳，则将转速测量钳夹在发动机第一缸的火花塞高压线外。若选配了转速适配器，则将转速适配器的点烟器插头插入被测车辆的点烟器插座内。

1. 实时测量

实时测量界面如图5—6—22所示，上方是测量模式的名称和操作提示区，中部是HC、CO、CO_2、O_2、NO、转速、油温、过量空气系数λ和 *PEF* 值的实时测量值显示区，右侧是四个功能键。右下角是指示当前流量的标尺，3～5格表示流量正常，1格或无格则表示流量不足，发生气路阻塞，这时流量标尺下方“流量”两个字将闪烁，如果出现这种现象，应排除流量不足的故障。

进入“实时测量”模式后，仪器的气泵将启动。这时应把取样探头插入被测车辆的排气管中，插入深度为400 mm。触控屏将实时显示出尾气中HC、CO、CO_2、O_2、NO的即时值以及λ值。如果已安装好转速和油温测量装置，触控屏上还将实时显示出发动机转速和油温的即时值。

2. 双怠速排放测量

（1）测量前，应做好安装转速和油温测量装置的准备工作。

（2）进入双怠速测量界面后，仪器首先开始HC残留物检查，如图5—6—23所示。触控屏下方提示将探头置于洁净空气中，等待8 s后，如合格，触控屏显示：“HC残留检查OK”；如不合格，则结束测量，返回主菜单。用户应及时将问题排除，然后再按“测量”功能键重新开始检查。

图 5—6—22　实时测量界面

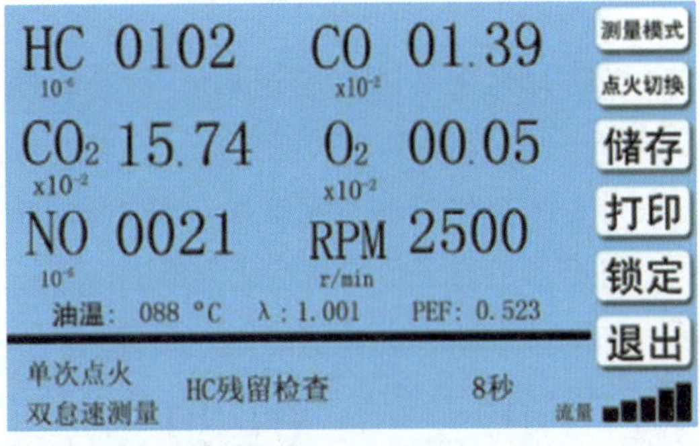

图 5—6—23　HC 残留物检查

（3）HC残留物检查结束后，则触控屏下方提示：“请加速到70%额定转速30秒”，如图5—6—24所示，此时应正确安装转速测量装置。

（4）出现加速提示后，驾驶员应使发动机加速，并观察触控屏上不断变化的转速值，直到3 500 r/min左右为止。

（5）当转速达到3 500 r/min 时，触控屏下方的30 s倒计时开始，如图5—6—25所示。完成后，将进入排放测量阶段。在发动机预热过程中，若油温低于80 ℃时，触控屏下方显示“油温偏低”字样。

图 5—6—24　等待加速

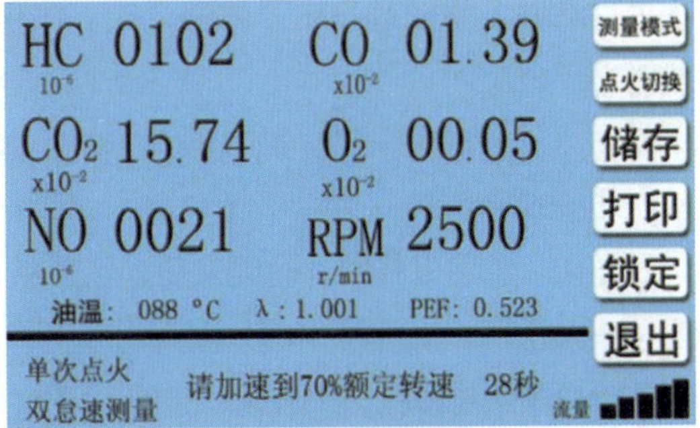

图 5—6—25　发动机预热

（6）发动机预热结束后，仪器将提示“请插入探头”，如图5—6—26所示，此时，操作人员要将取样探头插入排气管中，插入深度为400 mm。然后，触控屏下方将出现提示：“请减速到50%额定转速”，如图5—6—27所示。此时驾驶员应将发动机减速，同时注视触控屏中部不断变化的转速值，直到转速降到高怠速2 500 r/min左右为止。

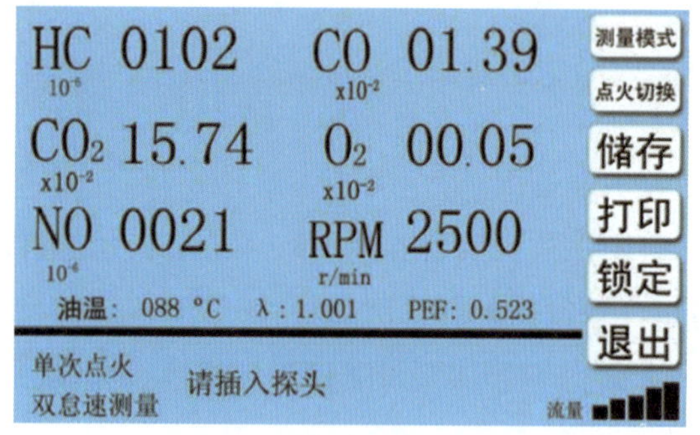

图 5—6—26　等待插入探头

图 5—6—27　等待减至高怠速

（7）转速到达高怠速后，下方的提示将变为：“高怠速采样准备，15秒”，如图5—6—28所示，驾驶员应按提示将转速保持在2 500 ± 100 r/min 的范围内。

（8）15s采样准备完成后，开始进入高怠速采样，保持转速值在2 500 ± 100 r/min 范围，触控屏下方显示“高怠速测量中，正在采样，30秒”，如图5—6—29所示，若转速范围超过2 500 ± 100 r/min，仪器倒计时停止。

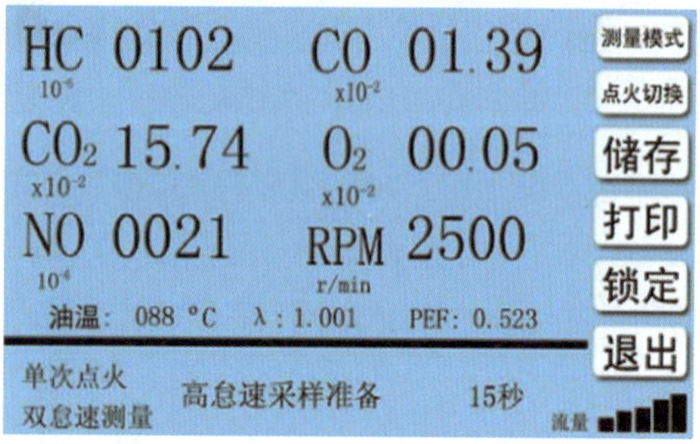

图 5—6—28　高怠速采样准备

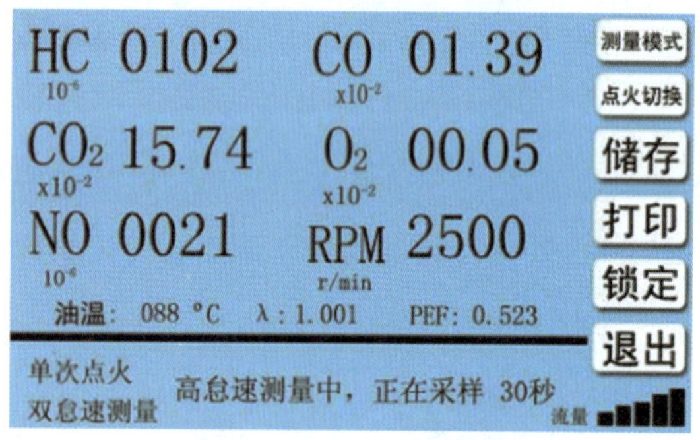

图 5—6—29　高怠速采样

（9）高怠速倒计时结束后，触控屏下方将出现提示：“请减速到怠速”，如图5—6—30所示，这时，驾驶员应松开加速踏板，使车辆减速。当转速下降到1 500 r/min 以下时，触控屏下部的提示会改变为：“怠速采样准备，15秒”，如图5—6—31所示。15 s采样准备完成后，进入怠速采样，触控屏下方提示改变为：“怠速测量中，正在采样，30秒”，如图5—6—32所示。

（10）怠速采样倒计时结束后，仪器将自动转换为“双怠速测量结果”显示界面，如图5—6—33所示，触控屏中部分别列出了高怠速和怠速的HC、CO、CO_2、O_2、NO、转速n、油温T和λ等测量数据，下方为“退出”“打印”和“储存”三个功能键。

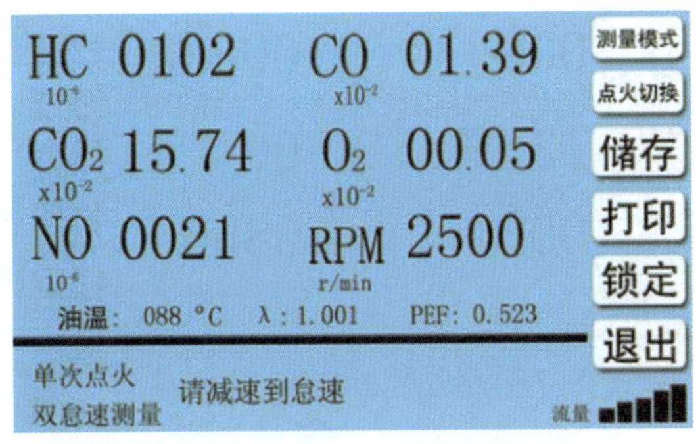

图 5—6—30　减速到怠速

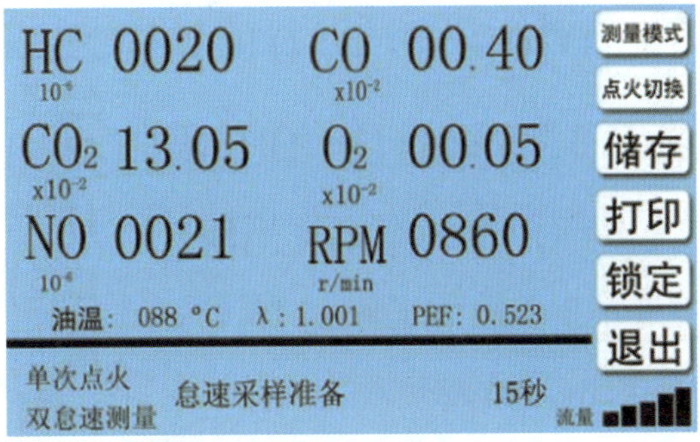

图 5—6—31　怠速采样准备

图 5—6—32　怠速采样

序号：001

高怠速	HC：0100	10^{-6}	CO：00.52	10^{-2}
	CO_2：12.03	10^{-2}	O_2：00.05	10^{-2}
	NO：0032	10^{-6}	n：2540	r/min
	T：094	℃	λ：1.010	
怠速	HC：0201	10^{-6}	CO：01.01	10^{-2}
	CO_2：13.50	10^{-2}	O_2：00.09	10^{-2}
	NO：0087	10^{-6}	n：0805	r/min
	T：093	℃	λ：1.012	

储 存　打 印　退 出

图 5—6—33　双怠速测量结果

3. 怠速排放测量

（1）测量前，应做好安装转速和油温测量装置的准备工作。

（2）进行HC残留物检查及发动机预热，如图5—6—34所示。

（3）发动机预热结束后，仪器将提示“请插入探头”，如图5—6—35所示。此时，操作人员要将取样探头插入排气管中，插入深度为400 mm。然后触控屏下方将出现提示：“请减速到怠速”，如图5—6—36所示，此时驾驶员应松开加速踏板，使车辆减速。当转速下降到1 500 r/min以下时，经过15 s准备时间后，开始测量取样，触控屏下方的提示会变为：“怠速测量中，正在采样，30秒”，如图5—6—37所示。

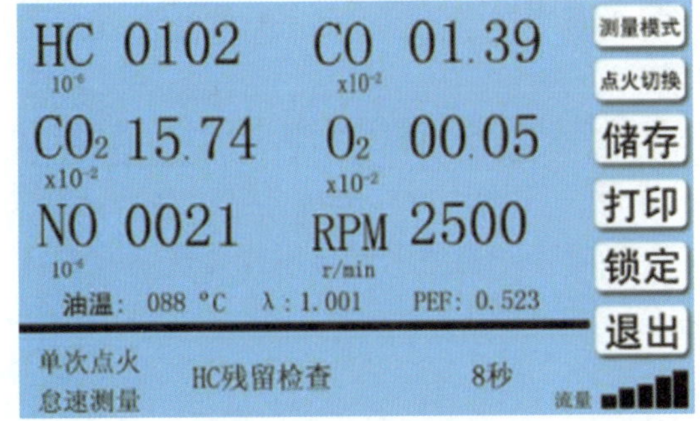

图 5—6—34　HC 残留物检查

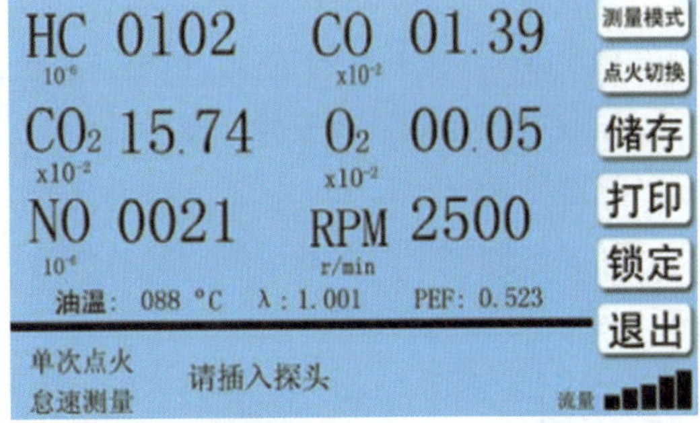

图 5—6—35　等待插入取样探头

图 5—6—36　等待减至怠速

HC 0020 10^{-6}　CO 00.40 $x10^{-2}$　测量模式　点火切换

CO_2 13.05 $x10^{-2}$　O_2 00.05 $x10^{-2}$　储存　打印

NO 0021 10^{-6}　RPM 0860 r/min　锁定

油温: 088 °C　λ: 1.001　PEF: 0.523　退出

单次点火　怠速测量　怠速测量中，正在采样　30秒　流量

图 5—6—37　保持怠速

（4）怠速采样倒计时结束后，用户应按提示要求，将取样探头从排气管内拔出，卸下转速和油温测量装置。

（5）几秒后，仪器将自动转换为“怠速测量结果”显示界面，如图5—6—38所示。

（6）用户可根据屏幕提示进行储存、打印或退出操作。

序号: 001

高怠速	HC :	0000	10^{-6}	CO:	00.00	10^{-2}
	CO_2 :	00.00	10^{-2}	O_2:	00.00	10^{-2}
	NO :	0000	10^{-6}	n:	0000	r/min
	T :	000	℃	λ:	0.000	
怠速	HC :	0201	10^{-6}	CO:	01.01	10^{-2}
	CO_2 :	13.50	10^{-2}	O_2:	00.09	10^{-2}
	NO :	0087	10^{-6}	n:	0805	r/min
	T :	093	℃	λ:	1.012	

储 存　打 印　退 出

图 5—6—38　怠速测量结果

五、废气分析仪的使用注意事项

1. 汽车尾气中含有CO、NO等有毒气体，过量吸入可导致窒息，测量时应注意室内通风，防止人员中毒。

2. 在进行尾气测试时，严禁直接接触传动带和运动部件，仪器电缆应远离车辆运动部件，避免造成人身伤害。

3. 不要让水、化学溶剂、汽油等溅到仪器上，也不要让仪器吸入这类物质，否则会造成仪器故障或引起其他事故。

4. 仪器应定期保养维护，日常使用中要经常检查和更换过滤器，以免影响检测精度，使用中切勿摔碰，切不要让仪器吸入粉尘。

5. 仪器在诊断测试或怠速测试状态时，不得随意关闭电源，以免碳氢化合物及油污等吸附在仪器内，缩短仪器的使用寿命，甚至损坏仪器。

6. 仪器应定期进行校准，校准时必须使用标准气体，严格按照使用说明操作，以保证仪器测量精度。

7. 长时间不使用仪器时应切断所有电源，并小心储存，避免阳光直射或处于潮湿的环境中。

技能实训

下面以NHA-505型废气分析仪为例，介绍废气分析仪的使用方法。

操作一　废气分析仪的基本设置与校准

图示	步骤与说明
	一、仪器的准备 （一）仪器安装 1. 首先将短导管一端与取样探头的末端连接，另一端与前置过滤器的入口相连。然后将 5 m 取样管的一端与前置过滤器的出口相连，另一端与仪器的样气入口连接。注意前置过滤器的连接方向，同时检查各连接处，确认连接牢靠，无泄漏。
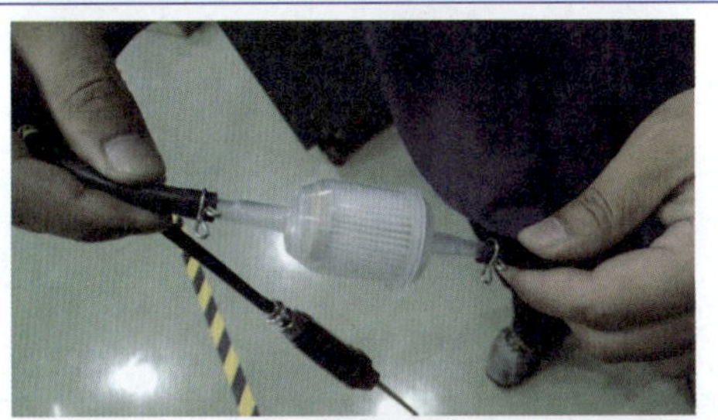	2. 确认前置过滤器、水过滤器及二次过滤器里已分别装入洁净的滤芯。
	3. 将电源线、油温测量探头和转速测量钳分别连接到仪器的电源插座、油温信号插座和转速信号插座上。
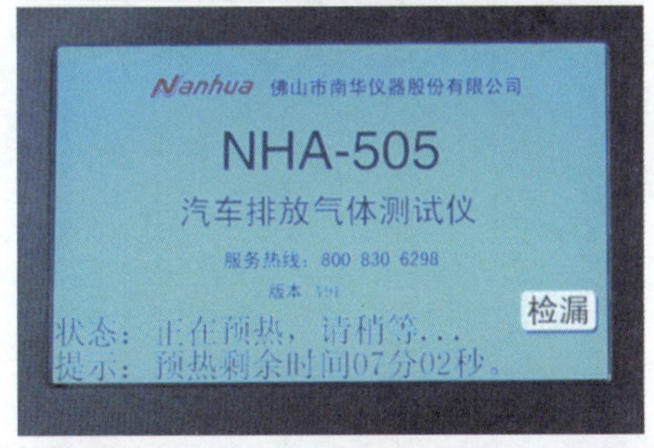	（二）仪器预热 将电源线插到 220 V 交流电源的插座上，接通仪器的电源开关，预热仪器。仪器液晶显示屏下方将出现提示："正在预热，请稍等，预热剩余时间 ×× 分 ×× 秒"。其中，"×× 分 ×× 秒"是以倒计时方式显示的，预热时间共计 10 min。 仪器开机 3 min 后，可以提前结束预热，再按"检漏"键，进行检漏和调零步骤。
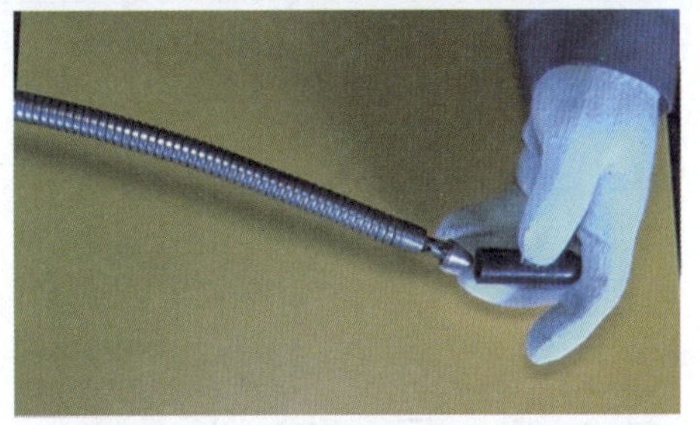	（三）泄漏检查 1. 在取样探头上套上密封帽。

续表

<table>
<tr><th>图示</th><th>步骤与说明</th></tr>
<tr><td>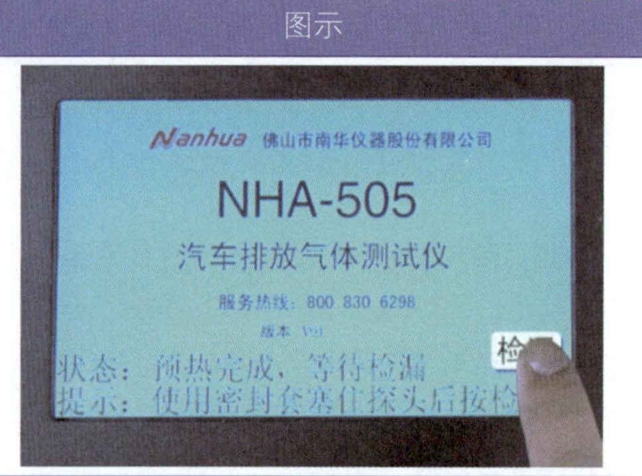
</td><td>2. 仪器预热完成后，这时触控屏下方将出现“使用密封套塞住探头后按检漏”字样。点击“检漏”按钮进入检漏操作，检查气路系统是否有泄漏。</td></tr>
<tr><td>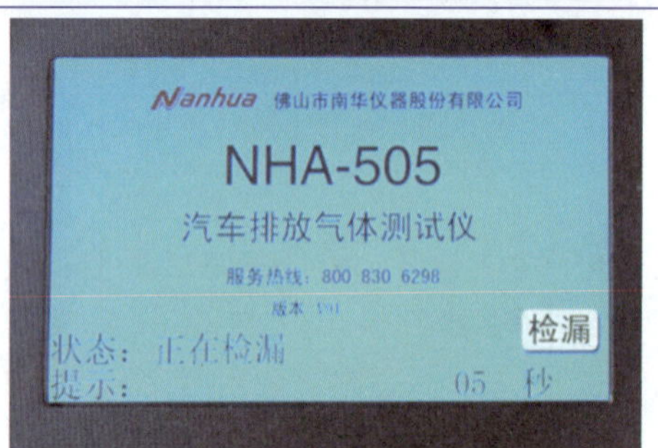
</td><td>3. 点击“检漏”按钮之后，会出现“正在检漏，××秒”，其中“××秒”表示剩下的检漏时间，共计 10 s。</td></tr>
<tr><td>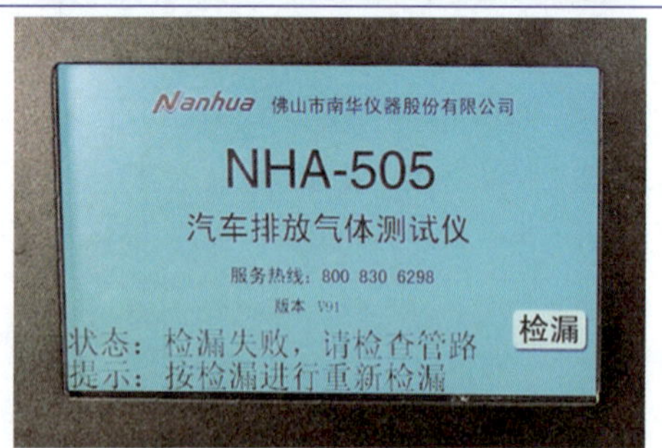
</td><td>4. 检漏完毕，如有泄漏，将出现提示：“检漏失败，请检查管路”。用户应仔细检查整个气路，将问题点排除。如无泄漏，会出现提示：“检漏成功”，仪器将进入自动调零。</td></tr>
<tr><td>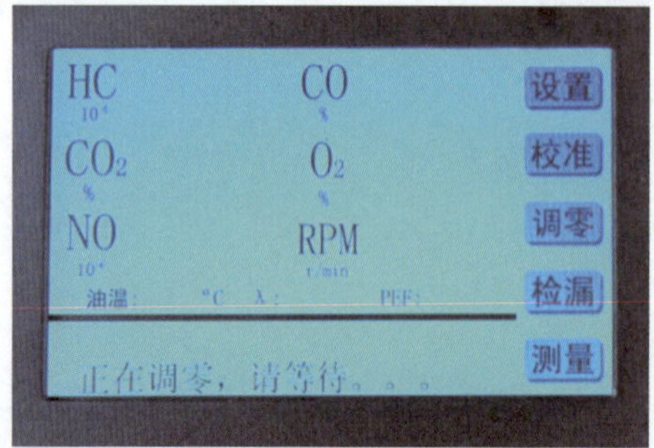
</td><td>（四）自动调零
仪器进入自动调零时，触控屏下方将出现提示：“正在调零，请等待…”，如果调零完成，触控屏下方会显示“调零成功”，几秒钟后，下方的提示消失，触控屏进入主菜单界面。如果调零不正常，触控屏下方将显示：“调零失败”，几秒钟后，触控屏也将进入主菜单界面。</td></tr>
</table>

续表

图示	步骤与说明
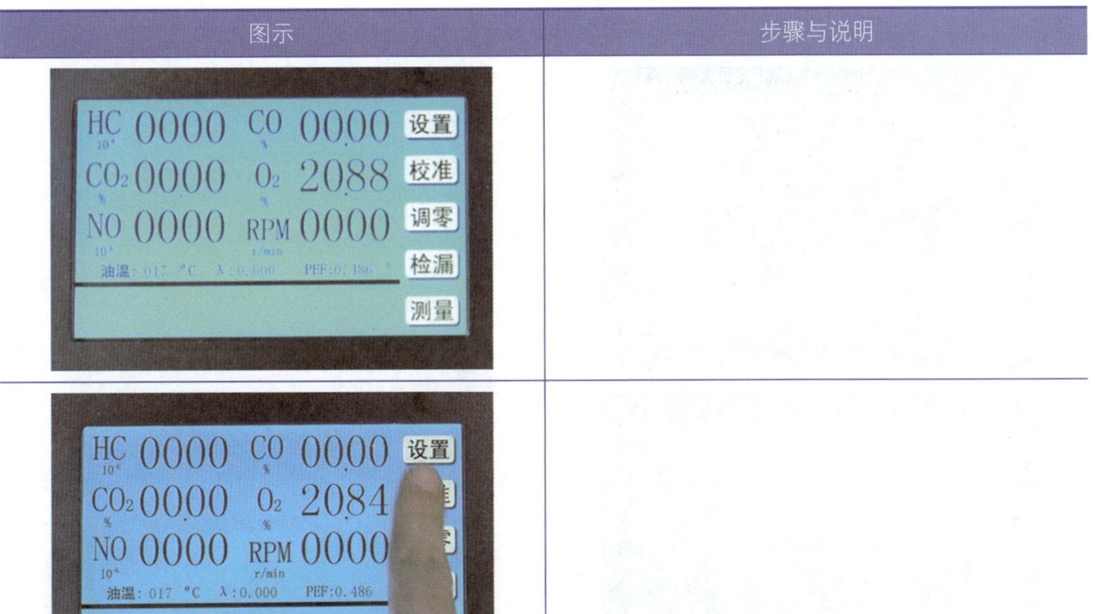	
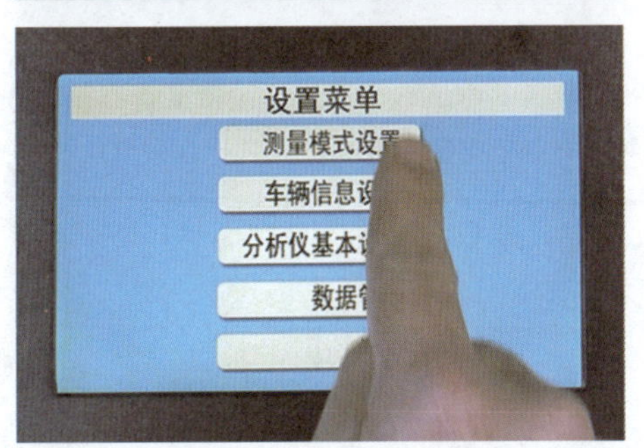	二、仪器的基本设置 在主菜单界面下按下“设置”功能键，仪器将进入设置菜单。
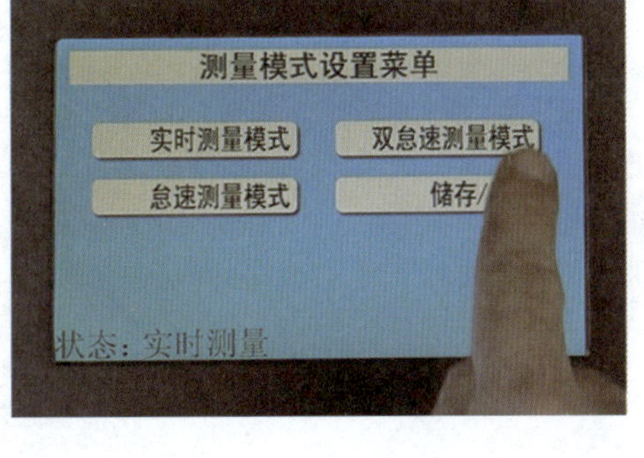	1. 测量模式设置 该型仪器有三种测量模式：实时测量模式、怠速测量模式和双怠速测量模式。 实时测量模式是以不断显示即时测量数据的方式工作，适用于观察或检测机动车排放的实时值。 怠速测量模式是以旧国标中规定的怠速测量法编排的检测流程，由于现行国标已取消了怠速测量法，此测量模式仅供用户试验和参考使用。 双怠速测量模式是按照现行国标《点燃式发动机汽车排气污染物排放限值及测量方法（双怠速法及简易工况法）》（GB 18285—2005）中的规定编排的检测流程。

续表

图示	步骤与说明
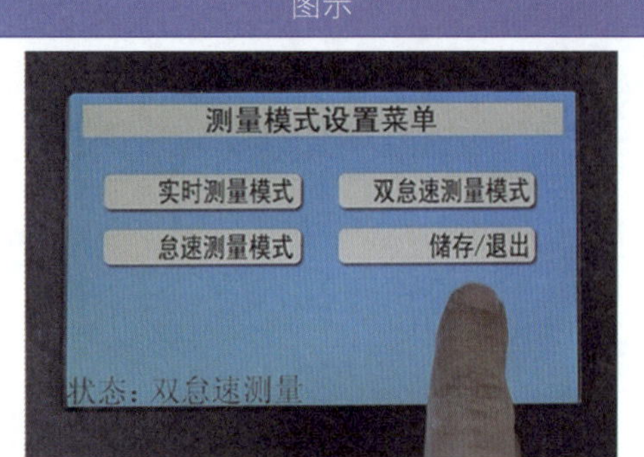	在测量模式设置菜单下，选择“双怠速测量模式”，并按下“储存 / 退出”键。
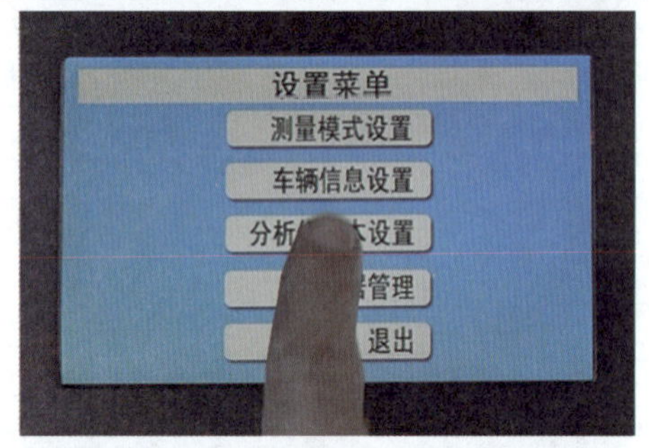	2. 车辆信息设置 车辆信息设置包括与仪器检测有关的被测车辆的燃料种类、冲程、点火方式、发动机额定转速和车牌号常用字等项目，在设置菜单界面下，按“车辆信息设置”键，进入车辆信息设置菜单界面。在此界面按照实际测量车辆的情况进行设置。
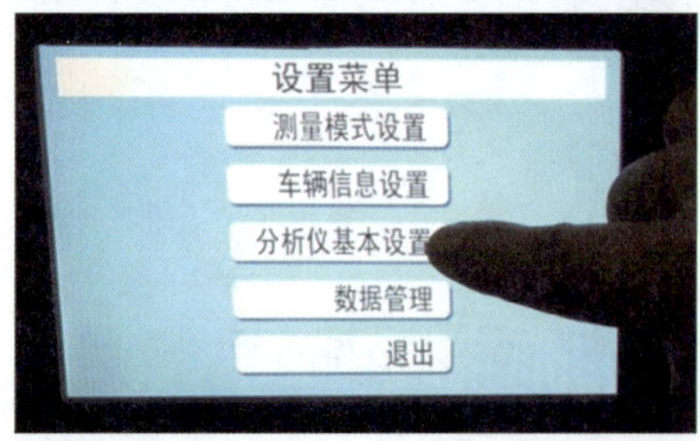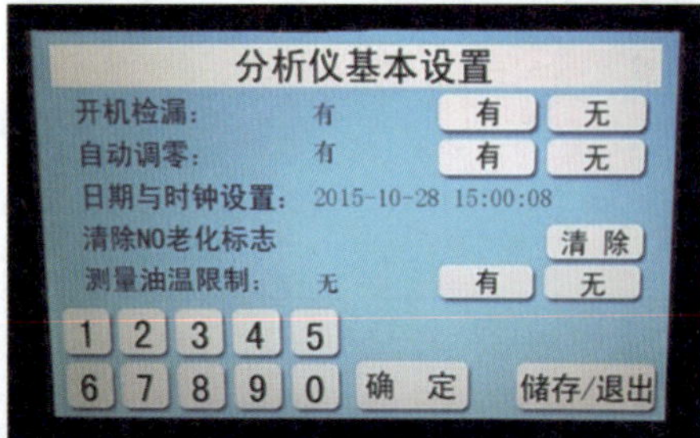	3. 分析仪基本设置 在设置菜单界面下，按“分析仪基本设置”键，可进入分析仪基本设置界面。分析仪基本设置包括开机检漏、自动调零、日期与时钟设置、清除 NO 老化标志、测量油温限值等项目。

续表

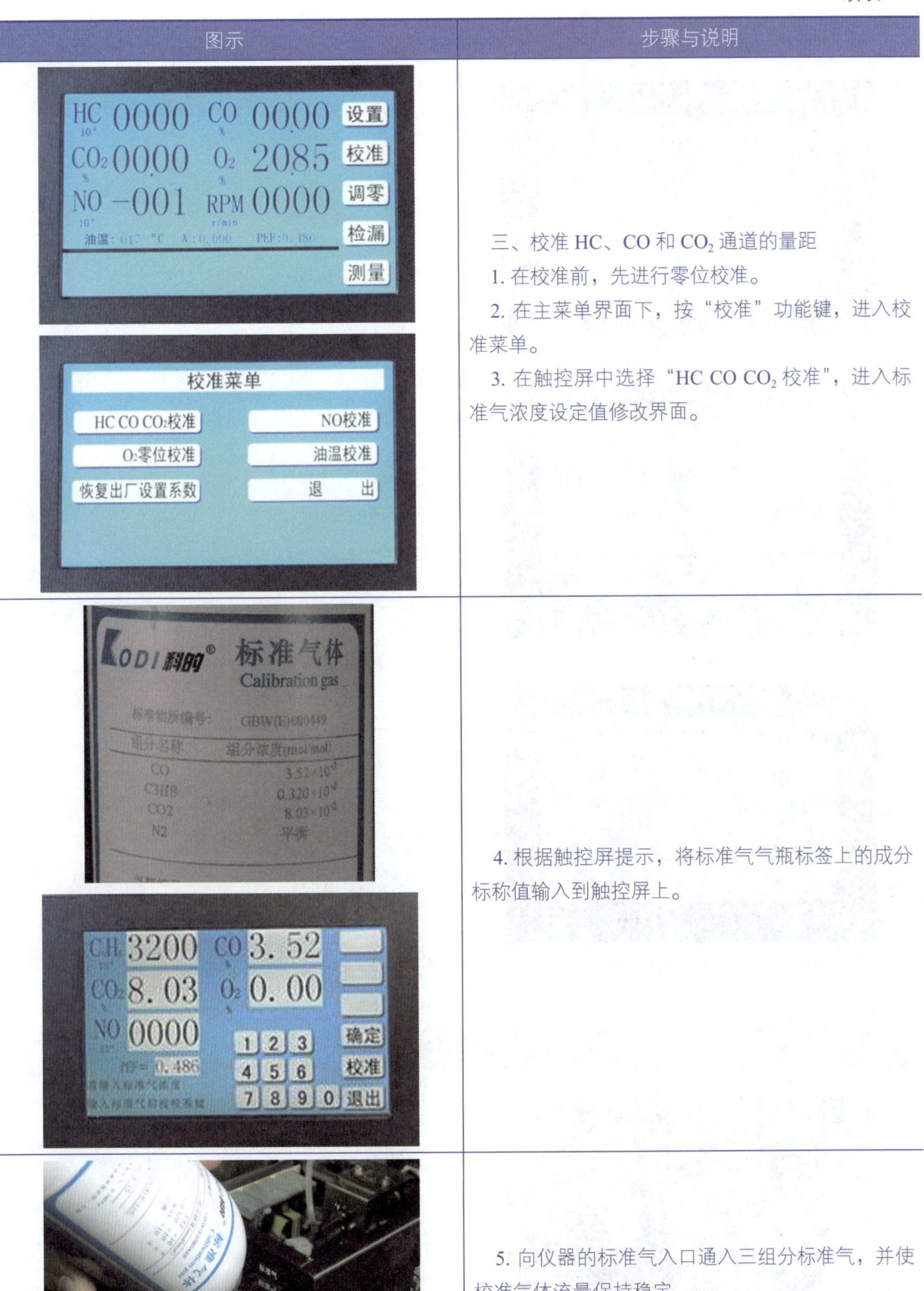

图示	步骤与说明
	三、校准 HC、CO 和 CO_2 通道的量距 1. 在校准前，先进行零位校准。 2. 在主菜单界面下，按“校准”功能键，进入校准菜单。 3. 在触控屏中选择“HC CO CO_2 校准”，进入标准气浓度设定值修改界面。
	4. 根据触控屏提示，将标准气气瓶标签上的成分标称值输入到触控屏上。
	5. 向仪器的标准气入口通入三组分标准气，并使校准气体流量保持稳定。

续表

图示	步骤与说明
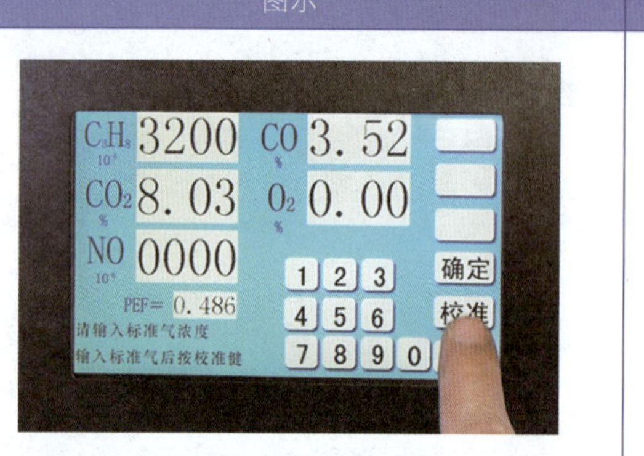	6. 按“校准”键后，触控屏返回主菜单。
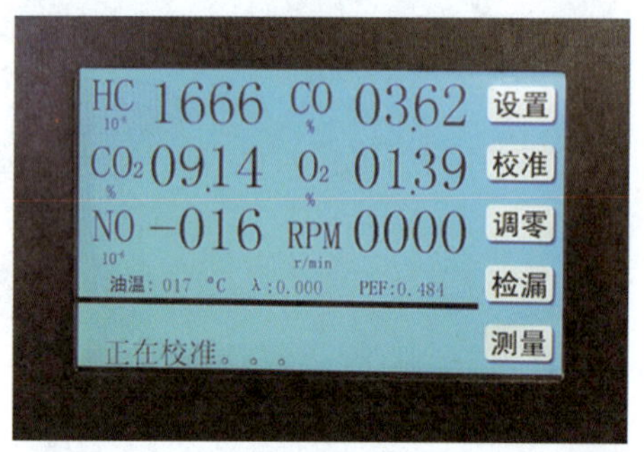	7. 在触控屏下方显示“正在校准…”字样。
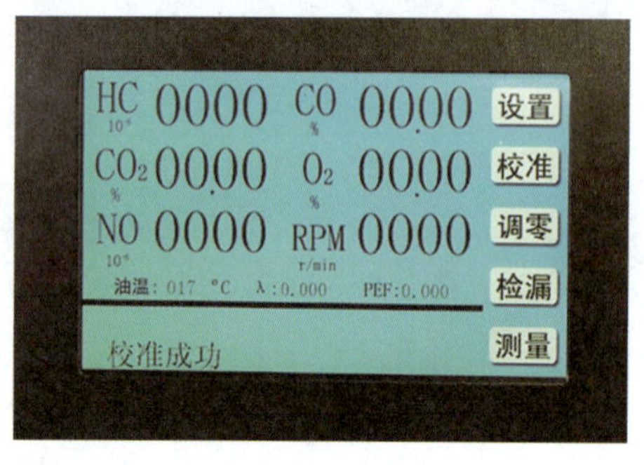	8. 触控屏下方提示“校准成功”，表示 HC、CO 和 CO_2 通道的量距已成功完成校准。

操作二　汽油车尾气的检测

图示	步骤与说明
	1. 在完成上述步骤之后，启动发动机，使发动机运转至正常工作温度，并将油温测量探头插入发动机的润滑油标尺孔中，一直插到探头接触到润滑油为止。

续表

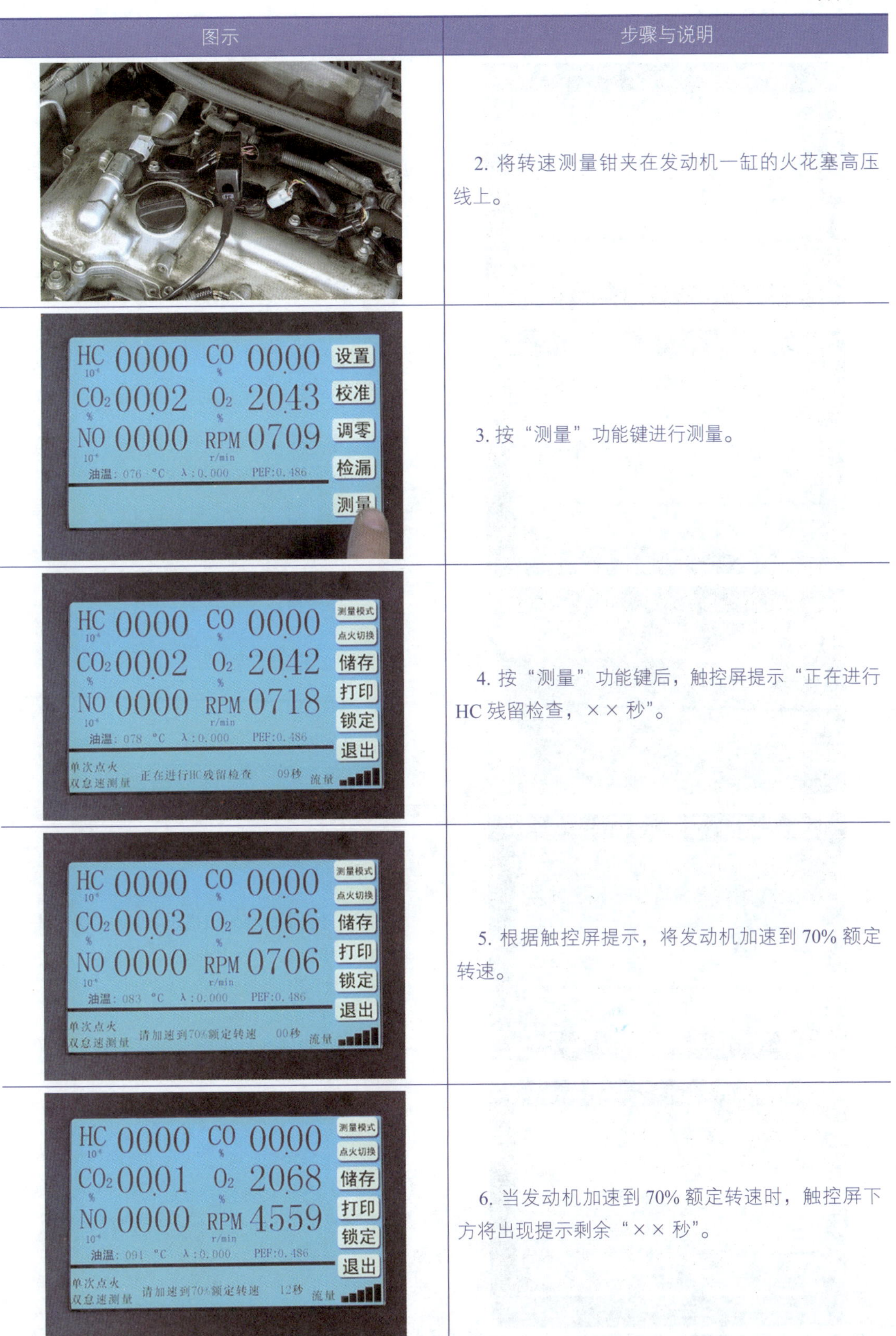

图示	步骤与说明
	2. 将转速测量钳夹在发动机一缸的火花塞高压线上。
	3. 按“测量”功能键进行测量。
	4. 按“测量”功能键后，触控屏提示“正在进行 HC 残留检查，×× 秒”。
	5. 根据触控屏提示，将发动机加速到 70% 额定转速。
	6. 当发动机加速到 70% 额定转速时，触控屏下方将出现提示剩余“×× 秒”。

续表

图示	步骤与说明
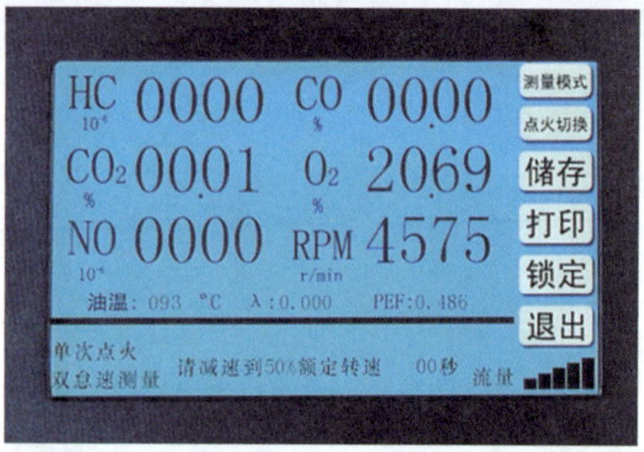	7. 稍等片刻后，触控屏下方出现提示“请减速到50% 额定转速，× × 秒”。
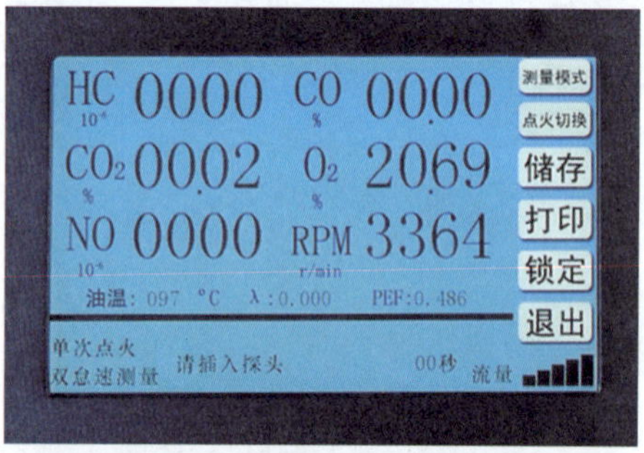 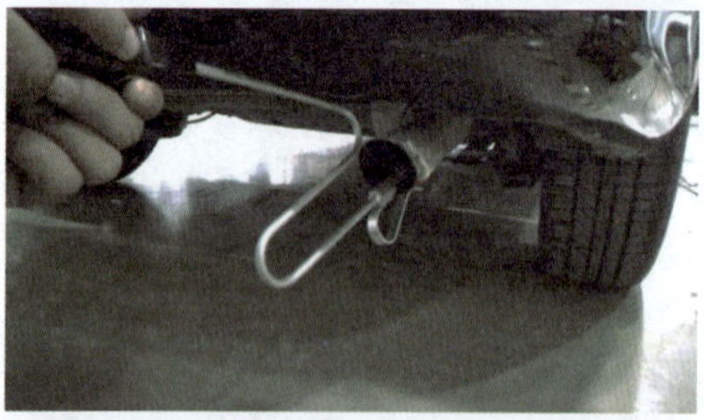	8. 当发动机减速到 50% 额定转速时，触控屏下方将出现提示“请插入探头”。此时拔掉取样探头上的密封帽，将取样探头插入排气管中。 注意：取样探头插入深度不小于 400 mm。
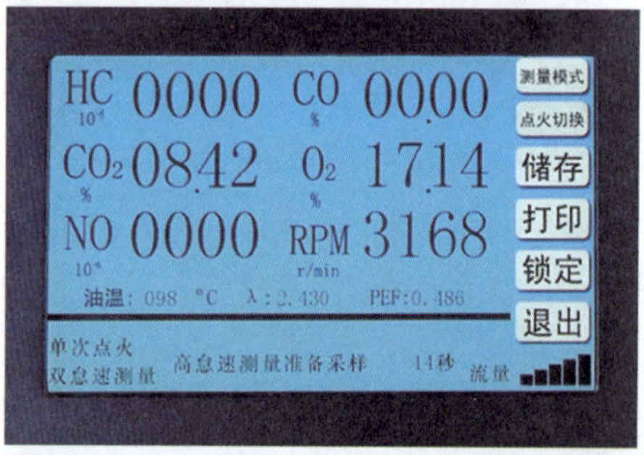	9. 此时触控屏下方将出现提示“高怠速测量准备采样，× × 秒”。
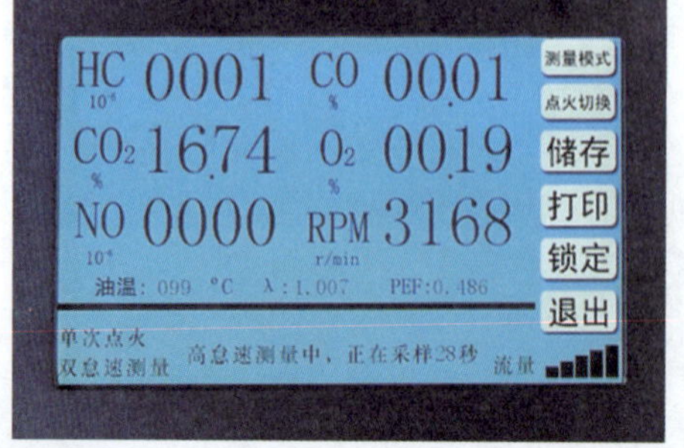	10. 按照提示等待 15 s 后，触控屏下方将出现提示“高怠速测量中，正在采样，× × 秒”。

续表

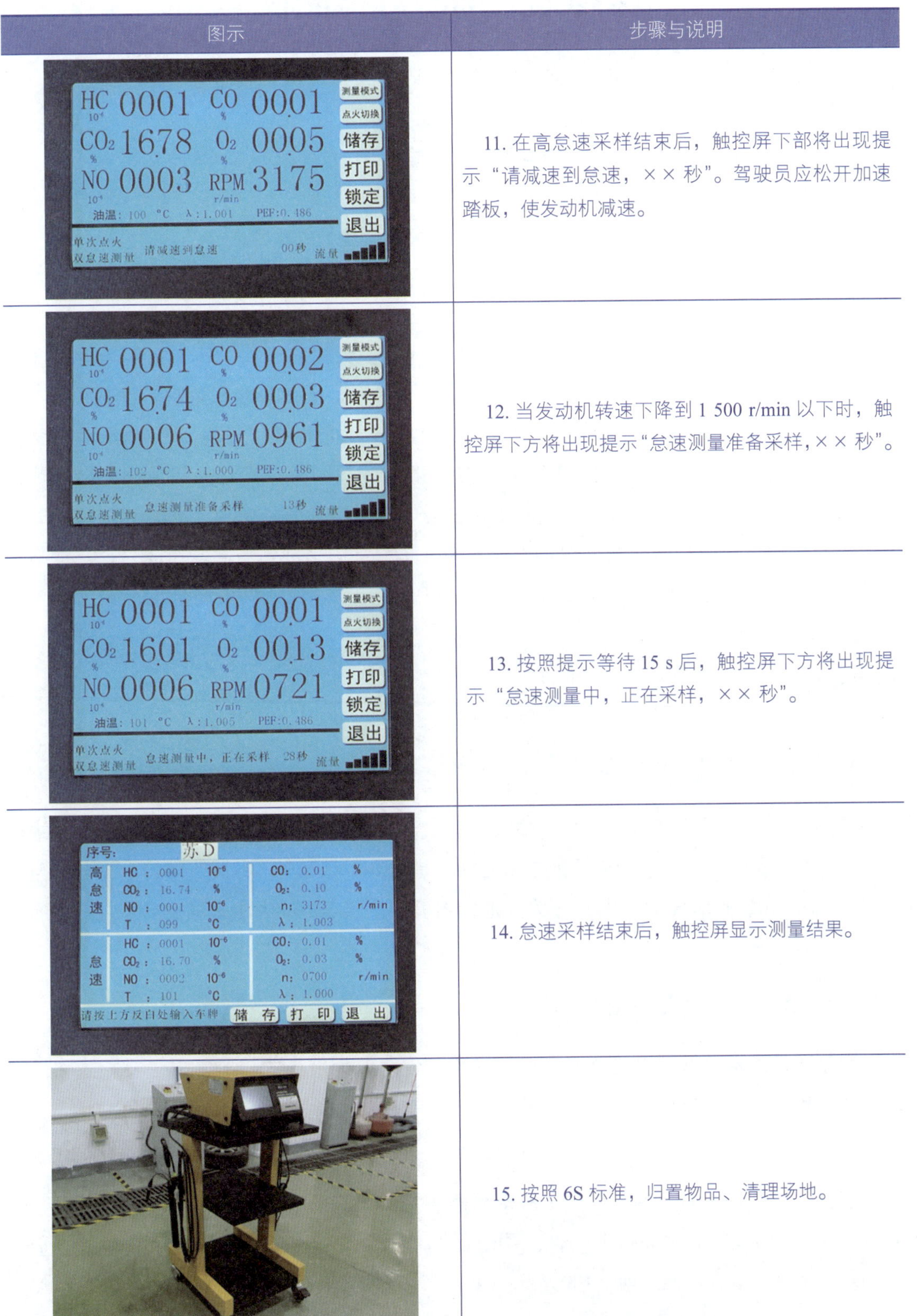

图示	步骤与说明
	11. 在高怠速采样结束后，触控屏下部将出现提示“请减速到怠速，×× 秒”。驾驶员应松开加速踏板，使发动机减速。
	12. 当发动机转速下降到 1 500 r/min 以下时，触控屏下方将出现提示“怠速测量准备采样，×× 秒”。
	13. 按照提示等待 15 s 后，触控屏下方将出现提示“怠速测量中，正在采样，×× 秒”。
	14. 怠速采样结束后，触控屏显示测量结果。
	15. 按照 6S 标准，归置物品、清理场地。

课题七　前照灯检测仪

学习目标

1. 了解前照灯检测仪的分类、结构和工作原理。
2. 掌握前照灯检测仪的使用方法。
3. 能够利用前照灯检测仪进行发光强度和光束照射位置的检测。

任务引入

前照灯是汽车在夜间或在能见度较低的条件下，为驾驶员提供行车道路照明的重要设备，也是驾驶员发出警告，进行联络的灯光信号装置，前照灯要想正常工作必须具有足够的发光强度和正确的照射方向。但在行车过程中，由于汽车受到震动，前照灯部件的安装位置有可能发生变化，从而改变光束的照射方向，同时灯泡在使用过程中会逐步老化，反射镜也会受到污染而使其聚光灯性能变差，导致前照灯的亮度不足。这些变化，都会使驾驶员辨认不清前方道路情况，或在对面来车交会时造成对方驾驶员眩目，从而导致事故的发生。因此，前照灯的发光强度和光束的照射方向被列为机动车运行安全的检验项目。

知识准备

一、前照灯检测仪简介

前照灯检测仪是用来检测汽车、摩托车等机动车辆的前照灯发光强度、灯高和光轴偏移量的一种专用光学仪器，其使用的主要元器件是硅半导体光电池和聚光透镜。光电池用于吸收前照灯发出的光能，将其转变成光电池的电流，按照电流的大小来确定前照灯的发光强度与光轴偏移量。

二、前照灯检测仪的分类

根据测量距离和测量方法不同，前照灯检测仪可分为聚光式、屏幕式、投影式和自动追踪光轴式等几种类型。

1. 聚光式前照灯检测仪

聚光式前照灯检测仪利用受光器的聚光透镜把前照灯的散射光束聚合起来，并导引到光电池的光照面上，根据其对光电池的照射强度，来检测前照灯的发光强度和光轴偏斜量。检测时，检测仪放在前照灯前方1 m处。

2. 屏幕式前照灯检测仪

屏幕式前照灯检测仪在固定屏幕上装有可以左右移动的活动屏幕，在活动屏幕上装有能上下移动的内部带有光电池的受光器。前照灯的光束照射到屏幕上，检测发光强度和光轴偏斜量。通常测试距离为3 m。

3. 投影式前照灯检测仪

投影式前照灯检测仪通过把前照灯光束的影像映射到投影屏上，检测发光强度和光轴偏斜量。检测时，测试距离一般为3 m。

4. 自动追踪光轴式前照灯检测仪

自动追踪光轴式前照灯检测仪采用受光器自动追踪光轴的方法检测前照灯发光强度和光轴偏斜量。一般检测距离为3 m。

三、前照灯检测仪的结构和工作原理

尽管前照灯检测仪种类较多，但结构基本相同，均由接受前照灯照明光束的受光器、使受光器与汽车灯具对正的瞄准器、前照灯发光强度指示装置、光轴偏移量指示装置和支柱、底座、导轨及车辆摆正找准器等部分组成。南华NHD-8000型前照灯检测仪的结构如图5—7—1所示。

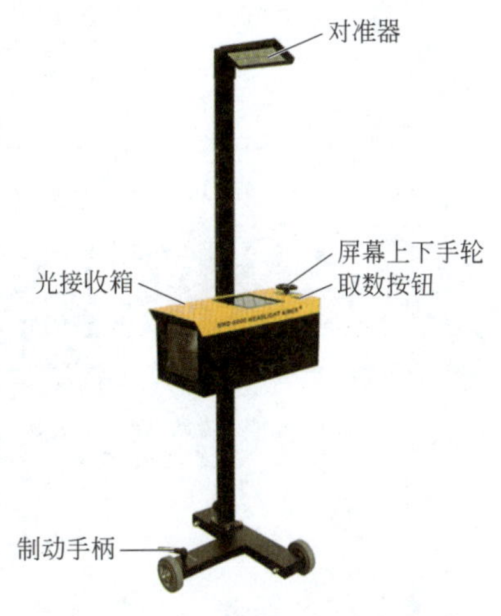

图 5—7—1　南华 NHD-8000 型前照灯检测仪

在聚光透镜的上下和左右方向装有光电池。前照灯光束的影像通过聚光透镜、光度计的光电池和反射镜后，映射到投影屏上。检测时，通过上下、左右移动受光器使光轴偏斜指示计指示为零，从而找到被测前照灯主光轴的方向，然后根据投影屏上前照灯光束影像的位置，即可得出主光轴的偏斜量，同时可从光度计的指示中读取发光强度。

四、前照灯检测仪的使用方法

不同类型的前照灯检测仪其检测方法不同，使用时应参照设备使用说明书。下面以南华NHD-8000型前照灯检测仪为例，介绍前照灯检测仪的使用方法。

（一）检测前的准备

1. 仪器的准备

（1）检查聚光透镜和反射镜的镜面有无污物或模糊不清的地方。若有，可用柔软的布或镜头纸等擦拭干净。

（2）检查箱体是否处于水平状态。当箱体内水准泡的气泡处于中间位置时，此时箱体处于水平状态。

（3）检查蓄电池电量是否充足。

（4）检查被检测车辆轮胎气压是否符合厂家规定。

（5）清洁被检测车辆的前照灯。

2. 车辆的准备

（1）车辆对准

首先应在被检车辆前方88 cm处用黄线画出3 000 mm×40 mm区域，用于对正检测仪的两后轮，如图5—7—2所示。检测前，利用装于立柱上的对准器使仪器的光接收箱镜面与被检车辆的纵向中心线垂直。具体方法为：在被检车辆的纵向中心线的垂直线上选取两个对称参考点，如发动机盖板外边缘左右两个拐角点，手握对准器并旋转，当对准器上的水平对准线与上述两拐角点确定的水平连线平行，则说明车辆已对准。否则应重新停放车辆。

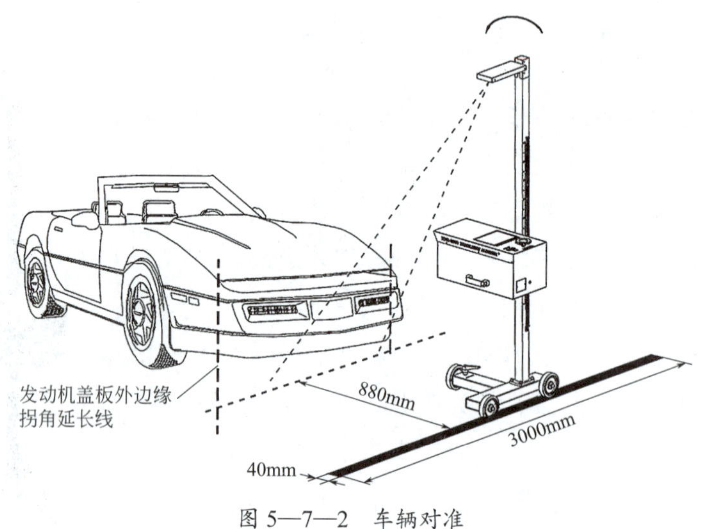

图 5—7—2 车辆对准

（2）被检前照灯的对准

沿仪器后轮对正线把仪器移动到被检前照灯前方，并通过扳动升降座手柄上的按钮及双手上下移动光接收箱，使光接收箱前方的菲涅尔透镜光学中心与被检前照灯中心等高，同时令仪器光接收箱盖板上的两个对正指示标的中线延长线与被检前照灯的中心线延长线处于铅垂面上，这时就表示仪器对准了被检前照灯，且检测距离在50±5 cm 的范围内，如图5—7—3所示。

（二）前照灯的检测

1. 远光测量操作

车辆和仪器调整完毕后，保持仪器不动。打开远光灯，按住仪器的取数按钮，一边调整仪器的屏幕上下手轮，一边通过液晶屏观察实时发光强度测量值，当发光强度测量值为最大值时保持当前的屏幕上下手轮不动。这时液晶屏显示的测量数据即为被测前照灯的远光发光强度。图5—7—4所示为当前的远光发光强度测量值为20 000 cd。同时可通过仪器

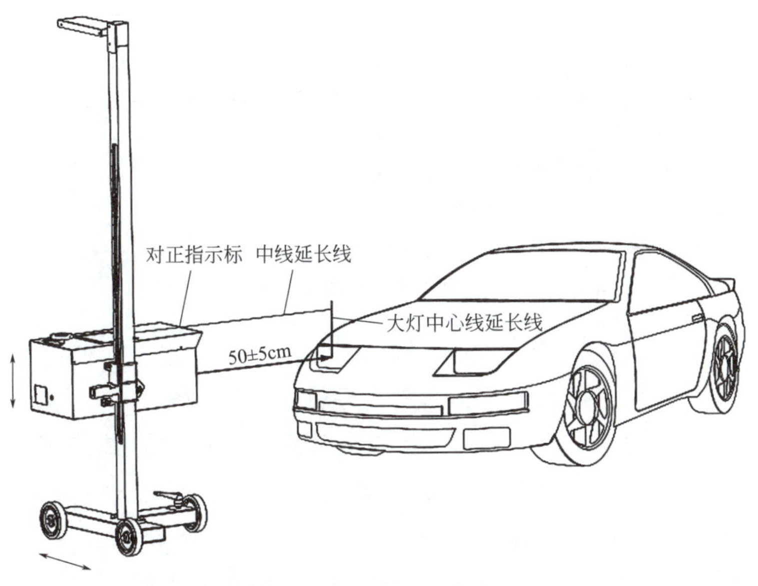

图 5—7—3　被检前照灯的对准

光接收箱上的透明玻璃窗观察受光屏的相对移动距离，该移动距离即为当前被测前照灯的偏移量，该偏移量等效于10 m屏幕检测法中的偏移量，如图5—7—5所示，当前的远光偏移量为：下0.5% /10 m（5 cm/10 m），左右 0.0% /10 m（0 cm/10 m）。

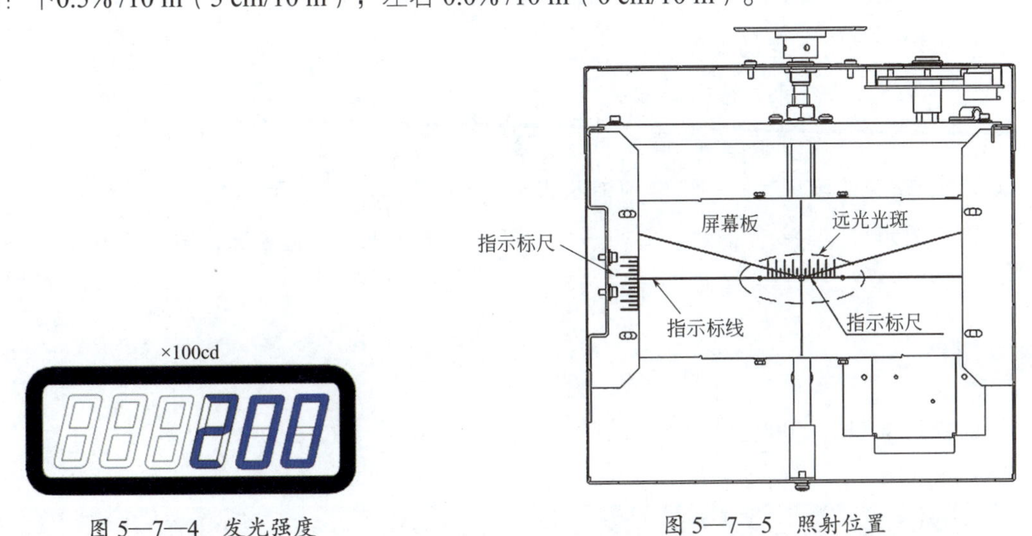

图 5—7—4　发光强度

图 5—7—5　照射位置

2. 近光测量操作

打开近光灯，按住仪器的取数按钮，调整仪器屏幕上下手轮，使仪器受光屏中心点与近光灯明暗截止线的转角点基本重合，并且液晶屏显示的光强值刚好为最小值时，从受光屏组件指示标尺上读出被测前照灯近光光轴偏移量，并通过屏幕板上的明暗截止线判断其转角作为测量结果，如图5—7—6所示。由于近光灯的配光特性有多种不同规格，因此通过观察窗观察受光屏幕上近光配光特性，进行人工判定的结果仅供参考，判定结果近似等效于10 m屏幕法的结果。

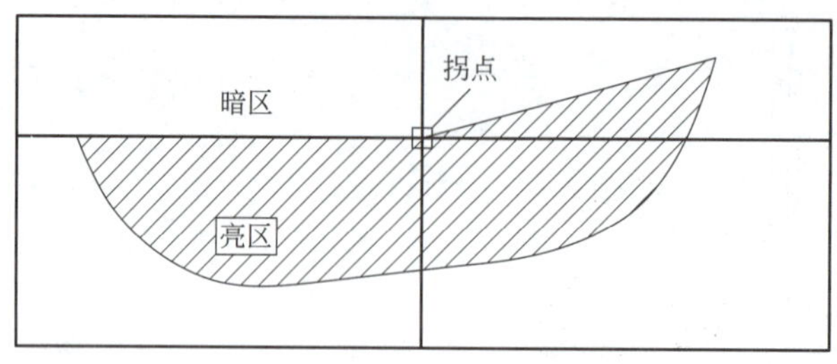

图 5—7—6　近光灯检测

3. 调灯操作

为提高调灯效率，在调整远/近光偏移量，特别是近光偏移量时，可按如下方式调节：调节仪器的屏幕上下手轮，使上下零位指示标线指正用户预设的光轴偏移量。然后根据从观察窗看到的屏幕板上的前照灯配光特性，调节被检前照灯并使其光斑调整到屏幕中心附近（远光以光斑最亮部分基本对正屏幕中心为准，近光则以看到的明暗截止线与屏幕上印刷的截止线基本重合或拐点与屏幕中心重合为准）。最后按照先上下后左右的原则调节前照灯，调整远/近光偏移量时，一边调整前照灯一边通过液晶屏观察当前的实时发光强度测量值，当发光强度测量值刚好为最大值/最小值时保持当前被检前照灯的位置不动，调灯操作完成。

五、前照灯检测仪的使用注意事项

1. 检测仪的底座一定要保持水平。
2. 检测仪不能受外来光线的影响。
3. 必须在汽车空载并乘坐1名驾驶员的状态下检测。
4. 汽车有4只前照灯时，一定要把辅助照明灯遮住后再进行测量。
5. 打开前照灯照射受光器后，等待一段时间，待光电池灵敏度稳定后再进行检测。
6. 仪器不用时，要用布罩把受光器盖好。

技能实训

下面以南华NHD-8000型前照灯检测仪为例，介绍前照灯的检测与调整方法。

前照灯的检测与调整

图示	步骤与说明
	一、车辆准备 将车辆停在水平地面上，检查轮胎气压，对待检前照灯进行清洁。

续表

图示	步骤与说明
	二、仪器准备 1. 清洁前照灯检测仪，并将其置于车前 880 mm 处。
	2. 使仪器的光接收箱镜面与被检车辆的纵向中心线垂直，在被检车辆的纵向中心线的垂直线上选取两个对称参考点，手握对准器并旋转，当对准器上的水平对准线与刚才确定的参考点水平连线平行，则说明车辆已对准。
	3. 通过调整受光器与支架连接螺栓使受光器水平。
	4. 再次检查前照灯中心与受光器透镜距离在 50 ± 5 cm 的范围内。

续表

图示	步骤与说明
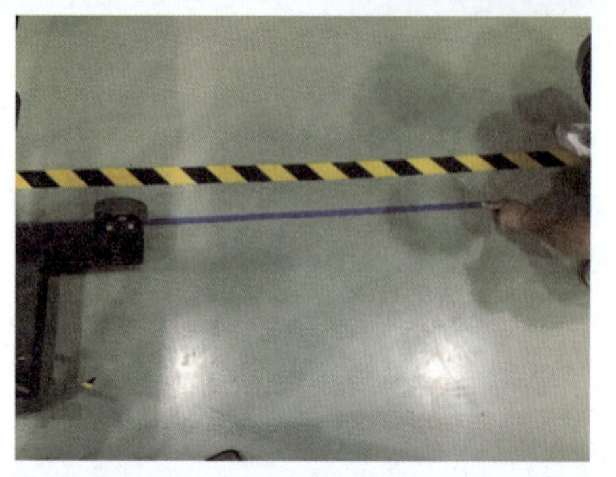	5. 沿检测仪两平行后轮的轨迹，用胶带在地面上贴出一条检测仪滚动轨道。
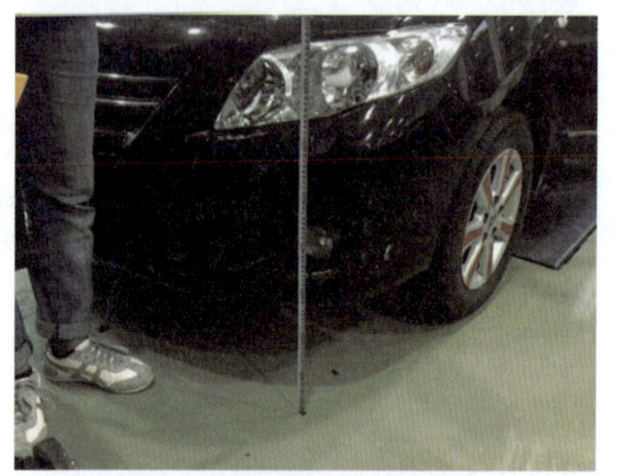	三、前照灯检测与调整 1. 量取前照灯中心与地面高度，并记为 H（一般该高度为 70 cm）。
	2. 通过扳动升降座手柄上的按钮及双手上下移动光接收箱，使光接收箱前方的菲涅尔透镜光学中心与被检前照灯中心高度 H 相等（标尺上沿与 H 高度的刻度对齐）。
	3. 使仪器光接收箱盖板上的两个对正指示标的中线延长线与被检前照灯的中心线延长线处于铅垂面上。

续表

图示	步骤与说明
 	4. 锁住检测仪前轮防止检测仪左右滚动。
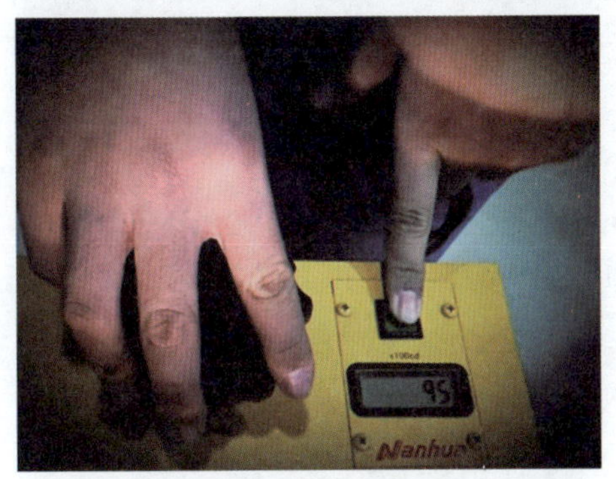	5. 启动发动机，使蓄电池处于充电状态。打开前照灯并调整到近光状态；将大灯高度调整旋钮旋至数字“0”位置，此时近光灯处于最高照射高度。
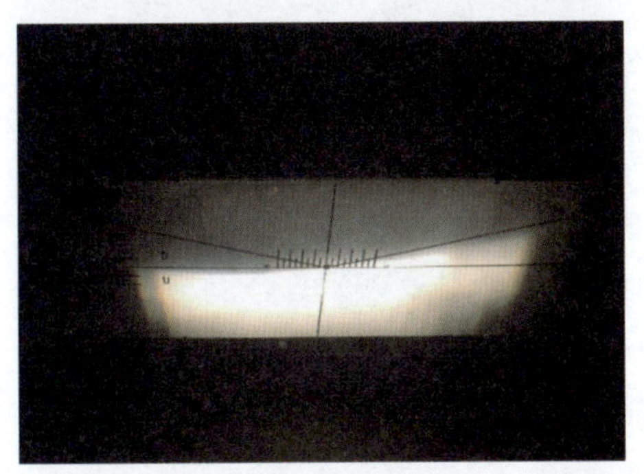	6. 按住仪器的绿色取数按钮，调整仪器屏幕上下手轮，使仪器受光屏中心点与近光灯明暗截止线的转角点基本重合，并且液晶屏显示的光强值刚好为最小值时停止。
	7. 从受光屏组件指示标尺上读出被测前照灯近光光轴偏移量。

续表

<table>
<tr><th>图示</th><th>步骤与说明</th></tr>
<tr><td>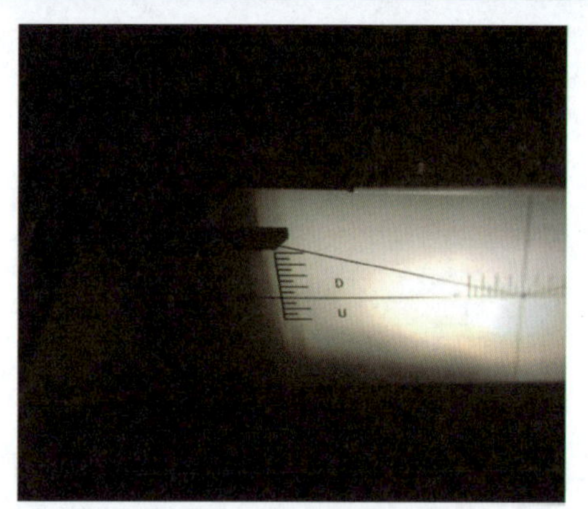</td><td>8. 图中左侧固定指示桩的上沿与字母 D、U 中间水平指示线对齐为灯的基准高度 H，当指示刻度在 D 区域表示照射高度小于基准高度 H，反之，则照射高度大于基准高度 H。</td></tr>
<tr><td>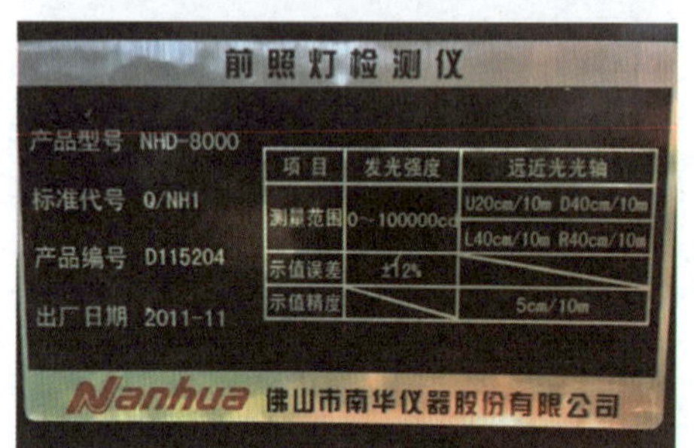</td><td>9. 对照仪器铭牌的测量精度与测量范围，计算近光灯的照射位置。如：刻度指向 D 区域指示标线向上第 4 格，则近光灯照射高度为 70 cm−4×5 cm=50 cm，50/70≈0.714 H。</td></tr>
<tr><td></td><td>10. 如果测量的近光灯照射位置不符合要求，可以通过调整螺钉调整高低和左右照射位置直到符合要求。</td></tr>
<tr><td></td><td>11. 调整前照灯检测仪与远光灯对正，并打开远光灯。</td></tr>
</table>

续表

图示	步骤与说明
	12. 按住仪器的取数按钮，一边调整仪器的屏幕上下手轮，一边通过液晶屏观察当前的实时发光强度测量值，当发光强度测量值为最大值时保持当前的屏幕上下手轮不动。这时液晶屏显示的测量数据即为被测前照灯的远光发光强度，如图所示，当前的远光发光强度测量值为 15 300 cd。
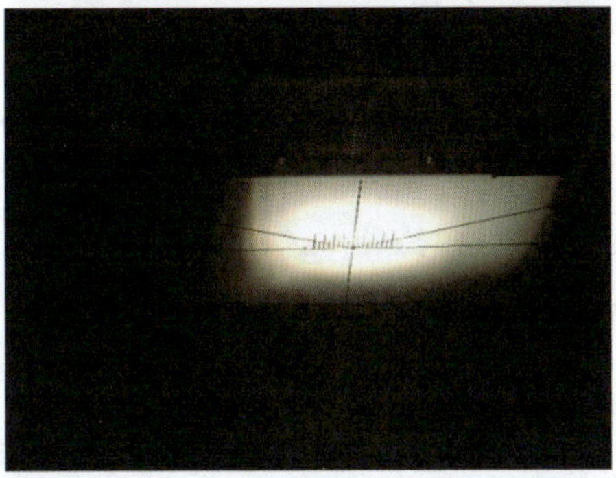	13. 此时可通过仪器光接收箱上的透明玻璃窗观察受光屏的相对移动距离，该移动距离即为当前被测前照灯远光的偏移量，如不符合要求则更换灯泡。

单元六　汽车综合性能检测设备的使用与维护

课题一　汽车综合性能检测线

学习目标

1. 了解综合性能检测线的功能。
2. 熟悉综合性能检测线的工位布置。
3. 熟悉综合性能检测线的工艺流程及工艺布局。
4. 掌握综合性能检测线的使用注意事项。

任务引入

综合性能检测是运输业车辆技术管理的主要内容。它是检查、鉴定车辆技术状况和维修质量的重要手段，是促进维修技术发展，实现视情修理的重要保证。综合性能检测主要包括动力性、经济性、安全性、可靠性及噪声和排气污染物等的检测与评价。

知识准备

一、综合性能检测线的功能

1. 对在用运输车辆的技术状况进行检测诊断。
2. 对维修车辆质量进行检测。
3. 接受委托，对车辆改装、改造、报废和有关新工艺、新技术、新产品，以及节能、科研项目等进行检测、鉴定。
4. 在环保部门统一监督管理下，对汽车排气污染物进行监测。
5. 受公安、环保、计量和保险等部门的委托，为其进行有关项目的检测，提供检测结果。

二、综合性能检测线的工位布置

综合性能检测线一般有两种类型：一种是全能综合检测线；另一种是一般综合检测线。全能综合检测线设有包括安全环保检测线主要检测设备在内的比较齐全的工位，而一般综合检测线设置的工位不包括安全环保检测线的功能。本课题所指综合性能检测线除特别说明外，都为全能综合检测线。

全能综合检测线的工位布置如图6—1—1所示，它由外观检查及车轮定位工位、制动工位和底盘测功工位组成，能对车辆技术状况进行全面检测，必要时也能对车辆进行安全环保检测。这种检测线的检测设备多，检测项目齐全，与安全环保检测线互不干扰，因而检测效率相对较高，但建站费用也较高。

综合检测线上各工位的车辆，由于检测项目不一、检测深度不同，很难在相同的时间内检测完毕，容易造成检测堵车现象。为此可在各工位布置横向出口，以提高检测效率。

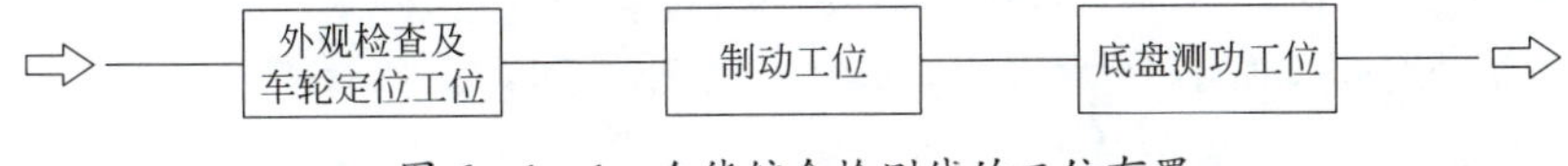

图 6—1—1 全能综合检测线的工位布置

由外观检查及车轮定位工位、制动工位和底盘测功工位组成的三工位全能综合检测线的主要设备及其用途见表6—1—1。

表 6—1—1 三工位全能综合检测线的主要设备及其用途

序号	设备名称	设备功用
1	汽车底盘测功机	汽车底盘测功机是测量汽车动力性、底盘输出功率、多工况排放指标及油耗的专用仪器
2	发动机分析仪	发动机分析仪是在发动机不解体的情况下，通过检测其多种参数，从而了解发动机技术状况，进行故障诊断的一种仪器
3	汽车前轮转角仪	汽车前轮转角仪是用于转向系前轮定位及转向操纵性能检测的一种汽车维修检测仪器
4	悬架检验台	悬架检验台是对汽车悬架进行多自由度试验，模拟不平路面作用在车轮与车架（或车身）的冲击力的台架
5	油耗计	油耗计是通过累计汽车发动机工作中所耗燃料的总容量，用时间或里程来计算油耗量的一种仪器，它既能随车测量百千米油耗量，也可在场内进行定负荷、定时间的对比油耗试验
6	传动系游动角度检测仪	传动系游动角度检测仪是用来检测驱动桥、万向传动装置、离合器和变速器游动角度的仪器

（一）外观检查及车轮定位工位

1. 主要设备：轮胎自动充气机、轮胎花纹测量器、地沟上举升器、就车式车轮动平衡机、超声发射探伤仪、侧滑检验台、四轮定位仪或车轮定位检测仪、转向盘自由转动量检测仪、转向盘转向力检测仪、传动系游动角度检测仪、底盘间隙检测仪等。

2. 检测项目：车身车底外观检查、就车检测及调整车轮不平衡量、转向节枢轴等安全机件探伤、检测前轮侧滑量和最大转向角、检测前轮和后轮定位参数、检测转向盘自由转动量和转向盘转向力、检测传动系游动角度、检测轮毂轴承等配合件的间隙。

（二）制动工位

1. 主要设备：轴（轮）重检验台、制动检验台等。

2. 检测项目：检测各轴轴重、检测各轮制动拖滞力和制动力以及按制动曲线分析制动过程、检测驻车制动力等。

（三）底盘测功工位

1. 主要设备：底盘测功机、发动机分析仪、电控系统检测仪、电器综合测试仪、气缸压力表、气缸漏气量测试仪、真空表、油耗计、废气分析仪、烟度计、声级计、机油清净性分析仪、发动机无负荷测功仪、发动机异响分析仪、传动系异响分析仪、温度计等。

2. 检测项目：本工位能模拟汽车道路行驶，因而可组织较多的检测设备对汽车发动机、底盘、电气设备和车身等进行综合检测诊断。

三、综合性能检测线的工艺流程及工艺布局

（一）综合性能检测线的工艺流程

综合性能检测线的工艺流程如图6—1—2所示。

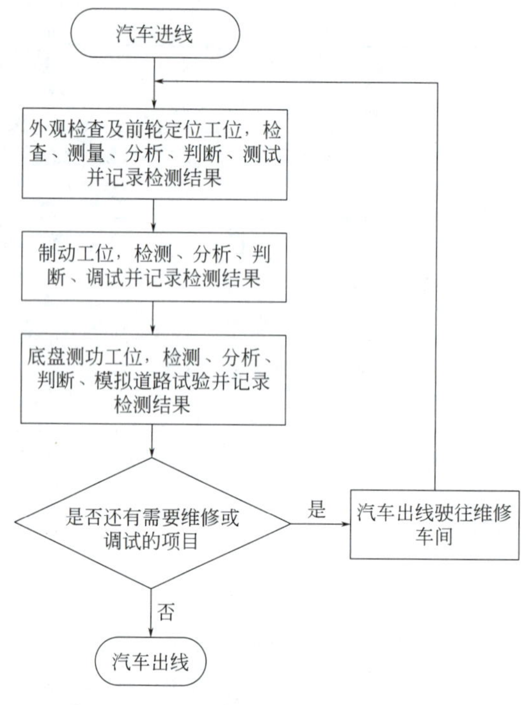

图 6—1—2 综合性能检测线工艺流程图

（二）综合性能检测线的工艺布局

综合性能检测线除了包含安全环保检测线所有设备外，还包括底盘测功机、悬架检验台、转角测试仪、发动机分析仪及其他检测设备。常见的综合性能检测线工艺布局有以下三种。

1. 单线三工位，大小车混检，检测线长度在42～60 m，其布局如图6—1—3所示。若检

测车辆为大小车混检或只检测大车时，一般都采用这种布局，若小车居多且检测线长度在55 m以上，可考虑四工位布局。

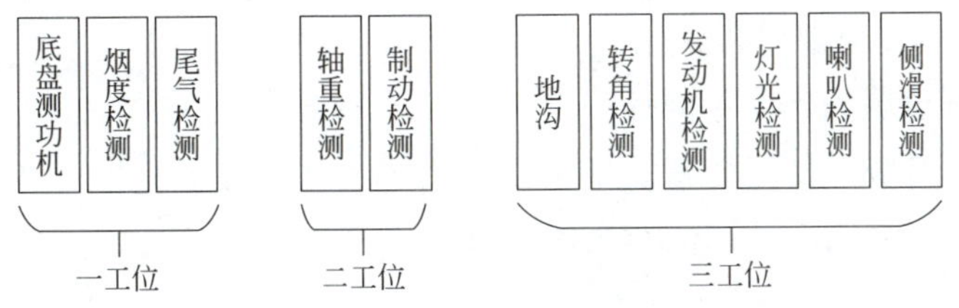

图 6—1—3　三工位综合性能检测线工艺布局

2. 单线四工位，小车或大小车混检且小车居多，检测线长度在55 ~ 60 m，其布局如图6—1—4所示。

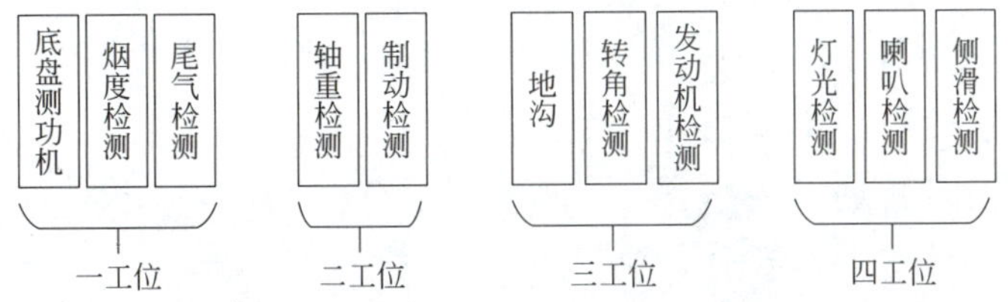

图 6—1—4　四工位综合性能检测线工艺布局

3. 双线五工位，检测线长度在42 ~ 60 m，其布局如图6—1—5所示。

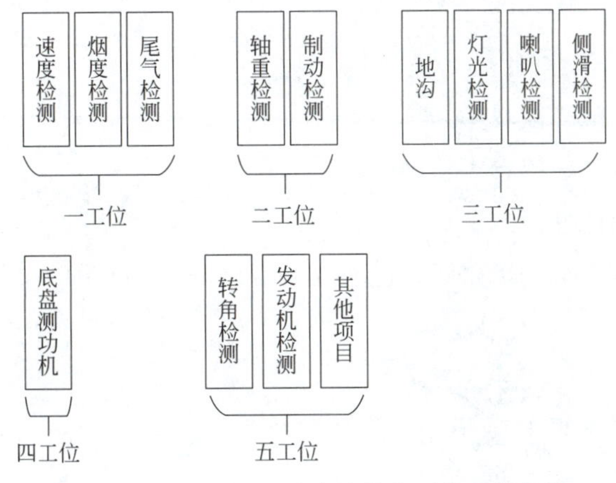

图 6—1—5　五工位综合性能检测线工艺布局

随着汽车数量的不断增加，为进一步提高检测站的效率，现在许多检测站已经将大车、小车分开检测，设置大车线、小车线，若是专项检测，甚至设置一条专项检测线。总之，选择什么样的工艺布局，应根据检测车间长度、检测车辆数量、场地情况、投资金额等多方面因素来综合考虑。

四、综合性能检测线的使用注意事项

1. 使用检测线前，需预热检测仪器30 min。

2. 检测线仪器预热完成后，检查仪器显示是否正常，有的仪器需清零（如平板制动检验台），检查滚筒式车速台和滚筒反力式制动检验台举升装置是否正常。

3. 随时监控检测线运行情况，发现仪器或检测结果有异常，应立即停止检测，并报告技术负责人处理后方可继续检测。

4. 检测中突然出现停电现象时，应首先切断仪器设备电源，停止一切操作，并报告技术负责人，由技术负责人做出处理。供电恢复后，由技术负责人根据各检测仪器的工作情况，对此前的数据进行判断，如不受影响，可继续进行下一工位检测。如数据不可靠，应重新进行检测。

5. 检测过程中，发现受检车辆自燃或仪器因电线短路，出现火花时，应立即采取应急措施，关闭全部仪器电源，用灭火装置灭火，防止人员、车辆和仪器受到伤害，并立即报告检测站负责人进行处理。

6. 发现检测环境条件不适于检测时，应停止检测，并报告技术负责人处理。

7. 停检后，关闭所有电源，并由相关人员做好仪器设备的清洁工作，安全及卫生检查通过后才能离开检测线现场。

课题二　底盘测功机

学习目标

1. 了解底盘测功机的功能及检验标准。
2. 了解汽车底盘测功机的分类与结构。
3. 掌握底盘测功机的使用方法。
4. 能够正确使用底盘测功机对汽车进行检测。

任务引入

汽车动力性是指汽车在行驶中能达到的最高车速、最大加速能力和最大爬坡能力，是汽车各种性能中最基本、最重要的一种性能。在用汽车随着使用时间的延长，其动力性会逐渐下降，不仅会降低汽车应有的运输效率及公路应有的通行能力，而且还会成为导致交通事故、交通堵塞的潜在因素。因此，对在用汽车进行动力性检测是一项非常重要的检测项目。

知识准备

一、底盘测功机简介

底盘测功机是一种不解体检验汽车性能的检测设备，它通过在室内台架上模拟汽车道路行驶工况的方法来检测汽车的动力性，而且还可以测量多工况排放指标及油耗。底盘测功机通过滚筒模拟路面，通过功率吸收加载装置来模拟道路行驶力，通过飞轮的转动惯量来模拟汽车的转动惯量及直线运动的惯性，故能得出比较符合实际的检测结果，因而得到广泛应用。

1. 驱动轮输出功率和轮边稳定车速

按《汽车动力性台架试验方法和评价指标》（GB/T 18276—2017）的规定，整车动力性可用底盘测功机检测汽车驱动轮输出功率或驱动轮轮边稳定车速来评价。

驱动轮输出功率为汽车在发动机最大扭矩工况或额定功率工况时的驱动轮输出功率；驱动轮轮边稳定车速为汽车在发动机额定功率工况或最大扭矩工况时的驱动轮轮边稳定车速。注意：采用驱动轮轮边稳定车速作为评价指标时，压燃式发动机车辆采用额定功率工况，点燃式发动机车辆采用最大扭矩工况。

2. 驱动轮输出功率限值

最大扭矩工况下，驱动轮输出功率限值取最大扭矩点功率P_M的51%，P_M按下列公式计算或选取推荐值（参见表6—2—1、表6—2—2）：

$$P_M = (M_e \cdot n_m)/9\ 550$$

式中 M_e——发动机最大扭矩，N·m；

n_m——发动机最大扭矩工况时转速，r/min。

额定功率工况下，驱动轮输出功率限值取额定功率P_e的49%。

采用最大扭矩工况或额定功率工况下的驱动轮输出功率进行评价时，当校正驱动轮输出功率大于或等于限值，判定该车动力性合格。

3. 驱动轮轮边稳定车速限值

额定功率工况下，驱动轮轮边稳定车速限值V_e按下列公式计算，当驱动轮轮边稳定车速V_w大于或等于V_e时，判定该车动力性合格。

$$V_e = 0.87 \times V_a$$

式中 V_e——额定功率驱动轮轮边稳定车速限值，km/h；

V_a——节气门全开时所挂挡位的最高稳定车速，km/h。

注意：底盘测功机不加载的条件下，启动被检车辆，逐步加速，选择直接挡，测取节气门全开时的最高稳定车速。当最高稳定车速大于95 km/h（对于危险货物运输车辆，其最高稳定车速大于80 km/h）时，应降低一个挡位，重新测取最高稳定车速。

最大扭矩工况下，驱动轮轮边稳定车速V_m取推荐值（参见表6—2—1、表6—2—2）。当驱动轮轮边稳定车速V_w大于或等于V_m时，判定该车动力性为合格。

表 6—2—1　　客车最大扭矩工况车速及驱动轮输出功率限值推荐值

车长（L）mm	车速（V_m）km/h	输出功率限值（P_M）kW
$L \leqslant 6\,000$	50	26
$6\,000 < L \leqslant 7\,000$	50	28
$7\,000 < L \leqslant 8\,000$	53	35
$8\,000 < L \leqslant 9\,000$	60	54
$9\,000 < L \leqslant 10\,000$	63	62
$10\,000 < L \leqslant 11\,000$	65	70
$11\,000 < L \leqslant 12\,000$	70	87
$L > 12\,000$	70	109

表 6—2—2　　货车最大扭矩工况车速及驱动轮输出功率限值推荐值

最大总质量（G）kg	车速（V_m）km/h	输出功率限值（P_M）kW
$3\,500 < G \leqslant 4\,000$	47	19
$4\,000 < G \leqslant 8\,000$	47	24
$8\,000 < G \leqslant 9\,000$	47	26
$9\,000 < G \leqslant 12\,000$	50	30
$12\,000 < G \leqslant 15\,000$	50	33
$15\,000 < G \leqslant 16\,000$	50	36
$16\,000 < G \leqslant 18\,000$	50	48
$18\,000 < G \leqslant 22\,000$	53	52
$22\,000 < G \leqslant 25\,000$	55	56
$25\,000 < G \leqslant 30\,000$	55	66
$30\,000 < G \leqslant 31\,000$	55	75

注意：其他车型最大扭矩工况车速及驱动轮输出功率限值推荐值参考 GB/T 18276—2017。

二、底盘测功机的分类

底盘测功机根据滚筒数量不同常分为两类：单滚筒式和双滚筒式。

单轮单滚筒式底盘测功机所用的滚筒直径较大（1 500～2 000 mm），制造成本大，安装定位要求高，且车轮中心与滚筒中心在垂直平面内对中较困难，使用操作不方便。但其测试精度高，故常用于汽车制造厂、科研院所的实验室。双滚筒式又分为单轮和双轮两种，其中单轮双滚筒式最为常用。双滚筒式底盘测功机的滚筒直径较小（180～500 mm），设备的制造成本低，使用操作方便。但其测试精度低，常用于汽车维修企业及交通管理部门的检测站上。

三、底盘测功机的结构

底盘测功机一般由框架、滚筒装置、举升装置、测功装置、测速装置、控制与指示装置和辅助装置等组成，其机械部分如图6—2—1所示。

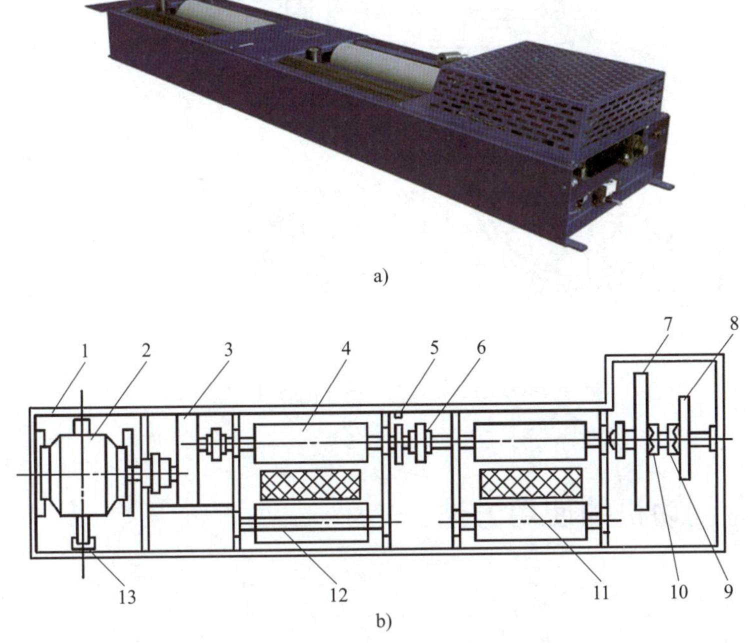

图 6—2—1 底盘测功机的机械部分

a）机械部分的外形 b）机械部分的结构

1—框架 2—电涡流测功器 3—变速器 4—主动滚筒 5—速度传感器 6—联轴器 7、8—飞轮 9、10—电磁离合器 11—举升器 12—从动滚筒 13—压力传感器

（一）滚筒装置

滚筒装置的作用是模拟能够连续移动的路面，测功试验时，汽车驱动轮驱动滚筒旋转。底盘测功机的滚筒装置有单滚筒和双滚筒两种类型，如图6—2—2所示。

（二）测功装置

测功装置用于测量汽车驱动轮的输出功率，通常称为测功器。测功装置也是一个加载装置，可模拟汽车在道路上行驶时所受的各种阻力。

（三）飞轮机构

飞轮机构用于模拟汽车在道路上行驶时的动能，常采用离合器以实现与滚筒的自由接合。飞轮机构通常配有多个飞轮，其飞轮机构的转动惯量及其在各个飞轮上的分配应与所测车型进行加速能力试验和滑行能力试验的要求相适应。

（四）控制装置

电涡流式控制装置可控性好、结构简单、质量轻、便于安装，在底盘测功机中得到了广泛应用。

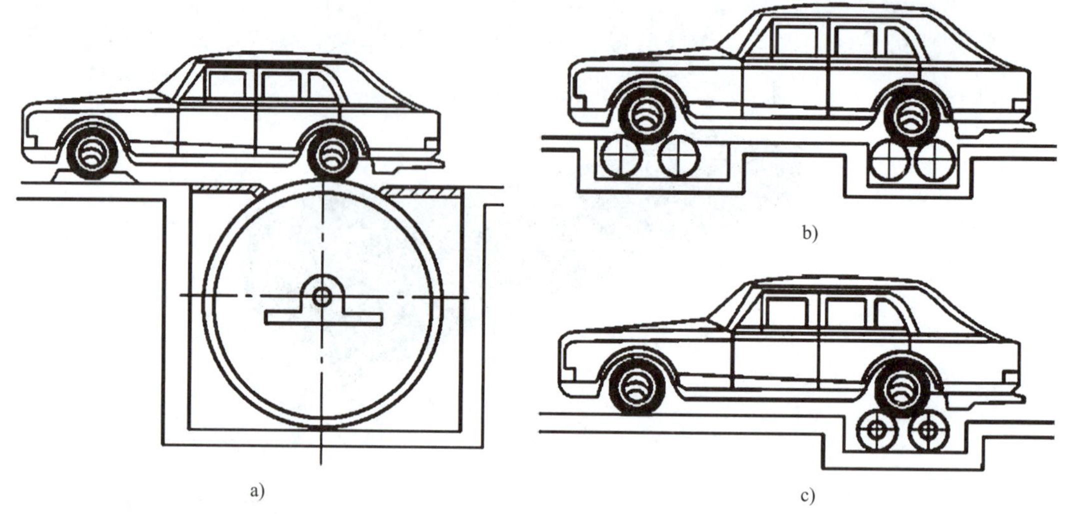

图 6—2—2　滚筒装置的结构类型

a）单轮单滚筒式　b）双轮双滚筒式　c）单轮双滚筒式

四、底盘测功机的使用方法

1. 检验前车辆及仪器准备

（1）车辆空载，检查驱动轴轮胎的花纹深度和气压。花纹深度不得小于1.6 mm，轮胎中不得夹有杂物，轮胎应干燥，气压应符合《载重汽车轮胎规格、尺寸、气压与负荷》（GB/T 2977—2016）的规定。

（2）车辆使用的燃料和润滑油的规格应符合制造厂商技术条件的规定。

（3）车辆应预热至发动机、传动系正常工作的温度。关闭非汽车正常行驶必需的附属装备，如空调系统等。

（4）如对同一辆车连续重复测试，需准备风机对准车头吹风散热。

（5）采用反拖电动机或车辆驱动滚筒转动预热测功机，直至测功机滑行时间趋于稳定。

（6）测功机静态空载，将力、速度示值调零或复位。

2. 检验程序

（1）驱动轮输出功率检测

1）最大扭矩工况检测

① 根据车辆参数信息选取最大扭矩工况车速推荐值V_m。

② 将汽车平稳驶上测功机，置汽车驱动轮于滚筒上，驱动轮轴线应与滚筒轴线平行，固定汽车非驱动轮。

③ 启动汽车，逐步加速，变速器挂直接挡（自动变速器应置于“D”挡），使汽车以直接挡的最低车速稳定运转。

④ 按步骤①确定的最大扭矩工况车速设定速度，测功机进行定速测功。

⑤ 测功机加载，将加速踏板踩到底，待汽车速度在设定速度下稳定运行5 s，读取不少于3 s内测功机测得功率的平均值并记录。

⑥ 在读数期间，实际车速应稳定在设定速度±0.5 km/h范围内。

2）额定功率工况检测

① 按最大扭矩工况检测的步骤②③固定好车辆并启动。

② 将加速踏板踩到底，测功机加载扫描最大功率点，记录该点速度V_p，单位为km/h。

③ 设定测功机按V_p进行定速测功，待汽车速度在设定速度下稳定运行5 s，读取不少于3 s内测功机测得功率的平均值并记录。

④ 在读数期间，实际车速应稳定在V_p值的±0.5 km/h范围内。

3）驱动轮输出功率计算

① 驱动轮输出功率按下列公式计算：

$$P=P_g+P_c+P_f$$

式中　P——驱动轮输出功率，kW；

P_g——测功机测得功率，kW；

P_c——测功机内部损耗功率，kW；

P_f——轮胎滚动阻力消耗功率，kW。

② 测功机内部损耗功率按下列公式计算：

$$P_c=\frac{F_{tc}\times V}{3\ 600}$$

式中　V——检测速度，取值为V_p或V_m，km/h；

F_{tc}——测功机内阻，按表6—2—3取值，或采用反拖法定期测量测功机在50 km/h和80 km/h时的内阻分别作为额定功率工况和最大扭矩工况测量时的测功机内阻，单位为N。

表6—2—3　测功机内阻F_{tc}推荐值

工况	二轴四滚筒式测功机内阻（F_{tc}）N	三轴六滚筒式测功机内阻（F_{tc}）N
额定功率工况	130	160
最大扭矩工况	110	140

③ 轮胎滚动阻力消耗功率按下列公式计算:

$$P_f=\frac{G_R\times g\times f_c\times V}{3\ 600}$$

式中 G_R——汽车驱动轴空载质量，kg；

g——重力加速度，g= 9.81 m/s^2；

f_c——测功机滚动阻力系数，最大扭矩点台架滚动阻力系数取1.5f，额定功率点测功机滚动阻力系数取2f。f是汽车在水平硬路面上行驶的滚动阻力系数，参见表6—2—4；

V——检测速度，取值为V_P或V_m，单位为km/h。

表 6—2—4　汽车在水平硬路面行驶的滚动阻力系数f值

轮胎类型	f值
子午胎	0.006
斜交胎	0.010

（2）驱动轮轮边稳定车速检测

该项检测参照GB/T 18276—2017的规定进行操作。

五、底盘测功机的使用注意事项

1. 检测时，切勿拨弄举升器托板操纵手柄，车辆前方及驱动轮两旁不准站立人员，以确保检测安全。

2. 在检验台滚筒高速旋转时，不得在检验台上紧急制动。

3. 对同一辆车应尽量避免连续重复测试。

4. 走合期间的新车和大修车不宜进行底盘测功。

5. 超过底盘测功机允许轴重或轮重的车辆一律不准驶上检验台进行检测。

6. 检测额定功率和最大扭矩相应转速工况下的输出功率时，一定要开启冷却风扇并密切注意各种异响和发动机的温度。

7. 底盘测功机在不检测期间，不准停放车辆。

8. 保持底盘测功机清洁、干燥，防止泥水、杂物渗入滑板缝隙内。

9. 底盘测功机使用前和使用后应检查系统是否有漏油现象。

10. 每间隔6个月应紧固底盘测功机各部位的螺栓。

11. 底盘测功机各润滑点要按使用说明书的要求进行润滑。

12. 由于零件磨损等原因，底盘测功机在长时间使用后精度会下降，因此要每年对测功机的速度传感器和测力装置进行标定，以确保测量精度。

技能实训

下面以华燕HYCG-100底盘测功机为例，介绍底盘测功机的使用方法。

底盘测功机的使用

图示	步骤与说明
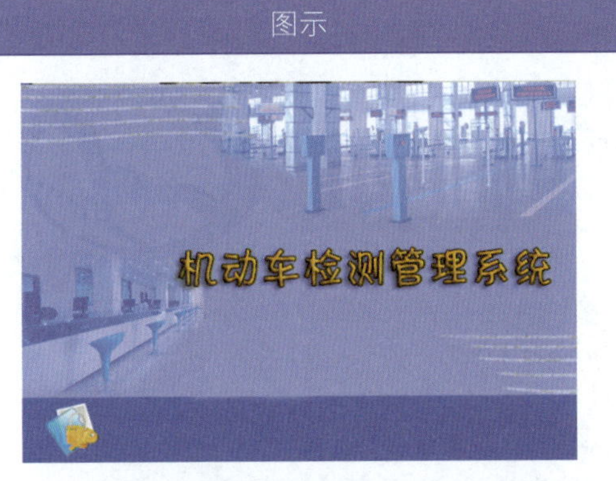	一、设备准备 1. 打开设备电源，运行机动车检测管理系统。
	2. 进入主界面后，点击“注册登记”进入车辆登记界面。
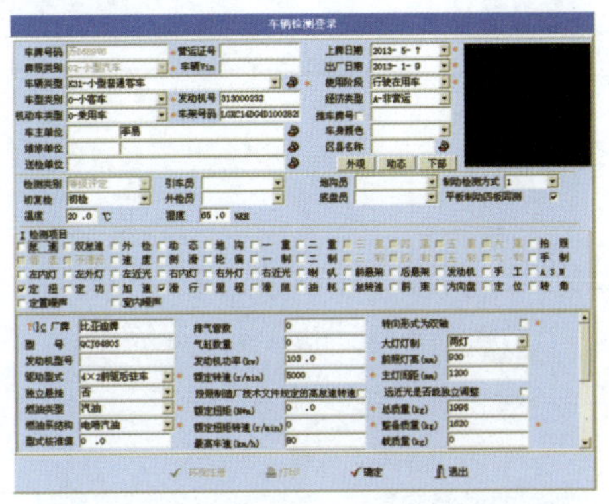	3. 输入车辆信息，选择检测项目（此处选择“定扭”），然后点击“确定”保存信息。最后根据表 6—2—1、表 6—2—2 设定车速限值推荐值。
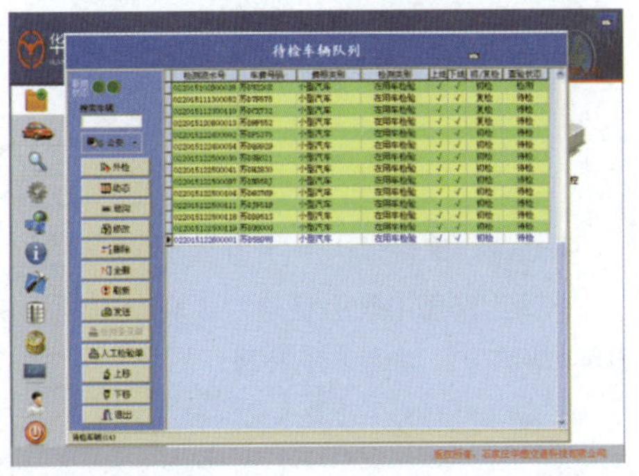	4. 选择待检车辆，然后点击“发送”按钮。

续表

图示	步骤与说明
	5. 选择发送的检测线："平板线" 或 "滚筒线"，并按 "确定"，完成选择。
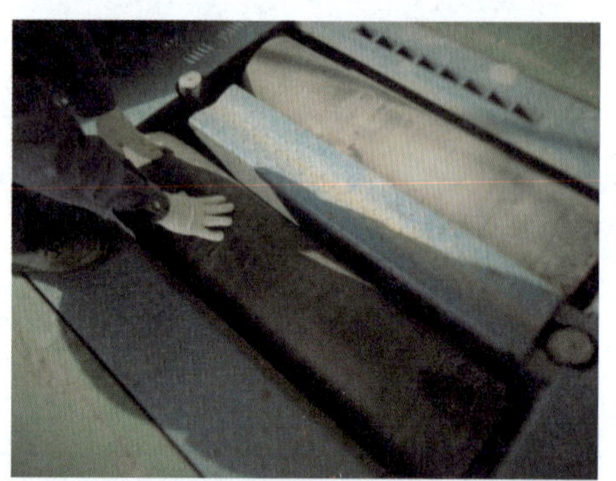	6. 对检验台滚筒表面进行清洁，使滚筒表面无异物及油污。
	7. 检查车辆轮胎气压、花纹深度，应符合出厂标准规定；清除轮胎上的泥土、石子等杂物。
	二、驱动轮功率测试 1. 将车辆正直居中驶上检验台，驱动轮停放在底盘测功机滚筒上，并降下举升器。

续表

图示	步骤与说明
	2. 在非驱动轮前后部放置车辆挡块，并拉紧驻车制动器。
	3. 启动汽车，并逐渐加速换至直接挡（该车直接挡为 4 挡），并以直接挡的最低车速稳定运转。
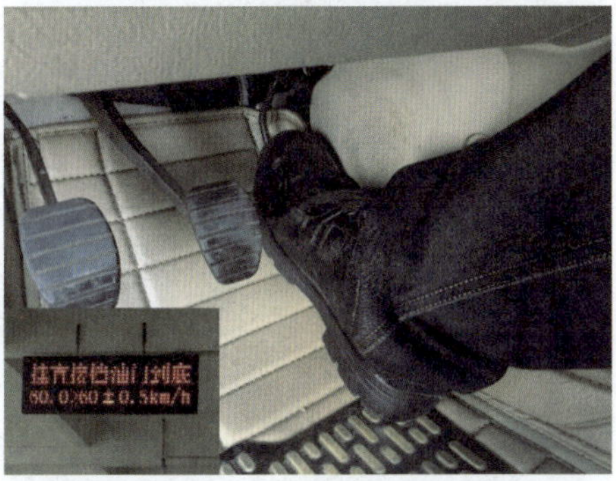	4. 将加速踏板踩到底，测功机检测在规定车速工况下的驱动轮输出功率。待汽车在规定速度下稳定运转 5 s 后（允许速度偏差 ±0.5 km/h），设备显示测试轮功率。
	5. 根据提示松开加速踏板并同时将挡位挂入空挡，让车轮自由运行至静止。

续表

图示	步骤与说明
	6. 测试结束，屏幕显示测试轮功率（符合要求以“○”表示；不符合要求以“×”表示）。
	7. 最后屏幕显示以初速度自由滑行至静止的滑行距离。举升器抬起，车辆驶离检验台，完成测试。

课题三　油耗计

学习目标

1. 了解汽车燃油经济性的评价指标和检测方法。
2. 了解油耗计的分类和结构。
3. 掌握油耗计的使用方法。
4. 能够熟练使用油耗计测量汽车的耗油量。

任务引入

汽车的燃油经济性是指汽车以最小的燃油消耗完成单位运输工作量的能力。由于汽车运输中汽车燃油消耗费用占总成本的1/3左右，所以燃油经济性的提高就意味着汽车运输成本的下降和经济效益的提高。汽车燃油消耗量与发动机类型、结构、制造工艺水平、调整状态、燃油品质及道路条件、交通状况、气候、驾驶技术等多种因素有关，因此，燃油经济性指标值要根据道路试验或室内台架试验结果来评定，也可以通过理论分析来进行估算。

知识准备

一、油耗计简介

油耗计是通过测量规定时间或里程内汽车发动机工作中所耗燃料总容量来计算油耗量的仪器，它既能随车测量百公里油耗量，也可在场内进行定负荷、定时间的对比油耗试验。油耗计具有可以连续测量、密封性好、排气干净、精度高（达到±1%）、耗电少、量程范围大等优点。油耗计测得的燃油消耗量有以下几种评价指标：

1. 等速行驶百公里的燃油消耗量

指汽车在一定载荷下，以最高挡在水平良好路面上等速行驶100 km所消耗的燃油量。表6—3—1所列为几种常见车型的百公里油耗。

表 6—3—1　　常见车型的百公里油耗

车型	凯美瑞 5AR-FE	帕萨特 EA888	英朗 L2B	卡罗拉 1ZR-FE	速腾 EA111	迈锐宝 LAF
工信部综合油耗 （L/100 km）	7.8	7.6	5.8	6.3	6.9	8.3

等速行驶百公里的燃油消耗量只考虑了行驶里程，没有考虑车型与载重量的差别，所以只能用于比较同类型汽车或同一辆汽车不同工况的燃料经济性，也可用于分析不同部件（如发动机、传动系等）装在同一汽车上，对燃料经济性的影响。

2. 单位运输工作量的燃油消耗量

若燃油以质量计算时，载重汽车燃油消耗量单位为kg/（100 t·km），客车燃油消耗量单位为kg/（1 000人·km）；若燃油以容积计算时，载重汽车燃油消耗量单位为L/（100 t·km），客车燃油消耗量单位为L/（1 000人·km）。这种指标可以用来比较不同类型、不同装载质量汽车的燃料经济性。

3. 消耗单位燃油所行驶的里程

美国主要采用消耗单位燃油所行驶的里程这一评价指标来衡量汽车的燃油经济性，其单位是MPG或mile/USgal，指的是每消耗一加仑燃油能行驶的英里数（1 mile=1.61 km，英国1 UKgal=4.546 L，美国1 USgal=3.785 L）。其数值越大，汽车燃油经济性越好。

二、油耗计的分类和结构

油耗计的类型有很多，常用的有质量式和容积式两种。

（一）质量式油耗计

质量式油耗计由称重装置、计数装置和控制装置三部分组成，其结构如图6—3—1所示。质量式油耗计通过外接油箱，将汽车的进油管与排油管一并接入，检测时通过检测油箱中油质量的变化计算出汽车的燃油消耗量。

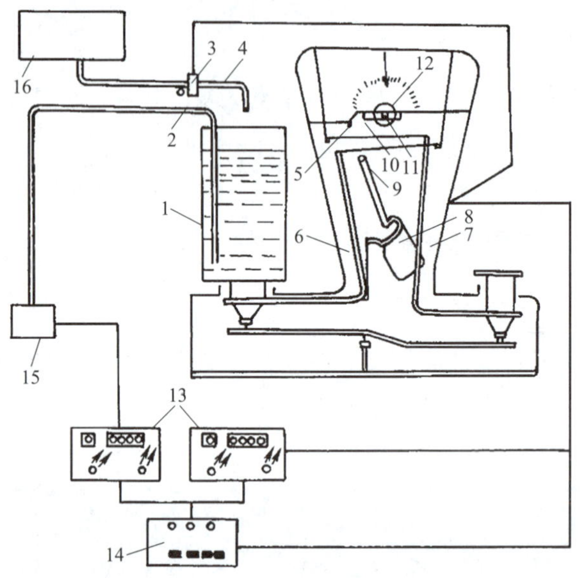

图 6—3—1　质量式油耗计的结构

1—油杯　2—排油管　3—电磁阀　4—进油管　5、10—光电二极管　6、7—限位开关　8—限位器　9—光源　11—鼓轮机构　12—鼓轮　13—计数器　14—控制装置　15—发动机　16—燃油箱

（二）容积式油耗计

容积式油耗计主要由油耗传感器（流量检测装置）、微电脑信号处理单元及液晶显示器组成，如图6—3—2所示。容积式油耗计通过测量发动机运转时累计消耗的燃油容量，将汽车行驶时间和行驶里程换算为汽车的燃油消耗量。

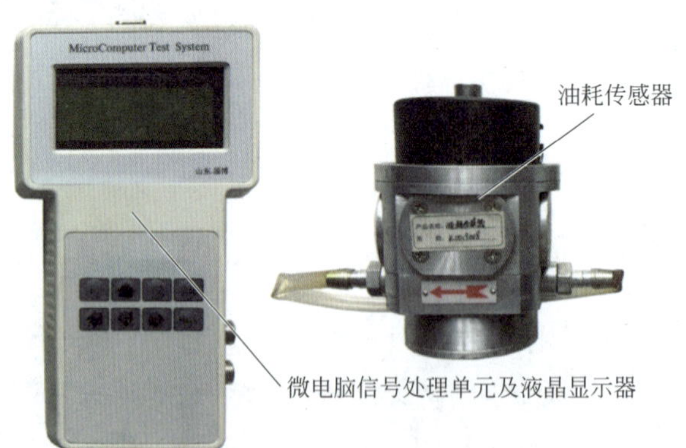

图 6—3—2　容积式油耗计的结构

三、油耗计的使用方法

（一）油耗计的安装

现以行星活塞式油耗计（用流量检测装置检测流量后转换为容积）为例介绍油耗计的

安装注意事项。

1. 对于电控燃油喷射发动机（简称汽油机）而言，油耗传感器应串联在燃油滤清器与燃油分配管之间，如图6—3—3所示。

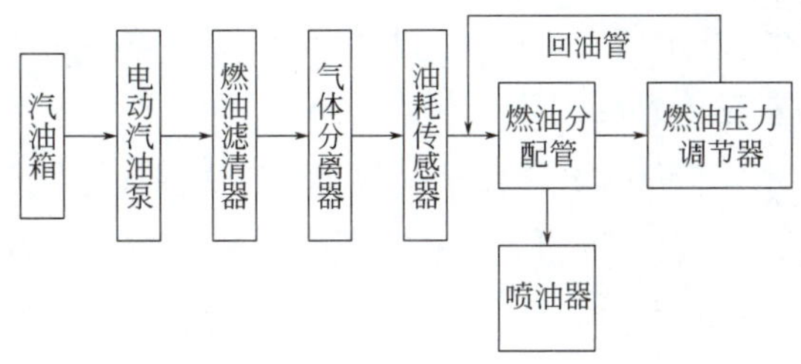

图 6—3—3　油耗传感器在电控燃油喷射发动机上的安装位置

2. 对于柴油机而言，油耗传感器应串联在柴油滤清器与喷油泵之间，如图6—3—4所示。其中，高压和低压回油管应接在油耗传感器与喷油器之间。

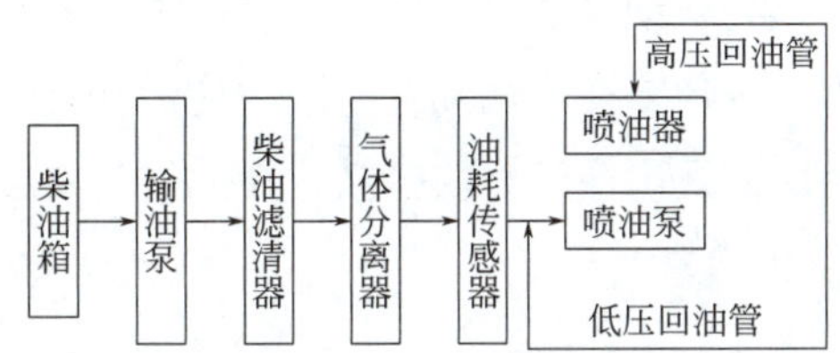

图 6—3—4　油耗传感器在柴油机上的安装位置

（二）油路中气泡的排除

油路中的气泡对油耗检测结果影响很大，油耗计将会把气泡所占的容积当作燃油消耗来计算，使测量数据高于实际数据，造成测量值的失真。因此，测量前应将管路中的气体排净，另外油耗计的进出油管最好用透明塑料管。测量中若发现油耗计出油管有气泡，应重新测量。

（三）燃油消耗量的试验方法与检测标准

汽车燃油消耗量试验方法分为道路试验和台架试验两种。两种试验的具体操作步骤与检测标准可参照《汽车燃料消耗量试验方法》（GB/T 12545.1—2008）和《轻型汽车燃料消耗量试验方法》（GB/T 19233—2008）进行。

四、油耗计的使用注意事项

1. 被测车辆旁必须配备性能良好的灭火器。

2. 油耗传感器所用油管应透明、耐油、耐压，油管接头应使用合格的环形卡箍，不得用铅丝缠绕，并确保无渗漏。

3. 拆卸油管时，必须用沙盘接油，不允许用棉纱或其他易燃物接油，不允许燃油流到发动机排气管上。

4. 测试时，发动机盖应打开，以便观察有无渗漏现象，测试完毕安装好原管路后启动发动机，在确保无任何渗漏时，方可盖上发动机盖。

5. 为了确保检测精度，必须有专人对油耗计进维护保管，并且每年度进行计量鉴定。行星活塞式油耗计在维护过程中应注意以下两种最常见的故障。

（1）油耗传感器活塞在传感器缸体中卡死

此故障多发生在使用不干净的燃油做油耗试验的过程中，由于燃料中有微小颗粒（异物），如果没有及时清除，小颗粒通过油耗传感器入口进入缸内，由活塞带至缸壁，容易形成拉缸或卡死现象，故一定要在传感器入口前安装一个燃油滤芯以防止异物进入油耗计，而且在不使用油耗计的情况下，在其进出油口要加套保护，并保证其表面清洁。

（2）油耗传感器无脉冲信号

此故障多发生在传感器被强烈碰撞后，其机械部分尚能正常工作，但无脉冲信号输出。这是由于传感器壳体上部的从动磁铁与下部的主动磁铁之间的磁场相位因外力而发生变化，故无脉冲信号输出，所以一定要在检测油耗时固定住油耗传感器，以防发生碰撞后出现上述故障。如果发生上述故障，只需使用一块磁铁，在油耗传感器外部顺时针方向旋转几次即可恢复传感器内原磁场相位。

技能实训

下面以赛格SG-910型油耗计为例，介绍油耗的检测方法。

卡罗拉汽车油耗的检测

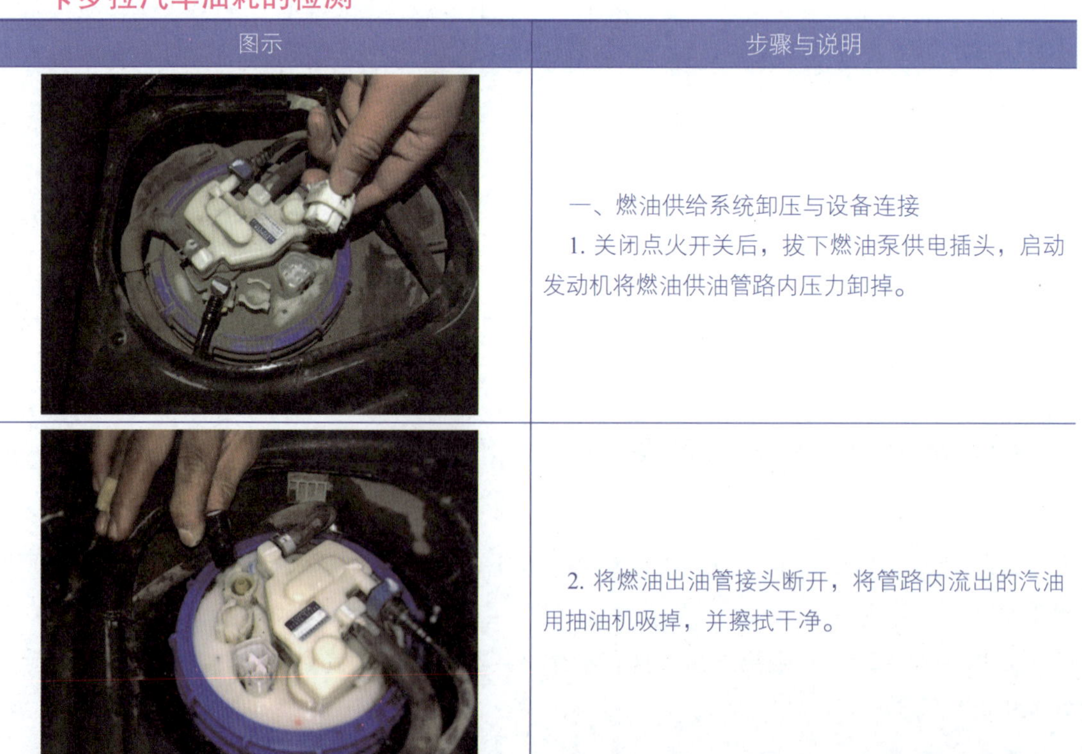

图示	步骤与说明
	一、燃油供给系统卸压与设备连接 1. 关闭点火开关后，拔下燃油泵供电插头，启动发动机将燃油供油管路内压力卸掉。
	2. 将燃油出油管接头断开，将管路内流出的汽油用抽油机吸掉，并擦拭干净。

续表

图示	步骤与说明
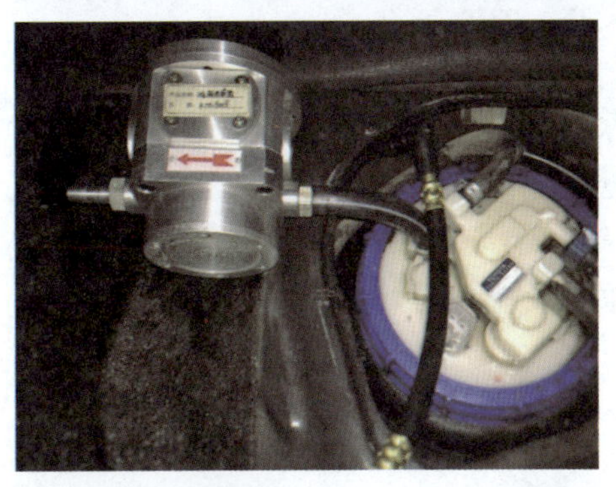	3. 将油耗计的油量传感器按照箭头方向（燃油流动方向）接入燃油供油管内（本车型回油管在油箱内，无需对回油做补偿）。
	4. 将数据连接线接到油量传感器的数据传输接头上。
	5. 将数据连接线的另一端与油耗计主机的数据传输接头相连。
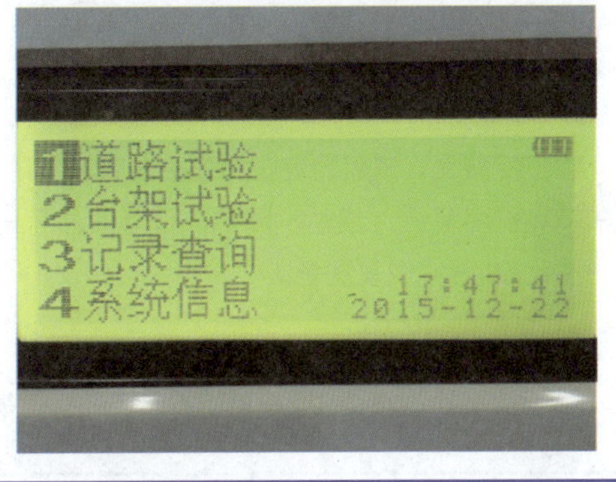	二、油耗检测 1. 打开电源开关，仪器显示开机主界面后点击按钮打开液晶背光，然后点击“确认”按钮进入“操作项目”选项界面，选择“2 台架实验”点击“确认”按钮进入检测界面。

续表

图示	步骤与说明
	2. 左图为以“定时间”模式检测油耗的操作。在检测界面内，按“F1”按钮切换到“定时间”检测项目，然后通过◀ ▶按钮调整检测时间。
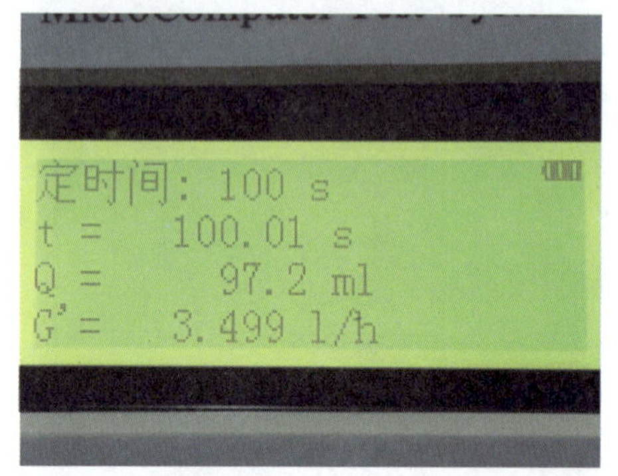	3. 将加速踏板踩下，控制并保持发动机转速在 3 000 r/min。待发动机转速稳定后，点击“确认”按钮开始检测。
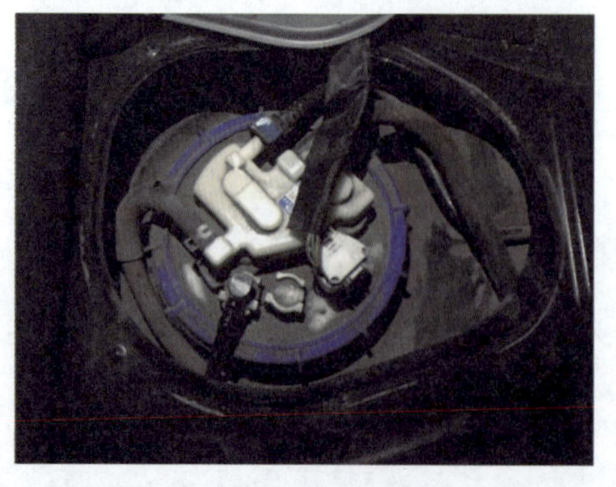	4. 检测开始后，仪器显示检测时间 t、燃油消耗量 Q、流量 G' 三个基本信息，当检测时间到达设定时间，仪器自动停止并记录三个基本信息，至此油耗检测完毕。
	5. 检测完成后，按照拆装顺序连接油管、线路等，将车辆和仪器复原；启动发动机，检查燃油有无渗漏。按照 6S 要求恢复现场。

课题四　第五轮仪

学习目标

1. 了解第五轮仪的应用场合。
2. 了解第五轮仪的结构和工作原理。
3. 掌握第五轮仪的使用方法。
4. 能够利用第五轮仪测试汽车的性能。

任务引入

在车辆道路试验时，虽然可以利用车辆里程表和速度表测量车辆的行驶速度，但这种方法不准确。因为，车用里程表和速度表本身精度较低，且车辆驱动轮的滚动半径直接受驱动力矩、地面对轮胎的反作用力、车轴载荷、轮胎气压及磨损程度等因素的影响。所以为了准确测量车辆的行驶速度，可采用第五轮仪。

知识准备

一、第五轮仪简介

第五轮仪，简称五轮仪，是用于汽车道路试验的一种常用仪器。试验时，它安装在汽车的尾部或侧面的适当位置，用一个小巧的轮子接触路面，好像是汽车的第五个车轮，所以叫作第五轮仪，如图6—4—1所示。试验中，它可以准确地测定汽车行驶的距离并计算出车速，因此常用于汽车滑行试验、制动试验、车速试验、加速试验以及综合试验中。如遇到以下三类车辆就需要用第五轮仪进行检测。

图6—4—1　第五轮仪的安装示意图

1. 无法使用制动检验台检验的车辆，如全时四驱车辆、多轴车辆、轮式工程机械车、最大轴重超过设备额定载荷的车辆等。

2. 经台架检验后对其制动性能有质疑的车辆，如：底盘动态检验制动反应迟滞，应路试检验协调时间；台试检验时车轮抱死，但整车制动率不合格，应路试检验整车制动距离或制动平均减速；底盘动态检验不跑偏，但台试检验不合格，应路试检验制动各指标。

3. 对无法在车速表检验台上检验的车辆，可用第五轮仪进行路试检验，以第五轮仪的车速显示作为标准值同被检车辆的车速表进行对比。

二、第五轮仪的结构和工作原理

第五轮仪可分为接触式和非接触式两种。

（一）接触式第五轮仪

接触式第五轮仪一般由轮子、传感器和记录仪等部分组成，并附带一个脚踏开关，如图6—4—2所示。接触式第五轮仪的传感器有磁电式和光电式两种，常见的是磁电式传感器，磁电式传感器由磁极、线圈、齿盘、支架等组成。传感器部分与记录仪部分用导线相连，脚踏开关带有触点的一端装在制动踏板上，另一端与记录仪连接。记录仪部分主要由信号处理、控制系统、显示单元、存储单元、键盘以及微型打印机等组成，在高性能微处理器的控制下，能自动完成数据采集，并指示用户完成对机动车的各种性能参数的测试，测试结果可以由液晶屏幕显示，也可由内置微型打印机打印输出。

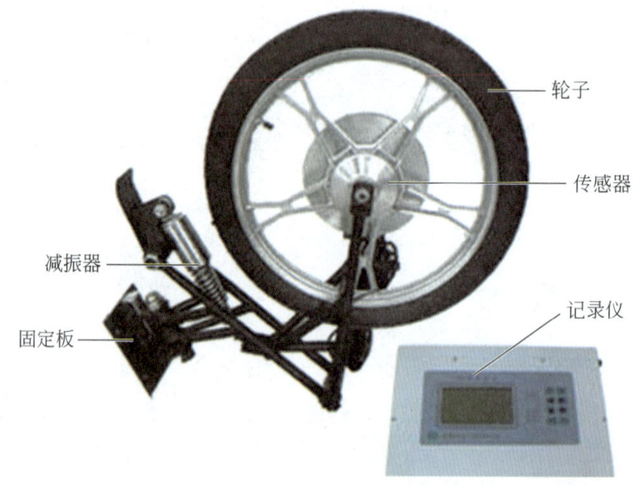

图 6—4—2　接触式第五轮仪

（二）非接触式第五轮仪

非接触式第五轮仪以计算机为核心部件，配以相应的I/O接口及外设，不需要与路面接触。它采用光电相关滤波技术，利用安装在车上的光电路面探测器（简称光电头）照射路面，把路面图像变换为频率信号，可用于汽车动力性、制动性和燃油经济性能的测试。非接触式第五轮仪由投光器、受光器、二次仪表和机架等组成，其外形如图6—4—3所示。

图 6—4—3　非接触式第五轮仪

三、第五轮仪的使用方法

第五轮仪的具体使用方法参见【技能实训】。

四、第五轮仪使用注意事项

1. 第五轮仪属于精密仪器，在使用过程中应注意轻拿轻放，并避免剧烈震动。

2. 为防止第五轮因跳动脱离地面，第五轮对地的压力需保持适中。

3. 在使用过程中，应避免强光长时间照射液晶屏，以免液晶屏老化。

4. 当电源指示灯熄灭时，即表示内部电池亏电，需要用仪器配备的专用充电器进行充电，通常充电8小时即可。

5. 仪器配备的内部电池，仅为短时间检测或演示用，如进行长时间检测，应采用外接电源。

6. 在检测过程中，如遇按键无反应、屏幕显示无变化，可关闭电源开关，过一会儿再重新打开电源开关进行测试。

技能实训

下面以赛格CTM-2002A/B型第五轮仪为例，介绍第五轮仪的使用方法。

第五轮仪的使用

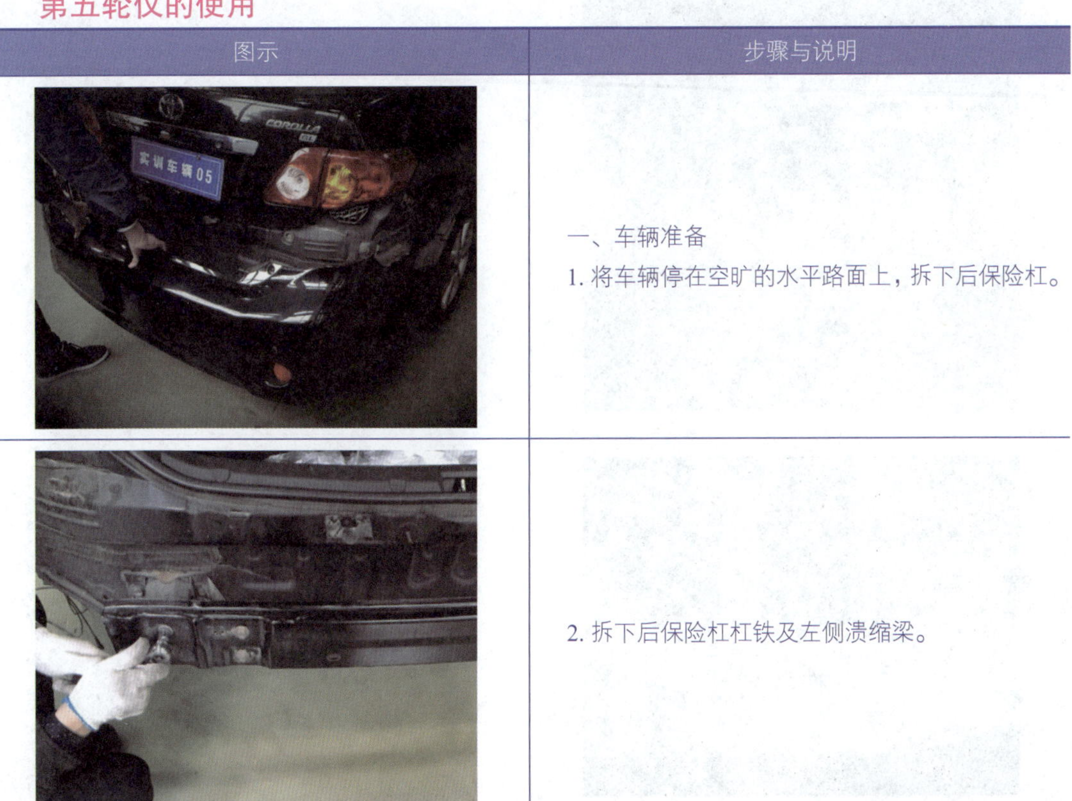

图示	步骤与说明
	一、车辆准备 1. 将车辆停在空旷的水平路面上，拆下后保险杠。
	2. 拆下后保险杠杠铁及左侧溃缩梁。

续表

图示	步骤与说明
	二、第五轮仪的安装 1. 用螺栓将带有轮速传感器的第五轮仪固定在左侧大梁螺栓孔上，至少固定三个螺栓。
	2. 将传感器连接线与第五轮仪监视器的“OES V”端口相连。
	3. 将脚踏开关挂在制动踏板上。
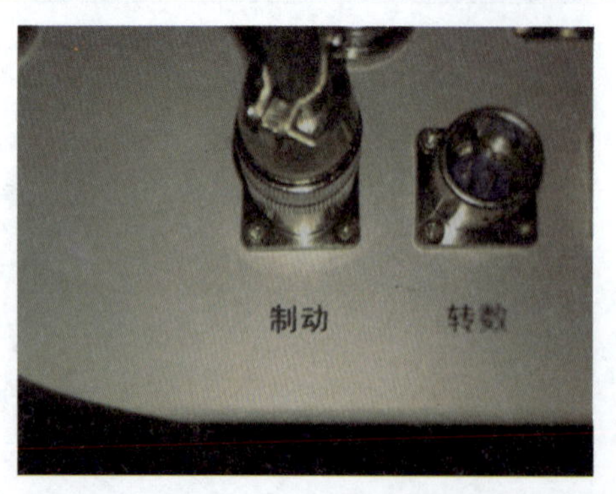	4. 将脚踏开关连接线与第五轮仪监视器的“制动”端口相连。

续表

图示	步骤与说明
	5. 将第五轮仪固定支架上的转向锁销提起，以便车辆在行驶过程中第五轮仪可以转向。
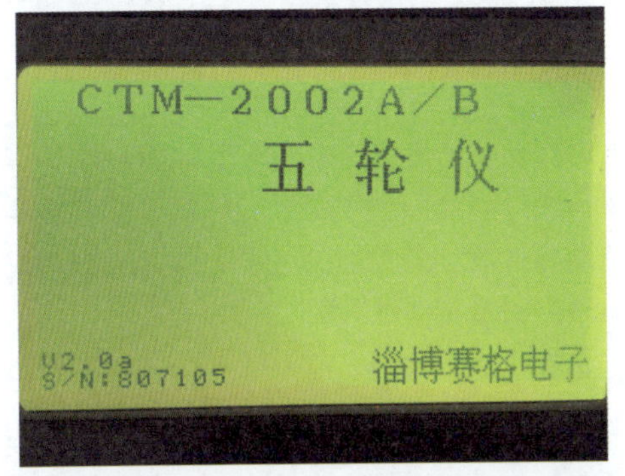	6. 打开电源开关，设备进入主界面。
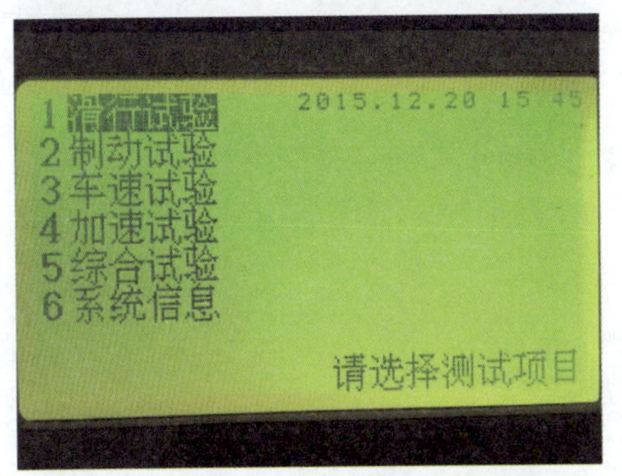	三、滑行试验 1. 点击“开始”按钮进入“请选择测试项目”界面，选择“滑行试验”后点击“开始”按钮进入滑行试验“请选择测试参数”界面。
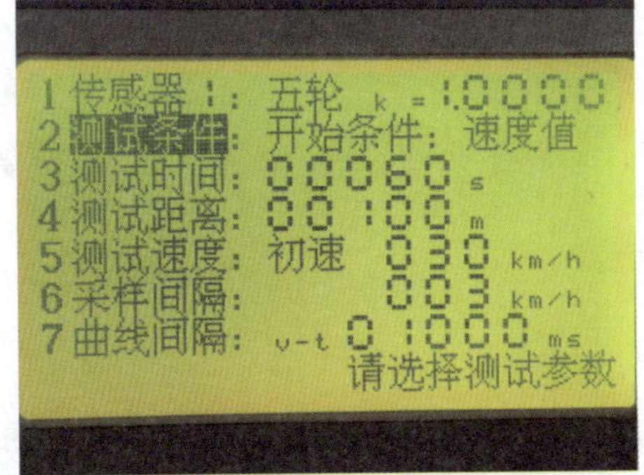	2. 在“请选择测试参数”界面，将“测试条件”中的“开始条件”设为“速度值”；将“测试速度”中的“初速”设为规定值（本实训以 30 km/h 为例），其他参数使用默认设置。

续表

图示	步骤与说明
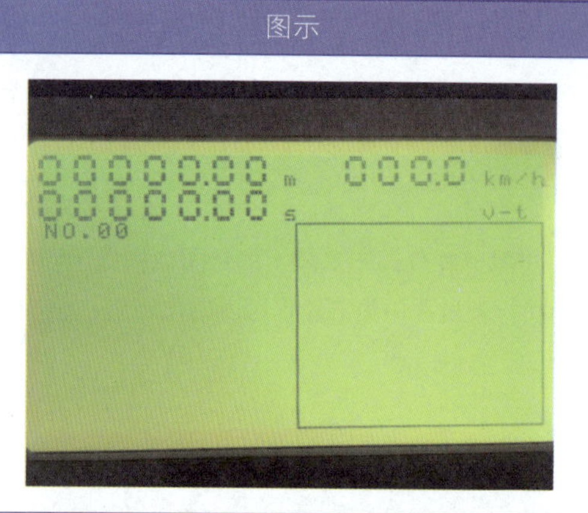	3. 点击“开始”按钮进入数据显示界面。
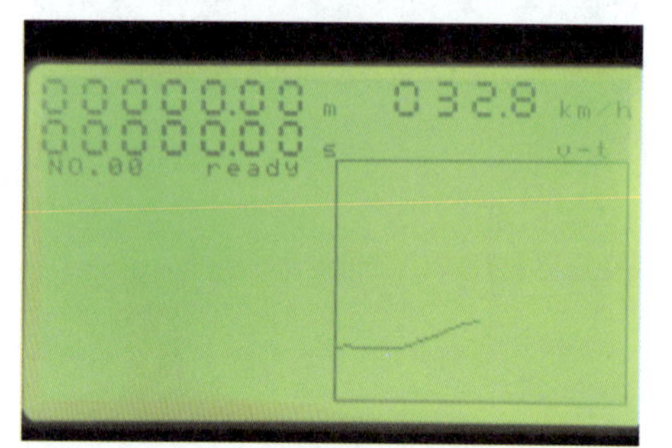	4. 将车速提到 30 km/h 以上，设备提示音响起，进入准备测量状态（如图出现“ready”，车速 32.8 km/h），此时再次按下“开始”按钮，松开加速踏板并将变速器挂入空挡，车辆滑行减速至 30 km/h，设备自动进入测试记录阶段。
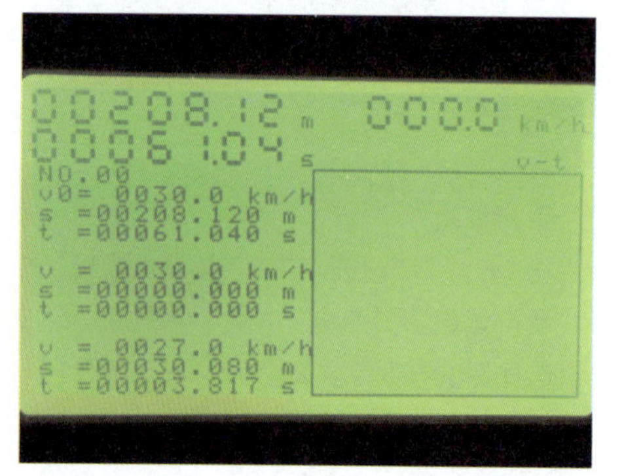	5. 当车辆停下后，数据记录完毕，显示屏将显示“滑行距离 s”“滑行时间 t”“初速度 v_0”等相关信息。
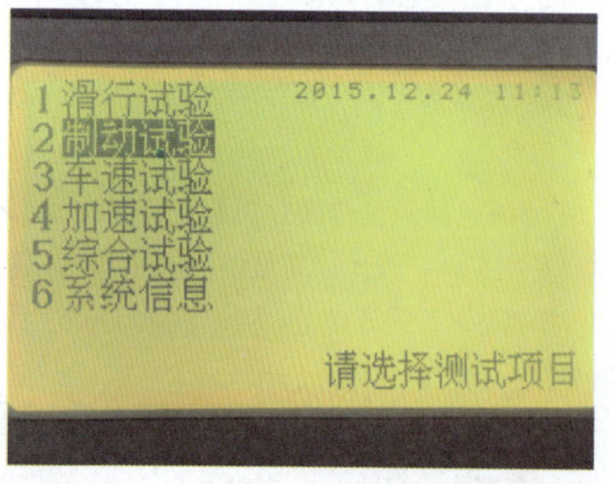	四、制动试验 1. 在“请选择测试项目”界面选择“制动试验”，点击“开始”按钮进入制动试验“请选择测试参数”界面。

续表

<table>
<tr><th>图示</th><th>步骤与说明</th></tr>
<tr><td>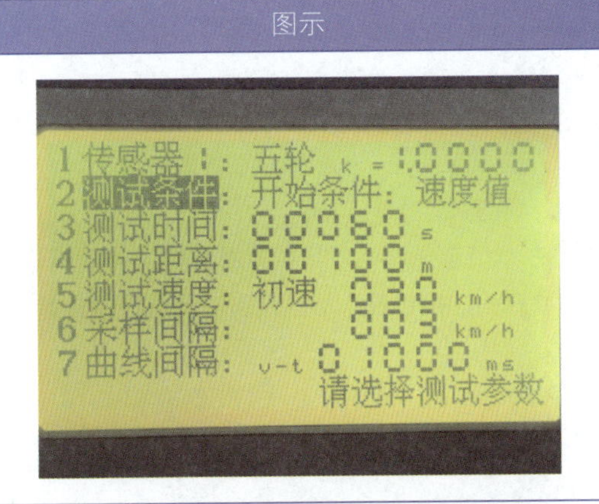
</td><td>2. 在“请选择测试参数”界面，将“测试条件”中的“开始条件”设为“速度值”；将“测试速度”中的“初速”设为规定值（本实训以 30 km/h 为例），其他参数使用默认设置。</td></tr>
<tr><td>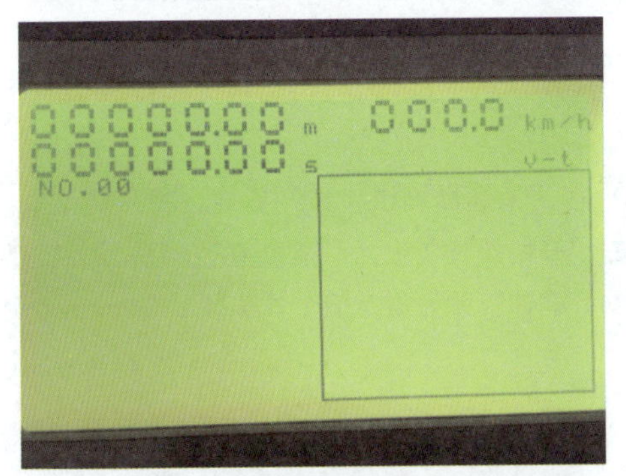
</td><td>3. 点击“开始”按钮进入数据显示界面。</td></tr>
<tr><td>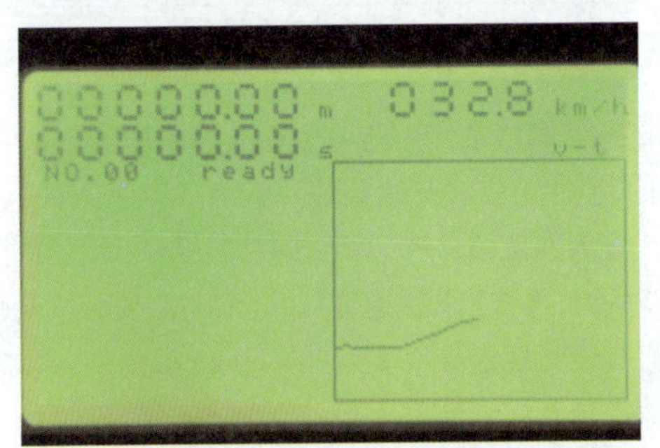
</td><td>4. 将车速提到 30 km/h 以上，设备提示音响起，进入准备测量状态（如图出现“ready”，车速 32.8 km/h），此时再次按下“开始”按钮，松开加速踏板并进行全力制动，车辆迅速减速至 30 km/h，设备自动进入测试记录阶段。</td></tr>
<tr><td>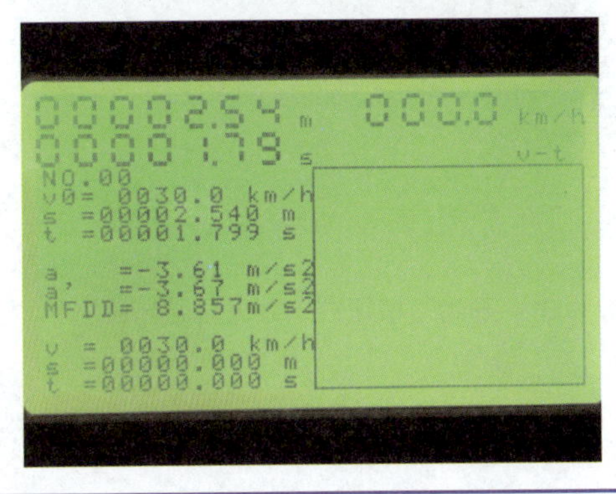
</td><td>5. 当车辆停下后，数据记录完毕，显示屏将显示“制动距离 s”“制动时间 t”“初速度 v_0”“减速度 a”“平均减速度 $MFDD$”等相关信息。</td></tr>
</table>

续表

图示	步骤与说明
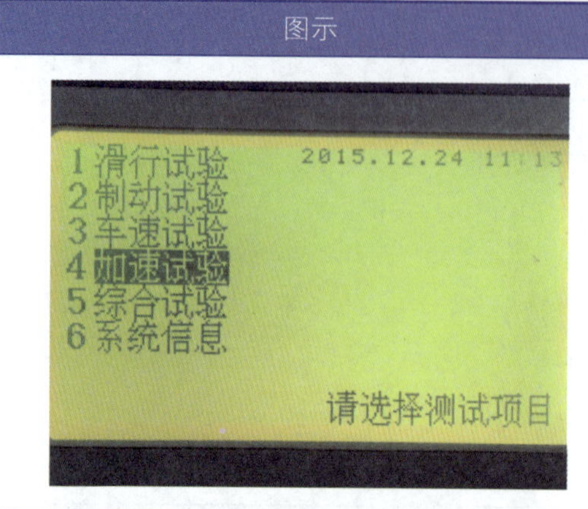	五、加速试验 1. 在“请选择测试项目”界面选择“加速试验”，点击“开始”按钮进入加速试验“请选择测试参数”界面。
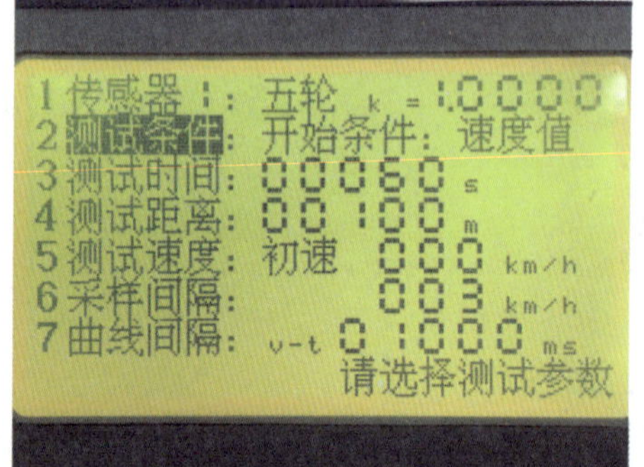	2. 在“请选择测试参数”界面，将“测试条件”中的“开始条件”设为“速度值”；将“测试速度”中的“初速”设为规定值（本实训以 0 km/h 为例）。
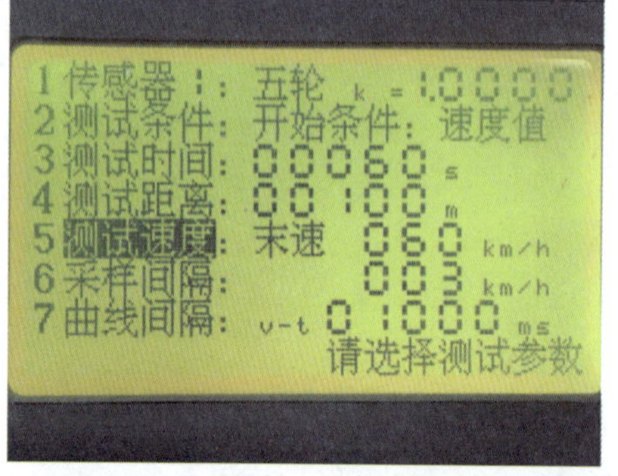	3. 在“测试条件”选项上点击“结束”按钮，将“测试条件”中“开始条件”变为“结束条件”并将其设为速度值；在“测试速度”选项上点击“结束”按钮，再将“测试速度”中“初速”变为“末速”并将其设为规定值（本实训以 60 km/h 为例）。其他参数使用默认设置。
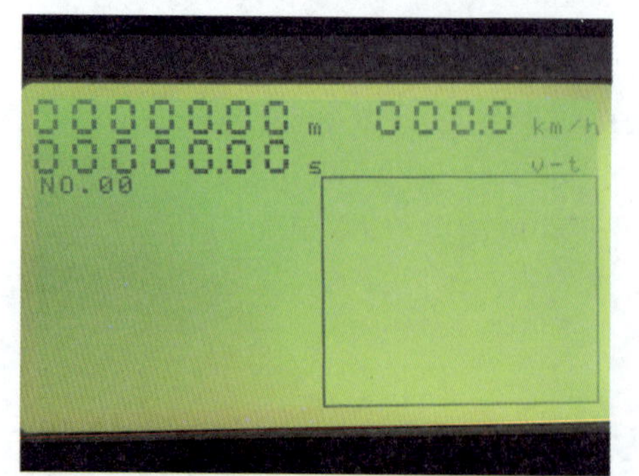	4. 点击“开始”按钮进入数据显示界面。

续表

图示	步骤与说明
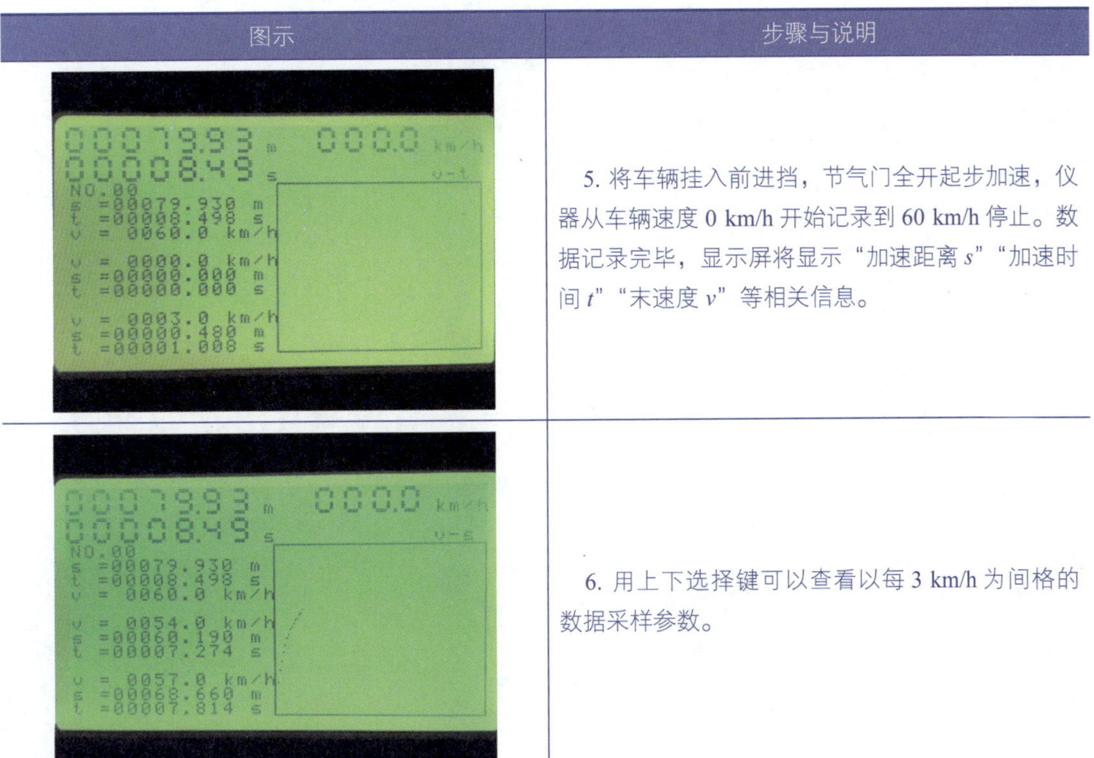	5. 将车辆挂入前进挡，节气门全开起步加速，仪器从车辆速度 0 km/h 开始记录到 60 km/h 停止。数据记录完毕，显示屏将显示“加速距离 s”“加速时间 t”“末速度 v”等相关信息。
	6. 用上下选择键可以查看以每 3 km/h 为间格的数据采样参数。